BIBLIOTHECA SALMANTICENSIS

Estudios 130

ACTAS DEL I SIMPOSIO DE LATIN CRISTIANO

Organizado por

Una Voce Española
y Fundación Pastor de Estudios Clásicos

Edición y Prólogo de

JOSÉ OROZ RETA

UNIVERSIDAD PONTIFICIA
SALAMANCA
1990

© Departamento de Ediciones y Publicaciones
Universidad Pontificia de Salamanca
Compañía, 5 • Teléf. (923) 21 51 40

Depósito Legal: S. 219-1990
I.S.B.N.: 84-7299-249-7

Imprenta «KADMOS», S.C.L.
Río Ubierna, Naves 5-6
(Polígono «El Tormes»)
Teléfs. (923) 21 98 13 - 23 02 51
Fax (923) 24 06 04
SALAMANCA, 1990

In memoriam;
Emmanuelis Fernández-Galiano
et Sebastiani Mariner Bigorra

Estas *Actas* recogen los trabajos presentados en el *Simposio sobre Latín Cristiano* organizado por «Una Voce Española» con motivo de la celebración de su vigésimo aniversario.

«Una Voce» agradece públicamente el patrocinio de la «Fundación Pastor de Estudios Clásicos», que desinteresadamente cedió sus locales durante los días 10 al 13 de noviembre de 1987 y financió en gran parte los gastos de su realización. Asimismo testimonia su reconocimiento al Consejo Superior de Investigaciones Científicas, Instituto de Filología; Departamento de Filología Latina (Universidad Complutense); Universidad Autónoma de Madrid; «Fundación San Justino» (Archidiócesis de Madrid-Alcalá), y «Confederación Española de Cajas de Ahorros» por su colaboración.

La Comisión organizadora lamenta no poder ofrecer las bellas palabras de nuestro Presidente, D. Manuel, pronunciadas en las sesiones de apertura y clausura del *Simposio*, ni la Comunicación que presentó nuestro Vicepresidente, D. Sebastián, titulada «Factores coadyuvantes de los usos litúrgicos de *nom. pro voc*», ni el texto de su encendido discurso con que cerró la sesión de clausura antes del concierto de Canto Gregoriano. No obstante, nos cabe la alegría de haber contribuido con la publicación de estas *Actas* a que perdure el recuerdo de ambos, pues en ellas de algún modo se refleja y late su propio espíritu, ya que alentaron animosamente la celebración del *Simposio* y la publicación de estos trabajos, impulsados por su ilusión de difundir el proyecto de «Una Voce» en el que ocupa un lugar de preferencia el estudio del Latín Cristiano.

LA COMISION ORGANIZADORA

Prólogo

La Asociación «Una uoce española», en colaboración con la Fundación Pastor de Estudios Clásicos, de Madrid, organizó un Simposio de latín cristiano, del 10 al 13 de noviembre de 1987. El alma de aquella idea fueron dos de los grandes cultivadores de la antigüedad clásica en nuestra patria: D. Manuel Fernández Galiano y D. Sebastián Mariner Bigorra. Se pensó celebrar el 20º aniversario de la fundación de España de la asociación internacional «Una uoce», cuyo presidente era el Prof. Mariner. Y el presidente de la Fundación Pastor, Prof. Fernández Galiano, se asociaba a la idea con todo el entusiasmo que le distinguía, cuando de estudios clásicos se trataba.

Aunque entonces no se hizo alusión, aquel año se celebraba también el 55º aniversario de la edición de la obra de Joseph Schrijnen, titulada *Charakteristik des Altchristlichen Latein* [1], que se puede considerar como la «carta magna» de lo que se ha venido llamando «latín cristiano», producto, a veces contestado y no siempre aceptado, de la llamada «Escuela de Nimega», fundada por Schrijnen y brillantemente continuada hasta su muerte por su discípula, Christine Mohrmann. La formulación del concepto del «latín cristiano» por el Prof. Schrijnen encontró vivos opositores, que no admitían que el «latín cristiano» fuera una lengua

---

1 La obra de Joseph Schrijnen ha sido publicada en traducción italiana, con el título *I caratteri del latino cristiano antico*, con un apéndice de Christine Mohrmann, que se titula «Dopo Quarant'anni», a cura di Silvano Boscherini, Bologna, Pàtron Editore, 1977, 2ª ediz., 1981, 136 pp. En el vol. 4º de los *Etudes sur le latin des Chrétiens*, Roma 1977, aparece dicha obra en su original alemán, como un apéndice: *Charakteristik des Altchristlichen Latein*, pp. 366-404.

en sentido estricto, diferente del latín clásico. Es cierto que ese «latín cristiano» podía ofrecer una serie de hechos lexicales y semánticos propios, con un cierto número de hechos morfológicos, igualmente propios. Pero en lo que se refiere a la estructura general de la lengua, el «latín cristiano» no se diferencia esencialmente del latín clásico.

Aun admitiendo los hechos en su desnuda realidad, y aunque no se pueda hablar con todo rigor de una «lengua» cristiana, con todo hemos de admitir, de acuerdo con la concepción del fundador de la Escuela de Nimega, que se puede hablar con todo derecho de una *lengua especial*, si no autónoma, sí característica, en cuanto que es un medio particular de comunicación, que hunde sus raíces y se alimenta en el terreno de la lengua común de los latinos. Schrijnen y Mohrmann han sostenido siempre que el «latín cristiano» —¿se debería emplear más bien «latín de los cristianos»?— es la expresión de una coherencia y diferenciación social y cultural. Aquí radica la base y el fundamento del pensamiento del Prof. Schrijnen acerca de la «lengua característica de los cristianos» [2].

Entre las fechas en que se celebró el I Simposio de latín cristiano y la publicación de las *Actas* del mismo, han fallecido sus dos más activos organizadores: profesores Fernández Galiano y Mariner Bigorra. De ambos se han ocupado en España otros cultivadores de los clásicos, amigos, colegas o alumnos. Pero también ha fallecido en el intermedio la Prof. Christine Mohrmann, de la que apenas si se ha hecho eco el ámbito greco-latino, en general. La revista *Vigiliae Christianae*, cuya fundación, nombre incluido, se debe a la ilustre co-fundadora de la Escuela de Nimega, dio cuenta escueta con un «In memoriam», acompañado de una fotografía, de su muerte. Por esto creemos deber nuestro infor-

---

2 Vide la Introducción del Prof. Boscherini a la traducción italiana de la obra de Joseph Schrijnen, donde el lector puede darse cuenta del estado de la cuestión acerca del «latín de los cristianos», o «latín cristiano». La edición italiana ha sido muy enriquecida por importantes notas, debidas al Prof. Innocenzo Mazzini, autor de la traducción del original alemán.

mar a nuestros lectores de la personalidad de Christine Mohrmann, a cuya memoria, así como a la de los dos ilustres españoles fallecidos, querríamos ofrecer este volumen que recoge las *Actas* del I Simposio de latín cristiano.

Había nacido Christine Mohrmann el 1 de agosto de 1903; contaba pues 84 años, 11 meses y 10 días, cuando fallecía el 13 de julio de 1988. Había estudiado filología clásica, primero, en Utrecht (1922-23), y luego en Nimega. Fue discípula del Prof. Joseph Schrijnen, que fue el primer Rector Magnífico de la Universidad Católica de Nimega en 1923. En 1932 defendió su tesis doctoral: *Die altchristliche Sondersprache in den Sermones des hl. Augustinus* (Nimega 1933, 270 pp.), dentro de la Colección «Latinitas Christianorum primaeva», vol. 3. Más tarde, en colaboración con su maestro, Joseph Schrijnen, publicó la obra: *Studien zur Syntax der Briefe des hl. Cyprian*, vol. 1 (Nimega 1936, XII-192 pp.) y vol. 2 (Nimega 1937, VIII-160 pp.), dentro de la misma colección «Latinitas Christianorum primaeva», vols. 5 y 6.

El año 1937 era nombrada «Privatdocent» en la Universidad de Utrecht, en el campo del «Latín vulgar, latín de los christianos y latín medieval». Cinco años más tarde obtenía el título de «lector» en la misma Universidad. En 1946 era nombrada también «lector» de las mismas asignaturas en la Universidad de Amsterdam. El año 1953 conseguía el título de Profesor en la Universidad de Nimega de «Griego de los cristianos, latín vulgar, latín de los cristianos y latín medieval». En 1955 era también nombrada profesor de las mismas asignaturas en la Universidad de Amsterdam, y tres años más tarde se retiraba de la Universidad de Utrecht.

Fue profesora de las Universidades de Amsterdam y de Nimega hasta el año 1973. Era miembro de la Academia Real, de Holanda, desde 1964. Era también miembro de la Academia dei Lincei, de Roma; miembro correspondiente de la Bayerische Akademie der Wissenschaften, de Münich; miembro de la Academia Noruega, de Oslo; de la Royal Irish Academy, de Dublín; de la Österreische Akademie, de Viena. Era también Chevalier de la Légion d'Honneur, de París.

Con ocasión de sus sesenta años se le ofrecieron unos *Mélanges* (Utrecht 1963, XXXVI-282 pp.), y diez años más tarde se publicaban *Mélanges Christine Mohrmann. Nouveau recueil offert par ses anciens élèves* (Utrecht 1973, X-256 pp). En estos dos volúmenes puede verse la bibliografía completa de Ch. Mohrmann: pp. XXI-XXXV y IX-X, respectivamente. Gran parte de su producción fue recogida, aparte de lo publicado en la revista *Vigiliae Christianae,* en los cuatro volúmenes, que llevan por título *Etudes sur le latin des Chrétiens* (Roma 1958, XXII-468 pp.; 1961, 400 pp.; 1965, 458 pp., y 1977, 444 pp). En las pp. 405-411 de este 4º vol. se recoge la bibliografía de Christine Mohrmann, años 1957-1976.

El 31 de marzo pasado se organizó en su memoria una reunión con tres conferencias, a cargo de los Profs. Engels, Bartelink y Bastiaensen, que fueron publicadas en un volumen, en holandés, con el título *In memoriam Christinae Mohrmann.* El Prof. J. C. M. van Winden, de la dirección de la revista *Vigiliae Christianae* y alumno de la Prof. Mohrmann, dedicó a su memoria una conmemoración, publicada, en holandés, en el *Jaarboek,* 1989, de la Academia Real, de Amsterdam.

Aunque cuando se celebró este I Simposio de latín cristiano no se pensó en que la publicación de las *Actas* pudieran constituir un merecido homenaje a estos tres ilustres cultivadores de las letras clásicas, cada uno en su campo, creemos que no está fuera de lugar asociarnos, tanto la revista *Helmántica* como los diferentes autores que colaboran en este volumen, al recuerdo de los que nos han dejado el ejemplo de una vida entregada plenamente al cultivo de la antigüedad clásica, en sus más variadas parcelas.

Por causas ajenas a nosotros, quedan fuera de la publicación algunas de las ponencias y colaboraciones presentadas al Simposio. Por eso creemos que no está desacertado recoger aquí todos los títulos y sus respectivos autores.

1. PONENCIAS

Anglada Anfruns, Angel: «El ritmo de la prosa en Paciano de Barcelona».

Díaz y Díaz, Manuel C.: «Latín de los cristianos, hoy».

García de la Fuente, Olegario: «El latín bíblico y el latín cristiano: concepto, definición y características».

Linage Conde, Antonio: «Los benedictinos y el latín».

Michel, Alain: «Rhétorique, poétique et théologie dans le latin médiéval».

Otón Sobrino, Enrique: «Epicuro y Lucrecio en el horizonte polémico de Tertuliano y Lactancio».

2. COMUNICACIONES

Adeva Martín, Ildefonso: «Comentarios latino-cristianos del Maestro Alejo Venegas de Busto».

Aguilar Amat, Manuel José: «*Licinianea Hispania*. Apuntes para la historia de las ediciones españolas de Liciniano de Cartagena».

Alonso del Real y Montes, Concepción: «*De civitate Dei* 22, 2 y 5, 11».

Anglada Anfruns, Angel: «*Verbis sane ipsius loquar* (Paciano, *De Baptismo* 1, 1)».

Ariza y López-Mateo, Rocío del Mar: «Un léxico medieval de Vicente de Beauvais».

Berges Ferrer, María Gloria: «La puntuación del ms. *Gratianopolitanus 262* en el *De paenitentibus* de Paciano de Barcelona».

Baloira Bértolo, Adolfo: «Originalidad y apropiaciones en el comentario al Apocalipsis de Beato de Liébana».

Beltrán Torreira, Federico Mario: «Algunas reflexiones en torno a las figuras de Coré, Datán y Abirón en las fuentes hispano-visigodas».

Caballero Domínguez, Juan Luis: «Rasgos especiales estilísticos en la carta de san Cipriano a los Tibaritas».

Campa Carmona, Ramón de la: «El latín en la Iglesia entre el ayer y el hoy».

Cañigral Cortés, Luis: «San Jerónimo en la didáctica gramatical del latín en España (1500-1900)».

Castillo García, Carmen, y Preboste Iraízoz, Blanca: «El himno *Intende qui regis Israel*».

Castrillo Benito, Nicolás: «El latín como lengua en los disidentes del siglo XVI».

Cid Luna, Perfecto: «Algunos rasgos sintáctico-estilísticos, contrastados, del *De catechizandis rudibus* agustiniano».

Closa Farrés, José: «Tradición clásica y cristiana en la *Translatio sanctae Monicae*, de Mafeo Veggio».

Cristóbal López, Vicente; Mauro Melle, Silvia, y Castro Jiménez, María Dolores: «Sobre el estilo de Juvenco».

Esteve Ferriol, José: «Las primeras escuelas de latín en la Valencia medieval».

Fernández Hernández, Gonzalo: «Liberio de Roma y el homoiousianismo».

Fernández López, María Concepción: «*Recordatio iocorum tempore dolendi* (Sidonio Apolinar, *Ep.* 8, 11, 2)».

Fernández Vallina, Emiliano: «¿Vino nuevo en odres viejos? Expresiones de un conflicto: siglos IV-V p. C.».

Ferragut Domínguez, Concha: «Simetrías en las cláusulas de Paciano de Barcelona (Epístola 1)».

Flores Gómez, María Esperanza: «María Magdalena en sus Himnos».

Fontán Pérez, Antonio: «Las dos latinizaciones de Europa».

García Sanz, Oscar: «El *pius pater* en san Benito».

García Soler, Leonarda y Antonio: «Sintaxis de los casos en el *Itinerarium Egeriae*».

Gómez Lozano, Mercedes: «Léxico de la vid en san Isidoro de Sevilla».

González Luis, Francisco: «Los cambios de género gramatical en las antiguas versiones de la Biblia».

González Luis, José: «El latín de las traducciones y comentarios bíblicos de san Jerónimo».

Guerrini, Roberto: «*Florescet*. Testo ed immagine nella raffigurazione di profeti e sibille».

Gutiérrez Galindo, Marco Antonio: «Sobre la presencia de los autores cristianos en los gramáticos latinos».

Hoyo Calleja, Javier del: «*Elogia feminarum* en la epigrafía hispano-cristiana».

Ijsewijn, Josef: «Latin after the middle ages».

Inclán y García-Robés, Luis: «Un ejemplo de latín cristiano en la Europa protestante: Juan Amós Comenio».

Jiménez-Villarejo y Fernández, María Luisa: «Estructuras poéticas en la *Vetus Latina*».

López Pereira, José Eduardo: «Literatura cristiana en la Gallaecia (siglos IV-V)».

Lorenzo y Lorenzo, Juan: «Pervivencias paganas en la literatura cristiana».

Losada, Antonio: «El *Thesaurus indicus* de Diego de Avendaño».

Mariner Bigorra, Sebastián: «Factores coadyuvantes de los usos litúrgicos de Nom. pro Voc.».

Mediavilla González, Julio: «Aspectos literarios y polémica en torno al ms. s. IX *De habitu clericorum Leovigildi presbyteri Cordubensis*».

Morano Rodríguez, Ciriaca: «Edición crítica de glosas marginales de *Vetus Latina* en Vulgatas españolas (Samuel I y II)».

Moreno Hernández, Antonio: «El tratamiento de los nombres propios en los textos de *Vetus Latina* de I y II Samuel».

Ollero Granados, Dionisio: «*Plenus misericordiae et humanitatis* (Escribonio Largo)».

Oroz Reta, José: «Observaciones sobre algunos términos litúrgicos del *Itinerarium Egeriae*».

Parera Leal, Amparo: «El texto de Simproniano conservado por Paciano».

Pascual Barea, Joaquín: «El resurgir de la poesía latina cristiana en Sevilla durante el reinado de los Reyes Católicos».

Picón García, Vicente: «El *De spectaculis* de Tertuliano: su originalidad».

Redondo i Sánchez, Jordi: «Algunos helenismos en la Vulgata del Nuevo Testamento».

Roca Meliá, Ismael: «Significado clásico y cristiano de *pax* en Tertuliano».

Rodríguez Adrados, Jesús-Víctor: «Invocaciones iniciales en los *Cartularios hortenses*».

Rodríguez Cerezo, Tomás Martín, y Escalono Monge, Julio: «Terminología sobre las relaciones de dependencia de la *Vita Sancti Emiliani* de Braulio de Zaragoza».

Rodríguez Morales, Jesús: «¿Petronio en la biblioteca de Isidoro de Sevilla?».

Ruiz Gito, Jesús María: «Tres versiones al latín de un texto griego, *La Tabla de Cebes*».

Sánchez y Fernández-Villarán, Eustasio: «Orationes *post pridie* in ritu muzarabico cum sensu epicleseos».

Sánchez Navarro, Luis: «La noción de Dios en las *Confesiones* de san Agustín».

Sella i Barrachina, Ventura: «Algunas particularidades del latín de *Regula Magistri*».

Silvestre Landrobe, Horacio: «Horacio Romano: un poeta en la corte papal renacentista».

Solana Pujalte, Julián: «La rima en la poesía de Alcuino de York».

Suárez Martínez, Pedro Manuel: «Etimología y traducciones populares en san Cesáreo de Arles».

Torroja Mateu, María Teresa: «*Ad Donatum et aliae epistolae Cypriani* (B.U.P. Ms. 574, siglos XIV-XV)».

Verdejo Sánchez, María Dolores: «Los adverbios en las notas marginales del libro de Job de la *Vetus Latina*».

No queremos dejar de agradecer aquí públicamente la ayuda económica que recibimos de la Fundación Pastor, por medio de su entusiasta e incansable Presidente D. Manuel Fernández Galiano, sin olvidar el aliento que en todo momento manifestó para que las *Actas* fueran publicadas. También agradecemos al C.S.I.C. su absoluta disponibilidad para que las sesiones del *Simposio* tuvieran lugar en los locales de su sede Central. Damos igualmente las más sinceras gracias a los que hicieron posible la realización de este *Simposio de Latín Cristiano*, y a cuantos han facilitado la publicación de estas *Actas*. Omnibus grates quam maximas unanimi corde agimus.

JOSE OROZ RETA

Prolusión

Señoras, señores: Es para mí un honor inmerecido el dirigirles a ustedes la palabra en el acto inaugural de este *I Simposio de Latín Cristiano*, pero cuando D. Manuel Fernández Galiano tuvo a bien darme la noticia de su celebración e invitarme a acompañarle en este acto, fue tan grande la alegría que no supe ni pude negarme.

Yo no soy latinista, y he sido formado en las lenguas de los pueblos cristianos en las fronteras orientales del imperio romano. Son lenguas más bárbaras, aunque los cristianos del norte de Mesopotamia podían alardear —como lo hacían— de que su lengua era la que Adán había usado para hablar con Dios en el paraíso, que, si bien no era de este mundo, no podía estar muy lejos de su tierra, pues del río que salía de él se formaban, según dice la Escritura, el Tigris y el Eufrates; y era la que los hombres habían usado para comunicarse hasta el episodio de la torre de Babel, y la que siguieron hablando luego los patriarcas, establecidos en Harram, y la que había usado Nuestro Señor. Pero, aunque mi formación haya ido por otros derroteros, como obispo y como español no puedo menos de alegrarme extraordinariamente de la celebración de este simposio, de la nutrida participación que se ha anunciado, y del interés que ha despertado.

Quiero contar aquí una anécdota que oí narrar una vez acerca de Patrick W. Skehan, tal vez el mejor discípulo de W. F. Albright y uno de los pocos verdaderos semitistas de talla que ha producido el suelo americano. Este hombre notable terminó siendo uno de los miembros del equipo internacional encargado de la publicación de los manuscritos del Mar Muerto, y el principal responsable de la traducción del AT para la *New American Bible*. Su carrera, sin embargo, no había empezado en esos menesteres, sino en el estudio del siríaco, el copto y el árabe cristiano. Pues bien, un día, uno de esos pobres hombres, nacido de los nuevos sistemas educativos, que florecen —también— al otro lado del océano, le preguntaba al profesor Skehan cuál era la utilidad de gastar la vida aprendiendo unas lenguas que nadie hablaba. «Es que la Iglesia —respondió tranquilamente Patrick Skehan— tiene una memoria, y alguien ha de conservarla».

De la memoria, de la memoria de un pueblo, de eso se trata. Y, por tanto, de su buena salud, mental y espiritual. Es cierto que la memoria no es la inteligencia, y que, en lo que la memoria tiene de almacén de datos, hay hoy unos aparatos que suplen, en algunos casos con ventaja, a los viejos ficheros. Pero tiene la memoria, junto a esta función de almacenar información, otra muchísimo más humana y menos delegable. Es la de decirnos quiénes somos, de dónde venimos, cuál es nuestro domicilio, nuestra casa, hacia dónde podemos dirigir nuestros pasos, o hacia dónde no sería muy inteligente encaminarnos. Es lo que podríamos llamar la memoria histórica, esencial para la identidad y la libertad de los individuos y de los pueblos. Dimitir de esa memoria histórica es siempre fatal para los unos como para los otros.

En un cierto sentido, el hombre moderno odia la memoria, odia el pasado, reacciona ante él con la inmadurez y la irresponsabilidad del adolescente. Y, como en el caso del adolescente, su renegar del pasado no es sino un síntoma de una afección más profunda: el odio y el rechazo que el adolescente siente hacia sí mismo, y el miedo que le produce su propio futuro. Como le decía el Calígula de A. Camus a Cesonia, «los hombres, Cesonia, lloran porque las cosas no son como quieren que sean». Lloran, y sueñan con la luna, y juegan a ser los amos del mundo. Son llantos, y sueños, y juegos de adolescente. Pero el pobre hombre que tiene que vivir sobre las cenizas de la modernidad es capaz de pasar por todo. Todo, antes que aceptar la servidumbre —y la grandeza— de la condición humana, el riesgo de la responsabilidad y del amor. Es decir, el riesgo de la libertad.

Es obvio que ni el adolescente enfurruñado ni el pobre

hombre moderno explican de esta manera sus propios sentimientos. La canción que se canta a sí mismo suena todavía
con otra música: el pasado pertenece a los muertos, es fuente
de tabúes y de atavismos que es preciso sacudirse con diligencia para ser uno mismo, para vivir la propia vida. La
tradición, toda tradición, toda pertenencia —incluso la de
la familia, o la de una amistad desinteresada y estable—
es una atadura para la libertad. Lo que no se dice nunca es
que la «libertad» que queda cuando se han roto todos los
lazos es la del condenado a la mazmorra del propio egoísmo
y de la propia soledad. Narciso puede ser muy bien —como
se ha dicho— el símbolo más querido del hombre post-
moderno, de lo que G. Lipovetsky ha descrito tan fríamente
como «la era del vacío», pero Narciso es un ser miserable,
tan hastiado de sí mismo que no necesita siquiera de un plato
de lentejas para vender su primogenitura: la regala al último
que llega, a cambio de nada, con la vana esperanza de descar-
garse así de la última propiedad que le queda: su angustia
y su violencia. Y quienes están dispuestos, como buitres, a
aceptar el regalo de ese despojo humano, y a utilizarlo para
sus fines, son legión.

¡Entiéndanme ustedes bien, no se trata de volver al quin-
qué y a la pluma de ave! El hombre no ha nacido para vivir
sobre el pasado, ni para idealizarlo ni para denigrarlo siste-
máticamente. Dicho sea de paso, tampoco ha nacido para
vivir en el futuro. Es otra forma de la misma patología, de
la misma evasión. El hombre debe tan sólo acoger el presente
—su tarea—, acogerlo como el pedazo de tierra y de ser que
le ha sido dado para trabajar y realizar en él su apasionante
vocación. Pero para acoger el presente con responsabilidad
y, por tanto, libremente, es esencial la conciencia de la propia
identidad, y una dimensión importantísima de esa conciencia es la propia memoria histórica. Sin memoria histórica,
los hombres y los pueblos son marionetas, pobres peleles
en manos de los poderosos, que les dictan el bien y el mal,
y que disponen, por tanto, de su conciencia.

Pido perdón por esta divagación, tan lejana sin duda de
las preocupaciones académicas de muchos de ustedes, y
de las hermosas ponencias que en estos días tendremos la
oportunidad de escuchar. No he querido con ella sino subra-

yar el verdadero valor de su trabajo. Las horas —no necesariamente ingratas— de descifrar un manuscrito, o de desenterrar un documento tienen un significado, que va mucho más allá del *hobby* o del entretenimiento o del diletante gozo puramente intelectual. Preservar la memoria del pasado no es lo único que debe hacer una sociedad, pero es un servicio absolutamente indispensable, si es que la libertad y la cultura han de tener un espacio en la sociedad del futuro...

Recordar hoy esta humilde verdad no me parece inútil. Nuestro país, tan ansioso de entrar en la modernidad —ahora que medio mundo no sabe cómo salir de ella—, tan ávido en la hora presente sólo de aquello que tiene un interés y una utilidad inmediatos, corre el peligro de tirar por la ventana, alegremente y como si nada sucediese, una gran parte de su patrimonio intelectual. Y no me refiero, créanme, sólo al *contenido* de unos saberes, sino a la rigurosa disciplina intelectual que hace posible su adquisición, al sentido y al amor del trabajo, a la fe en la búsqueda de la verdad. Siendo ésta nuestra situación, no podía hablar hoy de otra cosa. El interés que ha suscitado este congreso es, en un panorama bastante desértico, un motivo de esperanza.

Yo debo, por la misión que me ha sido encomendada, estar cerca de jóvenes estudiantes. Les aseguro a ustedes que en muchos de ellos el anhelo de la verdad y de la belleza está, al menos cuando se acercan a la Universidad, casi intacto. No estoy seguro de que no haya sido amargamente abusado cuando salen de ella, o incluso después de estar en ella sólo un par de años. Tenemos, quienes enseñamos o quienes cultivamos una rama del saber, una grave responsabilidad y una impresionante tarea.

¡No defrauden ustedes la esperanza de los jóvenes! ¡No dejen que su disciplina, tan cercana al hombre, a su conciencia y a su memoria, sea asolada, por una especie de complejo ante las ciencias llamadas exactas y pierda su contenido humano! ¡No tengan el menor miedo de hacerlo explícito! ¡No olviden nunca que su saber y su trabajo es un servicio al hombre! No duden en sacrificar tal vez un proyecto acariciado, o un éxito profesional, para dedicar su tiempo y facilitar sus libros a aquellos alumnos que tienen un verdadero interés. En los tiempos que corren, tal vez la tarea más urgente de cualquiera que ame la cultura del hombre es justamente la de recrear —casi a partir de cero— una verdadera tradición intelectual.

Pero el simposio que ahora inauguramos no es de filología latina —las reflexiones que acabo de hacer hubiesen sido las mismas también en ese caso—, sino de latín cristiano. La Iglesia es un pueblo, surgido de entre todas las naciones por obra y gracia de un acontecimiento que ha sacudido hasta los cimientos la conciencia que el hombre tiene de sí mismo, del mundo y de la historia, y le ha abierto el horizonte de su propio significado y de su propia dignidad de un modo absolutamente único. La Iglesia —que renueva su identidad cada día en el sacrificio eucarístico, «memorial» de la muerte y resurrección de Cristo, fuente de la verdad y de la esperanza del hombre— no puede renunciar a su memoria, no va a renunciar a ella. Y no va a renunciar a ella precisamente porque su memoria histórica está indisolublemente ligada a esa esperanza de los hombres. En el mundo cristiano, la tradición y la memoria son tan esenciales como en el mundo a secas, y más si cabe, porque de la memoria del acontecimiento de Cristo y de su fecundidad en la historia —esto es, la historia de la Iglesia— depende la salvación de los hombres y de los pueblos. En el mundo cristiano, la tradición no es un obstáculo, sino una fuente de libertad. *Traditio tibi praetendetur auctrix*, «la tradición te hace crecer», decía Tertuliano.

La memoria de la Iglesia es la parte más preciosa de la memoria de la humanidad, porque es la memoria de su vocación iluminada, la memoria de su esperanza. No importa que esa memoria esté luego expresada a veces en un pobre lenguaje, ni que esté —como lo está— entretejida en el entramado monótono de las pasiones humanas. Recuerdo perfectamente cuando, en una clase de griego bíblico, un profesor enamorado de su materia nos hizo leer varios papiros griegos. Había entre ellos dos cartas de pésame. Una pagana, era elegantísima, escrita en el griego más correcto, pero totalmente vacía de humanidad y de esperanza. La otra, en cambio, cristiana, estaba pésimamente escrita. No había en ella un caso en su sitio, ni un tiempo o una preposición bien usada. Pero les aseguro a ustedes que, de verme en la necesidad de recibir una carta de condolencia, no lo hubiese dudado un momento: hubiera escogido la segunda, tan alegre, tan divinamente humana.

La memoria de la Iglesia es preciosa para la humanidad, pero la memoria de la humanidad es preciosa para la Iglesia. Porque en Cristo se ha desvelado la dignidad y el significado del hombre, el pueblo cristiano, cuando verdaderamente lo es, ha mostrado siempre un aprecio exquisito por la tradición y por todo lo humano. Y no se me aduzcan, hipócritamente, el trato que los monjes antiguos de Oriente dieron a los templos paganos, u otros ejemplos igualmente manipulados: la antigüedad cristiana entera ha destruido muchísimo menos de lo que destruyó el siglo XVIII, o de lo que nuestra generación ha destruido en veinte años.

Desde el acontecimiento de Cristo y desde que existe la Iglesia, además, las dos memorias, las dos historias —la del hombre y la de la Iglesia, es decir, la del pueblo cristiano— están indisolublemente unidas. Por eso es imposible, no sólo en España, sino en Europa y en América, separar la historia de los pueblos de la historia del cristianismo, separarla de la historia de la Iglesia, de sus logros y de sus pecados. Desde la muerte de Cristo no hay más que una historia, que es la de la humanidad redimida.

Esta verdad se puede olvidar momentáneamente. Se puede olvidar en la misma Iglesia, momentáneamente también. Ahora mismo acabamos de pasar un fuerte sarampión de desmemoria, y es todavía demasiado pronto para evaluar las pérdidas, en la Iglesia y en la humanidad, pero son sin duda enormes. Y no piensen ni por un momento que me estoy refiriendo al Concilio, o al inmediato post-concilio. Todo lo contrario. Yo estoy convencido de que el Concilio ha puesto las bases precisamente para una renovación en profundidad y en memoria y de la identidad de la Iglesia. Lo que sucede es que el Concilio ha hecho aflorar a la luz una infección que estaba trabajando en silencio el organismo desde hace mucho tiempo. Hace mucho tiempo, en efecto, que el pueblo cristiano y los eclesiásticos habíamos claudicado a la modernidad, y habíamos consentido que otras instancias acudieran en ayuda de nuestra falta de memoria histórica. La fiebre del post-concilio es la fiebre de la reacción a la vacuna, pero hay vacuna. La fiebre pasará. Nuestra presencia aquí esta mañana es un signo de ello. Y la memoria de la Iglesia, como la paciencia de los pobres, permanecerá para siempre. *Patientia pauperum manebit in aeternum.*

Mientras tanto, nuestra tarea es construir. En la hora presente, mucho me temo que habrán de ser los cristianos quienes tengan que salvar —como así está sucediendo ya— hasta los valores, la culura y la memoria de la misma modernidad, igual que, tras haber sido perseguidos y haber luchado contra las contradicciones del paganismo, fueron los cristianos del siglo V quienes salvaron no sólo a Homero y a Virgilio, Horacio y a Aristófanes, sino también a Libanio y a Juliano el Apóstata.

MONS. FRANCISCO JAVIER MARTINEZ
Obispo aux. de Madrid

Consideraciones sobre el ritmo
de la prosa de Paciano*

Introducción

Hace algunos decenios, nombrar siquiera el ritmo de
la prosa latina encontraba una reacción fría y escéptica.
H. Bornecque empezó su clásico tratado *Les Clausules Métriques Latines* [1] con la queja de que este tema provocara a
menudo un encogimiento de hombros. De la misma actitud
se lamentaba hace unos veinte años A. Primmer en su excelente libro *Cicero Numerosus* [2]. Pero, ya A. D. Leeman, en
su *Orationis Ratio* [3], comenta: «Some years ago a great
Latin scholar wrote: "this strange passion of the practical
and shrewd Roman for the fascination of rhetorical effect
is indeed one of the most interesting psychological pheno-
mena of ancient civilization"».

La prevención contra la investigación de las cláusulas
es comprensible hasta cierto punto, dadas las aparentes
contradicciones que parecen ofrecer a veces los resultados
de algunos latinistas tan ilustres como E. Müller, J. Wolff,

* Doy ante todo las gracias a mi Maestro D. Lisardo Rubio Fernández por
la ayuda que siempre me ha prestado en mis estudios sobre Paciano y por el ánimo
que siempre me ha dado para que publicara mis investigaciones sobre el ritmo
de la prosa de Paciano. Estas páginas rinden también homenaje al eminente latinista holandés J. W. Ph. Borleffs (+ 1968), quien, en 1958, me sugirió el estudio
de las cláusulas de Paciano.

1 p. 5.
2 *Cicero Numerosus. Studien zur antiken Prosarhythmus. Österreichische
Akademie der Wissenschaften phil.-hist. Klasse.* Sitzungsber. 257. Band, p. 8.
3 *Orationis Ratio. The stylistic theories and practice of the roman orators
historians and philosophers*, Amsterdam 1963, I, p. 364.

Th. Zielinski [4], entre otros. Si las teorías para explicar los hechos adolecen de ciertas divergencias propias, en parte, de una ciencia todavía joven, sin embargo, un hecho es de todo punto innegable: las cláusulas más usadas por Cicerón son las que más recomendó y, al mismo tiempo, son las más usadas por no pocos escritores posteriores [5]. Los Padres de la Iglesia dan testimonio de la inmensa importancia que para el romano culto tenía el ritmo de la prosa o *numerus*. Las enseñanzas de los gramáticos y maestros de oratoria demuestran el alto valor que en la escuela se prestaba al aprendizaje de las cláusulas [6]. Si la doctrina no es tan detallada y explícita como desearíamos, conviene recordar que la formación de los alumnos era más a base de unos ejercicios que siguiendo un programa o libro de texto. Los manuales que han llegado hasta nosotros contienen unos preceptos que casi carecerían de sentido sin el complemento de la gimnasia de la práctica.

CONCEPTO DE 'COMPOSITIO'

El concepto de redacción y composición literaria de los romanos era muy distinto del que tenemos nosotros ahora. Estarían hoy plenamente acertadas aquellas palabras que el arzobispo de Cambrai, Fénélon, escribió en el s. XVII: «L'home digne d'être écouté est celui qui ne se sert de la parole que pour la pensée» [7]. En cambio, el romano escribe

---

4   E. Müller, *De numero ciceroniano*, Berlín 1886; J. Wolff, *De clausulis ciceronianis: Jahrbücher f. klassische Philologie*, Suppl. Bd. 26 (1901) pp. 577-680; Th. Zielinski, *Das Clauselgesetz in Cicero's Reden: Philologus*, Suppl. Bd. 13 (1914).

5   Cicerón recomienda el dicoreo, el crético, el peón primero y cuarto y el espondeo. Desaconseja el coriambo, el dáctilo y el proceleusmático (*Or*. 215 s.; *Or*. 3, 192 s.). Quint. 9, 4, 93-111. Diomedes, *Ars Gramm*. 3; *KGL* 1, 472.

6   Cic., *Or*. 3, 171-199; *Or*. 1, 37-49; 162; 50; 168-171; 236. Caes. Basus, *De compositionibus, KGL* 6, 308, 30-312, 2. Quint. 9, 4, 1-147. *De compositione;* Sacerdos, *Ars Grammatica*, lib. 3, *KGL* 6, 492, 25-495, 26. Diomedes, *Ars Grammatica, De Compositione, KGL* 1, 464, 26-471, 29. Iulius Victor, *Ars Rhetorica* 20: Halm *RLM*, Leipzig 1863, pp. 432, 32-433, 20. Martianus Capella, *De Arte Rhetorica* 34-37: Halm, *RLM* 475-47 .

7   *Lettre à l'Académie avec les versions primitives*. Edition critique par Ernesta Calderini, Genève 1970, pp. 51 s. En la nota 39, E. Calderini observa: «Précepte... qu'on rencontre dans un grand nombre d'ouvrages consacrés à l'art oratoire», y cita Quintiliano 2, 15, 1-38; S. Agustín, *Contra Crescentium Grammaticum Partis*

consciente de que su obra será leída por un *lector* [8], es decir, por un artista de la lectura, el cual, mediante la modulación de su hermosa voz y la gesticulación apropiada, imitará el contenido, incluso con la forma de pronunciar las palabras. San Agustín, al principio de leer las Sagradas Escrituras, echó de menos aquella armonía del período ciceroniano, y las juzgaba indignas de ser comparadas con la admirable prosa del gran orador: *non enim sicut modo loquor, ita senti, cum adtendi ad illam scripturam, sed uisa est mihi indigna quam Tullianae dignitati compararem* [9]. No habría podido entender la frase de Fénélon un romano, cuyas obras literarias se dirigían precisamente a la imaginación auditiva y para quien la forma era incomparablemente más importante que el contenido, según leemos, entre otros, en Quintiliano: *neque enim refert, qualia sint quae intra nosmetipsos composuimus, quam quo modo efferantur, nam ita quisque ut audit mouetur,* y también: *finis eius* (de la oratoria) *et summum est bene dicere* [10], claro está para persuadir.

Concepto de lectura en la antigüedad romana

El concepto de lectura como arte queda plasmado en esta definición del gramático Diomedes, contemporáneo de Paciano: *Lectio est artificialis interpretatio uel uaria cuiusque scripti enuntiatio seruiens dignitati personarum exprimensque animi habitum cuiusque* [11].

La lectura era, pues:

1. un arte, *artificialis;*
2. era expresiva, es decir, consistía en la *interpretatio;*
3. debía hacerse con una entonación apropiada y acorde con el contenido del escrito o pasaje, *uaria cuiusque scripti enuntiatio;*

Donati 1, 1, 2. Por lo que respecta a Quintiliano, conviene advertir que es del todo exacta la afirmación de E. Calderini, porque el pasaje correspondiente trata de la persuasión.

8 A. Quacquarelli, *Retorica e Liturgia antenicena,* Roma 1960, pp. 37 ss.

9 *Confess.* 3, 5, 9 (*CSEL* 33, 50, 9-11).

10 11, 3, 2.

11 *Ars Grammatica, KGL* 1, p. 426, 22, 24.

4. prestaba gran atención a la dignidad de las personas que intervenían en el texto y plasmaba su estado de
ánimo imitando con esmero el de cada una de ellas, *seruiens
dignitati personarum exprimensque animi habitum cuiusque.*
Adviértase cómo *cuiusque* adquiere mayor relieve a la *traiectio,* que lo pospone al final [12].

Testimonio de los escritores cristianos

De la importancia de las cláusulas para los romanos
paganos son testigos, entre otros muchos, Arnobio, cuando
escribe: *qui minus id quod dicitur uerum est si in numero
peccatur, aut casu, propositione, participio, coniunctione? ...
Cum de rebus agitur ab ostentatione submotis, quid dicatur
spectandum est, non quali cum amoenitate dicatur; nec quid
aures commulceat, sed quas adferat audientibus utilita-
tem* [13]. Lactancio explica cómo uno de los motivos de incre-
dulidad de los paganos era precisamente la falta de placer
del oído en la lectura de la Biblia: *homines litterati, cum ad
dei religionem accesserint, si non fuerint ab aliquo perito
doctore fundati, minus credunt. Adsueti enim dulcibus et poli-
tis siue orationibus siue carminibus diuinarum litterarum
simplicem communemque sermonem pro sordido aspernan-
tur. Id enim quaerunt quod sensum demulceat. ... summa
prouidentia carere fuco uoluit ea quae diuina sunt, ut omnes
intellegerent quae ipse omnibus loquebatur* [14]. En las
Confessiones del Aguila de Hipona leemos: *figmentorum
poeticorum uestigia errantes sequi cogebamur et tale aliquid
dicere solutis uerbis, quale poeta dixisset uersibus; et ille dice-
bat laudabilius, in quo pro dignitate adumbratae personae
irae ac doloris similior adfectus eminebat, uerbis sententias
congruentes uestientibus* [15]. En el tratado *De doctrina christiana* nos dice el mismo Doctor de la Iglesia: *Illud tamen
scio, quod quisquam huius numerositatis peritus illorum
clausulas eorundem numerorum lege componat, quod facil-*

12 Agradezco esta observación a mi Maestro, el Dr. D. L. Rubio Fernández.
13 *Nat.,* 1, 59.
14 *Diu. Inst.* 6, 21, 3 (*PL* 6, 713 s.).
15 Op. cit. 1, 17, 27 (*CSEL* 32, 148, 90-94).

*lime fit mutatis quibusdam uerbis, quae tantundem signifi-
catione ualent, uel mutato eorum quae inuenerint ordine* [16].
Y también: *Sane hunc elocutionis ornatum, qui numerosis
fit clausulis fatendum est deesse scriptoribus nostris* [17]. Con
estas otras palabras atestigua el obispo africano el entusiasmo con que los romanos escuchaban el ritmo: *Ipsis rebus
extorta numerositas clausularum, tantas adclamationes exci-
tat, ut uix intellegatur esse submissa* [18].

Enseñanza de las cláusulas en la escuela

Por la enseñanza escolar contemporánea de Paciano
sabemos igualmente que los gramáticos y maestros de retorica procuraban que sus alumnos se ejercitasen en el ornato
de las cláusulas. Todos convienen en que el *numerus* o ritmo
debe ponerse en las *clausulae* o *conclusiones* [19]. Quintiliano
refiere cómo uno de los ejercicios escolares de la *composi-
tio* consistía en pasar textos poéticos a ritmo de prosa, y
viceversa, mediante la transposición de las palabras, la paráfrasis e incluso recurriendo a la sustitución o al adorno:
*uersus primo soluere, mox mutatis uerbis interpretari, tum
paraphrasi audacius uertere, qua et breuiare quaedam et
exornare saluo modo poetae sensu permittitur* [20]. La razón
de todo ello se encuentra en Cicerón, cuando éste explica
la diferencia entre poesía y prosa: *ordo pedum facit, ut id
quod pronuntiatur aut orationis aut poematis simile uidea-
tur* [21].

*El hexámetro 'multi praeterea quos fama recondit
obscura' en Paciano*

Ilustra el conjunto de los testimonios anteriores un
pasaje en que Paciano enumera toda una serie de herejes
y, después de mencionar a los contemporáneos de los Após-

16 6, 20, 41 (*CC, SL* 32, p. 24, 16-20).
17 *Ib.,* 148, 86 s.
18 4, 24, 56 (*CC, SL* 32, p. 162, 26 s.).
19 Cic., *Or.* 3, 50, 192; Quint., 9, 4, 61-63; Iul. Victor, *Ars Rhetorica* 20. Cf.
Halm, *RLM,* p. 433, 10-12.
20 1, 9, 2.
21 *Or.* 68, 227.

toles, alude a los demás con estos términos virgilianos: *et ceteri quos fama obscura recondit* [22], siendo así que el hexámetro reza: *multi praeterea quos fama obscura recondit* [23].

En relación con esta frase, su corresponsal, Simproniano, mantuvo una actitud propia de la tendencia rigorista contraria al uso de los escritores paganos por parte de los cristianos [24]. Este es el resumen que hace Paciano de la crítica de su adversario: *Quae castigas et agis* [25] *quasi ad rhetorem uenerimus, aut ars sit tractanda aut de uersibus uergilii disputandum? Quid enim ego dixeram, aut quos uergilii uersus enarraram? Cum plures haereticos nominassem addidi: «Et ceteri quos fama recondit obscura». Et unde tu hoc de uergilii uersu tractum putas, si uergilium omnino non noueras?* [26]. *Atqui nego* [27]. *Non ex ordine uersum posui.*

---

22   *Ep.* 1, 1, 2. Esta carta se cita por la edición del autor del presente escrito. Véase *Homenaje a Pedro Sáinz Rodríguez I: El texto de Paciano en la 'Bibliotheca Sanctorum Patrum', de Marguerin de La Bigne* 1, pp. 308-337, Madrid 1988.

23   *Aen.* 5, 302.

24   H. Hagendahl, *Von Tertullian zu Cassiodor. Die profane Literarische Tradition in dem lateinischen Schriftum. Studia Graeca et Latina Gothoburgensia* 44, Göteborg 1983, pp. 12-48. Puede verse también S. Costanza, 'La polemica di Paciano e Simproniano sull' uso di citare i poeti classici', en *Vetera Christianorum* 15 (1978) pp. 45-50; J. Doignon, '«Ipsius enim genus sumus» (Actes 17, 28b) chez Hilaire de Poitiers', en *Jahrbücher f. Antike und Christentum* 23 (1980) pp. 58-64.

25   El *Reginensis* reza: *castigas set ais*. Floro de Lyon raspó la *s* de *set* y en la interlínea superior añadió una *g* para leer *castigas et agis*. La grafía *ais* se explica por la palatización de *g* ante *i* pasando a *i*.

26   En mi artículo 'La tradición manuscrita de Paciano de Barcelona', en *Emerita* 35 (1967) p. 148, defendí la lectura primitiva del *Reginensis* frente a la corrección floriana *noueras* y leí *oueras*. Hoy, sin embargo, pese a la arbitrariedad del diácono lugdunés en sus enmiendas, prefiero *noueras*.

27   La lectura *Atqui nego*, reproduce el texto del *Reginensis*. El escriba de éste copió *At qu i nego*, uniendo luego *At* con *qu i*, lo que lo repitió el amanuense del *Gratianopolitanus 262*, pero omitiendo la *distinctio*. En el *Parisimus 2182* la línea termina en *qui*, y la siguiente empieza por *ego*, faltando la *n* de *nego* y, como copia del *Gratianopolitanus*, también el punto, dando *Atqui ego*. Jean du Tillet conservó la puntuación del *Reginensis* publicando *atqui nego*, reproducido por la romana de 1564 de Aldo Manucio hijo y por M. de La Bigne en 1575 hasta 1654. De ésta o de la de 1624 pasó a la *Bibliotheca Veterum Patrum* de Gallandi, y de ésta a la *Patrologia Latina* de Migne. En la *Bibliotheca* de Marguerin de La Bigne, en la edición de Colonia de 1618, se lee *Atquin ego*, y en la de Lyon de 1677 *Atqui ego*. Con semejante errata, la coma carecía de sentido y, por tanto, la omitieron Flórez y Noguera. Ph. H. Peyrot prefirió *Atquin ego*. La *distinctio* del *Reginensis* es definitiva para la comprensión del pasaje. La pausa despúes de *nego* demuestra que *non ex ordine uersusm posui* es una repetición insistente de la réplica negativa precisándola, es decir: «Pues digo que no. No puse el verso en su orden de palabras».

Dixi enim: «Quos fama recondit obscura», ut loquentibus moris est ex copia sermonis humani dicere aliquid quod ante dictum sit. Tu uero uersum suo ordine, sua compage repetisti. Adeo uergilium plus amasti, ut nefas fieri putares, si uersum eius infringeres? Et tamen ego a paruulo didiceram. Quid mirum si in ea incidi quae sciebam? In te frater, tantus est labor, ut ea nunc demum legas, quae lecta quondam ab aliis erubescas [28]. Paciano había transformado el verso de la *Eneida* en un miembro con ritmo de prosa mediante la *traiectio*. Así se entiende mejor la respuesta: *Atqui nego. Non ex ordine uersum posui*. Con semejante alteración del orden quedó modificada también la contextura del hexámetro, que Simproniano recordó citándolo con exactitud. De ahí la réplica de Paciano: *Tu uero uersum suo ordine, sua compage repetisti*. Adviértase la ironía con que Paciano le pregunta con casi un hexámetro: *Quid enim ego dixeram, aut quos uergilii uersus enarraram?*

Con la transposición *recondit obscura* 1_γ, es decir, troqueo + antibaquio, Paciano obtenía la cláusula más recomendada por los gramáticos contemporáneos y evitaba el ritmo poético de final de hexámetro. El crético no es de buen uso en la poesía, por lo que resulta más apropiado para la prosa hasta el punto de constituir la llamada base de ritmo crético. La diferencia fundamental entre el ritmo de la poesía y el de la prosa de arte latina es precisamente la ausencia del crético en aquélla y su presencia en la base de ésta. Los maestros de oratoria alaban el crético en la prosa. En el s. I d. J. C., Cesio Baso [29] recomendaba sobre todo la cláusula formada *ex trochaeo et molosso, id est, ex longa et breui et tribus longis, ut 'dolore compulsum'*. Sacerdos [30], en el s. III, escribe: *Nunc igitur quoniam docuimus haec quae a nobis stultissime reprehenduntur, indifferenter a prioribus posita, structuras nobis delectabiles componamus: amphibrachys et molossus: 'probare deberes'*. Advierte, además: *Trisyllaba structura nostro tempore caute ponenda est, ne uul uersum heroicum faciat ex trochaeo composita et bacchio*

---

28 *Ep.* 2, 4, 1-3.
29 Frag. *De Metris, KGL* 6, p. 308, 31 s.
30 *Ars Grammatica. De Structura, KGL* 494, 18-20.

a breui ut 'capta fuissent', aut ut quibusdam placet barba-
rismum, si ex spondeo uel iambo uel quouis pede, cuius sit
nouissima syllaba natura longa, componatur et aliquo pede
trisyllabo, qui positus est bene sonet [31]. Terenciano Mauro,
seguidor de Cesio Baso, considera el crético muy adecuado
para la prosa: (creticus) *optimus pes et melodis et pedestri*
gloriae / plurimum orantes decebit, quando paene in ultimo /
obtinet sedem beatam, terminet si clausulam / dactylus spon-
deus imam; nec trochaeum respuo / (bacchios utrosque
fugito), nec repelles tribrachyn, / plenius tractatur istud arte
prosa rhetorum [32]. Semejantes recomendaciones son constantes en los gramáticos latinos, y podemos seguirlas hasta
el s. V, en que Marciano Capela escribe: *Animaduertendum*
autem ne cum similitudinem uersus effugimus, bonam clau-
sulam transeamus, ut si timeas dicere: 'strepitumque plaga-
rum' cum 'pla' longa sit et bonam clausulam fecerit [33]. En
el mismo sentido se expresa Consencio: *Vult struere aliquis*
ex trochaeo et molosso, ut si dicat: 'copiam esse doctorum';
structuram optimam facit. Quod si dicat hanc structuram se
facere existimans 'copiam esse ciborum' barbarismum fece-
rit; subtrahit enim tempus de molosso in prima syllaba, et
dum structurae uelit satisfacere, producit primam syllabam
ut dicat: 'ciborum' cum 'ci' breuis sit [34].

Carácter de la prosa de Paciano

De todos estos y otros testimonios se deduce evidentemente que Paciano, al trasponer *obscura recondit* en *recon-*
dit obscura, pretendió obtener la cláusula troqueo + moloso
o, lo que es lo mismo, antibaquio, es decir, 1_γ . Para lograrla,
siguió la práctica escolar de invertir simplemente el orden
hexamétrico. Ello demuestra, además, que Paciano escribe
no una prosa de solo ritmo acentual, sino también cuantitativa, o sea, métrica, con las cantidades, naturalmente,
según la medida de la época. Huelga decir que semejante

---

31   *Ib.,* p. 493, 27-31.
32   *De Metris* 1439-1444, *KGL* 6, p. 368.
33   *De Arte Rhetorica* 34: Halm, *RLM*, p. 475, 21-23.
34   *Ars Grammatica, KGL* 5, 393, 16-21.

hecho es de capital importancia para el estudio de la prosa del escritor barcelonés. Confirma lo que acabamos de decir la particularidad de que el *De Paenitentibus*, el *De Baptismo*, la *Epistula De Catholico Nomine*, o llamada «Carta Primera, y el *Contra Tractatus Nouatianorum*, mal llamado «Carta Tercera», terminan con la cláusula más solemne, la dipodia trocaica precedida de una palabra al menos trisílaba, cuya penúltima sílaba sea breve [35], mientras la carta prefatoria del Tratado antinovacianista, o sea, la llamada segunda, acaba en troqueo + antibaquio *concordare nobiscum* [36]. Este hecho es una prueba de que, en Paciano, el acento no es ajeno al ritmo, ni la cantidad tampoco o, dicho con una frase de W. Meyer: «el acento está ataviado con largas y breves» [37]. Si Paciano pone fin a sus opúsculos con una observancia tan precisa de las cláusulas aprendidas en la escuela, es de suponer que no habría limitado este ornato a los solos últimos finales de sus obras, sino que la práctica de escribir con cláusulas es extensiva a toda la obra y en la forma como se enseñaba en la escuela de su tiempo.

Determinación de las pausas

Una de las dificultades metodológicas más graves en la investigación de las cláusulas en la prosa latina es la de determinar dónde corresponde la pausa. Comúnmente suele usarse la expresión «pausa fuerte», *starke Interpunktion*, *ponctuation forte*, que más bien suena a prejuicio. Desgraciadamente, como dijo ya C. Zander [38] a principios de siglo, no sabemos leer a los clásicos griegos y latinos. Los modernos no solemos escuchar el texto latino cuando lo leemos. Lo vemos con los ojos, lo leemos con la mente y lo entende-

---

35 Llamo esdrújula la palabra que precede a la dipodia trocaica, por cuanto la penúltima sílaba es necesariamente breve. Véase W. Meyer, 'Die rhythmische lateinische Prosa', en *Gesammelte Abhandlungen zur mittelalterlichen Rhythmik*, Berlin 1905, 1, pp. 251-263.

36 Angel Anglada, 'El género literario de la segunda carta de Paciano', en *Actas del VII Congreso Nacional de Estudios Clásicos, 20-24 abril 1987*, pp.

37 Op. cit., p. 264.

38 *Eurythmia Demosthenis*, Leipzig 1910: cap. 6, *De distinctionibus*, pp. 181-183, más concretamente p. 183.

mós nada menos que a través de la sintaxis, la cual estaba precisamente en el subconsciente del escritor romano.

Para el editor, así como para el lector moderno de textos latinos, la llamada pausa fuerte es la indicada por un punto, dos puntos o punto y coma [39], desde luego, sin prestar la menor atención al arte de la lectura de los romanos concebida para placer del oído y dirigida a la imaginación auditiva. La expresión «pausa o puntuación fuerte» suena a extranjerismo, a algo ajeno al mundo romano, a *barbarus*, al *barbarus* que, por no saber leer, dilacera el bello período latino como una terrible fiera desgarraría el hermoso cuerpo de una casta doncella. Esta gravísima dificultad tiene una perfecta y segura solución para el texto de Paciano. El *Reginensis 331* nos ha conservado la puntuación genuina del propio Paciano.

Concepto de período en Paciano

En su primera carta a Simproniano [40], nuestro escritor explica el concepto de herejía mediante la comparación de la lectura hecha por uno que, no sabiendo leer, se detiene en pausas indebidas, con lo cual dilacera y despedaza el cuerpo del período: *Cum post apostolos haereses exstitissent, diuersisque nominibus columbam dei atque reginam, lacerare per partes et scindere niterentur, nonne cognomen suum plebs apostolica postulabat, quae incorrupti populi distingueret unitatem, ne intemeratam dei uirginem, error aliquorum per membra laceraret?* [41]. En ese pasaje el período es, meta-

---

39 H. Bornecque, *Les clausules métriques Latines*, p. 92.

40 Sobre Simproniano, corresponsal de Paciano, véase L. Rubio Fernández, *San Paciano. Obras*, Barcelona 1958, pp. 21-23.

41 *Ep.* 1, 3, 1. Desde la *Bibliotheca Sanctorum Patrum*, de M. de La Bigne, los editores escriben *quo*, excepto Peyrot, que dice *quod*. Además de ser *quae* la lectura del *Reginensis*, una razón lógica aboga por *quae*. El tecnicismo gramatical *distingueret* significa «puntuar», y *cognomen*, correlativo del *quo* de las ediciones, no puede ser un instrumento de puntuación. Por otra parte, con *quae* el correlativo es *plebs apostolica*, la como persona competente es a la que corresponde la puntuación correcta para leer *unitatem*. Véase Angel Anglada, '*Christiano mihi nomen est, catholico uero cognomen* a la luz de la doctrina gramatical', en *Emerita* 32 (1964) pp. 253-266, donde por un error material atribuí *quo* a la *editio princeps*, siendo así que reza *quae*.

fóricamente, una *intemerata uirgo*, la hermosa doncella a cuya semejanza debe ajustarse la composición del escrito redactado según las normas del maestro de retórica en la antigüedad romana. El período oratorio debe ser tan bello y hermoso, con los miembros tan bien torneados y dispuestos, que constituyan un conjunto de una armonía bella y proporcionada y tan adecuadamente adornada como lo es la belleza de una doncella casta que sabe vestirse y arreglarse con una delicadeza que combina con su belleza natural. El *lector* que con sus pausas y modulación de la voz no sepa presentar esta belleza del período es como el hereje que despedaza y dilacera a la Iglesia, a la *intemerata dei uirgo* [42].

Esta comparación y metáfora aplicada al período demuestra cuán bien había asimilado Paciano en sus años escolares la doctrina que hallamos, por ejemplo, en Quintiliano cuando explica que la *oratio* consta de miembros y se convierte en cuerpo por la última conclusión: *incisum est 'diximus'. membrum autem est sensus numeris conclusus, sed a toto corpore abruptus et per se nihil efficiens.* 'οἳ *callidos homines' perfectum est, sed remotum a ceteris uim non habet, ut per se manus et pes et caput: 'o rem excogitatam'. quando ergo incipit corpus esse? cum uenit extrema conclusio: 'quem quasi nostrum fefellit, id uos ita esse facturos?' quam Cicero breuissimam putat* [43]. También Cicerón había usado la metáfora *casta uirgo* aplicada a la *oratio. Mollis est enim oratio philosophorum... casta uerecunda, uirgo incorrupta quodam modo* [44].

El hecho de que Paciano entendiera el período retórico como constando de miembros a la manera del cuerpo humano debe ser la brújula que oriente toda investigación acerca de su prosa, pues mal podría estudiarse desde una perspectiva ajena al concepto que Paciano tenía de la *oratio.* Paciano conocía perfectamente las enseñanzas de los gramáticos y *rhetores* acerca de la puntuación y su importancia

---

42 'La expresión *intemerata dei uirgo* como metáfora del período gramatical en Paciano de Barcelona (*Ep.* 1, 3, 1)', en *Emerita* 48 (1980) pp. 271-294.
43 *Inst Or.* 9, 4, 123.
44 *Mollis est enim oratio philosophorum... casta, uerecunda, uirgo incorrupta quodam modo*, Cic., *Or.* 19, 64.

en la lectura, pues usa el tecnicismo *distinguere* y, además, lo usa en contraposición con una mala lectura que llega a destruir el hermoso cuerpo de la *intemerata dei uirgo* haciendo unas pausas indebidas, es decir, troceando los miembros y dilacerando el período. A tenor del pasaje citado, Paciano sabía poner muy bien las pausas para una lectura correcta, conforme a la enseñanza recibida en la escuela. Por tanto, si escribe en prosa de arte no olvida indicar las pautas que determinen la longitud de los miembros y *commata*.

Interés de las distinciones del Reginensis

El *Reginensis 331* ofrece una puntuación acorde plenamente con la enseñanza escolar de la época de Paciano [45], acorde con las pausas que el *numerus* requiere, con el ornato de la longitud de los miembros proporcional de éstos entre sí y con el contenido, conserva la armonía del período. Cuando las ediciones presentan una puntuación insatisfactoria, las *distinctiones* del *Reginensis* son las más conformes con el sentido y con el ritmo. Por ejemplo, en *medicus ille cum curat adsidue uulnerari docet* [46], excepto Migne, que omite la coma, todas las ediciones puntúan después de *curat*, mientras que el *Reginensis* pone la *distinctio* después de *asidue*, incomparablemente más correcta, por cuanto así se obtiene la cláusula *curat adsidue* 1^3_γ y resulta también más conforme con el sentido, pues una simple cura no da tranquilidad para ulteriores heridas, antes bien la curación reiterada es la que hace a uno despreocuparse de ser herido otra vez. ¿Quién en una época posterior iba a puntuar el texto de Paciano y precisamente según el sistema y ornato colométrico de la doctrina de los gramáticos y *rhetores* contemporáneos de nuestro escritor barcelonés? ¿Quién iba a

---

45 «Alcuni codici di poeti e di prosatori classici e medievali han conservato preziose vestigia dell'antica punteggiatura, e ad essi - oltre alle regole ed agli esempi dei grammatici e dei retori - bisogna ricorrere, quando si vuole studiare l'esatta divisione in periodi, membri ed incisi». F. di Capua, *Il ritmo prosaico nelle lettere dei Papi e nei documenti della Cancelleria Romana dal IV al XIV secolo*, Romae 1937, 1, p. 13.

46 Tract. 9, 1.

observar el ritmo de las cláusulas de una manera tan perfecta como la que se halla en la puntuación del *Reginensis*? ¿Quién iba a respetar tan oportunamente la norma que rezaba *et pro uoluntate dicentis*? ¿Quién, sino el propio Paciano? Paciano había aprendido en la escuela a poner los signos de pausa, pues Dositeo define así la puntuación o *distinctio: Distinctio est silentii nota, quae in loquendo dat copiam spiritus recipiendi, ne continuatione deficiat. Hae tres sunt, quarum diuersitas tribus punctis diuerso loco positis indicatur. Vbi plenus est sensus, punctum ad caput litterae ponimus, et est liberum cessare prolixius; ubi sensus nondum pleno respirare oportet, ad mediam litteram dabimus punctum; ubi sub ipsum finem implendi sensus ita suspendimus, ut statim id quod sequitur subicere debeamus, imam litteram puncto notamus* [47]. Diomedes escribe: *Quarum* (= distinctionum) *diuersitas tribus punctis diuerso loco positis indicatur. Distinctio quid est? Apposito puncto nota finiti sensus uel pendentis mora. Quot locis ponitur? Tribus* [48]. Las mismas expresiones o similares leemos en Donato [49], Servio [50], Pompeyo [51], entre otros pragmáticos de fines de la Antigüedad, contemporáneos o casi contemporáneos de Paciano. De todos estos pasajes se deduce con toda evidencia que las *distinctiones* eran signos ortográficos escritos en función del sentido y para facilitar la respiración. La altura en que se ponían respondía a la importancia de la pausa y a la necesidad de respirar. No cabe duda, pues, de que si Paciano habla de no dilacerar los miembros del período y usa el verbo *distinguere* es porque sabe puntuar, y si sabe puntuar es de rigor lógico que puntuó sus escritos, desde luego, según las normas que aprendió en la escuela. Si las *distinctiones* del *Reginensis* corresponden a estas normas y a los otros aspectos indicados, sería absurdo pensar que semejantes signos habían sido introducidos o interpolados por el copista del *Reginensis* o del modelo, además, son muy pocas las copias intermedias.

---

47 *Artis Grammaticae*, lib. 2, *KGL* 7, 380, 6-13.
48 *Artis Grammaticae*, lib. 2, *KGL* 1, 437, 10-19.
49 *Artis Grammaticae*, lib. 1, *KGL* 4, 372.
50 *Commentarius in artem Donati*, *KGL* 4, 427, 36-428, 6.
51 *Commentum Artis Donati*, *KGL* 5, 133, 4-11.

La investigación de R. Kauer

R. Kauer, excelente conocedor de la puntuación de los romanos, como puede verse en su estudio sobre los signos ortográficos de pausa puestos por Joviales en el *Codex Bembinus* de Terencio [52], ya en 1902 advirtió, aunque con cierta confusión, que las *distinctiones* del *Reginensis* en el texto de Paciano eran las originales. Así se expresó el ilustre catedrático de Viena: «Wer diese Interpunktion setzte, die auf das engste mit der rhythmischen Gliederung der Rede verbunden ist, der musste für diese volles Verständnis haben, sie muss identisch sein mit der Interpunktion des Verfassers selbst und wir können nur staunen, mit welcher Treue diese im Laufe der Jahrhunderte erhalten wurde. Doch darüber soll in einem eigenen Capitel gehandelt werden [53]. Für uns erwächst vorderhand die zwingende Notwendigkeit, die rhythmische Klausel nur an der Hand der Interpunktion unseres Codex, mit dem übrigens fast ausnahmlos die übrigen Handschriften übereinstimmen [54], zu betrachten, und es wurde auch von mir bei der folgenden Untersuchung durchwegs der Grundsatz festgehalten, nur jene Klauseln zu berücksichtigen, die an der Interpunktion eine feste äussere Stütze finden. Im Anschlusse hieran soll gezeigt werden, wie die Klausel vor allem uns hilft, bei Feststellung des Textes zwischen den Handschriften und Ausgaben die richtige Entscheidung zu treffen» [55].

Un error metodológico, quizá en apariencia pequeño, en realidad transcendental, malogró este gran descubrimiento. R. Kauer no distinguió entre los diversos grados de pausa por una razón que resulta ser gratuita y equivo-

---

52   'Zu Terenz', en *Wiener Studien* 22 (1900) pp. 56-114; 'Zum Bembinus des Terenz', en *Ib.* 20 (1898) pp. 255-257.

53   No llegó a escribir este capítulo. De hecho, R. Kauer nunca sintió un verdadero interés por Paciano. Si bien colacionó los mss *Reginensis 331* y, descubierto por él, el *Vaticanus 6211*, que sólo contiene el *De Baptismo*. Descubrió también el *Gratianopolitanus 262* y el *Vitry-le-François 2*. El *Parisinus 2182* le fue enviado de París a Viena, donde lo colacionó.

54   Esta coincidencia se debe a que el *Gratianopolitanus 262* deriva del *Reginensis 331* y el *Parisinus* del *Gratianopolitanus 262*.

55   'Studien zu Pacianus', en *Jahresbericht des k. k. Staatsgymnasium im XIII Bez.*, Wien 1902, p. 6.

cada: «Eine Scheidung zwischen den Klauseln am Schlusse der Kola und der Sätze (περίοδος) war durchaus nicht nötig, da P.(aciano) hier keinen Unterschied macht» [56]. R. Kauer da un valor único de final a todos los signos conservados por el *Reginensis* en el texto de Paciano. Esto implicaría que Paciano se conforma a la norma de que cualquier tipo de pausa debe llamar la atención, y de ningún modo puede permitirse respirar donde la pausa no levante la aclamación del auditorio, norma que Quintiliano no comparte: *sed nunc aliud uolunt, ut omnis locus, omnis sensus in fine sermonis feriat aurem. Turpe autem ac prope nefas ducunt, respirare ullo loco, qui adclamationem non petierit. Inde minuti corruptique sensiculi et extra rem petiti: neque enim possunt tam multae bonae sententiae esse, quam necesse est multae sint clausulae* [57]. Semejante norma olvida, además, aquellas pausas que no interrumpen el texto. En los manuscritos de escritura carolina era imposible mantener la diferenciación entre *distinctio media* y *subdistinctio* mediante la altura del signo ortográfico. Por esto, a menudo no nos basta la señal de *positura* para apreciar si la *subdistinctio* interrumpe o no el texto o si se trata de una *distinctio media*. Entonces deberemos recurrir a la situación de la pausa dentro del período, al sentido, a la longitud de la parte puntuada atendiendo al ornato de la longitud de los miembros [58].

R. Kauer da el mismo valor al signo de pausa de final de período que al puesto cerca del final, *sub ipsum finem implendi sensus* en expresión de Dositeo, entre otros: *ubi sub ipsum finem implendi sensus ita suspendimus, ut statim id quod sequitur subicere debeamus, imam litteram puncto notamus* [59]. Esta confusión sufrida por R. Kauer tuvo desgraciadamente como consecuencia toda una serie de contradicciones que sería prolijo reseñar. Se han escogido dos ejemplos. En *Quicquid attuleris de tua parte. munitum*

---

56   Op. cit., p. 9, n. 1.

57   *Inst. Or.* 8, 5, 14.

58   Angel Anglada, 'El ornato de la longitud de los miembros en Paciano', en *Homenaje a Lisardo Rubio Fernández*, Madrid 1989, pp.

59   *Artis Grammaticae* 2, *KGL* 7, 380, 12 s.

est [60], R. Kauer entiende que la pausa de *parte* es portadora de una cláusula, que, naturalmente, es *de tua parte* y que da crético + troqueo $1_{(\beta)\delta}$. Con rigurosa lógica infiere que *munitum est* constituye igualmente otra cláusula, formada por un moloso, pues supone sinalefa [61]. De donde resulta que esta cláusula estaría formada por un solo pie, siendo así que lo esencial es que toda cláusula conste al menos de dos pies [62]. No cabe duda alguna de que la pausa después de *munitum est* es plena, por cuanto en *R* le sigue mayúscula y cambia el tema: *Ego nescio quid nouatianus egerit.* La única interpretación posible para el punto delante de *munitum est* es entenderlo como la *subdistinctio* de *sub ipsum finem implendi sensus* y que en este caso corresponde a la llamada cesura o, mejor dicho, *diuisio uerborum: parte. munitum est,* que constituye una forma $1_{\gamma\varsigma}$. Para el investigador vienés es también una cláusula *hoc erimus* en: *Ambo quod uocabimur. hoc erimus. teste nominis uetustate* [63]. Cabe la misma objeción de que *hoc erimus* constituye un peón primero, un solo pie. Por otra parte, es fácil advertir que lo más importante es la tradición, o sea, *nominis uetustate,* no *hoc erimus,* que da ritmo unido a *uocabimur,* e $3\delta_{(\varepsilon)}$.

Otros descuidos se han deslizado, como en *aluo agitatum* [64], comentado en estos términos: «bei *aluo agitatum* B. VI 138 [65] ist wohl Verkürzung des *o* anzunehmen». Pero he aquí que precisamente el texto del *Reginensis,* que es el correcto, reza: *aluo matris agitatum,* con lo cual huelga toda abreviación de *o,* porque *aluo* ni entra en la cláusula ni va seguido de vocal. Por lo demás, en la época de Paciano las *o* finales son siempre breves. Estas y otras muchas deficiencias lastiman la labor del latinista austríaco tan eminente e ilustre por otras investigaciones.

60 *Tract.* 2, 2.

61 Op. cit., pp. 13, 24, y 24 n. 1.

62 Cic., *Or.* 3, 50, 193; *Or.* 64, 216; Quint., *Inst. Or.* 9, 4, 94 s. Cf. H. Bornecque, *Les clausules métriques Latines,* p. 176; L. Laurand, *Pour mieux comprendre l'Antiquité Classique,* París 1949, p. 271.

63 *Ep.* 2, 2, 4. Cf. R. Kauer, *Studien zu Pacianus,* p. 24.

64 *Bapt.* 6, 3. Cf. R. Kauer, op. cit., p. 11.

65 R. Kauer, op. cit., p. 11. La indicación «138» remite a la página de la edición de Peyrot, por la que Kauer cita el texto de Paciano.

Otros métodos

Th. Zielinski [66] reprochó a J. Wolff [67] la arbitrariedad
en la localización de las cláusulas. Es de todo punto evidente
que se requiere un criterio para precisar con seguridad
dónde se halla una cláusula, no sea que cuando nos trope-
cemos con un tetrasílabo del tipo *caritatem* nos creamos sin
más que hemos descubierto una dipodia trocaica propia de
ritmo de pausa y así vayamos enristrando cláusulas a trope-
zones y arbitrariamente. De este peligro se percató ya
H. Bornecque, quien fue, además, muy sensible al reproche
de Zielinski. Después de estudiar las cláusulas seguidas de
puntuación fuerte, como dice, clasificarlas y deducir las
leyes métricas que las rigen, el gran filólogo francés pasó
a considerar si el escritor había cerrado con cláusula
también los finales de puntuación débil. Como recurso
para discernir qué cláusulas deben ser objeto de estudio,
II. Bornecque enumera una seric de casos concretos.
Escribe: «Pour conclure, les seules clausules sur lesquelles
on doive fonder les recherches, si l'on veut arriver à des
résultats certains, sont celles qui terminent une phrase
longue de plus de quinze demi-pieds, sont suivies d'un point
(point d'interrogation, point d'exclamation), sauf quand ce
dernier signe ne sert qu'à introduire une citation» [68]. Añade
luego que no deben tomarse en consideración los incisos
cortos. Si fue una lástima que tales observaciones no fueran
aplicadas por el propio H. Bornecque con un método más
riguroso, confirman, sin embargo, su acierto en parte unas
palabras de Quintiliano relativas al lugar que corresponde
a las cláusulas: *in omni quidem corpore totoque, ut ita dixerim, tractu numerus insertus est, neque enim loqui possum
nisi e syllabis breuibus ac longis, ex quibus pedes fiunt. magis
tamen et desideratur in clausulis et apparet, primum quia
sensus omnis habet suum finem poscitque naturale interual-
lum, quo a sequentis initio diuidatur, deinde quod aures*

66 *Deutsche Literatur Zeitung*, 1901, col. 3245.
67 'De clausulis ciceronianis', en *Jahrbuch f. klassische Philologie*. Suppl.
Bd. 26, pp. 577-680.
68 Op. cit., p. 196.

continuam uocem secutae ductaeque uelut prono decurren-
tis orationis flumine tum magis iudicant cum ille impetus
stetit et intuendi tempus dedit. non igitur durum sit neque
abruptum, quo animi uelut respirant ac reficiuntur. Haec est
sedes orationis, hoc auditor exspectat, hic laus omnis decla-
mat [69].

H. Bornecque toma como criterio seguro de pausa la
puntuación fuerte de las ediciones, porque entiende que ésta
viene determinada por unas leyes fijas y firmes para todas
las naciones. Dice: «La place des points (y compris les points
d'exclamation et d'interrogation), deux points, point et
virgule est determinée par des lois fixes et sûres, à peu prés
semblables pour toutes les nations» [70]. Pero, cabe pregun-
tar: ¿Estas leyes tan fijas y seguras coinciden con las de los
gramáticos y *rhetores* latinos? A nadie, casi, se le ha ocurrido
prestar atención a tales enseñanzas. La discrepancia entre
los modernos y los antiguos acerca del concepto de pausa
es por sí sola un indicio de cuán poco feliz y cuán subjetiva
resulta la expresión «puntuación fuerte». Los estudiosos del
ritmo de la prosa latina suelen tomar como objeto de sus
investigaciones sólo las frases, es decir, se rigen por el criterio de la sintaxis, mientras que los romanos se regían por
el de la expresividad, la armonía y la belleza del período,
o sea, por la *concinnitas* de los miembros y la mímesis.

Método seguido en el presente estudio

El principio que preside la presente investigación es que
las *distinctiones* del *Reginensis 331* son prácticamente las
genuinas y originales del mismo Paciano. Las pausas no
se consideran en función de un criterio sintáctico, antes
bien se atiende a la puntuación original del escritor de Barcelona.

Si en la transmisión del texto que nos ocupa se ha deslizado alguna corrupción que ha alcanzado al *Reginensis*, ésta
puede haber consistido más fácilmente en la omisión de
algún signo de pausa. Un escriba será más propenso a olvi-

---

69 *Inst. Or.* 9, 4, 61.
70 Op. cit., p. 194.

dar los signos que no entienda, como pueden ser los expresivos y los aparentemente contrarios a la sintaxis. En *De Paenitentibus* [71] hallamos una omisión de señal de pausa en *sed nolo curari stomachum*, frase por sí sola muy comprensible; sin embargo, es incompatible con el contexto, porque el pecador, bajo la metáfora del enfermo, en cuyos labios está puesta la frase, habría dicho algo carente de todo sentido. Así reza el pasaje en el *Reginensis: Ecce ego aeger. ecce ego uulneratus sum. sed nolo curari sthomacum. Hoc erat.* El enfermo se presenta ante el médico y le dice: «Estoy enfermo. Estoy herido, pero no quiero curarme el estómago». ¿Qué tendría que ver el estómago si no lo había mencionado antes para nada? De una parte, el ritmo 1γ, es decir, crético + espondeo, de *nolo curari* indica que debe leerse con la pausa propia de este ritmo; de otra parte, en la Antigüedad se atribuían al estómago las reacciones absurdas e irracionales [72]. Por tanto, *stomachum* no es un acusativo que vaya con *curari*, como equivocadamente entendió el copista que olvidó el signo de pausa, sino que es la exclamación del médico quien, con ironía, diagnostica [73]: «¡El estómago!». Y añade: «Esto era». En una expresión moderna diríamos: «¡La cabeza!», como significando: «Esta persona está loca de remate». Debe restituirse, pues, la *distinctio* omitida y editar: *Ecce ego aeger. Ecce ego uulneratus sum, sed nolo curari. —Stomachum!—* [74]. Es éste uno de los pocos casos de corrupción en las *positurae* que presenta nuestro *Reginensis*.

Respecto de las *distinctiones* en el manuscrito mencionado, la enmienda en el texto de Paciano, no deberá estar orientada en el sentido de la supresión, sino en el de la restitución. Para ello se tendrán presentes una serie de pormenores, de carácter sobre todo retórico, perceptibles sólo después de una larga y concienzuda meditación, no sin un

---

71   9, 1, 222. Cf. Angel Anglada, 'La puntuación del ms *Reginensis 331* en el texto de Paciano de Barcelona', en *Vetera Christianorum* 12 (1975) pp. 269-316.
72   D. Gourevitch, 'Stomachus et l'humeur', en *Revue de Philologie* 51 (1977) pp. 56-74.
73   Angel Anglada, loc. cit., p. 283.
74   'L. Rubio Fernández en la reseña de mi edición del *De Paenitentibus* del año 1982', en *Emerita* 54 (1986) pp. 157 s.

minucioso análisis de los miembros que constituyen el período cuya puntuación aparezca corrupta, pues el añadido de una pausa podría dividir un miembro indebidamente en otros dos más cortos convirtiéndolo en dos *commata*, si el miembro en cuestión no fuera extraordinariamente largo. También convendrá tener en cuenta la índole del pasaje, porque en un contexto solemne y ampuloso no son adecuados los miembros cortos ni los *commata*. Será menester igualmente dar gran importancia a la *concinnitas* y al lugar que ocupe el miembro que sufra la corrupción en la *distinctio*. El último miembro, por ejemplo, es de norma que sea más largo que los demás como abrazando el resto del período [75]. Por tanto, en posición última rara vez será apropiado el desdoblamiento. A menudo el período ofrece un miembro con una longitud notablemente mayor o menor que los demás como quedando libre, a la manera como ocurre con la figura del homeoteleuto, en que suele haber un colon huérfano, en expresión de K. Polheim [76]. Una tentación tan seductora como peligrosa sería la escrupulosa solicitud por poner de relieve mediante el signo de pausa las modulaciones del ritmo por la sola presencia de la cláusula, pues no pocas veces Paciano gusta de componer con cláusulas sucesivas o entrelazadas, sobre todo en los miembros últimos o penúltimos. En el pasaje que se cita a continuación los dos últimos miembros contienen cada uno dos cláusulas sucesivas y, no obstante, cada una por separado no es constitutiva de pausa, porque los miembros correspondientes se acortarían en detrimento de la figura de la *gradatio*, como lo evidencia la simple lectura *per cola et commata* según la puntuación conservada en el *Reginensis:*

> *Etsi aliquotiens.*
> *tumultuose licet.*
> *de paenitentium curatione non tacui.*
> *memor tamen dominicae sollicitudinis.*
> *quae propter unius ouiculae detrimentum.*
> *ceruicibus etiam suis et umeris non pepercit.*

75 Angel Anglada, artículo citado en la nota 58; Demetrio Falereo Περὶ ἑρμηνείας 18.

76 *Die lateinische Reimprosa*, Berlin 1925, pp. 23-25.

integrato gregi referens peccatricem delicatam.
conabor ut potero tantae uirtutis exemplum etiam stilo
    condere.
ac dominici laboris industriam mediocritate qua dignum
    est seruus imitabor [77].

En el penúltimo miembro, co*nabor ut potero* $1^{3}_{\gamma(\delta)}$ y
uir*tutis exemplum* 1_{γ} son cláusulas consecutivas sin pausa
después de *potero*, porque para los romanos estas expresiones no eran incidentales. Tampoco delante de *etiam*, porque
esta conjunción no siempre va puntuada [78]. En el último
miembro van igualmente seguidas la*boris industriam* 2_{γ} y
mediocri*tate qua dignum est* $1_{\gamma(\delta)}$.

La subdistinctio

No menos complejo es el grado de duración de la pausa
en la *subdistinctio*, pues resulta a veces tan breve que ni
siquiera alcanza a ser divisoria, como advierte Quintiliano:
sunt aliquando et sine respiratione quaedam morae etiam
in perhiodis. Vt enim illa 'in coetu populi Romani negotium
publicum gerens magister equitum' et cetera, multa membra
habent (sensus enim sunt alii atque alii), sed unam circum-
ductionem: ita paulum morandum in his interuallis, non inter-
rumpendus est contextus. Et e contrario spiritum interim
recipere sine intellectu morae necesse est, quo loco quasi
subripiendus est: alioqui si inscite recipiatur, non minus adfe-
rat obscuritatis quam uitiosa distinctio. Virtus autem distin-
guendi fortasse sit parua, sine qua tamen esse nulla alia in
agendo potest [79].
De estas consideraciones y del concepto romano de
lectura como arte se desprende cuán complejo era el sistema
de puntuación del latín en la Antigüedad y cuán delicado

---

77   *Paen* 1, 1, 3-9.
78   El *Reginensis* puntúa delante de *etiam*, p. ej.: *Uerum sit illud dei refugae.*
aut extra ecclesiam constituti. Etiam exasperati sunt castigationis iniuria. Después
de *etiam*, p. ej.: *Apocalypsis etiam! septem ecclesiis nisi paenitentiam egerint commi-*
natur. Otras veces no lleva ningún signo de pausa, como en el pasaje citado y en
Paen. 1, 4, 19 s.; 12, 5, 350 s.
79   *Inst. Or.* 11, 3, 39.

y peligroso puede llegar a ser el intento de variar los signos de pausa en un texto como el de Paciano sin antes escucharlo con la imaginación auditiva con que fue compuesto. Resulta ahora más comprensible la equivocación de R. Kauer de dar el mismo valor a las pausas precedente y siguiente en estos finales: *hoc erimus; non noui; non nomina; et solus es; hoc continet; rationis est* [80], los cuales por la verdad de su *distinctio* a lo sumo constituirían un *comma* y por sí solos no forman ritmo, el cual debe constar al menos de dos pies y éstos constan de uno solo. Leídos con su contexto, estos finales dan las cláusulas siguientes: *despicio. non noui* $1^1_{\gamma\,(\delta)}$ *ista. non nomina* $2_{\gamma(\delta)}$ *accusat. et solus es* $1_{\gamma\,(\delta)}$ *frater. hoc continet* $2_{\gamma(\delta)}$ *uicisse. rationis est* 1^2_γ , *uocabimur. hoc erimus* e $3_{\gamma(\delta)}$ *.

ANGEL ANGLADA

---

80 *Ep.* 2, 2, 4; *Tract.* 2, 2; *Ep.* 2, 3, 2; 5, 5; *Tract.* 1, 1; *Ep.* 2, 6, 2.
 * Los límites de estas páginas han sido reducidos muy notablemente. El autor espera publicar próximamente el estudio completo.

Cuadro de frecuencias de las cláusulas más usadas por Paciano en las tres <u>distinctiones</u>

Distinctio		Plena 735 / 816	Media A 161 / 209	Media B 1034 / 1137
1_γ	medicina nouerunt	183 | 24'89% / 22'42%	34 | 21'11% / 16'26%	140 | 13'53% / 12'31%
$1_{\gamma\zeta}$	orbe diffusa sunt	5 | 0'68% / 0'61%	2 | 1'24% / 0'95%	3 | 0'29% / 0'26%
$1_{\gamma\zeta'}$	Blastus ipsorum est	7 | 0'95% / 0'85%	3 | 1'86% / 1'43%	9 | 0'87% / 0'79%
$1_{\gamma(\delta)}$	unitatis haec ruga	26 | 3'53% / 3'18%	4 | 2'48% / 1'94%	37 | 3'57% / 3'25%
$1'_\gamma$	desertus operatur	50 | 6'80% / 6'12%	12 | 7'45% / 5'74%	30 | 2'90% / 2'63%
$1'_{\gamma(\delta)}$	optet et amari	1 | 0'13% / 0'12%		1 | 0'09% / 0'08%
$1'_\gamma$	Nouatus erudiit	48 | 6'53% / 5'88%	10 | 6'21% / 4'78%	56 | 5'41% / 4'92%
$1'_{\gamma(\delta)}$	liberaturus et generos	19 | 2'58% / 2'32%	7 | 4'34% / 3'34%	35 | 3'38% / 3'07%
1_δ	inditum nobis	5 | 0'68% / 0'61%	2 | 1'24% / 0'95%	42 | 4'06% / 3'69%
1_δ^1	alia musarum	9 | 1'22% / 1'10%	2 | 1'24% / 0'95%	14 | 1'35% / 1'23%
$1'_{\gamma\iota}$	persuadere tibi posset	3 | 0'40% / 0'36%		2 | 0'19% / 0'17%
2_γ	currit auctoritas	64 | 8'70% / 7'84%	17 | 10'55% / 8'13%	65 | 6'28% / 5'71%
$2_{\gamma(\delta)}$	christiana plebs nascitur	21 | 2'85% / 2'57%	4 | 2'48% / 1'91%	23 | 2'22% / 2'02%
$2'_\gamma$	superordinat	6 | 0'81% / 0'73%		10 | 0'96% / 0'87%
$e3_\delta$	áquilas mentiuntur	125 | 17% / 15'31%	24 | 14'90% / 11'48%	94 | 9'09% / 8'26%
$e3_{\delta\theta}$	inpéria persecuta sunt	4 | 0'54% / 0'49%	2 | 1'24% / 0'95%	4 | 0'38% / 0'35%
$e3_{\delta\theta'}$	Dário uindicatus est	2 | 0'27% / 0'24%	2 | 1'24% / 0'95%	3 | 0'29% / 0'26%
$e3_{\delta(\epsilon)'}$	Grátulor me doceri	32 | 4'35% / 3'92%	10 | 6'21% / 4'78%	32 | 3'09% / 2'81%
$e3_{\delta(\epsilon)\theta'}$	géntibus hoc locutus est			2 | 0'19% / 0'17%
$e3_{\delta\zeta}$	uectóribus nauis orat	2 | 0'27% / 0'24%		2 | 0'19% / 0'17%
$\cdots1_\beta$	acceperat potestatem	9 | 1'22% / 1'10%	6 | 3'72% / 2'87%	9 | 0'87% / 0'79%
$\cdots1_\beta$	peruéniant laborandum	15 | 2'04% / 1'83%	4 | 2'48% / 1'91%	5 | 0'48% / 0'43%
$\cdots1_\gamma^1$	defaecátio senectutis	4 | 0'54% / 0'49%		7 | 0'67% / 0'61%
1_γ^1	ingérere sacerdotes			4 | 0'38% / 0'35%
3_α	nouatiani	5 | 0'68% / 0'61%		38 | 3'67% / 3'34%
$\cdots3_\rho$	castigántur superbi	3 | 0'40% / 0'36%	1 | 0'62% / 0'47%	27 | 2'61% / 2'37%
3_γ	hirundo pullos	2 | 0'27% / 0'24%	1 | 0'62 / 0'47%	30 | 2'90% / 2'63%
$e4_\delta$	créditis . intuemini	7 | 0'95% / 0'85%	2 | 1'24% / 0'95%	11 | 1'06% / 0'96%
$e4_{\delta\iota'}$	haerética congregatio est	2 | 0'27% / 0'24%	1 | 0'62% / 0'47%	1 | 0'09% / 0'08%
$e4_{\delta(\epsilon)}$	postérius hoc uidebimus	2 | 0'27% / 0'24%		2 | 0'19% / 0'17%
4_γ	utrimque litteras	1 | 0'13% / 0'12%		13 | 1'25% / 1'14%
+		81 | 9'92%	48 | 29'81%	348 | 30'60%

Nota: la primera cifra indica el número de cláusulas correspondiente a cada forma y precede a \|. El segundo indica el porcentaje sin incluir los finales carentes de ritmo. El tercero el porcentaje incluyendo los finales carentes de ritmo.

El latín bíblico y el latín cristiano: coincidencias y discrepancias

1. INTRODUCCIÓN

El tema general que voy a tratar aquí se refiere a las relaciones entre «el latín bíblico» y «el latín cristiano». Se trata de saber si existe un latín bíblico como fenómeno lingüístico especial dentro del marco más amplio del latín cristiano. Si existe, cuál es de hecho su entidad propia y cuál es la influencia que ha ejercido en el propio latín cristiano, si es que ha ejercido alguna, y cuáles son en definitiva sus características más señaladas.

El tema evidentemente tiene algunos aspectos más que discutibles. La escuela de Nimega, por ejemplo, pionera y representante más destacada de los estudios sobre el latín cristiano desde hace más de 50 años, no hace distinción alguna entre «latín bíblico» y «latín cristiano». Aún más, ni siquiera se plantea el problema de una posible diferenciación. Para esta escuela el latín de las versiones bíblicas constituye un ingrediente más del latín cristiano. Esta misma postura adoptan también otros tratadistas del latín cristiano, fuera ya de la escuela de Nimega.

Como intentaré demostrar a continuación, esta actitud va en contra de la antigua tradición cristiana sobre el latín bíblico, representada fundamentalmente por San Jerónimo y San Agustín, y va en contra también de los datos concretos. El latín bíblico constituye de hecho una entidad lingüística propia, que puede y debe ser estudiada aparte. Sus diferencias con respecto al latín cristiano van desde el campo sintáctico hasta el campo léxico y semántico, sin olvidar naturalmente el campo estilístico, tan novedoso para la mentalidad latina, que refleja la mentalidad semítica de los autores de la Biblia.

2. Concepto y definición del latín cristiano

No me voy a ocupar aquí del viejo problema, hoy ya en parte superado, de si el latín cristiano fue o no fue una «lengua especial». Cuestión estéril donde las haya, porque para decidirse a favor o en contra de la pregunta habría que discutir primero y aclarar después qué se entiende por «lengua especial» y qué rasgos o elementos la constituyen, cosa que hasta ahora nadie ha resuelto. Yo parto aquí simplemente del hecho de que el latín cristiano era y se sentía efectivamente como algo especial dentro del latín de la época. Era una variedad o modalidad del latín hablado y escrito, que no debían entender, al menos con facilidad y sin explicaciones, los contemporáneos paganos. Para confirmar este aserto —y para mí este hecho— voy a citar *in extenso* un texto de una carta de Jerónimo al Papa Dámaso, aducido por R. Braun en un trabajo reciente sobre «La influencia de la Biblia en la lengua latina» [1], texto que considero verdaderamente acertado para demostrar al más renuente la peculiaridad de la lengua latina cristiana. El texto dice así:

> «*Quoniam vetusto oriens inter se populorum furore conlisus indiscissam Domini tunicam et desuper textam minutatim per frusta discerpit et Christi vineam exterminant vulpes, ut inter lacus contritos qui aquam non habent, difficile ubi fons signatus et hortus ille conclusus sit possit intelligi, ideo mihi cathedram Petri et fidem apostolico ore laudatam censui consulendam, inde nunc meae animae postulans cibum unde olim Christi vestimenta suscepi*».

R. Braun se pregunta: «¿Es realmente seguro que Cicerón o Salustio habrían entendido este pasaje entretejido todo

---

1   R. Braun, 'L'influence de la Bible sur la langue latine', en J. Fontaine-Ch. Pietri (ed.), *Le monde latin antique et la Bible* (Bible de tous les temps, vol. II, París 1985) pp. 129-142, en p. 130.

él de reminiscencias bíblicas, de imágenes y expresiones ligadas al cristianismo y a la interpretación "mística" del Antiguo Testamento?». Y continúa: «En cualquier caso (es decir,
aunque Cicerón y Salustio hubieran entendido este texto),
esta frase que, sin embargo, no contiene ningún hebraísmo
propiamente dicho, que presenta al máximo dos préstamos
léxicos *(Christus, apostolicus)* y tres neologismos semánticos *(Dominus, cathedra, fides:* a la lista de Braun hay que
añadir necesariamente *lacus* con el significado de «cisterna»,
y *Petrus*, el nombre del apóstol Pedro), produce sobre un
hombre moderno, formado en la literatura clásica, una
impresión de extrañeza desconcertante en virtud de las
imágenes bíblicas contenidas en ella y orientadas hacia una
misma interpretación eclesial "túnica de una sola pieza"
(Jn 19, 23), "viña" (Is 5; Jn 15) del Señor, en contraposición
a las "zorras", que atadas por las colas por Samsón y habién-
doles prendido fuego, quemaron las "viñas" de los filisteos
(Juc 14, 4 ss.) (aquí, según mi opinión, la alusión es a las
"zorras que devastan las viñas, de Cant. 2, 15), el "huerto
cerrado" y la "fuente sellada" del Cantar 4, 12, en contraposición a las "cisternas estropeadas", que no pueden contener el agua, siendo así que Yahvéh es la "fuente de agua viva"
(Jer 2, 13), y por último, la mención del bautismo como un
"revestirse de Cristo"» [2].

Tiene razón Braun en poner en duda que Cicerón o
Salustio hubieran entendido este texto, sin haber recibido
previamente algunas explicaciones, a pesar de estar redactado en un latín sintácticamente correcto. Es pues evidente
que el «latín cristiano» es algo especial dentro del latín. Este
latín nos introduce en un mundo nuevo: mundo nuevo de
ideas y de sentimientos ciertamente; pero mundo nuevo
también de términos con significados nuevos, de expresiones inusuales, de estilo y simbolismo desconocidos del latín
profano habitual. En cuanto a hechos fonéticos, morfológicos y sintácticos, el latín cristiano participa, en general, de
la evolución de la lengua en la edad tardía y estos hechos
lingüísticos se encuentran también en autores profanos de

---

2 Cf. R. Braun, loc. cit., p. 130: la sustancia está tomada de ahí, pero con
adiciones propias.

la misma época. Por tanto, para decirlo en pocas palabras, con respecto a esos hechos gramaticales, la diferencia entre el latín cristiano y el latín profano contemporáneo es menor que la que hay entre el latín cristiano y el latín clásico.

3. CARACTERÍSTICAS DEL LATÍN CRISTIANO

Las principales novedades del latín cristiano, tanto con respecto al latín profano contemporáneo como al latín clásico, son ya suficientemente conocidas después de los trabajos de la «escuela de Nimega» —en especial los de Chr. Mohrmann— y de los «Estudios patrísticos» de la «escuela de Washington», y yo no voy a repetirlas aquí. Ya se sabe que se refieren fundamentalmente al campo léxico y semántico, pero no exclusivamente. Sólo quiero llamar aquí la atención —y ya como introducción al tema central de mi Ponencia— que todos estos estudios hablan de «latín cristiano» o de «latín patrístico», en general, englobando dentro de este concepto el «latín de las versiones bíblicas». Este modo de proceder no tiene nada de extraño, puesto que las versiones latinas de la Biblia son escritos cristianos, como lo es la versión latina de la *Carta de Clemente a los Corintios* o la traducción latina del *Pastor de Hermas*, por citar sólo algunas traducciones latinas cristianas más antiguas.

Sobre este hecho y sobre esta base están construidos los manuales de latín cristiano, comenzando por el viejo manual de G. Koffmane, *Geschichte des Kirchenlateins*, Breslau 1879 (reimpr. Hildesheim 1966), que comienza con un capítulo sobre el «latín de la Biblia» (A. T.; N. T.; expresiones bíblicas, pp. 7-19), hasta los manuales más modernos de G. Caliò, *Il latino cristiano*, Bolonia 1965, que también dedica un capítulo a las antiguas versiones de la Biblia, titulando curiosamente el capítulo: «El latín cristiano preliterario» (pp. 57-60), y el de G. Reichenkron, *Historische latein-altromanische Grammatik*, I, Wiesbaden 1965, que también dedica un apartado específico al «latín bíblico» dentro del capítulo más general dedicado al «Latín de los escritos cristianos de los siglos III y IV» (pp. 96-101), pasando por el conocido manual de A. Blaise, *Manuel du latin chrétien*,

Estrasburgo 1955, manual que ya ni siquiera menciona en ningún sitio, como tema aparte, el latín bíblico, sino que lo funde y engloba del todo en el concepto más amplio del latín cristiano. Blaise dedica la primera parte de su *Manual* al «estilo cristiano» (pp. 11-16), desarrollando en ella los siguientes temas: 1) El vocabulario: *a)* formación de palabras; *b)* estilística; *c)* reacción etimológica. 2) La retórica tradicional; 3) El simbolismo; 4) El lenguaje figurado; 5) El lenguaje afectivo: *a)* el amor místico; *b)* el amor de los hombres, la caridad humana.

Como cualquiera puede ver, de esta primera parte, tres capítulos, al menos —el 3, el 4 y el 5—, se basan casi exclusivamente en datos de la Biblia, de tal manera que repasando estos temas se saca la impresión de que el «latín cristiano» casi no es otra cosa que «latín bíblico». Y esto es a todas luces una exageración para caracterizar el latín cristiano, en general, porque en realidad el «latín cristiano» es algo más y algo distinto del «latín bíblico». Minucio Félix, Tertuliano y Cipriano son evidentemente tres representantes destacados del latín cristiano, y no obstante, no tienen ni remotamente el mismo estilo simbólico, afectivo y figurado que tiene la Biblia ni puede compararse bajo este aspecto el estilo de cada uno de ellos. Minucio Félix, por ejemplo, considera demasiado vulgar y bárbaro el latín de las primeras traducciones de la Biblia y lo rechaza, utilizando en su *Octavius* un latín literario elegante y bien construido, que puede competir con el de sus contemporáneos paganos [3]. Tertuliano, en cambio, no sólo no rechaza esta lengua popular especial de la Biblia latina, sino que descubre sus inmensas riquezas y posibilidades de expresión y las utiliza de manera consciente y abundante [4]. Cipriano, por su parte, se mantiene en un punto medio; no rechaza de plano el latín bíblico ni lo incorpora sin escrúpulos. Acoge lo indispensable, lo que ya había tomado carta de naturaleza en el latín cristiano, pero pasa por alto muchos elementos típicos de la lengua de la Biblia [5].

---

3 Cf. G. Caliò, *Il latino cristiano* (Bolonia 1965) pp. 63 y ss.
4 G. Caliò, op. cit., pp. 65 y ss.
5 Ibid., pp. 67-70.

Estas tres posturas tuvieron sus continuadores en épocas posteriores. Lactancio, por ejemplo, está más cerca de la actitud de Minucio Félix que de la de Tertuliano. Y lo mismo se puede decir, con alguna limitación, de Hilario de Poitiers. Ambrosio, Jerónimo y Agustín, en cambio, buscaron y consiguieron hacer la síntesis entre las tres posturas iniciales más radicales, acercándose más a la postura de Cipriano, de tal modo que su lengua latina se convirtió para sus contemporáneos de finales del siglo IV y comienzos del V en el latín cristiano clásico [6].

En definitiva, el concepto de «latín cristiano» es bastante más amplio que el de «latín bíblico». El latín cristiano abarca, en efecto, desde la lengua popular de las inscripciones cristianas hasta la lengua con aspiraciones clásicas de Minucio y Lactanio, pasando por la elegante y cuidada de Hilario, Ambrosio, Jerónimo, Agustín, sin olvidar la de Prudencio, Paulino de Nola o Sedulio. El «latín bíblico», en cambio, es exclusivamente el latín popular especial de las antiguas versiones de la Biblia y el latín algo más cuidado y correcto de la Vulgata de Jerónimo. Este latín fue sin duda la base del latín cristiano: en primer lugar, del latín cristiano primitivo de los siglos II, III y hasta finales del IV en la forma conocida y denominada de la *Vetus Latina*, y del latín cristiano literario desde finales del siglo IV hasta el final de la época tardía en las formas de la *Vetus Latina* y la *Vulgata*. Nunca se insistirá lo bastante en la importancia del «latín bíblico» para explicar el «latín cristiano». Pero esto no obsta para que se pueda y se deba distinguir entre latín bíblico y latín cristiano, puesto que hay muchos elementos del latín bíblico que no han pasado al latín cristiano y que por tanto nunca formaron parte habitual y normal de la lengua hablada y escrita de los cristianos.

4. EL LATÍN BÍBLICO

Esto que acabo de decir, y que podría parecer una gran novedad, es la doctrina tradicional de los dos más grandes

6 Ibid., pp. 71-76.

escritores cristianos de la antigüedad, Jerónimo y Agustín [7], que la expresaron bajo las denominaciones comunes de *consuetudo scripturarum, mos scripturarum, idioma scripturarum*, con las que aludían a la lengua de la Biblia latina como a un idioma distinto del latín clásico, por una parte, y de la lengua hablada, cristiana o pagana, por otra [8]. Como recalcan bien estos dos grandes escritores, las innovaciones que supone la lengua de la Biblia no se limitan, como podría pensarse, al campo léxico o semántico, sino que se extienden también al campo sintáctico y estilístico, como vamos a ver a continuación.

5.   INNOVACIONES DEL LATÍN BÍBLICO

Las innovaciones o novedades que voy a señalar a continuación se refieren evidentemente al «latín bíblico» comparándolo con el «latín cristiano», y no se refieren directamente al «latín bíblico» comparándolo con el latín clásico o profano en general, aunque es claro que todos estos datos son también novedades o innovaciones con respecto al latín profano, sea clásico o tardío.

A)   *Campo sintáctico*

Aunque algunas o varias de las características que voy a señalar aquí puedan no ser exclusivas del latín bíblico, sino que hayan podido ser preparadas por usos del latín arcaico o del latín popular o puedan ser incluso innovaciones aisladas del latín clásico, algunas de las cuales hayan podido pasar esporádicamente al latín cristiano en sentido más estricto, tomadas todas estas características en su conjunto, favorecidas sin duda por el influjo semítico a través del

7   Para la opinión de Jerónimo y Agustín sobre el latín bíblico remito a G. Q. A. Meershoek, *Le latin biblique d'après saint Jérôme* (Nimega 1966); W. Süss, *Studien zur lateinischen Bibel*, I, *Augustins Locutiones und das Problem der lateinischen Bibelsprache* (Tartu 1932); W. Süss, 'Das Problem der lateinischen Bibelsprache', en *Historisches Vierteljahresschrift*, 27 (1932) 1-39.

8   Todo esto lo expone con claridad y de manera absolutamente convincente G. Q. A. Meerschoek, op. cit., pp. 64 y ss.

griego, dan al latín bíblico un colorido especial, sumamente original y llamativo.

a) *Influjo semítico:* Sin pretender en modo alguno ser exhaustivo, y sin buscar un orden especial, voy a señalar las siguientes características del latín bíblico derivadas de las lenguas semíticas originales de la Biblia, el hebreo y el arameo, características que sólo en forma de citas bíblicas o en contextos muy singulares se encuentran en el latín cristiano:

1) El genitivo superlativo del tipo *vanitas vanitatum,* «vanidad suprema». El latín cristiano lo toma de la Biblia [9].

2) El genitivo de cualidad en sustitución de un adjetivo, del tipo *odor suavitatis,* «olor suave», y más aún del tipo *virga virtutis tuae,* «tu cetro poderoso», y no «el cetro de tu poder» o del tipo del «genitivo inverso», como *abundantia gaudii,* «gozo abundante», o del tipo de la «metáfora genealógica», como *filius iniquitatis,* «hombre malvado» [10]. El latín cristiano toma estos gentilicios de la Biblia.

3) *In* con ablativo con valor instrumental, como *percutere in virga,* «golpear con la vara»; *in nomine Domini,* «con el poder del Señor» (hay aquí un doble hebraísmo, el *in* con ablativo instrumental, y el significado especial de *nomen,* que indica la esencia de la persona, frase que ha pasado a todas las lenguas románicas y germánicas) [11]. El latín cristiano toma este uso de la Biblia.

4) *In* con acusativo con valor predicativo, como, por ejemplo, *accipere in uxorem,* «tomar por mujer» [12].

5) Varios empleos especiales de *super: a)* en lugar de *de: murmurare super me,* «murmurar de mí»; *admirari super rem,* «admirarse de una cosa»; *b)* en sustitución de un compa-

---

9　Cf. O. García de la Fuente, 'El superlativo en la Biblia latina', en *Emerita,* 46 (1978) 347-367: ahí doy los ejemplos y explico su origen y significado.

10　Cf. O. García de la Fuente, 'Consideraciones sobre el llamado «genitivo de cualidad» en el latín bíblico', en *Analecta Malacitana,* 6 (1983) 279-299: analizo multitud de ejemplos, explicando los distintos tipos de genitivos de cualidad que presenta el latín bíblico, el origen de esos genitivos y su sentido y traducción.

11　Cf. W. Süss, *Studien,* pp. 79 y ss.

12　Cf. W. Süss, *Studien,* pp. 82 y 83; A. Ceresa-Gastaldo, *Il latino delle antiche versioni bibliche* (Roma 1975) p. 46.

rativo: *melior super me,* mejor que yo» [13]. Este último uso el latín cristiano lo tomó de la Biblia.

6) *A* rigiendo ablativo con valor comparativo: *minus ab angelis,* «menos que los ángeles» [14]. Este uso del latín cristiano lo tomó de la Biblia.

7) Afirmación introducida por un juramento, del tipo *vivit Dominus quia,* «vive Dios que» —conservada literalmente en español— [15].

8) *Ut* con valor causal después de una interrogación, del tipo *quis sum ego ut vadam ad Pharaonem?,* «¿quién soy yo para ir al Faraón?» [16].

9) Empleo de formas finitas de verbos en sustitución de adverbios, de los tipos siguientes: *addiderunt facere malum,* «hicieron *de nuevo* el mal» o «*volvieron* a hacer el mal»; *apposuit parere fratrem,* «dio a luz *todavía* a su hermano»; *adiecit Dominus loqui,* «habló *de nuevo* el Señor»; *non convertentur operire terram,* «no cubrirán *otra vez* la tierra» o «no *volverán* a cubrir la tierra»; *magnificavit Dominus facere,* «el Señor actuó *magníficamente*»; *multiplicasti locupletare eam,* «la has enriquecido *mucho*»; *festina adducere,* «trae *rápidamente*»; *praevenit ungere corpus,* «ungió *previamente* mi cuerpo»; o estas mismas expresiones reforzadas con adverbios *(ultra, iterum, adhuc),* como, por ejemplo: *non addidit ultra quaerere Deum,* «no *volvió* a buscar *más* a Dios»; o formando oraciones subordinadas con partículas, como, por ejemplo: *addidit ut appareret,* «apareció *nuevamente*» (y lo mismo con *apponere, adiicere,*

---

13   Cf. O. García de la Fuente, 'El comparativo en las antiguas versiones latinas del Génesis', en *Emerita,* 44 (1976) 231-340; idem, 'El comparativo en las antiguas versiones latinas del Salterio', en *La Ciudad de Dios,* 190 (1977) 299-316: entre los dos trabajos recojo un amplísimo material de este tipo de comparativos y doy su explicación acudiendo al texto hebreo y griego.

14   Véanse los dos artículos citados en la nota anterior.

15   E. Löfstedt, *Late Latin* (Oslo 1959) pp. 84 y ss., dice así: «Una construcción, confinada originalmente al hebreo, es imitada por los autores de los Setenta, y de allí es copiada por el latín bíblico. Apoyada por otras expresiones más o menos análogas, surge por medio del latín popular tardío y el latín medieval para establecerse por lo menos en una, y probablemente en más de una, de las lenguas románicas» (p. 85): esta lengua románica es el español.

16   Cf. A. Fridh, *L'emploi causal de la conjonction «ut» en latin tardif* (Göteborg 1977) pp. 9 y ss, en donde demuestra con muchos ejemplos de la *Vulgata* y de los *Setenta* el origen hebreo de este giro.

converti, reverti; así: *non convertar ut disperdam,* «no
destruiré *otra vez*» o «no *volveré* a destruir»; *reversi sunt
ut facerent malum,* «hicieron *de nuevo* el mal» o «*volvieron
a hacer el mal*»); o formando oraciones coordinadas con *et,*
del tipo: *adiecit Dominus et vocavit,* «llamó el Señor *otra vez*»
o «*volvió* a llamar el Señor» (y lo mismo con *converti, reverti,
festinare, confortare,* por ejemplo: *revertetur et indignabitur,* «se indignará *nuevamente*» o «*se volverá* a indignar»;
festinavit et cucurrit, «corrió *rápidamente*»; *conversus est
et aedificavit,* «edificó *nuevamente*»; *confortare et fac,* «obra
valientemente»); o con un participio de presente, del tipo:
circumdantes circumdederunt me, «me rodearon *totalmente*»;
benedicens benedicam, te bendeciré *ciertamente*«; *audite
audientes,* «oíd *bien;* o con participio de presente de distinta
raíz, del tipo: *euntes abibunt,* «*seguramente* marcharán»;
scito praenoscens, «debes saber *absolutamente*»; o con un
gerundio, del tipo: *tradendo tradetur,* «será entregada *ciertamente*»; o con un participio de pasado, del tipo: *conversus instauravit,* «restauró *nuevamente*»; *reversus locutus est,*
«habló *nuevamente*»; o con un ablativo de la misma raíz del
verbo, del tipo: *dissipatione dissipabitur,* «será *totalmente*
destruida»; *desiderio desideravi,* «he deseado *ardientemente*»; *vita vivere,* «vivir *ciertamente*»; *morte mori,* «morir
ciertamente» (por lo menos 39 textos); o de distinta raíz, por
ejemplo: *lugere fletu,* «llorar *inconsolablemente*»; o con un
acusativo de un sustantivo de la misma raíz, del tipo: *audite
auditionem,* «oíd *bien*» (Job 37, 2); *videte visionem,* «ved
bien» (Is 6, 9), giro que no se ha de confundir con el acusativo del objeto interno —de la llamada «figura etimológica»,
por ejemplo: *cogitare cogitationem,* «tener un pensamiento»—, pues esta construcción coincide con la correspondiente del latín clásico, y por tanto no es específicamente
bíblica [17].

---

17   Cf. O. García de la Fuente, 'Sobre el uso de los adverbios en el latín bíblico',
en *Salvación en la palabra: Targum-Derash-Berith,* homenaje al Prof. Alejandro
Díez Macho (Madrid 1986) pp. 135-156: en ese trabajo analizo todas las mencionadas construcciones y algunas más que he omitido, y explico las que se originan
por influencia hebrea, distinguiendo claramente algunas de ellas de la llamada
«figura etimológica», que también existe en latín profano.

10) Uso masivo de la coordinación a través de *et* —o de las demás conjunciones copulativas— en vez de la subordinación de distintos tipos. No hace falta decir —pues todo el mundo lo sabe— que éste es un rasgo distintivo del latín bíblico [18].

11) Uso de un pronombre redundante reforzando a un relativo, del tipo: *civitates in quibus ipsi inhabitant in ipsis*, «ciudades en las que ellos habitan en ellas [19].

12) Uso de *non omnis* y *omnis non* en vez de los indefinidos negativos, *nihil, nemo, nullus*, por ejemplo: *non erit imposibile apud Deum omne verbum*, «no hay *nada* imposible para Dios» (aquí existe, además, el hebraísmo de *verbum* por «*cosa*») [20].

13) Empleo de *homo, vir, anima, frater, proximus, amicus* y otros términos en función de o con valor de pronombres indefinidos y recíprocos:

Homo: si peccaverit homo in proximum suum, «si peca *uno* —alguien— contra su prójimo«; *revertetur homo ad possessionem suam*, «volverá *cada uno* a sus posesiones»; *quod Deus coniunxit homo non separet*, «lo que Dios unió que *nadie* lo separe»; *non iustificatur homo*, «no se justifica *nadie*«; *solvebat homo calceamentum suum, et dabat proximo suo*, (Rut 4, 7), «desataba *uno* su zapato y se lo daba al *otro*».

Vir: quomodo si fugiat vir a facie leonis, «como si huyera *uno* de la presencia de un león»; *revertatur vir in domun suam*, «vuelva *cada uno* a su casa»; *et vir non transibit per eam*, «y *nadie* pasará por ella»; *vir fratri suo non parcet*, «*nadie* perdona a otro» (= no se perdonan unos a otros); *et*

18 Cf. O. García de la Fuente, 'Aspectos del latín tardío', en *Actas del I Congreso Andaluz de Estudios Clásicos* (Jaén 1982) pp. 44 y ss.; idem, 'Consideraciones sobre el influjo hebreo en el latín bíblico', en *Emerita*, 49 (1981) p. 340.

19 O. García de la Fuente, 'Uso del pronombre redundante en los antiguos salterios latinos', en *Durius*, 3 (1975) 9-26: aunque sólo trato de los salterios latinos, la doctrina expuesta puede aplicarse al resto de los textos de la Biblia; cf. W. Süss, *Studien*, p. 21.

20 Cf. O. García de la Fuente, 'Uso de *Non omnis* y *Omnis non* por *nihil, nemo, nullus* en los salterios latinos', en *Helmantica*, 27 (1976) 261-271: lo que digo aquí con respecto a los salterios puede extenderse a toda la Biblia; véase, además, O. García de la Fuente, 'Los indefinidos en la Biblia latina', en *Emerita*, 52 (1984) 227-270, pp. 245-249.

iudicium fecerit inter virum et virum, «e hiciera un juicio (justo) entre unos y otros».

Anima: Si peccaverit anima per ignorantiam, «si peca *uno* (= alguien) por ignorancia»; *omnis anima ex vobis non comedet sanguinen*, «nadie de entre vosotros comerá sangre».

Frater: Sicut latro consurgit contra fratrem suum, «como un ladrón se lanza contra *uno* (alguien)»; *omnis qui irascitur fratri suo*, «no entres en la casa de *nadie*» (el contexto indica claramente que no se trata de la casa de un *hermano*); *vir fratrem suum deridet*, «se engañan unos a otros».

Proximus: Qui percusserit proximum suum, «quien mata a *otro* (= alguien, uno)»; *uxor proximi* o *uxor proximi tui*, «la mujer de otro»; *unusquisque proximum suum*, «cada uno a otro» o «unos a otros».

Amicus: Si introieris in segetem amici tui, «si entras en las mies de *otro* (= alguien)»; *nec habebit amicum in quo requiescat*, «ni tendrá a *nadie* en quien descansar»; *homo ad amicum suum*, «uno a otro» [21].

14) Uso innecesario, superabundante y hasta confuso de *et* en algunos textos: *mulier quaecumque semen receperit et pepererit masculum et immunda erit* (Lev 12, 2: V. L.), «cualquier mujer que haya quedado embarazada y haya dado a luz un varón (y), será impura durante siete días» [22].

15) Uso del futuro en lugar del imperativo, por ejemplo: *Tu autem testamentum meum conservabis*, «tu, sin embargo, *guarda* mi testamento» [23].

16) Uso de plurales, que en latín sólo aparecen en singular, por ejemplo: *carnes, sanguines*, etc. [24].

17) Uso de singulares, que en latín sólo se usan en

---

21   Cf. O. García de la Fuente, 'Los indefinidos', cit.: estudio ahí todos los textos de cada una de esas palabras.

22   Cf. W. Süss, *Studien*, pp. 23 y ss. Ya San Agustín vio con claridad que esos giros eran motivados por una traducción excesivamete literal del griego y del hebreo.

23   Cf. W. Süss, *Studien*, p. 9: expone la doctrina de San Agustín con respecto a estos futuros.

24   Cf. W. Süss, *Studien*, p. 10; F. Kaulen, *Sprachliches Handbuch zur biblischen Vulgata* (Freiburg 1904, reimpr. Hildesheim 1973) p. 126.

plural, por ejemplo: *primitia, insidia, altare, inimicitia, virgultum,* etc. [25].

18)   Dislocación total del orden normal de palabras que regía en latín clásico. Este es, por cierto, un fenómeno sintáctico de primer orden, que influyó poderosísimamente en el latín cristiano y tardío en general y que condujo, unido a otros factores, hacia el orden de palabras románico. Los Setenta y todas las demás traducciones griegas de la Biblia reproducen el orden de palabras hebreo. Las versiones latinas de la Biblia, tanto las primitivas, como la de Jerónimo, siguen este mismo principio de conservar el orden hebreo. No debe extrañarnos, porque el propio erudito y crítico San Jerónimo decía que en la Biblia *et verborum ordo mysterium est* [26]. Ahora bien, como el griego y el latín son lenguas flexivas, la regla del orden de palabras hebreo podía aplicarse sin demasiados problemas para la comprensión del texto. Pero las consecuencias que de aquí se derivaron fueron de importancia capital para la evolución del orden de palabras latino hacia el orden románico. Así, por ejemplo, como los pronombres personales y los posesivos complementos son sufijos en hebreo, es decir, se añaden a la palabra por detrás, sus equivalentes griegos y latinos seguirán invariablemente al verbo o al sustantivo del que dependen y al que se agregan; por eso, en latín bíblico se dice: *amat me; audit eum; via eius; pedes eorum; cordis tui; manum tuam; oculus meus,* etc. El determinante sigue al determinado: *filius hominis; vocem Domini,* etc., en contra de la regla latina clásica. El adjetivo calificativo y el demostrativo siguen al sustantivo: *ecclesia magna; populus gravis; de laqueo hoc; a populo illo;* etc., en contra igualmente de la norma clásica. Todo esto, como es lógico, supone un auténtico terremoto en la sintaxis latina y es una novedad de primer orden en el latín bíblico, novedad que distingue este latín del latín clásico, de un lado, y del latín cristiano, en gran parte, por otro [27].

25   Cf. W. Süss, *Studien,* p. 10; F. Kaulen, op. cit., p. 126.
26   Jerónimo, *Ep* 57, 5.
27   Todo esto lo he demostrado ampliamente en mi artículo 'Orden de palabras en hebreo, griego, latín y romanceamiento castellano medieval de Joel', en *Emerita,* 51 (1983) 41-61; 185-213; y esto mismo han confirmado dos Memorias de

Hay otros muchos puntos más sobre el influjo hebreo, que voy a omitir aquí por razón de brevedad. Los datos aportados creo que son suficientes para demostrar que el latín bíblico presenta muchas novedades incluso desde el punto de vista sintáctico, más de lo que generalmente se cree.

B) *Campo semántico*

Dejando ahora de lado los neologismos léxicos, que supusieron un enriquecimiento notable del léxico latino por parte de las versiones latinas de la Biblia, paso ahora a tratar brevemente de las modificaciones o renovaciones semánticas que supusieron un enriquecimiento inmensamente mayor que el anterior para la lengua latina de la antigüedad tardía. A través de la Biblia latina muchísimos vocablos antiguos pasaron a significar cosas total o parcialmente nuevas. En contacto con el mundo religioso de la Biblia muchas palabras antiguas de uso corriente, como *vita, mors, fides, iustitia, caro, spiritus, panis,* etc., adquirieron significados nuevos, que no conoció el latín profano anterior o posterior a la Biblia. Los ejemplos son inmumerables y no me voy a detener aquí en demostrarlo. Remito de momento a mis dos volúmenes sobre el latín bíblico y el español medieval [28].

Lo que sí voy a hacer aquí es elaborar una pequeña lista de términos con significados específicamente bíblicos, que no han pasado al latín cristiano con estos significados. Y ésta será mi segunda prueba en favor de la distinción entre latín bíblico y latín cristiano. La lista que doy a continuación se remonta a San Jerónimo y San Agustín, y podría ampliarse. Pero de momento basta como ejemplo.

Licenciatura dirigidas por mí y realizadas, una, por Virginia Alfaro Bech, *Orden de palabras en la Vulgata, Vetus Latina y romanceamiento castellano medieval de Zacarías* (Universidad de Málaga 1982) y, otra, por Ana de Miguel Celdrán, *Estudio del léxico del romanceamiento medieval castellano de Lamentaciones comparado con el texto de la Vulgata* (Universidad de Málaga 1984): el cap. II, pp. 47-85 estudia el orden de palabras en el texto latino de Lamentaciones y en el texto del romanceamiento.

28   O. García de la Fuente, *El latín bíblico y el español medieval hasta el 1300,* vol. I, *Gonzalo de Berceo* (Logroño 1981); vol. II, *El libro de Alexandre* (Logroño 1986).

Adorare: En latín clásico y profano, «invocar a los dioses con palabras o con oraciones»; de manera más general: «venerar a los dioses o las cosas santas». Es un término religioso [29]. En latín cristiano, «dar culto o venerar a Dios o a cosas o personas santas». Es también un término religioso [30]. En latín bíblico, además de los significados anteriores del latín cristiano, en donde se recalca la exclusión de toda posible adoración de una criatura, según las conocidas palabras de Cristo, dirigidas al demonio: *Dominum Deum tuum adorabis et illi soli servies* (Mt 4, 10), *adorare* se emplea como sinónimo de «saludar» a uno, hacer un gesto de reverencia o de educación, y así la Biblia dice que Abraham «adoró» a las gentes del país (Gn 23, 7); Abigaíl «adoró» a David (1 Sm 25, 23); Saúl «adoró» a Samuel (1 Sm 28, 14); el centurión Cornelio «adoró» a Pedro (Act 10, 25), etc. Ahora bien, este significado es algo que se sale del uso normal del término, tanto en latín profano, como cristiano [31]. Esta acepción específica bíblica se deriva de la del verbo hebreo *hîstahawah,* que significa «bajarse o inclinarse en señal de respeto a una persona»: es una manera oriental de saludar. De aquí pasó a la esfera religiosa y se convirtió en un término técnico del culto a Yahvéh [32].

Caelum- i: En latín clásico y cristiano, según el *ThLL:* «*pars mundi summa*»; «*pars mundi supera*»; «firmamento»; «morada de los dioses» (cl.); «morada de Dios» (cr.). En latín bíblico, además de estos significados, como acepción específica, «aire», «atmósfera»: *volatilia caeli,* «los pájaros del cielo» (expresión típicamente bíblica en todos los idiomas); *milvus in caelo,* «el milano en el cielo» (en el aire) (Jr 8, 7) [33].

Caeli -orum: En latín clásico esta palabra se usa habitualmente en singular; si por excepción aparece en plural,

---

29 G. Q. A. Meershoek, op. cit., pp. 160 y ss.

30 A. Blaise, *Dictionnaire latin-français des auteurs chrétiens* (Turnhout 1954) s.v. *adoro.*

31 Meershoek, op. cit., pp. 157 y ss.

32 Meershoek, op. cit., pp. 157 y ss., en donde cita textos de Jerónimo tan claros como los siguientes: *dicitur adorare quasi honorare* o *hic adoratio quasi salutatio ponitur;* cf. ibid., p. 158.

33 Meershoek, op. cit., pp. 182 y ss.

caeli -orum designa los distintos planetas [34]. En latín bíblico, en cambio, *caeli,* que aparece con muchísima frecuencia, puede considerarse un *plurale tantum,* ya que en hebreo la palabra correspondiente a «cielo» —*šamayim*— es un plural y siempre se usa en plural. El significado bíblico de *caeli* es el mismo que el de *caelum,* por tanto, también el de «aire», «atmósfera» [35].

Confiteri: En latín clásico y profano, «afirmar, confesar un verdad, decir que». En latín cristiano, «confesar la fe», «confesar los pecados», además de todos los significados anteriores, en latín bíblico, como algo exclusivo y específico, «alabar a Dios», «dar gracias a Dios», además de todas las acepciones anteriores. La justificación de este significado tan llamativo se encuentra en una de las acepciones del verbo hebreo *hadah,* «alabar y dar gracias a Dios». Esta acepción bíblica nunca se integró plenamente en la lengua viva de los cristianos, y fuera de algún texto aislado, como el comienzo del *Te Deum laudamus, te Dominum confitemur,* o las *Confesiones* de San Agustín, no pasó a ninguna de las lenguas románicas [36].

Confessio: En latín clásico y profano, «declaración», «confesión», «reconocimiento». En latín cristiano, «confesión de la fe», «confesión de los pecados», además de los significados anteriores del latín profano. En el latín bíblico, como algo típico y específico, «alabanza de Dios», «acción de gracias a Dios». Esta acepción bíblica, como la del verbo *confiteri,* nunca fue popular, y quedó restringida a citas de textos bíblicos, a algún texto patrístico aislado, y a las *Confesiones* de San Agustín, cuyo título, más que «confesión de los pecados» o tanto como «confesión de los pecados» significa «alabanza de Dios», «acción de gracias a Dios» por haberle perdonado los pecados [37].

Gloria: En latín profano, «gloria, opinión del vulgo, alabanza de los hombres». En latín cristiano, lo mismo. En

---

34   Meershoek, op. cit., p. 188: es la definición del ThLL.
35   Ibid., p. 190.
36   Ibid., pp. 67 y ss, 83 y ss; O. García de la Fuente, *San Agustín, Confesiones,* introducción, traducción y notas (Ed. Akal, Madrid 1986) pp. 15-18.
37   Meershoek, op. cit., pp. 84 y ss.; O. García de la Fuente, *San Agustín, Confesiones,* pp. 15-18.

latín bíblico, como acepción específica, «poder, resplandor, majestad de Dios». Es la traducción literal del hebreo *kabod*, que significa propiamente la manera de manifestarse externamente de modo impresionante una cosa sublime y divina, ordinariamente Yahvéh. De aquí pasó al latín cristiano la expresión «gloria de Dios, de Yahvéh, del Señor, de Cristo», etcétera [38].

Glorificare: Término de origen bíblico, atestiguado ya desde la Vetus Latina, como otros verbos terminados en *-ficare*, de creación cristiana o bíblica. Significa: *a)* «exaltar, enaltecer, colmar de gloria»; *b)* «reconocer la majestad de Dios», de acuerdo con el significado de *gloria / kabob* [39].

Honorare: En latín clásico y profano, y también cristiano, «honrar con saludos o por medio de alguna distinción especial». En latín bíblico, «honrar con regalos»; «hacer un donativo»; «dar limosna», por ejemplo: *honora viduas quae vere viduae sunt* (1 Tim 5, 3): se trata de la asistencia caritativa que tiene que tener la iglesia local con las viudas que carezcan de medios para subsistir. Lo mismo: *honora patrem tuum et matrem tuam* (Ex 20, 12), «honra a tu padre y a tu madre», dándoles lo necesario para vivir. Este significado bíblico se explica porque es la traducción literal del verbo hebreo *kabbed*, que significa «ser pesado» y originalmente significaba «dar grandes cantidades de alimentos» [40].

Honor: En latín profano y cristiano, «honor», «consideración». En latín bíblico, «donativo, regalo, remuneración», por ejemplo: *Presbyteri duplici honore digni habeantur: maxime qui laborant in verbo et doctrina* (1 Tim 5, 17): es decir, los presbíteros que trabajan bien, deben recibir doble remuneración, doble paga. La razón que aduce el Apóstol es clara: *Dignus est operarius mercede sua*, «el obrero es digno de su salario», y, además: *Non alligabis os bovi trituranti*, «No pondrás bozal al buey que trilla». El significado de «paga, remuneración» es evidente. Y este mismo significado parece tener *honor* en Tob 4, 3: *Honorem habebis matri*

38 Meershoek, op. cit., pp. 86 y ss.; O. García de la Fuente, *El latín bíblico*, vol. I, pp. 163-166.

39 Meershoek, op. cit., pp. 99 y ss.; O. García de la Fuente, *El latín bíblico*, vol. I, pp. 166-167.

40 Meershoek, op. cit., pp. 114 y ss.

tuae omnibus diebus vitae tuae, «ayudarás a tu madre todos los días de tu vida».

Honorificare: Término de origen bíblico, atestiguado ya desde la Vetus Latina y la Vultaga, y usado por autores cristianos, como Lactancio, Agustín y Sulpicio Severo[41]. En latín cristiano, «honrar» (el martirio, la memoria de alguien). En latín bíblico, «hacer un donativo», «ayudar a subsistir con medios económicos»: Mt 15, 5-6 dice: «Pero vosotros decís: "El que diga al padre o a la madre: Todo aquello con que yo pudiera ayudarte es ofrenda —por tanto, algo sagrado, que los padres no podrán ni usar ni reclamar—"», *et non honorificabit patrem suum aut matrem suam,* «ése no tendrá que socorrer —prestar ayuda— a su padre o a su madre». Este mismo significado aparece en Eccli 7, 33: *Honora Deum ex tota anima tua, et honorifica sacerdotes,* «Venera a Dios con toda tu alma, y da tu donativo a los sacerdotes». El sentido es claro: a continuación, el texto añade: *da illis partem, sicut mandatum est tibi,* «dales su porción, como se te ha mandado»[42].

Communis: En latín profano y cristiano, «común, ordinario». En latín bíblico, al principio, «lo colectivo, lo común, lo de todos»; y, por último, «lo prohibido a unos pocos, lo impuro», «lo manchado»: *communibus manibus, id est, non lotis,* «con manos manchadas, es decir, no lavadas» (Mc 7, 2, 5). En Act 10, 9 ss., se describe la visión de Pedro, relacionada con la conversión del centurión Cornelio, y aparece ahí 5 veces el adjetivo *communis* con la acepción de «impuro», «manchado». Como el término griego *koinós,* con la acepción de «impuro, manchado», resultaba extraña para los lectores cristianos de habla griega, el propio texto añade a continuación el adjetivo *akáthartós,* «impuro, manchado», que aclara el significado de *koinós,* «impuro». Las versiones latinas reproducen bien esta situación, traduciendo *commune aut immundum* (Act 10, 14, 28; 11, 8). Y las explicaciones del texto no dejan lugar a duda: *Quod Deus purifi-*

---

41 H. Rönsch, *Itala und Vulgata* (Marburg 1875, reimpr. Munich 1965) p. 176; Meershoek, op. cit., pp. 114 y ss.

42 H. Rönsch, op. cit., p. 176; A. Blaise, op. cit., s.v. *honorifico.*

cavit, tu commune ne dixeris, «lo que Dios purificó, tú no lo llames impuro» (Act 10, 15; 11, 9).

Communicare: En latín profano y cristiano, «comunicar; participar; asociar»; en latín bíblico, «hacer impuro; declarar impuro». Hay cuatro textos con este significado, todos en Mc 7, 15, 18, 20, 23; el primero dice: *Nihil est extra hominem introiens in eum, quod possit eum coinquinare, sed quae de homine procedunt illa sunt quae communicant hominem* (v. 15). El significado de *communicare* se pone en relación con *coinquinare,* como es evidente por el contexto, por tanto, significa lo mismo que ese verbo, es decir, «manchar», «hacer impuro» [43].

Cognoscere: En latín profano y cristiano, «conocer»; en latín bíblico: *a)* «experimentar, sentir, sufrir», por ejemplo: *Sed peccatum non cognovi, nisi per legem,* «pero no experimenté (o sufrí) el pecado sino por la ley»; y otros textos [44]; *b)* «tener relaciones sexuales», por ejemplo: *Adam cognovit uxorem suam Evam, quae concepit et peperit Cain,* «Adán tuvo relaciones sexuales con su mujer Eva, la cual quedó embarazada y luego dio a luz a Caín» (Gn 4, 1). Esta misma acepción en otros 12 textos [45].

Noscere: En latín profano y cristiano, «saber, conocer»; en latín bíblico: *a)* «sentir, experimentar, sufrir», por ejemplo: *eum, qui non noverat peccatum, pro nobis peccatum fecit,* «a él (Cristo), que no había experimentado (sufrido), el pecado, le hizo pecado por nosotros» (2 Cor 5, 21); *b)* «tener relaciones sexuales», por ejemplo: *mulieres, quae noverunt viros in coitu, iugulate,* «matad también a las mujeres que hayan tenido relaciones sexuales, realizando el coito con hombres» (Nm 31, 17) (he procurado dar la traducción más literal posible) [46].

Videre: En latín profano y cristiano, «ver» (con los ojos); en latín bíblico: *a)* «experimentar, probar, sentir, soportar»,

---

43   Meershoek, op. cit., pp. 117 y ss.; E. Valgiglio, *Le antiche versioni latine del Nuovo Testamento* (Nápoles 1985) pp. 22 y 43.

44   Meershoek, op. cit., pp. 127 y ss.; textos en E. P. Dutripon, *Bibliorum sacrorum concordantiae* (reimpr., Hildesheim 1976) s.v. *cognosco.*

45   Cf. E. P. Dutripon, op. cit., s.v. *cognosco.*

46   Textos en E. P. Dutripon, op. cit., s.v. *nosco.*

por ejemplo: *videre corruptionem*, «experimentar la corrupción en el sepulcro» (Sal 15, 10); *videren mortem*, «sufrir
la muerte» (Jn 8, 51), en un texto paralelo se dice: *gusta-
re mortem*, «probar (sufrir) la muerte» (Jn 8, 52), etc. [47].
b) «Tener relaciones sexuales», por ejemplo: *Qui acceperit
sororem suam... et viderit turpitudinem eius*, «si uno toma
por esposa a su hermana... y tiene relaciones sexuales con
ella...»; *omnes qui glorificabant eam spreverunt illam, quia
viderunt ignominiam eius*, «todos los que la honraban la han
despreciado, porque han tenido relaciones sexuales con
ella»: se trata de Jerusalén, que simbolizaba a una mujer,
la esposa de Yahvéh, que le ha sido infiel, cayendo en la idolatría o en la infidelidad religiosa (Lam 1, 8) [48]. *c)* «entender,
comprender, penetrar con la mente», por ejemplo: *videre
sermones Dei*, «comprender las palabras de Dios»; *videre verbum Dei*, «comprender la palabra del Señor». Por eso,
para la Biblia, los profetas son los *videntes,* los que compren-
den las palabras o inspiraciones de Dios [49].

Clamare: En latín profano y cristiano, «llamar, gritar,
clamar». En latín bíblico: *a)* «anunciar un mensaje un
profeta», «proclamar el evangelio», por ejemplo, Jonás
clamavit et dixit, y continúa el mensaje (Jon 3, 4); Jesús,
estando en el templo, *clamabat, dicens*, y sigue el anuncio
evangélico. *b)* «Orar en silencio», «orar en lo íntimo del corazón», por ejemplo: *ad meipsum ore meo clamavi* (Sal 65, 17:
V. L.), «a mí mismo clamé con mi boca»; hay que advertir
que nadie se da voces a sí mismo. (El texto de la Vulgata
tiene *ad ipsum ore meo clamavi*); *clamavit cor eorum ad
Dominum*, «su *corazón* clamó (oró) al Señor» (Lam 2, 18),
etcétera [51].

Clamor: En latín clásico y cristiano, «clamor, ruido,
griterío»; en latín bíblico, «oración en silencio», por ejem-

---

47   Textos en E. P. Dutripon, op. cit., s.v. *video.*
48   Meershoek, op. cit., pp. 133 y ss.
49   Meershoek, op. cit., pp. 134 y ss.; textos en E. P. Dutripon, op. cit., s.v. *video.*
50   Meershoek, op. cit., pp. 140 y ss.; O. García de la Fuente, *El latín bíblico*,
vol. I, p. 87.
51   Meershoek, op. cit., p. 142; O. García de la Fuente, *El latín bíblico*,
vol. I, p. 87.

plo, el salmista dice a Dios: *intellige clamorem meum*, «escucha mi oración» (Sal 5, 2) [52].

Cor: En latín profano y cristiano, «corazón»: *a)* órgano físico; *b)* sede y símbolo de la vida afectiva; *c)* para los estoicos, centro y origen de la vida intelectual. En latín bíblico, «órgano y principio de toda vida espiritual», y por eso, sede del conocimiento, del pensamiento, del sentimiento, de la afectividad, de la voluntad, de la decisión, del amor de Dios, del pecado; *cor* es, pues, el órgano que representa toda la naturaleza humana. Algunos ejemplos: *De corde procedunt cogitationes malae*, «del corazón proceden los malos pensamientos» (Mt 15, 9); *quid cogitatis nequam in cordibus vestris?*, «¿por qué pensáis mal en vuestros corazones?» (Mt 9, 4); *loqui ad cor*, «decir palabras amables», o, «hablar íntimamente» (Os 2, 14; Is 40, 1) [53].

Renes: En latín profano y cristiano, «riñones» (órgano del cuerpo humano). En latín bíblico, «la parte más íntima, oculta y profunda del hombre», o bien, como sede y símbolo del goce físico y de la concupiscencia, como sostienen algunos Santos Padres, o como sede y símbolo de las ideas y pensamientos más profundos y ocultos —la conciencia—, como parece la opinión más acertada: algunos ejemplos: *scrutans corda et renes, Deus*, «Dios, que escudriñas los corazones y las entrañas» —los pensamientos más íntimos, o la conciencia— (Sal 7, 10); *ure renes meos et cor meum*, «pasa al crisol mi conciencia y mi pensamiento (o mis sentimientos)» (Sal 25, 2); *quia inflammatum est cor meum, et renes mei commutati sunt*, «pues mi corazón (= mi pensamiento, voluntad) se exacerbaba, y mi conciencia se torturaba» (Sal 72, 21), etc. [54].

Mare: En latín profano y cristiano, «mar»; en latín bíblico: *a)* toda acumulación de agua, salada o dulce, por ejemplo, el «mar de Galilea» es el «lago» de Genesaret [55]. *b)* El «oeste», el occidente, el mar Mediterráneo, por ejemplo:

52 Meershoek, op. cit., pp. 143 y ss.; O. García de la Fuente, *El latín bíblico*, vol. I, pp. 87 y s.
53 Meershoek, op. cit., pp. 166 y ss.
54 Meershoek, op. cit., pp. 177 y ss.
55 Meershoek, op. cit., pp. 202 y ss. (por lo que respecta a San Jerónimo); W. Süss, *Studien*, pp. 50 y s. (por lo que se refiere a San Agustín).

Leva oculos tuos et vide a loco, in quo es, ad aquilonem et ad austrum et ad orientem et ad mare (Gen 13, 14): el autor menciona los cuatro puntos cardinales, designando el «oeste» con el sustantivo *mare* [56]. Hay muchos ejemplos. *c)* El «sur», por ejemplo: *aquilonem et mare tu creasti,* «tú creaste el norte y el sur» (Sal 89, 13); Yahvéh reunió a los judíos de la diáspora *a solis ortu et occasu, ab aquilone et mari,* «de oriente y de poniente, del norte y del sur» (Sal 106, 3) [57].

Lacus: En latín profano y cristiano, «acumulación de agua dulce». En latín bíblico: *a)* «Foso de leones»: *lacus leonum* (Dan 6, 7, y otras 19 veces más) [58]. *b)* «Pozo seco», «cisterna seca o con agua», que servía frecuentemente de cárcel, por ejemplo, José fue arrojado por sus hermanos a una cisterna: *et hic innocens in lacum missus sum,* «y aquí, siendo inocente, me echaron en este pozo (o cisterna)» (Gn 40, 15), etc. *Lacus* en el A. T. de la Vulgata no significa nunca lo mismo que *lacus* del latín clásico y profano, porque en hebreo no existe la palabra correspondiente a «lago», ya que para «lago» se usaba la palabra «mar». *c)* «Infierno»: lugar subterráneo, por ejemplo: *Eduxisti ab inferis animam meam, / salvasti me a descendentibus in lacum,* «Sacaste mi alma del seol, me salvaste de entre los que bajaban al infierno (= a la fosa)» (Sal 29, 4), etc. [59]. De la acepción de «lugar subterráneo», «pozo, fosa», es fácil el paso al significado de «infierno» (reino de las sombras).

Tectum: En latín profano y cristiano, «techo inclinado, terminado en punta que cerraba las casas por arriba», «casa». En latín bíblico, «techo plano», «terraza», por ejemplo: *ascendit Petrus in tectum ut oraret,* «Pedro subió a la terraza a orar» (Act 10, 9; V. L.; la Vg dice *in superiora*) [60].

Labium: En latín profano y cristiano, «labio». En latín bíblico: *a)* «idioma», «lengua hablada»: *erat omnis terra*

---

56 Meershoek, op. cit., pp. 207 y ss.; W. Süss, op. cit., p. 50.

57 Meershoek, op. cit., pp. 207 y ss.; pero en contra de la opinión de Jerónimo hay que decir que en algunos textos —en concreto en los que cito en el texto— no se trata de *occidente,* como afirma Jerónimo, sino de *sur.*

58 Textos en E. P. Dutripon, op. cit., s.v. *lacus.*

59 Meershoek, op. cit., pp. 211 y ss., 218 y ss.

60 Meershoek, op. cit., pp. 221 y ss.

labium unum, «toda la tierra tenía una sola lengua» (Gn 11, 1, 6, 9; la Vg dice *erat labii unius*). *b)* «Orilla del mar»: *arena, quae est ad labium maris,* «la arena que hay a la orilla del mar» (Jue 7, 12; V. L.; la Vg. dice *in littore maris*). *c)* «Reborde», «borde» (de una mesa, etc.): *Fecit quoque mare fusile decem cubitorum a labio usque ad labium,* «hizo también el mar de metal fundido que medía diez codos de borde a borde» (1 Re 7, 23). etc. [61].

Suscitatio: Término bíblico y cristiano. En latín cristiano, «acción de resucitar»; «el despertar de las virtudes»; en latín bíblico, «criatura», «ser creado»: *et deleta est omnis suscitatio,* (por motivo del diluvio) «fue exterminado todo ser viviente» (Gn 7, 23; V. L.; la Vg dice *omnem substantiam;* y lo mismo en Gn 7, 4) [62].

Voy a poner punto final a esta lista de palabras. La lista de palabras con significados exclusivamente bíblicos podría ampliarse sin dificultad alguna. Para confirmarlo remito de una manera general a varias tesis doctorales dirigidas por mí en la Universidad de Málaga sobre el léxico del Génesis, Isaías, Sabiduría —ya defendidas— y sobre el Evangelio de San Mateo y de San Juan, las Epístolas Católicas, los Profetas Menores, las Epístolas de los Efesios, Filipenses y Colosenses, tanto de la Vetus Latina como de la Vulgata, en preparación.

El latín bíblico merece, pues, una consideración aparte y distinta de la del latín cristiano, y por supuesto de la del latín profano.

OLEGARIO GARCIA DE LA FUENTE

61 Cf. W. Süss, *Studien,* p. 46 (para las explicaciones de San Agustín).
62 W. Süss, *Studien,* p. 47 (para las explicaciones de San Agustín).

Antropología isidoriana.
Estudio filológico de *homo* y su campo semántico

Desde el principio la etimología había sido considerada por los filósofos como un auxiliar valioso para llegar al conocimiento de las cosas. Partiendo de Platón, Aristóteles, los estoicos, y su reflejo en el mundo latino, Varrón, Cicerón y Boecio, habían llegado hasta san Isidoro todas las distintas teorías existentes sobre la etimología.

Para nuestro autor, la etimología es el núcleo en torno al cual ha intentado organizar el conjunto de su pensamiento. El conocimiento de la etimología es indispensable para la interpretación de una palabra. No obstante, sabe que no hay un nombre para cada cosa ni éste refleja exactamente el ser. Considera, por un lado, las etimologías naturales, y por otro, las artificiales, las escogidas arbitrariamente. En la clasificación que él establece [1] propone dos tipos fundamentales: las que se remontan al origen o la causa por vía directa: *ex causa: reges a regendo; ex origine: homo quia sit ex humo*, y aquellas que, mediante diversos tipos de derivación, permiten alcanzar parte de la realidad de las cosas a través de las palabras: *ex deriuatione, a prudentia prudens*.

Aunque estos criterios de clasificación no son nuevos —se encuentran ya en gran parte de los gramáticos anteriores que se han ocupado de las etimologías—, conviene anotar el énfasis que pone en la causa y el origen, colocadas en primer lugar, manifestado sintácticamente en la frecuencia del uso de las conjunciones *quia, quod*, y la preposición *a*, para introducir su explicación de las palabras.

---

1 Cf. *Etym*. 1, 29. Empleamos la edic. bilingüe preparada por J. Oroz Reta y M. A. Marcos Casquero (Madrid, B.A.C.), 1982-83.

La noción de etimología de san Isidoro es el resultado de la confluencia de dos corrientes de pensamiento: la tradición helenística y la práctica etimológica en la exégesis cristiana que tiene sus raíces en la tradicióm semítica, en la que era una práctica esencialmente religiosa en sus fines; en el mundo semita todo ser lleva en sí mismo el signo de su esencia; conocer el nombre significa conocer el secreto de ese ser.

Por consiguiente, la etimología es la iniciación a la esencia de todos los seres por el conocimiento del sentido íntimo que revela la inteligencia de su nombre. La originalidad de la noción etimológica isidoriana reposa sobre el hecho de que ha asumido todas las tradiciones que la han enriquecido y, más directamente relacionado con nuestro trabajo, en su voluntad de hacer accesibles, mediante este método, a los hombres de su tiempo, el mundo y el saber adquiridos hasta ese momento, estrechamente vinculados al conocimiento de las palabras.

Como núcleo central de nuestro trabajo nos hemos ocupado de la noción de hombre y las relaciones de parentesco y estructuras sociales fundamentales en que éste se desenvuelve. Estos términos, por su antigüedad y su frecuencia en el uso son muy estables, y al mismo tiempo, difíciles de rastrear hasta sus orígenes, desde el punto de vista filológico. Afortunadamente son comunes a muchas lenguas, según se ha podido comprobar, y este dato nos permite trabajar con ellos. Es aquí donde mejor se manifiesta la concepción del mundo de san Isidoro y de la cultura a la que pertenece; pues, al no poder establecer una relación etimológica con la realidad, tiene mayor libertad para adaptarla a sus creencias y busca la solución a través de dos elementos esenciales: la proximidad en el sonido y el significado. Así explica, como veremos, la mayor parte de las etimologías de los nombres de parentesco.

Estas explicaciones se hacen más exactas y coinciden más con las interpretaciones de la cultura clásica, de donde las ha tomado, cuando se adentra en la exposición de instituciones sólidamente establecidas como el matrimonio, la nación, etc.

San Isidoro, en su concepción del hombre en el mundo,

concede gran importancia a la idea de unidad a partir de
la primera lengua, según él, el hebreo, de la que surgieron
todas las demás; de ahí la pertenencia de toda la humanidad a un linaje común, expresada en las relaciones de
parentesco, y de modo particular, en el matrimonio, que
representa la continuidad de la vida humana, renovación y
multiplicación de la especie. Las restantes estructuras sociales: *tribus, gens, natio,* constituyen una prolongación de la
familia.

Hemos incluido los términos relativos a la condición del
hombre: siervo-libre, la procedencia de esta noción y su desarrollo en san Isidoro, así como los ámbitos de convivencia
más elementales en que se desarrolla la vida del hombre,
tomando aquellos que se refieren a los lugares más comunes, como complemento de la vida familiar.

ANÁLISIS ETIMOLÓGICO DE LA NOCIÓN DE HOMBRE

San Isidoro intenta dar una explicación esencial del
hombre y del mundo. Parte de la tradición de la exégesis
bíblica que se había desarrollado considerablemente en los
siglos precedentes, en particular del estudio del Génesis, en
el que los autores cristianos habían tomado conceptos de
la filosofía pagana, para explicar o comentar la narración
de la creación [2].

En el libro 11, *De homine et portentis* de las *Etimologías,* en el capítulo 1.º, *De homine et partibus eius,* comienza
el análisis del hombre a partir de tres nociones fundamentales: *natura, genus* y *uita.*

Leemos en san Isidoro: «*Natura* dicta ab eo quod *nasci*
aliquid faciat» (11, 1, 1). La etimología de *natura* es correcta.
Efectivamente, se trata de un derivado de *nascor.* Expresa
la acción de hacer nacer, como muy bien indica nuestro
autor. Es también correcta la etimología de *genus:* «*Genus*
a *gignendo* dictum» (11, 1, 2).

---

2   Cf. J. Fontaine, *Isidore de Séville et la culture classique dans l'Espagne wisigothique* (Paris 1959) 2 vols. *Notes complementaires* (1983) 469 ss. En adelante cita-
remos *Isidore.*

No sucede lo mismo con *uita*, que él relaciona con *uigor* o *uis*, proponiendo una etimología según el sentido. Lo único que tienen en común es la sílaba inicial *ui-:* «*Vita* dicta propter *uigorem*, uel quod *uim* teneat nascendi atque crescendi» (11, 1, 3). Estos son los elementos a partir de los cuales san Isidoro comienza su análisis del hombre propiamente dicho.

1. NOCIÓN DE HOMBRE

a) *Homo/uir*

Dos son los términos utilizados por el latín clásico y por san Isidoro para expresar la noción de hombre: *homo* y *uir*. Para *homo* propone una etimología exacta. En esta ocasión la gramática latina clásica y la tradición del Génesis están de acuerdo sobre el origen terrestre del nombre del hombre: «*Homo* ex origine quia sit ex *humo*» (1, 29, 3); «Dictus quia ex *humo* est factus, sicut in Genesi (2, 7) dicitur» (11, 1, 4).

La convergencia de la tradición gramatical y la Biblia es perfecta [3]. Esta coincidencia había sido observada hacía tiempo por los autores cristianos, pues ilustraba la teoría de la «preparación evangélica de las verdades en la sabiduría pagana» [4]. Fontaine piensa que la fuente inmediata de Isidoro es Lactancio [5].

Las dos alusiones a la etimología de *homo* que hemos citado de san Isidoro se encuentran en libros claramente diferenciados. En el libro 1.º es mencionada como explicación de su noción de etimología *ex origine*. Más tarde aparece como definición del hombre en el libro 11, especialmente dedicado a la descripción de éste. Define la explicación *homo ex humo* contra otra que quería ver en el nombre del hombre una alusión directa a la unión del alma y del cuerpo, al vincular la palabra latina *homo* a la griega όμος (equivalente al

---

3   Cf. Fontaine, *Isidore*, 661 ss.
4   Ibid.
5   En *Inst.* 2, 10, 3, por la forma del complemento *ex humo*, a diferencia de Casiodoro, *Ps.* 139, 1: *ab humo*.

latín *substantia*) [6]. Recoge también la denominación griega
de hombre y su etimología, que responde más bien a la
concepción filosófica de la noción de hombre que a una
verdadera etimología que, por otra parte, se desconoce:
«Graece autem hominem ἄνθρωπον appellauerunt, eo quod
sursum spectet subleuatus ab humo ad contemplationem
artificis sui» (11, 1, 5) [7].

Añade además los diferentes usos que se dan en este
término cuando se aplica de modo general, aunque específicamente sólo debería aplicarse al cuerpo. De este modo
se puede hablar de un hombre doble, interior y exterior:
«Duplex est autem homo: interior et exterior. Interior homo
anima, exterior homo corpus» (11, 1, 6).

De estos dos elementos constitutivos del hombre, la
etimología de *anima* que nuestro autor relaciona con el
griego ἄνεμος es correcta; pertenecen a la misma raíz indoeuropea [8]. Además expresa abiertamente el origen pagano
de este término, que adquiere ahora una significación diferente, corrigiendo la creencia pagana de que la vida de los
hombres está relacionada con el aire que respiramos y
situando el origen del *anima*, antes de la capacidad de respirar, en el vientre materno; el alma no es el aire, como pensa-
ban aquellos que eran incapaces de concebir la naturaleza
incorpórea del alma. La distinción entre *anima* y *animus* es
correcta:

> «*Anima* autem a gentilibus nomen accepit, eo quod
> uentus sit. Unde et Graece uentus ἄνεμος dicitur, quod ore
> trahentes aerem uiuere uideamur sed apertissime falsum
> est, quia multo prius gignitur anima quam concipi aer
> putauerunt quidam qui non potuerunt incorpoream eius
> cogitare naturam... Item animum idem esse quod animam;
> sed anima uitae est, animus consilii» (11, 1, 7-11).

---

6   «Abusiue autem pronuntiatur ex utraque substantia totus homo, id est ex
societate animae et corporis. Nam propie homo ab humo», *Etym.* 11, 1, 4.

7   Cf. P. Chantraine, *Dictionnaire étymologique de la langue grecque. Histoire
des mots* (DELG) (Paris 1968), s.u.

8   Cf. A. Ernout, A. Meillet, *Dictionnaire étymologique de la langue latine*
(DELL) (Paris 1959), s.u.

Por su parte, para *corpus* presenta una etimología claramente popular, que responde a la condición perecedera del cuerpo, compuesto de carne —*caro*—: «*Corpus* dictum eo quod corruptum perit. Solubile enim atque mortale est, et aliquando soluendum. Caro autem a creando est appellata» (11, 1, 15).

Corpus pertenece a un grupo de palabras derivadas de la raíz **krp-* [9]; en *caro* encontramos otra etimología popular. No tiene ninguna relación con el verbo *creare*. Significa, en principio, un «pedazo de carne» [10], y es un tema de raíz alargado en -n- relacionado con el verbo griego χείρω[11].

En todos estos términos, san Isidoro se ha preocupado más de reflejar sus propias ideas sobre el mundo y el hombre, que de intentar ofrecer una etimología verosímil. En la misma línea cabe señalar una nueva palabra, *mens*: «*Mens* autem uocata quod *emineat* in anima, uel quod *meminit*. Unde et inmemores et amentes» (11, 1, 12).

En realidad procede de la raíz **men-*, pensar, que designa por oposición a *corpus*, «le principe pensant, l'activité de la pensée» [12].

San Isidoro establece una diferencia entre *homo* y *uir* en cuanto al significado: *homo* tiene el sentido de hombre en general, *uir* sólo se emplea para el sexo masculino y hace referencia al hombre en plenitud de fuerzas: «*Vir* sexum significat» (9, 7, 1). Propone dos etimologías estrechamente relacionadas: «*Vir* a *uirtute*» (10, 274) y «*Vir* nuncupatus, quia maior in eo *uis* est quam in feminis: unde et *uirtus* nomen accepit» (11, 2, 17).

Ninguna de las dos es correcta. *Virtus* deriva de *uir* [13], como el propio san Isidoro ha señalado después. Esto es debido a la redacción independiente de los diferentes libros y a la intención de nuestro autor, que ha querido destacar la *uirtus* como la cualidad esencial del hombre, de la que

---

9   Cf. DELL, s.u.
10   Cf. Varrón, *L.L.* 6, 25: «quibus ex Albano monte ex sacris carnem petere fuit ius cum Romanis».
11   Cf. DELL, s.u.
12   Cf. DELL, s.u.
13   Cf. Cic., *Tusc.* 2, 43: «Appellata est enim a uiro uirtus».

procede. Tampoco existe ninguna relación con *uis*. *Vir* es un término que pertenece a la raíz **wiro*, que dio lugar a una serie de palabras antiguas que designaban al macho [14]. San Isidoro hace derivar de *uir* dos términos: *uirago* y *uira*: «*Virago* uocata quia *uirum agit*» (11, 2, 22); «Quae uero nunc femina antiquitus uira uocabatur sicut a seruo serua... ita a *uiro, uira*» (11, 2, 23).

De formación oscura, la etimología de *uirago, uiragum agit*, no pasa de ser un calambur [15]; en cuanto a *uira*, tomada de Festo [16], no aparece en ningún otro lugar; puede tratarse de la invención de algún gramático para justificar o explicar *uirago* [17].

b)   *Mulier/Femina*

Se trata de dos términos claramente diferenciados en su significado y en su origen. Para *mulier*, san Isidoro propone la siguiente etimología: «*Mulier* uero a *mollitie*, tanquam *mollier*, detracta littera uel mutata, appellata est *mulier*» (11, 2, 18). Esta conexión no pasa de ser una fantasía ya señalada por los antiguos [18]. No existe ningún indicio que permita pensar en *mulier* como en un comparativo. El latín no ha conservado ningún nombre indoeuropeo de mujer, y se ha pensado en una palabra nueva de origen desconocido.

El término *femina* es utilizado en oposición a *uir*, especificando el sexo femenino; puede emplearse incluso con un sustantivo masculino o femenino designando un animal cuyo sexo se precisa. Se tiende a diferenciarlo de *mulier; mulier* sería el término general, y *femina* el específico [19]. San Isidoro propone una etimología popular relacionada con la idea de «partes sexuales» que se desprende de *femur*:

---

14   Cf. DELL, s.u.

15   Ibid.

16   314, 15: «Feminas antiqui... uiras appellabant unde adhuc permanent uirgines et uiragines».

17   Cf. DELL, s.u.

18   Cf. DELL, s.u.

19   Cf. San Isidoro, *Diff.* 1, 588: «Femina naturalem nomen est, generale mulier»; Tertuliano, *Or.* 22: «Feminam qua sexus generaliter, mulierem qua gradus specialiter».

«*Femina uero a partibus femorum* dicta, ubi sexus species a uiro distinguitur. Alii Graeca etymologia feminam ab ignea ui dictam putant» (11, 2, 24). En otro lugar de este mismo libro encontramos de nuevo la misma interpretación [20].

No existe ninguna relación entre *femina* y *femur*. Representada por todas partes en indoeuropeo, procedente de la raíz **dhe-*, que encontramos también en *filius* [21], *femina* es el resto de un participio de presente medio, de un presente radical **dhe*, que significa literalmente «que amamanta».

c) *Las edades del hombre*

Siguiendo un esquema tradicional, san Isidoro distribuye las edades del hombre en número de seis [22]. Parece ser que se basa en Varrón, si bien éste hablaba sólo de cinco [23]. También ha podido basarse en Hipócrates, que divide la vida del hombre en siete etapas.

Para la primera, la infancia, san Isidoro propone una etimología correcta; el *infans* es el que no sabe, no puede hablar: «*Infans* dicitur homo primae aetatis, dictus autem *infans* quia adhuc *fari* nescit, id est loqui non potest» (11, 2, 9).

En la siguiente etapa nos encontramos con una interpretación diferente: «*Puer* a *puritate* uocatus, quia purus est» (11, 2, 10); «Idem et *pueri* a *pube*» (9, 5, 19). Ninguna de las dos etimologías es correcta. Ambas están ya en Varrón [24], que hace derivar *puer* de *purus* o de *impuberes*. En ella se refleja la opinión sobre este período de la vida que sucede a la infancia y precede a la adolescencia, una etapa sin pasiones, pura. Es, sin duda, una etimología popular común en el mundo romano clásico.

---

20 Cf. *Etym.* 11, 1, 106: «Femora dicta sunt, quod ea parte a femina sexus uiri discrepet. Sunt autem ab inguinibus usque ad genua. Femina autem per deriuationem femorum partes sunt».

21 Cf. DELL, s.u.

22 Cf. *Etym.* 11, 2, 1: «Gradus aetatis sex sunt: infantia, pueritia, adolescentia, iuuentus, grauitas atque senectus».

23 Según Censorino, *De die na.* 14, 1: «Varro quinque gradus aetatis aequabiliter putat esse diuisos».

24 Ibid. 14, 2: «... itaque primo gradu usque annum quintum decimum pueros dictos, quod sint puri, id est impubes».

El término *puer* pertenece a un grupo de palabras de carácter familiar, que se ha relacionado con el griego παις[25]. San Isidoro establece un paralelismo entre *puer* y el término griego *ephebi*, que él relaciona con el dios griego *Phoebus*[26]. Un poco más avanzado en edad tenemos el término *pubes*, del que nos dice san Isidoro: «*Puberes* a *pube*, id est, a pudenda corporis nuncupati» (11, 2, 13). Esta etimología es correcta. *Puberes* indica la capacidad del joven, por su grado de desarrollo para la reproducción[27].

Pasada la adolescencia, y antes de llegar a la edad madura, el término con el que se denomina al hombre es el de *iuuenis*. Esta es la etimología que propone san Isidoro: «*Iuuenis* uocatus quod *iuuare* posse incipit» (11, 2, 16). No existe ninguna relación con *iuuare*; responde a la concepción del momento, que ha persistido hasta hace muy poco tiempo, de que los hijos constituyen una ayuda para los padres, especialmente en el mundo rural para las tareas agrícolas y ganaderas, como vemos en las comparaciones que establece: «ut in bubus iuuenci»[28]. *Iuuenis* debe ser relacionado con palabras del tipo *aeuom*, cuyo significado es «aquel que está en la fuerza de la edad»[29]. Se trata de un término usado sobre todo como nombre, el empleo como adjetivo y en el género femenino es tardío y raro.

La última etapa de la vida es la vejez. En esta ocasión nuestro autor recoge una etimología popular en la que se pone de manifiesto el deterioro que el hombre sufre con la edad: «*Senes* autem quidam dictos putant a *sensus* diminutione» (11, 2, 27).

En realidad se trata del alargamiento de una palabra-raíz *sens-[30]. Los derivados de *senes* recogidos por San Isidoro son *senectus* y *senatus:* «Sicut autem a *senes senectus*» (11, 2, 28); «*Senatui* nomen aetas dedit, quod *seniores*

---

25 Cf. DELL, s.u.
26 Cf. *Etym* 11, 2, 10: «Hi sunt ephebi, id est a Phoebo dicti, necdum uiri, adolescentuli lenes».
27 Cf. Paulo Festo, 297, 2: «Puer qui iam generare potest. Is incipit ab annis XIV femina uiripotens a XII».
28 Cf. *Etym*. 11, 2, 16.
29 Cf. DELL, s.u.
30 Cf. DELL, s.u.

esse» (9, 4, 8). Efectivamente, al igual que *iuuentus* de *iuuenis*, *senectus* deriva del mismo tema que *senes* más un sufijo
-tu-t, que sirve en latín para formar sustantivos que expresan una cualidad [31]. Por su parte, *senatus* pertenece a un
grupo de palabras en *-tu* que en el lenguaje político han
adquirido un sentido particular [32].

San Isidoro añade una curiosa interpretación de la afinidad existente entre los niños y los ancianos, identificando
la ausencia de conocimiento debida a la escasez de la edad,
con las deficiencias que experimenta el hombre con la llegada de la vejez, basándose, según los médicos, en la tempe-
ratura de la sangre [33].

De modo paralelo a esta enumeración de las edades del
hombre, tenemos los nombres relativos a las diferentes
etapas de la vida exclusivamente femeninos. Hay menos;
también la importancia de la mujer en el mundo clásico es
menor [34], las referencias a su edad tienen mucho que ver
con su función primordial: la reproducción.

En primer lugar aparece el término *puella*: «*puella* est
paruula quasi pulla» (11, 2, 12). Aunque no tiene que ver
directamente con *pullus*, la relación no está excluida, pues
pusus, pullus, putus son formas emparentadas con *puer*. San
Isidoro se acerca a la etimología estableciendo la relación
puella/pullus, si bien no ha visto la que existe con *puer*
(puer + llus). Se puede encontrar también la forma *puellus*,
menos frecuente, rehecha sobre el femenino de manera
secundaria [35].

A continuación encontramos una noción fundamental,
la de *uirgo*, que nuestro autor une a *uitula* y a *uirga* y para
las que propone como etimología el término *uiridior*: «*uirgo*

---

31   Cf. A. Meillet, J. Vendryes, *Traité de grammaire comparée des langues classiques* (Paris 1927) 389.

32   Como, por ejemplo, de *magister, magistratus*. Cf. DELL, s.u.

33   Cf. *Etym.* 11, 2, 27: «... eo quod iam per uetustatem desipiant. Nam physici
dicunt stultos esse homines frigidiores sanguinis, prudentes calidi: unde et senes,
in quibus iam friget, et pueri, in quibus necdum calet, minus sapiunt. Inde est
quod conuenit sibi infantum aetas et senum: senes enim per nimiam aetatem deli-
rant; pueri per lasciuiam et infantiam ignorant quid agant».

34   Cf. G. Fau, *L'émancipation féminine à Rome* (Paris 1978).

35   Cf. DELL, s.u.

a *uiridiore* aetate dicta est, sicut et *uirga,* sicut et *uitula.* Alias ab incorruptione quasi *uirago»* (11, 2, 21).

No existe una etimología segura. No se conoce un nombre indoeuropeo para esta noción [36]. No obstante, no tiene nada que ver con *uiridis* de *uireo* «estar verde», «ser vigoroso», al igual que *uirga* y *uitula,* cuya única relación es la coincidencia en la sílaba inicial -*ui* y el significado verde/joven. Igualmente, como ya hemos señalado [37], la etimología de *uirago* es incierta.

Tras *femina,* tenemos *puerpera,* derivado de *puer,* que san Isidoro presenta con etimología correcta; la relación con *puer* y *pario* es clara: «Et dictae *puerperae* uel quod primo parto grauantur, uel quod primum *pueros pariunt»* (11, 2, 14).

La idea de vejez no está expresada en los mismos términos para el hombre y la mujer; son dos nociones completamente diferenciadas: *senes* y *anus. Anus* es un término muy raro en el latín clásico, y tampoco es frecuente en el latín vulgar. Sin embargo, dada la naturaleza de esta relación de nombres es explicable que san Isidoro lo haya introducido aquí: «*Anus* autem appellata a multis *annis,* quasi *annosa»* (11, 2, 28). Tenemos aquí una etimología popular, basada en el significado y la similitud de sonidos. Realmente se trata de un término del vocabulario familiar. El sufijo en -*us* puede ser debido a la influencia de *socrus, nurus* [38].

Aparece también un derivado *anilitas,* cuya etimología es correcta: «Ab anu» [39]. Su origen es oscuro; aparece una forma *anatem* en una glosa de Paulo Festo (26, 24) que, según Pisani, habría que leer *anilitatem* [40]. Con esta significación de vejez en la mujer, aparece en un verso de Catulo [41].

Otros dos términos, relativos a esta etapa de la vida, que comparte con el hombre, son los adjetivos *uetula* y *uetusta,* relacionados entre sí, ya que los dos derivan de *uetus. Vetula*

---

36 Cf. DELL, s.u.
37 Cf. *uir,* supra.
38 Cf. DELL, s.u.
39 Cf. *Etym.* 11, 2, 28.
40 Cf. DELL, s.u.
41 61, 15: «Cana tempus anilitas».

es un diminutivo empleado en el lenguaje familiar: «*uetula*
quia *uetusta*» (11, 2, 28).

2. RELACIONES DE PARENTESCO

San Isidoro aborda las relaciones de parentesco en el
libro 9 de las *Etimologías*. Se trata de un libro con unas
características particulares, ya que ha tardado bastante
tiempo en imponerse como un libro autónomo: en diferentes manuscritos puede encontrarse formando parte, como
un todo, de los libros 7 y 8 [42].

Considerando el libro 9, *De linguis, gentibus, regnis, militia, ciuibus, affinitatibus*, en sí mismo, observamos cierta
unidad, a pesar de la diversidad de materias que toca. Todo
él está orientado a un fin. El capítulo primero, que es una
introducción metodológica, quiere poner de relieve dos ideas
fundamentales: el origen de todas las lenguas a partir del
hebreo [43] y el hecho de que todas las naciones han surgido
de la división de las lenguas [44].

Continúa con un análisis de las diferentes naciones y
pueblos, así como de la organización política y social de
éstos, en particular de Roma, para llegar a los capítulos 5,
De adfinitatibus et gradibus; 6, *De agnatis et cognatis,* y
7, *De coniungiis*, que describen la organización de la familia. El orden que establece es inesperado; parecería más
natural partir del matrimonio para analizar después las diferentes relaciones que surgen de éste. No obstante, este orden
responde a la intención global de san Isidoro, que había
comenzado el libro afirmando la unidad original en una sola
lengua, y termina volviendo a la unidad que supone la unión
del hombre y la mujer en el matrimonio [45].

El vocabulario alusivo a estas relaciones personales
básicas es el que registra un mayor número de etimologías
incorrectas, debido a que se trata de términos procedentes

---

42   Cf. M. Reydellet, *Isidorus hispalensis Etymologiae IX* (Paris 1984) 3 ss.
43   Cf. *Etym.* 9, 1, 1: «Vna omnium nationum lingua fuit quae hebrea uocatur».
44   Cf. ibid.: «Initio autem quot gentes tot linguae fuerunt, deinde plures
gentes quam linguae, quia ex una lingua multae sunt gentes exortae«.
45   Cf. M. Reydellet, op. cit., 6.

del indoeuropeo común, muy estables, cuya raíz o procedencia es difícil de adivinar; sobre todo si tenemos en cuenta el desconocimiento del parentesco entre las diferentes lenguas, a excepción del griego y el latín, que tenía san Isidoro. El desarrollo es siempre el mismo: la etimología de la palabra-raíz no es correcta; los derivados, más fáciles de rastrear, suelen estar bien.

Pater

De todos los términos de parentesco, *pater* es la forma más extendida y bien conocida; de una forma, **pater* no designa exclusivamente la paternidad física; es la calificación del dios supremo indoeuropeo. Aparece formando parte del nombre del dios más poderoso entre los romanos: *Iuppiter* [46]. De esta noción representada en casi todas las lenguas indoeuropeas, san Isidoro nos propone la siguiente etimología: «*Pater* autem dictus eo quod *patratione* peracta filium procreat» (9, 5, 3).

Esta etimología no es correcta. Además san Isidoro asigna a este término la función de la generación, de ahí la interpretación que hace, cuando *pater* designa la función social del *pater familias*.

Patratio es un derivado de *patrare*, verbo denominativo, formado a partir de *pater*, atestiguado desde el siglo I d. C. [47]. En su origen tenía un valor religioso; más tarde esta palabra ha llegado a tener un significado peyorativo, obsceno.

Derivado de *pater*, con un sufijo **-w-* y **-wyo-* [48] nos encontramos con el término *patruus*: «*Patruus* frater patris est, quasi *pater alius*» (9, 6, 16). La composición que hace san Isidoro de este sufijo, a partir de *alius*, es una invención que tiene probablemente su origen en la función del *patruus*, tío paterno, consistente en sustituir al padre en el caso de que fuera necesario.

Otro derivado, que remite a una jerarquía social, es *patricius*, nacido de padres nobles libres; es un adjetivo

---

46 Cf. E. Benveniste, *Le vocabulaire des institutions indoeuropéennes*. 1. *Economie, parenté, societé*. 2. *Povoir, droit, religion* (Paris 1969) I, 209 ss.

47 Cf. DELL, s.u.

48 Cf. Benveniste, op. cit., I, 259.

formado con el sufijo *-icius* que se utiliza para términos relativos a las funciones oficiales [49]. San Isidoro se limita a señalar la procedencia de *pater:* «*Patricius* inde uocati sunt pro eo quod sicut patres filiis, ita prouideant reipublicae» (9, 3, 25).

Otros términos para designar al padre, al que engendra, con etimología correcta a partir de la raíz **gen-* son: «*Genitores* autem a *gignendo*» (9, 5, 4); «*Progenitores* quasi *porro* generantes» (9, 5, 28).

Mención aparte merece *creatores*. La interpretación que propone san Isidoro se encuentra ya en un texto anterior, prácticamente con las mismas palabras [50]: «*Creatores. Crementum* enim est semen masculi, unde animalium et hominum corpora concipiuntur. Hinc creatores parentes dicuntur» (9, 5, 5). Parece existir una confusión entre los verbos *creare*, de donde derivan *creatores* y *crescere*, de donde procede *crementum*. La semejanza en el sonido, unida a la importancia del semen en la generación, han originado esta etimología.

Mater

Nombre indoeuropeo simétrico a *pater,* con un mismo final, *-ter,* que se constituye como sufijo característico de los nombres de parentesco [51]. Veamos cuál es la etimología que propone san Isidoro: «*Mater* dicitur quod exinde efficiatur aliquid *Mater* enim quasi *materia*» (9, 5, 6).

La relación establecida por nuestro autor entre *mater* y *materia* es en sentido figurado. *Mater* designa la sustancia de la *mater* del árbol. Establece un paralelismo entre el término *materia* y el hecho de que es en la madre donde se forma el hijo; añade una explicación: «nam causa pater est».

---

49 Cf. V. Väänänen, *Introducción al latín vulgar* (Madrid 1968) 147.

50 Cf. *Plac.:* «Excreamentum (sic) uero quod spuimus uel excreamus habetur. Item sementum uirile unde animalium et hominum corpora concipiuntur. Hinc creatores parentes dicuntur», CGL, 5, 18.

51 No se pueden analizar *pater* ni *mater;* por consiguiente, es difícil decir si es desde el principio un sufijo o se ha extendido por su influjo a otros nombres de parentesco. Cf. Benveniste, op. cit., I, 256.

Diferencia claramente los papeles de la madre y el padre en la procreación, de ahí la diferenciación etimológica [52].

Derivado de *mater*, más un sufijo *-nus*, nos encontramos con el término *matrona*. San Isidoro, como en otras ocasiones, intenta explicar el sufijo *-nus* [53] mediante una palabra ya existente, *nati*, sin ser consciente de la existencia del sufijo como tal: «*Matrona* est mater primi pueri, id est quasi *mater nati*» (9, 5, 8).

Encontramos una explicación similar para el sufijo *-tero*, el mismo que encontramos en *alter* y que indica la oposición de dos nociones, en *matertera*, término que designa la hermana de la madre: «*Matertera* est soror matris, quasi *matris altera*» (9, 6, 18). Para la misma relación, respecto a la hermana del padre, tenemos *amita*: «Est soror patris, quasi *alia mater*» (9, 6, 18). Esta palabra no tiene nada que ver con *mater;* la interpretación está construida siguiendo el esquema de la anterior. Se ha pensado en un derivado de *amma* [54] o, al menos, en una posible relación con ésta [55], si bien no puede afirmarse esta relación de modo concluyente.

Frater

Del indoeuropeo **bhrater*, es un término difícil de analizar. Sólo se puede aislar el final *-ter*, y no se ha encontrado ninguna explicación al tema **bhra-*, aunque ha sido relacionado con la raíz **bher* de *fero;* no obstante, ningún empleo de las formas conocidas de esta raíz tiene el significado de hermano. Al igual que *pater* y *mater*, palabras pertenecientes al indoeuropeo más antiguo, no se puede explicar [56].

La etimología que propone san Isidro no pasa de ser un juego de palabras; no existe ninguna relación entre *frater* y *fructus:* «*Fratres* dicti eo quod sint ex eodem *fructu*, id est ex eodem semine nati» (9, 6, 5).

---

52   No obstante, en otro lugar, concede un papel semejante en la concepción a los dos sexos: «Nasci autem patribus similes aiunt, si paternum semen ualidius sit; matribus, si matris», *Etym.* 11, 1, 45.

53   Cf. A. Meillet, J. Vendryes, op. cit., 358 ss.

54   Cf. *Etym.* 12, 7, 42: «Haec auis uulgo amma dicitur, ab amando paruulos».

55   Cf. DELL, s.u.

56   Cf. E. Benveniste, op. cit., I, 212 ss.

El otro término para expresar esta relación de parentesco es *germanus:* «*Germani* uero de eadem *genetrice* manantes, non ut multi dicunt, de eodem germine, qui tantum fratres uocantur» (9, 6, 6). La fuente de este texto es Servio [57]. se trata de una explicación más que de una etimología, pues tanto *germen* como *genetrix* proceden de la misma raíz **gen-*. Establece una diferencia entre *frater* y *germanus* [58]; la misma diferencia que recoge también en el libro sobre las *Diferencias,* de modo más preciso [59].

Soror

Establece una analogía entre las etimologías de *soror* y *frater,* apoyándose de nuevo en la semejanza de sonidos: «Soror autem ut frater. Nam *soror* est eodem *semine* dicta» (9, 6, 11).

Soror, de **swesor,* es una forma que tiene un interés excepcional porque se puede analizar como un compuesto [60]; **swe* es un término conocido de relación social, y **-sor* se encuentra en compuestos arcaicos donde denota el femenino. Es probable que **-sor* sea un nombre arcaico de la mujer. En ningún caso está relacionado con semen, como sugiere san Isidoro.

El otro término para hermana, *germana,* aparece con la misma etimología y significado que *germanus,* del que ya hemos hablado antes: «*Germana* ita intelligitur ut germanus, eadem genetrice *manans*» (9, 6, 11).

---

57   *Ad Aen.* 5, 412: «Germanus est secundum Varronem in libris de gradibus de eadem genetrice manans, non ut multi dicunt de eodem germine, quos ille tantum fratres uocat».

58   Es el que se ha conservado en castellano, a diferencia de *frater,* que podía significar el miembro de cualquier hermandad, y que tras la aparición del cristianismo ha pasado a designar los hermanos en religión.

59   Cf. *Diff.* 1, 237: «Inter fratrem et germanum. Fratres dicuntur qui ex eodem patre nascuntur, et non ex eadem matre. Qui uero est eodem patre et matre, germani appellantur. Et est germanus ex eadem genitrice uel ex eodem germine manans».

60   Cf. DELL, s.u.; cf. también E. Benveniste, op. cit., I, 214.

Filius/Filia

San Isidoro relaciona estos dos términos con otro que abarca una noción más amplia: *Familia.* «*Filia* et *filius* a *familia* dicti sunt» (9, 5, 11).

Etimológicamente, *filius* y *filia* no tienen ninguna relación con *familia.* Se vinculan a la familia etimológicamente representada por *felo, fecundus, fetus,* que implica la noción de nutrir. *Filius* sería un adjetivo que ha tomado la función de un sustantivo[61]; ha pasado del sentido de «niño que se cría» a «hijo».

La interpretación de san Isidoro está motivada por la noción de pertenencia a un tronco común, a una misma familia; la -*f*- inicial le sirve para justificarla.

La etimología de *familia* aparece en dos ocasiones, relacionada siempre con *femur*: «*Familia* est liberi ex liberis legibus suscepti, a *femore*» (9, 4, 3); «*Familia* autem a *femore*» (9, 5, 12).

Relacionada con *famulus,* es una palabra itálica, que el latín puede haber tomado del osco[62]; existe también la hipótesis de que se trate de una palabra tomada del etrusco. Son términos muy antiguos y sin etimología segura. Esta que nos ofrece san Isidoro está relacionada con la idea de «partes sexuales» que se desprende de *femur,* y que él mismo recoge en otro lugar[63] donde también lo ha relacionado con *femina,* y en algunos de sus derivados: *femoralia, feminalia*[64].

Auus

Originariamente es nombre familiar que designa al anciano del grupo, que suele ser el tío o el abuelo, sentido que ha tomado en latín. San Isidoro nos propone la siguiente etimología: «*Auus* pater patris est, ab *aeuo* dictus, id est ab antiquitate» (9, 5, 9).

---

61 Cf. DELL, s.u.
62 Ibid.
63 Cf. *Etym.* 11, 1, 106: «Femora dicta sunt, quod ea parte a femina sexus uiri discrepet».
64 Cf. *Etym.* 19, 22, 29: «Femoralia appellata eo quod femora tegant».

No existe ninguna relación con *aeuus;* se ha formado a partir del indoeuropeo **awos.* Designaría, como bien señala nuestro autor, al padre del padre. Sus derivados están todos correctamente analizados en cuanto a su relación con *auus,* y nos ofrecen un cuadro amplio y detallado de las relaciones familiares: «*Proauus,* aui pater est, quasi prope auum. *Abauus* proaui pater est iam longe ab auo. *Atauus* abaui pater. *Tritauus* ataui pater, quasi tetrauus, id est quartus super auum» (9, 5, 9, 9-10) [65].

Mención aparte merece el término *auunculus,* derivado también de *auus,* con el significado de tío materno. San Isidoro ha interpretado correctamente esta palabra viendo incluso el valor de diminutivo del sufijo *-culus* [66]: «*Auunculus* est matris frater, cuius nomen formam dininutiui habere uidetur, quia ab *auo* uenire mostratur» (9, 6, 17). Esta interpretación estaba ya en Festo: «matris meae frater traxit appellatione quod... tertius a me, ut auus... est» [67].

Nepos

De **nepot,* en latín clásico parece aplicarse indistintamente a «nieto» y «sobrino» [68]. San Isidoro lo utiliza claramente con el sentido actual de «nieto», con el que pasó al castellano [69]. Propone una etimología popular, basándose más que en la forma de las palabras en el significado; etimología que desarrolla aún más en el derivado *pronepos:* «*Nepos* est qui ex filio natus est. Dictus autem nepos quasi *natus post...* Nepos autem utriusque sexus est... Nam ut neptis dicamus in iure est propter discretionem successionis admissum. Pronepos est qui ex nepote conceptus natusque est; et dictus *pronepos,* quasi *natus porro post*» (9, 5, 26-27).

San Isidoro ha optado sin ninguna vacilación por el significado de «nieto», y adopta para el de «sobrino» el térmi-

---

65   Cf. *Plac.:* «Auus pater patris est, proauus aui pater, tritauus ataui pater», CGL 5, 3.

66   Cf. V. Väänänen, op. cit., 149 ss.

67   Citado por E. Benveniste, op. cit., I, 225.

68   Ibid., I, 233.

69   En otras lenguas, por ejemplo el francés, aparece con el significado de sobrino: neveu.

no *consobrini:* «Vero uocati qui aut ex sorore et fratre... sunt nati, quasi *consororini...* Sobrini consobrinorum filii» (9, 6, 14-15). Ciertamente *sobrinus* y *consobrinus* pertenecen a la misma raíz que *soror* más el sujifo *-inus.* Esto nos indica que en este momento en la Península Ibérica la distinción entre «nieto» y «sobrino» no ofrecía ninguna dificultad. Esta misma interpretación se encontraba ya en Festo [70].

Otros términos de parentesco

El grupo familiar estaba formado por el padre, la madre, hijos e hijas y sirvientes. El parentesco natural se denominaba cognación, el civil agnación. San Isidoro, al describir estos conceptos, se inspira en Gayo [71], si bien al existir una tradición múltiple de este pasaje, se hace difícil determinar exactamente la fuente [72]: «*Agnati* dicti eo quod accedant pro natis dum desunt filii... *Cognati* dicti quia sunt et ipsi propinquitate cognitionis coniuncti. Qui inde post agnatos habentur, quia per feminini sexus personas ueniunt nec sunt agnati, sed alias naturali iure cognati» (9, 6, 2).

Vamos a examinar ahora los términos pertenecientes a este apartado, cuya etimología propone: *Tius* es un préstamo tardío del griego θίος[73] que san Isidoro reconoce como tal. «*Tius Graecum est*» (9, 6, 15). Al igual que en el caso de *nepos,* el significado que ha recogido nuestro autor es el que se ha conservado en el latín de la península y ha pasado al castellano.

Otro término es el de padrastro, *uitricus,* cuya etimología se desconoce [74]. San Isidro hace un juego de palabras, en el que introduce un término *nouus,* para crear una pala-

---

70   «Sobrinus est... patres mei consobrini filius et matris meae consobrinae filius», 379, 6.

71   «Sunt autem agnati per uirilis sexus personas cognatione iuncti quasi a patre cognati ueluti frater eodem patre natus fratris filius et nepos ex eo, item patruus et patrui filius et nepos ex eo. At hi qui per menini sexus personas cognatione coniungituur non sunt agnati sed alias naturali iure cognati», 1, 156.

72   Cf. J. de Churruca, *Las Instituciones de Gayo en San Isidoro de Sevilla* (Bilbao 1975) 51 ss., donde expone detalladamente otros textos de procedencia justiniana y analiza las razones de carácter jurídico y lingüístico que le llevan a afirmar la fuente gayana para este texto de san Isidoro.

73   Cf. DELL, s.u.

74   Cf. DELL, s.u.

bra nueva, *nouitricus,* y justificar así su interpretación: «*Vitricus* est qui uxorem ex alio uiro filium aut filiam habentem duxit, et dictus *uitricus* quasi *nouitricus,* quod a matre superducatur nouus» (9, 6, 20).

Priuignus y *antenatus* aparecen con etimología correcta: «*Priuignus* dici putatur quasi *priuigenus,* quia *prius genitus.* Unde et uulgo *antenatus*» (9, 6, 21). *Priuus* podría provenir de **prei-uos* [75] con el significado de «el que está delante». Se puede encontrar también la forma *priuigenus,* formado según *primigenus.* Por su parte, *antenatus,* como muy bien señala nuestro autor, es una forma vulgar [76] y tardía utilizada como sinónimo de *priuignus.*

Dos términos muy relacionados entre sí en cuanto al significado, *nothus* y *spurius,* son examinados por san Isidoro con fortuna desigual. *Nothus* es, efectivamente, un término de procedencia griega νὸθον adoptado por la lengua latina no sólo en este sentido, sino también siempre que se quiere designar algo extraño, mezcla o cruce [77]: «*Nothus* dicitur qui de patre nobili et matre ignobili... Hoc nomen *Graecum* et in latinitatem deficit» (9, 5, 23).

Mayor dificultad ofrece *spurius;* se trata de una palabra de carácter jurídico, de significado similar al de *nothus,* bastardo, y de ahí falso, no auténtico: «*Spurius* patre incerto, matre uidua genitus, uelut tantum spurii filius, quia muliebrem naturam ueteres spurium uocabant, uelut ἀπὸ (τοῦ) σπορου hoc est seminis non patris nomine... Latine autem spurii quasi extra puritatem, id est quasi inmundi» (9, 5, 24-25).

Ninguna de las dos relaciones etimológicas que establece san Isidoro es correcta; nada tiene que ver con el término griego, y la relación con *puritas* es un juego de palabras en el que influye su concepción moral del mundo. Se basa en la interpretación de la -s- inicial de *spurius* como

---

75   Cf. DELL, s.u. señala este lugar de san Isidoro.

76   Cf. J. Sofer, *Lateinisches und romanisches aus den Etymologiae des Isidorus von Sevilla* (Gottingen 1930; Hildesheim 1975) 218.

77   Cf. Varrón, *L.L.* 10, 69: «Unum uernaculum ac domi natum alterum aduenticium, tertium nothum ex peregrino hic natum...; tertium illum nothum ut Achilles et Peles».

el apócope de la partícula *se-*, que marca la separación, la privación.

Spurius aparece como cognomen en latín y en osco [78]. Plutarco apuntaba a un posible origen sabino [79]. Se ha pensado también en una palabra de origen etrusco emparentada con *spurcus* [80].

Finalmente dos términos de carácter indefinido, ambos con etimologías correctas, son *proximus* y *consaguineus:* «*Proximus* propter *proximitatem* sanguines appellatus» (9, 6, 3); «*Consanguinei* uocati eo quod uno sanguine, id est uno patris semine nati sunt» (9, 6, 4).

La relación de *proximus* con *proximitas* es clara. No se trata de una etimología propiamente dicha. Ambos derivan del adverbio *prope*, cerca. Responde a su concepción de las etimologías *a deriuatione* [81], en la que se deja influir por las teorías neoplatónicas; supone la existencia de una cualidad o idea absoluta, abstracta, que se concretiza en un aspecto, en un tipo de individuo determinado.

El matrimonio

El matrimonio es una institución básica, esencial en la vida social romana, a la que san Isidoro considera muy importante. Representa un factor de unidad que significa la continuidad de la vida humana, la renovación y multiplicación de la especie [82]:

> «Haec consanguinitas, dum se paulatim propaginum ordinibus dirimans usque ad ultimum gradum subtraxerunt, et propinquitas esse desierit eam rursus lex matrimonii uinculo repetit et quodam modo reuocat fugientem» (9, 6, 29) [83].

---

78 Cf. DELL, s.u.

79 *Quaest. Rom.* 103: «Λεκτέον δὲ καὶ τὸν ἕτερον λόγον, ἔστι δ'ατοπώτερος τοὺς γὰρ Σαβίνους φασὶ το τῆς γυναικὸς αἰδοῖον ὀνομάτειν σποριον, εἰδ' οἶον εφυβρι-'ζοντας τον ἐκ γυναικος ἀγάμου καὶ ἀνεγγύου γεγενημένον».

80 Cf. DELL, s.u.

81 Cf. *Etym.* 1, 29, 5: «Ex nominum deriuatione: ex a prudentia prudens».

82 Cf. M. Reydellet, op. cit., 5.

83 Cf. san Agustín, *De ciu. Dei* 15, 16, 2: «... se paulatim propaginum ordinibus dirimens longius abiret et propinquitas esse desistere, eam nondum longe positam rursus matrimonii uinculo conligare et quodam modo reuocare fugientem».

Las etimologías que propone para el vocabulario relacionado con este vínculo tomadas en gran parte de sus fuentes latinas, en particular de Servio, son en su mayoría correctas.

Matrimonium

El término *matrimonium* significa «condición legal de *mater*», significado que ha sido bien visto por nuestro autor: «*Matrimonium...* uel quia iam *mater* fieri potest unde et *matrimonium* dictum» (9, 7, 13).

Se trata de un derivado de *mater* que toma el significado de los compuestos en *-monium,* todos ellos términos jurídicos [84]. De este modo, *matrimonium* define la condición a la que accede la joven; siempre está referido a la mujer. Si se trata del padre: «dare filiam in matrimonium», el marido «filiam ducere in matrimonium», la joven «ire in matrimonium». *Matrimonium* no designa el acto del matrimonio, que recibe el nombre de *coniugium:* «*Coniugium* est legitimarum personarum inter se coeundi et copulandi nuptiae. *Coniugium* dictum quia *coniuncti* sunt, uel a *iugo* quo in nuptiis copulantur ne resolui aut separari possint» (9, 7, 21).

La etimología es también correcta. Derivado de *coniunx,* procede de la misma raíz que el sustantivo *iugum* y el verbo *iungo* [85].

Maritus

En el análisis etimológico de *maritus* hemos seguido la interpretación de Benveniste [86]. En este caso no tendría nada que ver con el término *mas* [87], etimología que le atribuye san Isidoro: «*Maritus* uero etiam sine adiectione coniugem sonet et *a mare maritus,* quasi *mas.* Est enim nomen

---

84   Cf. DELL, s.u.
85   De la raíz indoeuropea *yeug-/yug-*, DELL, s.u.
86   Op. cit., I, 246 ss.
87   Esta interpretación es también la de Varrón, *R.R.* 2, 10, 11: «Tunc dicuntur Catulire, id est ostendere se uelle maritari».

primae positionis quod facit in diminutione masculus, in deriuatione maritus» (9, 7, 2).

Maritus estaría formado sobre una raíz, **mari-*, que se aplicaba tanto a la joven muchacha como al muchacho; en latín parece haberse especializado para la muchacha; a esta raíz se habría añadido el sufijo *-itus*, «en posesión de»; *maritus* tomaría así el sentido de «en posesión de mujer».

Ernout-Meillet recogen esta hipótesis, pero añaden que la especialización en el significado de marido habría sufrido la influencia secundaria de *mas*, reconociendo, no obstante, que no existe un origen común para los dos términos [88].

Con este mismo significado, san Isidoro añade una serie de palabras de carácter derivado, con etimología correcta, que corresponden a diferentes momentos o funciones dentro del matrimonio: «*Sponsus* ab *spondendo* uocatus... Ergo sponsus quia promittitur, sed quia spondet et sponsores dat» (9, 7, 3-4); «*Coniunges* appellati propter *iugum* quod imponitur matrimonio coniungendis» (9, 7, 9) [89]; «*Proci* nuptiarum *petitores* a *procando* et *petendo* dicti» [90].

Nupta

Con este término se designa a la novia, la doncella que va a realizar su primer matrimonio. Relacionadas con esta noción aparecen una serie de palabras para las que nuestro autor propone una misma etimología. Vamos a analizarlas en conjunto:

> «*Nuptae* dictae quod uultus suos uelent. Translatum nomen a *nubibus*, quibus tegitur caelum. Unde et *nuptiae* dicitur quod ibi primum *nubentium* capita uelantur» (9, 7, 10); «*Pronuba* dicta eo quod *nubentibus* praeest» (9, 7, 8); «*Nympha* sponsa in nuptiis; et nympha pro lauationis officio quod et ad nomen *nubentis* adluditur» (9, 7, 20); «*Conu-*

---

88 Cf. DELL, s.u.

89 Cf. Servio, *Ad Aen.* 4, 6: «Iugali autem propter iugum quod imponebatur matrimonio coniungendis».

90 Cf. *Etym.* 10, 214: «Procax proprie idem quod petax. Nam procare est petere; unde et petitores nuptiarum proci dicuntur».

bium autem non a nupta sed a *nubendo* formatum» (9, 7, 20); «*Nubulis* ad *nubendum habilis*» (10, 184); «*Nubes* dictae ob *obnubendo*, id est operiendo caelum; unde et *nuptae* quod uultus suos uelent» (13, 7, 2).

San Isidoro hace derivar todas estas palabras del verbo *nubere;* todas están aplicadas a la mujer, ya que este verbo tiene el significado de casarse sólo para la mujer. Además lo relaciona con el griego νυμφή y con *nubes,* siguiendo una tradición que se remonta a los gramáticos antiguos [91].

Si esta relación es exacta, como parece verosímil [92], el acto del matrimonio estaría designado por la toma del velo, que simboliza la pérdida de libertad para la esposa y la reclusión en casa del marido. Esta era la ceremonia más importante del ritual [93]. De este modo, entre *nubere* y *nubes* se establecería una relación del mismo tipo que la existente entre *caedere* y *caedes* [94]. Asimismo *obnubere* parece ser claramente un compuesto de *nubere.*

Vxor

Vxor es un término latino muy antiguo, especializado, para el que han sido propuestas diferentes etimologías [95]. Recurriendo a una vieja costumbre, la de ungir con óleo a las jóvenes que iban a contraer matrimonio [96], san Isidoro establece una etimología popular, que se encuentra ya en sus fuentes [97]: «*Vxores* uocatae quasi *unxiores*. Moris enim

91 Cf. Paulo Festo, 173, 2: «Numptam a Graeco dictam. Illi enim nuptam νέαν νυμφην appellant»; Varrón, *L.L.* 7, 72: «Neptunus, quod mare terras obnubit, ut nubes caelum, and nuptu, id est, opertione, ut antiqui, a quo nuptiae nuptus dictus»; Servio, *Ad Aen.* 1, 73: «Et conubio nu breuem possint cum naturaliter longa sit. Nubo enim unde habet originem, longa est»; 4, 166: «Pronuba Iuno quae nubentibus praeest».
92 Cf. DELL, s.u.
93 Cf. Plinio, *N. H.* 21, 46; Ovidio, *Fasti* 2, 558; *Cat.* 61, 8; 116.
94 Cf. E. Benveniste, op. cit., I, 241.
95 Ibid., 247 ss.
96 Cf. J. Guillén, *Vrbs Roma. Vida y costumbres de los romanos* (Salamanca 1980), 3 vols., 1, 139-40.
97 Cf. Servio, *Ad Aen.* 4, 458: «Moris enim fuerat ut nubentes puellae, simul uenissent ad limen pariti, postes antequam ingrederentur... ornarent laneis uittis... et oleo unguerent, unde uxores dictae sunt quasi unxiores».

erat antiquitus ut nubentes puellae, simul uenirent ad limen
mariti et postes, antequam ingrederentur, ornarent laneis
uittis et oleo *unguerent*. Et inde dictae quasi *unxiores*»
(9, 7, 12).

En *uxor*, de la raíz **uk-sor*, tendríamos en el primer
término **euk-*, «aprender», «habituarse»; en el segundo, el
nombre del «ser femenino», que aparece en **swe-sor*,
«hermana»[98]. El resultado sería **uk-sor*, «la mujer habitual», «el ser femenino al que uno está habituado»[99]. Otra
interpretación supone un tema, **uks-*, en el que estaría ya
dado el significado de esposa, al que se añade un sufijo
-or[100].

Otros términos

a) Relaciones que se establecen con distintos parientes mediante el matrimonio: Para el término *ianetrices*,
«cuñadas», san Isidoro nos propone la siguiente etimología:
«*Ianetrices* uocantur quasi eadem *ianuam* terentes, uel per
eamdem ianuam iter habentes» (9, 7, 17).

No existe ninguna relación con *ianua*, «puerta», como
pretende nuestro autor. Según Benveniste[101] es posible
reconstruir **yen-ter*, **ynter-*, donde se reconoce la formación
en *-ter* de los nombres de parentesco. Sin embargo, no se
ha encontrado ningún medio de interpretar el radical.
Gaffiot[102] lo relaciona con *ianitrix*, cuyo primer significado
era el de la esclava encargada de abrir la puerta, la que
guarda la entrada; sería el femenino de *ianitor*, bien documentado en latín clásico. Con el significado de «cuñada» lo
identifica con el griego εἰνατερες.

Ahora bien, en griego este término está vinculado a un
tema, **yena*, al que se añade un sufijo, τηρ, τρος correspondiente a los nombres de parentesco; la estructura de la palabra es la misma que en latín, y en ningún momento aparece

---

98 Cf. *soror*, supra.
99 Cf. DELL, s.u.
100 Cf. E. Benveniste, op. cit., I, 248.
101 Ibid., I, 251.
102 *Dictionnaire Latin-Français* (Paris 1934), s.u.

la relación con *ianua* [103]. La etimología propuesta por san Isidoro puede ser el resultado de la confusión entre dos palabras: *ianetrix*, «cuñada», e *ianitrix*, «esclava encargada de abrir la puerta».

El yerno, *gener*, es otro elemento añadido a la familia en razón del matrimonio: «*Gener* autem dictus, quod adscistatur ad augendum *genus*» (9, 6, 19). Su fuente es, como en otras ocasiones, Servio [104]. Compuesto por una radical que expresa la comunidad de nacimiento **gen-* más el sufijo *-er*, característico de los nombres de parentesco. Sufijo que aparece también en *socer*, «suegro», término en el que san Isidoro ve una posible relación con *adsociare*, que no existe: «*Socer* autem et socrus quod generum uel nurus sibi *adsociauit*» (9, 6, 19). *Socer* y *socrus* deben ser vinculados a *soror* y pensar en la pertenencia a la raíz **swe-*, que indica un mismo grupo social [105]. Por su parte, *adsociare* pertenecería a la misma raíz que *sequor* [106].

b) Estados resultantes del matrimonio: *Vidua.*—En la interpretación del nombre de la viuda, *uidua*, nos encontramos con una etimología popular sin ningún fundamento: «*Vidua* uocata quod cum *uiro duo* no fuerit» (9, 7, 16) [107]. No existe relación con *uir* ni con *duo*. El nombre de la viuda figura en gran parte de las lenguas indoeuropeas; no obstante, su vocalismo etimológico es difícil de determinar. Se ha pensado en una posible relación con el verbo *diuidere*, que estaría, a su vez, formado por *dis-uido*, aunque la forma simple no está documentada [108].

Diuortium.—El divorcio es una institución bien conocida y legislada en el mundo romano [109]. San Isidoro nos

---

103 Cf. DELG, s.u.

104 *Ad Aen.* 11, 472: «Gener autem ideo dicitur quia ad augendum genus adhibetur».

105 Cf. DELG, s.u.

106 Cf. E. Benveniste, op. cit., I, 249, 347.

107 M. Reydellet, op. cit., 231, con Arévalo adopta la lección *fuerint*, sin negación. Le parece que san Isidoro interpreta *uidua* como compuesto de *ue* negativa y *duo*.

108 Cf. DELL, s.u.

109 Cf. Ulp., *Reg.* 6, 3; Gai, *Inst.* 2, 63; *Digest.* 23, 3: «Soluto matrimonio dos quemadmodum petatur».

ofrece una etimología tomada presumiblemente de Servio [110]: «*Diuortium* autem dictum a flexu uiarum, hoc est, uiae in diuersa tendentes» (9, 7, 25). Como bien ha señalado nuestro autor, la relación con *diuertere* es clara.

Adulterium.—El adulterio constituía una de las causas de divorcio, igualmente legislada en el derecho romano [111]. Nos encontramos de nuevo con una etimología popular en la que confluyen la concepción moral de san Isidoro y la proximidad de los sonidos: «*Adulterium* est inlusio alieni coniugii, quod quia *alterius torum* commaculauit, adulterii nomen accepit» (5, 26, 13); «*Adulter*, uiolator maritalis pudoris, eo quod *alterius torum* polluat» (10, 10).

Está relacionado con *alter* [112]. Se ha formado a partir del denominativo *altero* y el compuesto antiguo *adultero*, que significaba corromper y, especialmente, corromper a una mujer.

c) La dote: El novio solía enviar a la novia una cantidad, *arra*, de plata, un anillo, o de oro o de hierro, con una piedra preciosa que ésta se ponía en el dedo anular [113]. San Isidoro nos ofrece una curiosa etimología para este término: «*arrabo* dicta quasi *arra bona*. Quod enim datur pro coniugio bene datur, quia coniugium bonum est... Dicta autem *arra* a *re* pro qua traditur» (9, 7, 5-6) [114].

Arrabo y *arra* son la misma palabra, siendo esta última una forma sincopada popular de la primera tomada del griego ἀρραβων, a su vez, préstamo del semítico [115]. San Isidoro no es consciente de esta síncopa, y supone una palabra compuesta a partir de *arra: arra bona*, etimología popular o quizá un producto de su ingenio, como también lo es el hecho de derivar *arra* de *res*.

---

110   Cf. Servio, *Ad Aen.* 9, 377: «Ad diuortia: uiae in diuersa tendentes, hoc est ad diuerticula uiae militaris».

111   Cf. Plutarco, *Quaest. Rom.* 22.

122   Cf. DELL, s.u.

113   Cf. J. Guillén, op. cit., I, 136 ss.; cf. también *Etym.* 19, 32, 4.

114   Cf. *Etym.* 5, 25, 21: «Est enim arra complenda, non auferenda; unde qui habet arram non reddit sicut pignus sed desiderat plenitudinem; et dicta arra a re, pro qua traditur».

115   Cf. DELL, s.u.

d) Términos de origen griego: En ellos nuestro autor se ha limitado a explicarlos y a señalar su procedencia del griego. Todas estas etimologías son correctas: «*Monogamus* dictus quia uni tantum nupsit. Movov enim apud Graecos unum dicitur, γαμος nuptiae interpretantur. *Bigamus* et *trigamus*» (9, 7, 14); «*Hymenaeos* dicitur a quodam *Hymenaeo...* uel ἀπὸ τοῦ ὑμένος » (9, 7, 22).

3. ORGANIZACIÓN SOCIAL

Natio/Gens

La *gens* es la extensión de la *familia;* entre las dos hay sólo una diferencia de cantidad. San Isidoro propone la etimología de *gens* y *natio* sin hacer distinción entre ellas. No obstante, utiliza con mayor frecuencia para el significado «nación» el término *gens:*

> «*Gens* est multitudo ab uno principio orta, siue ab alia natione secundum propriam collectionem distincta, ut Graeciae, Asiae. Hinc et *gentilitas* dicitur [116]. *Gens* autem appellata propter *generationes* familiarum, id est a *gignendo,* sicut *natio* a *nascendo*» (9, 2, 1) [117].

San Isidoro ha captado bien el significado y la etimología. Procedente de la raís indoeuropea **gen-* más un sufijo con capacidad para formar nombres abtractos, *-ti* [118], *gens* hace referencia no sólo al nacimiento, sino al nacimiento como un hecho social, como ponen de manifiesto algunos de sus derivados nominales. Es una organización social, civil,

---

116   Cf. *Diff.* 1, 270: «Gens nationis est, ut Graeciae. Assyriae. Hinc et gentilitas dicitur».

117   Cf. *Etym.* 9, 4, 4: «Genus aut a gignendo et progerando dictum, aut a definitione certorum prognatorum, ut nationes, quae propriis cognationibus terminatae gentes appellatur»; cf. también Cic., *De Off.* 1, 53: «Gradus autem plures sunt societatis hominum. Vt enim ab illa infinita discedatur, propior est eiusdem gentis, nationis linguae quae maxime homines coniunguntur».

118   Cf. E. Benveniste, op. cit., I, 258.

definida por clases; el nacimiento es una condición del estatuto personal, cuyos miembros son los *gentiles* [119].

El valor que concede nuestro autor al término *gens* está relacionado con el momento histórico de la España visigoda, en la que el rey, incluso después de la conversión de Recaredo, debía pertenecer obligatoriamente a la *gens Gotorum* [120].

De la misma raíz **gen-* tenemos una serie de palabras pertenecientes a campos semánticos diferentes que vamos a analizar aquí.

a) Relaciones con la generación: De **gen-* más un sufijo, *-ius* [121], que le da un sentido activo, parece que desde toda la Antigüedad *genius* expresa la fuerza específica del macho en el acto de la generación: «*Genium* autem dicunt, quod quasi uim habeat omnium rerum *gignendarum*, seu a *gignendis* liberis» (8, 11, 88).

Otros términos también con etimología correcta son: «*Genitalia* corporis partes ut nomen ipsum docet, *gignandae* sobolis acceperunt uocabulum, quod his procreatur et gignitur» (11, 1, 102); «*Germania* dicta est propter fecunditatem *gignendorum* populorum» (14, 4, 4); «*Genistae* praesumunt quoniam de *genere* Abrahae sunt» (8, 4, 7) [122].

Al explicar la etimología de *genus* añade un dato nuevo, en su intención de llegar hasta su raíz, dándole el significado de «género humano», añade una interpretación que lo vincula al griego γῆ, con el que parece ser que no tiene nada que ver: «*Genus* a *gignendo* dictum, cui deriuatum nomen a terra, ex qua omnia gignuntur; γῆ enim Graece terra dicitur» (11, 1, 2).

---

119   Cf. Cic., *Top.* 29: «Gentiles sunt qui inter se eodem nomine sunt. Non est satis. Qui ab ingenuis oriundi sunt. Ne id quidem satis est. Quorum maiorum nemo seruitutem seruiuit. Abeest etiam nunc. Qui capite non sunt deminuti. Hoc fortasse satis est».

120   Cf. J. Orlandis, *Historia de España. La España visigótica* (Madrid 1977) 181.

121   Cf. Paulo Festo, 84, 3: «Genius est deorum filius, et parens hominum ex quo homines gignuntur. Et propterea genius meus nominatur, quia me genuit»; Censorino, *De die nat.* 3, 1: «Genius est deus, cuius in tutela ut quisque natus est uiuit».

122   Se conoce la existencia de una planta con este nombre. San Isidoro se refiere aquí a una secta religiosa, a una herejía.

Esta interpretación enlaza con su idea, la idea bíblica de que el hombre procede de la tierra [123]; al no encontrar en latín ningún término que apoye su idea, lo busca en griego [124].

b) Relativos al vocabulario técnico de la gramática: «*Genera* uerborum ideo dicta, quia *gignant*» (1, 9, 7); «*Genitiuus* quia per eum cuiusquem quaerimus» (1, 7, 31) [125].

Plebs/Populus

Siguiendo la distinción tradicional, san Isidoro ha diferenciado bien entre *plebs* y *populus*, si bien las etimologías que propone de estos dos términos, así como la de *uulgus*, son de carácter popular:

> «*Populus* est humanae multitudinis, iuris consensu et concordi communione sociatus. *Populus* autem eo distat a plebibus, quod populus uniuersi ciues sunt connumeratis senioribus ciuitatis... Populus ergo tota ciuitas est; uulgus uero plebs est. *Plebs* autem dicta a *pluralitate*... Graece autem populus λαος dicitur, a *lapidibus*. *Vulgus* est passim inhabitans multitudo, quasi quisque quo *uult*» (9, 4, 5-6).

Esta misma distinción aparece ya en el libro de las *Diferencias* [126]. Su fuente es siempre Gayo [127].

Las etimologías que propone no son correctas. Tanto para *plebs* como para *populus* y *uulgus*, se desconoce la etimología. Se ha pensado en una posible relación de *plebs* con el griego πλεθος, el único que parece posible entre todos

---

123   Cf. *homo*, supra.

124   Cf. DELG, s.u. No se conoce la etimología de γῆ, γαια, pero no existe relación con el equivalente de *gignere*.

125   Así se encuentra en Quintiliano, 1, 5, 63: «Sic genetiuus "Vllixi" et "Achilli" fecit, sic alia plurima», y en Suetonio, *Aug.* 87: «Item "simus" pro sumus et domos genetiuo casu singulari pro domuos».

126   1, 145: «Plebs a populo eo dista quod populus est generalis uniuersitas ciuium cum senioribus, plebs autem pars humilis et abiecta»; 1, 472: «Inter populum et plebem. Quod populus est uniuersus cum senatu et ciuibus Romanis; plebs tantum uilior numerus».

127   *Inst.* 1, 3: «Plebs autem a populo eo distat quod populi appellationi uniuersi ciues significantur connumeratis etiam patriciis; plebis autem appellatione sine patriciis ceteri ciues significantur».

los términos indoeuropeos. No obstante, se ha sugerido también la posibilidad de un préstamo [128].

La interpretación de *populus* en griego, como derivado de *lapis*, se encontraba ya en Servio [129]. Esta opinión se encuentra ya en los mismos griegos [130]. En cuanto a la etimología que propone para *uulgus*, quasi quisque quo *uult*, pensamos que responde a su concepción del grupo social que recibe esta denominación, no sometido a ninguna estructura, sin origen conocido y sin leyes.

3. LA CONDICIÓN DEL HOMBRE

Vamos a analizar esta condición basándonos especialmente en el concepto de «hombre libre» y, a partir de ahí, desde distintas perspectivas, las relaciones que se establecen entre los hombres.

a) *Liber*

Aunque esta noción es común para todos los pueblos, no se conoce, en la oposición libre/esclavo, una designación común para este concepto de libertad, sobre el que san Isidoro basa todo su análisis etimológico del término *liber* en sus diferentes acepciones. Con la forma *liber* aparecen distintas palabras que, con significados muy diferentes, plantean el problema de su posible pertenencia a un tronco común.

1.º *Liber* = dios.—La referencia a este dios aparece en tres ocasiones: «*Liber* a *libertate*» (8, 11, 43); «Liberum a *liberamento* uolunt» (8, 11, 43); «*Liberalia* ob honorem *Liberi* patris» (18, 16, 3).

Parece que esta relación etimológica no es exacta, si bien es la misma que puede encontrarse en San Agustín [131],

---

128 Cf. DELL, s.u.

129 *Ad Georg.* 1, 63: «Nam et graece populi λαοι dicuntur a lapidibus».

130 Para una explicación detallada de este problema véase E. Benveniste, op. cit., 2, 91 ss.

131 *De ciu. Dei* 7, 2: «Omnium seminum emittendorum (potestam habere). Liberum et Liberam et ideo his etiam praeesse, quae ad substituendos homines pertinent».

Paulo Festo [132] y Séneca [133], que se basan para la etimología de este dios en el adjetivo *liber*. Actualmente, los etimologistas modernos confiesan que el origen de *Liber* está poco claro, y buscan la relación con el término **leudh-* con el sentido de «el de la germinación», «el que asegura el nacimiento de la mies» [134]; no obstante, no hay seguridad en la procedencia de esta palabra. La relación con *liber* puede haber sido debida a la traducción del apelativo ἐλευθέριος griego, primero el dios de la germinación, identificado más tarde con Διόνυσος. La confusión con Baco aparece ya en las fuentes latinas de san Isidoro [135].

2.º *Liber* = libre/madera.—Según Benveniste [136], la noción de hombre libre en latín se define positivamente por su pertenencia a un crecimiento, a una cepa; la pertenencia a un tronco común designado por una metáfora de crecimiento vegetal. Según esta teoría, *liber*, libre; *liber*, madera, y *liberi*, hijos, estarían emparentados.

Benveniste considera que, a pesar de su significado diferente, los tres términos están emparentados, definiendo la noción de libertad a partir de la noción socializada de crecimiento. *Liberi*, que aparece como sustantivo sólo en plural, sería el plural del adjetivo *liber*, y lo explica como una fórmula muy antigua que acompañaba a la celebración del matrimonio que se encuentra en los textos legales y en Plauto [137].

Por su parte, Ernout-Meillet [138] analizan sucesivamente *liber* (madera, libro), *liber* (libre), el dios *liber* y *liberi* (hijos) sin llegar a relacionarlos claramente, a excepción de *liber* (*liber*, libre) y de *liberi* (hijos), para los que propone la misma

132   103, 3: «Liber repertor uini ideo sic appellatur quod uino nimio usi omnia libere loquantur».

133   *De tranq. an.* 17, 8: «Liberque non ob licentiam linguae dictus est inuentor uini, ed quia liberat seruitio curarum animum».

134   Cf. J. Guillén, op. cit., 3, 246.

135   Varrón, *L.L.* 6, 14: «Liberalia dicta, quod per totum oppidum eo die sedent (ut) sacerdotes Liberi anus hedera coronatae cum libis et foculo pro emptore sacrificantes». Cf. también para la relación con Baco, Pauly-Wissowa, *Realencyclopädie der klassischen Altertumswissenschaft* (Stuttgart 1894), Rel. 2, 120, 298.

136   E. Benveniste, op. cit., I, 321 ss.

137   Cf. 'Liber et liberi', *Revue des Etudes Latines* 14 (1936) 51-58.

etimología que Benveniste. Para *liber* (madera, libro) se ha pensado en una hipotética forma, **luber*, con una posible relación con *delubrum* [139], que no es suficiente para asegurar la existencia de **luber*.

San Isidoro considera una sola etimología común, que gira siempre alrededor de la idea de libertad tanto para el dios, como para los hijos o el libro; además la identidad en la escritura no le permite pensar que se trata de palabras con un origen distinto: «*liber* est interior tunica corticis, quae ligno cohaeret» (6, 13, 3); «*Liber* est corticis pars interior, dictus a *liberamento*» (17, 6, 16); «Item *liberi* dicti quia ex *libero* sunt matrimonio orti» (9, 5, 18).

Coincide, en parte, con Benveniste en el resultado final; sin embargo, está lejos de pensar en la pertenencia a un tronco común: el *liber* es denominado así porque «ha sido liberado de la corteza» y los *liberi* son el resultado de un matrimonio libre.

Los derivados de *liber* [140], *libertus* y *libertinus* encuentran su etimología en *liber* más el sufijo correspondiente: «*Libertus* autem uocatus quasi *liberatus*» (9, 4, 47); «*Libertini* quasi de *libertis nati*» (9, 4, 47).

Las definiciones de ambos son correctas; la relación con *liber* es cierta; no obstante las etimologías son fruto de su fantasía. *Libertus* no es un participio pasado de *liberari*, ni el sufijo de *libertinus* tiene que ver con *nati* [141]. El sufijo **-to (tus)* se añadía en indoeuropeo a temas nominales para indicar que un objeto posee el carácter indicado por el nombre. Esta formación ha permanecido viva en latín. El sufio **-ino (-inus)*, que en este caso ha sido añadido a **-to*, se emplea para formar adjetivos a partir de sustantivos [142].

Otro derivado de *liber*, el adjetivo *liberalis*, aparece con dos acepciones muy diferentes. Para el significado de «generoso», san Isidoro, dejándose llevar por la similitud del comienzo de las palabras, establece lo que él llama una

138 Cf. DELL, s.u.
139 Cf. Paulo Festo, 64, 6: «delubrum... fustem delibratum».
140 El término más amplio para indicar el hombre libre, cf. Gai, *Inst.* 1, 10: «liberorum hominum alii ingenui sunt, alii libertini».
141 Cf. DELL, s.u.
142 Cf. E. Meillet, A. Vendryes, op. cit., 358 ss.

etimología *ex uocibus* [143]: «*Liberalis* ab eo quod *libenter* donet» (10, 156).

Ha relacionado dos términos de procedencia muy distinta; *liberalis* es un adjetivo derivado de *liber*, y *libenter* es un adverbio derivado de *lubet*, *libet*, de una raíz indoeuropea de carácter popular que ha sido utilizada para la formación de indefinidos como segundo término [144].

En el contexto del vocabulario relativo a la gramática aparece vinculado a *littera*: «*Liberales* (litterae) qui eas tantum illi nouerunt, qui *libros* conscribunt recteque loquendi, dictandique rationem nouerunt» (1, 4, 2).

Es posible una relación entre *liber* y *liberalis*, en el sentido en que la emplea aquí nuestro autor; se trata de un término que pertenece al lenguaje específico de la retórica, ya conocido en el latín clásico con esta utilización referida a las artes [145]. La misma noción se encuentra también en Casiodoro, Gregorio el Grande y Gregorio de Tours [146].

3.º *Ingenuus.*—Utilizado también para designar al hombre libre. Se ha pensado en una posible relación con *genu* [147]. La etimología de san Isidoro relacionándolo con *genus* coincide con la interpretación de Benveniste, que considera al *ingenuus* como el hombre libre «nacido en» [148]: «*Ingenui* dicti quia in *genere* habent libertatem, non in facto sicut liberti. Unde et eos Graeci *eugenes* uocant, quod sint boni generis» (9, 4, 46).

Ingenui y *liberti* componen los dos grupos básicos en que se va diferenciando la plebe: los primeros tienen un carácter más noble.

b) *Seruus*

A la noción de hombre libre se opone la de esclavo,

---

143 Cf. *Etym.* 1, 29, 4: «Quaedam etiam ex uocibus, ut a garrulitate garrulus».
144 Cf. DELL, s.u.
145 Cf. Cic., *De orat.* 3, 127: «Nec solum has artes quibus liberales doctrinae et ingenuae contineretur, geometriam, musicam litterarum cognitionem et poetarum...».
146 Cf. J. Fontaine, *Isidore*, 61, nota 4.
147 Cf. DELL, s.u.
148 Op. cit., 1, 360.

representada en primer lugar por *seruus*, término que enuncia la condición jurídica y social de esclavo:

> «*Serui* autem uocabulum inde traxerunt, quod hi, qui iure belli possint occidi a uictoribus, cum seruabantur, serui fiebant, a *seruando* scilicet *serui* appellati» (9, 4, 43) [149].

El esclavo era necesariamente un extranjero; por esta razón, en las lenguas indoeuropeas lleva o bien un nombre de extranjero o un nombre extranjero [150].

Como ningún ciudadano puede ser esclavo en Roma, hay que buscar el origen de esta palabra fuera de Roma y del vocabulario romano. Existen una serie de nombres propios latinos de formación etrusca con la radical *serui-*, *serue-* [151], de donde Benveniste deduce que éste puede ser el origen del término *seruus*, si bien reconoce [152] que no se ha encontrado aún en las inscripciones etruscas descifradas hasta ahora.

Para Ernout-Meillet, que citan a Benveniste [153], puede ser un préstamo etrusco; la esclavitud parece haber sido una institución de los pueblos mediterráneos, pero no de los indoeuropeos.

La raíz es de la forma **swer-*, que admite las variantes **ser-* y **wer-*. La forma completa de la raíz figura en el grupo del griego Ϝοράω. Esto explicaría todos los valores de *seruus*, *seruare* y *obseruare*. No obstante, el hecho preciso del paso de *seruus*, guardián, a esclavo es desconocido [154].

M. Vendryes [155] lo relaciona con el irlandés *serbh* y el galo *herw*, que significan pillaje, individuo fuera de la ley, y concluye que de todas formas no se conoce ni el origen ni el desarrollo de la esclavitud, por lo que todo sigue siendo inseguro.

---

149   Cf. san Agustín, *De ciu. Dei* 19, 15: «Origo autem uocabuli seruorum in latina lingua inde creditur ducta quod hi qui iure belli possent occidi a uictoribus cum seruabantur serui fiebant, a seruando appellati».
150   Cf. E. Benveniste, op. cit., 1, 359.
151   Cf. A. D'Aversa, *La lingua degli etruschi* (Brescia 1979).
152   Op. cit., 1, 359 ss.
153   *Revue des Etudes latines* 10 (1932) 429.
154   Cf. DELL, s.u.
155   BSL 107 (1935) 124 ss.

La antigüedad de la forma *seruitus* parece indicar que *seruus* pertenece al viejo fondo de la lengua. Sobre él se ha creado el verbo denominativo *seruire*, con una formación en *-io*, que servía para indicar un estado. Este verbo ha sido creado porque el verbo *seruare*, que existía ya en latín, tenía un sentido que no se relacionaba con *seruus* [156].

Por su parte, san Isidoro da como etimología de *seruus*, *seruare*, en sus dos acepciones: en activa, con el significado de guardar, vigilar, y en pasiva con el de ser conservados, preservados de la muerte, aludiendo a su condición de prisioneros que, vencidos, a pesar del derecho de guerra, no eran asesinados por los vencedores, sino que se «conservaban» y se convertían en *serui*, proporcionándonos además información sobre el origen de la esclavitud [157].

Resulta curioso que no lo haya relacionado con el verbo *seruire*, formado, como ya hemos dicho antes, sobre *seruus*, que se acerca más a esta noción y a su misión dentro de la sociedad, ya que *seruare* no era la ocupación del *seruus*. Para la etimología de *seruitus*, san Isidoro ofrece la misma interpretación: «*Seruitus* a *seruando* uocata. Apud antiquos enim qui in bello a morte *seruabantur, serui* uocabuntur» (5, 7, 32).

1.º *Ancilla*.—El femenino que se opone a *seruus* es *ancilla*. *Serua* designa la condición jurídica de la mujer esclava, *ancilla* la función que cumple. San Isidoro no menciona el término *serua*, sin embargo nos da una definición detallada de la etimología de *ancilla*: «*Ancillae* a sustentaculo uocata. Ἀγκών enim Graece cubitus dicitur. Unde et *anconem* dicimus» (9, 4, 4).

No existe tal relación; es una etimología inventada por nuestro autor a partir de un término que podría relacionarse con la función que desempeña la *ancilla*, según su imaginación, debida a un rasgo dialectal del latín de España. Se trata del diminutivo femenino de *anculus*, derivado de un verbo, *anculare*, relacionado con la raíz *kwel, vinculado al griego ἀμφίπολος, que en latín ha perdido el sentido de circular [158] del que Festo ha recogido la etimología [159].

---

156 Cf. DELL, s.u.
157 Cf. J. Guillén, 'La esclavitud en Roma', *Helmantica* 70 (1972) 5-82.
158 Cf. DELL, s.u.

Seruus representa el término genérico para nombrar la esclavitud. Existen otros que san Isidoro menciona, que se refieren a situaciones más concretas, relacionados bien con la forma de captura, el lugar de procedencia, etc.

2.º *Aduena.*—Con etimología correcta, derivado de *uenire*, el prefijo *ad-* indica el matiz específico: «el que llega de fuera, el extranjero»: «*Aduena* eo quod aliunde adueniat» (10, 15).

3.º *Alienigena.*—Compuesto de *alienus* más *genus:* «*Alienigena* quod *alieni generis* sit, et non eius ubi est» (10, 15), siguiendo la misma construcción que *indigena:* «Sunt *inde geniti* et in eodem loco nati, ubi inhabitant» (9, 4, 39).

4.º *Captiuus.*—De este término san Isidoro nos ofrece la siguiente etimología relacionada con *caput:* «*Captiuus* dicitur quasi *capite* deminutus» (10, 54).

De *capio*, «capturar». *Capio* y *caput* no tienen la misma procedencia. Al parecer, nuestro autor ha tenido en cuenta la forma en que los cautivos llegaban a Roma y la condición jurídico-social en que se encontraban; *capitis deminutio* designa la pérdida de los derechos de ciudadanía, la pérdida de la *ingenuitas.*

5.º *Peregrinus.*—No encontramos de nuevo con una etimología popular. Este término no tiene nada que ver con *pater* o *patria,* como pretende san Isidoro: «*Peregrinus* dicti eo quod ignorantur eorum parentes a quibus orti existunt» (9, 4, 41) [160]; «*Peregrinus* longe a *patria* positus, sicut alienigena» (10, 215).

Parece que está clara la relación con *ager.* No obstante el primer elemento es más discutido. Podría ser un adjetivo indoeuropeo **pero.* Otros lingüistas han pensado en la preposición *per* [161].

6.º *Hospes/Hostis.*—El extranjero puede también convertirse en huésped, noción representada por el término

---

159   18 L: «Ancillae dictae ab Anco Martio rege quod in bello magnum feminarum numerum ceperit. Siue ideo sic appellantur quod antiqui anculare dicebant pro ministrare, ex quo di quoque ac deae feruntur coli, quibus nomina sunt Anculi et Anculae».

160   En esta etimología depende claramente de su fuente Servio, *Ad Aen.* 3, 241: «Sic et peregrinos Neptuni filios dicimus quorum ignoramus parentis».

161   Cf. DELL, s.u.

hospes: «*Ospes*, quod infera *ostio pedem. Ospes* facilis aptus et *ostio* patens: unde et ospitalis homo dicitur» (10, 196).

La supresión de la -h- inicial, que le permite poner en relación *hospes* con *ostium*, responde a un intento de adecuar la forma a la etimología. La aféresis de la -h-, debida a la desaparición de la aspiración, primero en posición intervocálica, en época preliteraria [162], y más tarde en posición inicial, era un fenómeno común en latín, aunque en tiempo de san Agustín [163] los retóricos y los pedantes pronunciaban aún esta -h- inicial, y nuestro autor conoce bien este fenómeno del que habla en su libro sobre la gramática [164].

La etimología de *hospes* no está nada clara. Se ha pensado en un nombre verbal relacionado con el verbo *peto*, que podría estar vinculado con *hostis* [165]. Benveniste [166] piensa también en *hospes* como un antiguo compuesto y en relación con *hostis*, que explica suponiendo que ambos derivan del sentido de extranjero, el extranjero favorable sería el huésped, el hostil, el enemigo. Además, en otras lenguas indoeuropeas aparece el equivalente de *hostis* con el significado de huésped: el gótico *gasts*, el antiguo eslavo *gosti*. *Hospes* representaría un hipotético **hosti-pet-s*, de donde el segundo miembro alterna con **pot-*, «dueño de», bien representado en latín [167].

San Isidoro, siguiendo su idea primera de relación de *hospes* con *ostium*, hace lo mismo con *ostis:* «*Ostium* est per quod ab aliquo arcemur ingressu ab *ostando* dictum (siue ostium quia ostendit aliquid intus). Alii aiunt *ostium* appellari quia *ostem* moratur» (15, 7, 4).

Como ya hemos apuntado antes, no existe ninguna relación entre *ostium* y *hostis. Ostium* es un derivado de *os*, sin duda antiguo. La etimología muestra que el sentido primero

---

162 Como lo demuestra *nemo*, de *ne-homo.*

163 Cf. *Conf.* 1, 18, 29: «Vt qui illa sonorum uetere placita teneat aut doceat, si contra disciplinam grammaticam sine adspiratione primae syllabae hominem dixerit magis displiceat hominibus, quam si contra tua precepta hominem oderit, cum sit homo».

164 Cf. *Etym.* 1, 4, 11: «H autem littera pro sola aspiratione adiecta postea est».

165 Cf. DELL, s.u.

166 Op. cit., 1, 92 ss.

167 En los adjetivos, *compos, impos;* en la enclítica, *-pte.*

era «abertura», «boca» [168], sentido conservado en el nombre de la ciudad de *Ostia*, que también cita san Isidoro para apoyar su etimología relacionada con *hostis* [169]. Por consiguiente, la vinculación a los verbos *obstare* y *ostendere* [170], impedir y mostrar, es errónea. De todas formas, él no está muy seguro, y añade la disyuntiva *siue*, e introduce *alii* para la derivación de *hostis*, es decir, recurre a la opinión de otros.

Para el término *hospitium*, procedente de **hospit* más un sufijo, *-yo, -ium* [171], san Isidoro propone un origen griego: «*Hospitium* sermo *Graeco* est, ubi quis ad tempus hospitali iure inhabitat et iterum inde transiens migrat» (15, 3, 10). No conocemos las razones de nuestro autor para adjudicar a esta palabra un origen griego. A pesar de mencionar *hospitalis*, esta vez con -h-, no ha visto la relación con él ni con *hospes*.

Dentro del mismo campo semántico nos encontramos con *hostia*: «*Hostiae* apud ueteres dicebantur sacrificia quae fiebant antequam ad hostem pergerent» (6, 19, 33).

Encontramos esta etimología también en Festo [172]. Aunque es muy discutida, hay que relacionarla con *hostire*, que se hace derivar de *hostis;* el sentido de *hostire* puede ser secundario y datar de una época en la que el sentido primero de *hostia*, compensación, ha sido olvidado, pasando a significar víctima, animal inmolado. No obstante, no podemos afirmar nada con seguridad [173].

---

168   Cf. DELL, s.u.

169   *Etym*. 15, 7, 4: «Ibi enim aduersariis nos obicimus: hinc et Ostia Tiberina quia ostibus sunt opposita».

170   De *ob-sto* y de *obs-tendo*.

171   Ha influido en los sufijos latinos posteriores: C'est apparemment des mots comme *hospit-ium, milit-ia* qu'est sorti en latin le suffixe *-itium*», A. Meillet, J. Vendryes, op. cit., 366.

172   91,9: «Hostia ab eo quod est hostire, ferire; cf. también Ovidio, *Fasti* 1, 335-6: «uictima, quae dextra cecidit uictrice uocatur/hostibus a domitis hostia nomen habet».

173   Cf. DELL, s.u.

4. AMBITOS DE CONVIVENCIA

a) Domus

El ámbito primero en que se desarrolla la vida del hombre es la *domus;* no se trata sólo de un edificio, abarca una concepción más amplia; se refiere especialmente a la casa como hogar, en oposición a todo lo que no lo es. De este modo aparece en las locuciones en las que el segundo término está relacionado con la idea de «fuera», «lejos»: *domi militiaeque, domi/foris, domi/peregre* [174].

San Isidoro se ha ocupado de la etimología de esta palabra en tres ocasiones, considerándola siempre de procedencia griega.

«Ex *graeca* etymologia orta et declinata sunt in Latinum, ut silua, *domus*» (1, 29, 4); «*Domus* unius familiae habitaculum est, sicut urbs unius populi sicut orbis domicilium totius generis humani. Est autem domus genus, familia siue coniunctio uiri et uxoris. Incipit autem a duobus, et est nomen *Graecum*» (9, 4, 3); «*Domus* est graeca appellatione uocata; nam δῶματα Graeci tecta dicunt. Est autem *domus* unius familiae habitatio, sicut orbis domicilium totius generis humani» (15, 3, 1).

No se trata de un término de origen griego, como apunta san Isidoro, influido sin duda por la semejanza con δῶμα. Todos los etimologistas están de acuerdo en su procedencia de un nombre raíz **dem* [175]; *Domus* debe ser considerado como un término institucional, hecho que explica su fijación [176], y no debe ser relacionado con la raíz del verbo griego δέμω con el significado de edificar; esta noción era expresada en latín de modo diferente a partir de *facio* [177].

No obstante, nos interesa subrayar que san Isidoro ha captado el significado de *domus* como algo más que

---

174 Para un análisis detallado del significado de *domus*, cf. Benveniste, op. cit., I, 284 ss.

175 Cf. DELL, s.u.

176 De *domus, dominus*, como *tribunus*, de *tribus*, designan una función social.

177 Como *aedificium, aedificare*.

un edificio; está relacionado con las personas: «incipit a duobus» [178], al igual que la familia, y es la «habitatio unius familiae [179]; una unidad familiar constituía una *domus*, presidida por un *dominus,* cuya etimología también nos indica: «*Dominus* per deriuationem dictus, quod domui praesit» (10, 65).

Esta misma relación existe entre *tribus* y *tribunus.* Las tribus constituyen la primera forma de agrupamiento en el pueblo romano [180], y los tribunos estaban al frente de éstas. San Isidoro interpreta correctamente la relación *tribus/tribunus,* si bien la remite al número tres [181], que puede ser que haya intervenido en la formación de *tribus* [182], pero que no parece formar parte de los significados que tienen sus derivados: *tribunal, tribunus, tribuo.*

b) *La ciudad*

Existen diferentes términos para designar los lugares en que los hombres viven agrupados —ciudades, aldeas, pueblos, etc.—, según su origen o su ubicación. Los más importantes son *ciuitas* y *urbs,* que responden a dos concepciones diferentes.

1.º *Ciuitas.*—La etimología de *ciuitas,* a partir de *ciuis* es correcta: «*Ciuitas* est hominum multitudo societatis uinculo adunata, dicta a *ciuibus*» (15, 2, 1). Sin embargo, no sucede lo mismo con la que nos propone para *ciuis:* «*Ciuis* uocati quod in unum *coeuntes uiuant,* ut uita communis et ornatior fiat et tutior» (9, 4, 2).

---

178 Cf. *Etym.* 9, 5, 8: «Nam familia a duobus incipit».

179 Esta definición ha sido tomada de Lactancio, *Inst.* 2, 5, 32: «Vt domus unius hominis habitaculum est et urbs unius populi sic et mundus domicilium est totius generis humani». Es significativo el cambio de *hominis* por *familiae,* que indica su interés por conceder a la familia el lugar central.

180 Cf. *Etym.* 16, 18, 7: «Tributa uero eo quod antea per tribus singulas exigebantur, sicuti nunc per singula territoria. Sic autem in tres partes diuisum fuisse romanum populum constat, ut etiam qui praeerant in singulis partibus tribuni dicerentur».

181 Cf. *Etym.* 9, 4, 7: «Et uocatae tribus ab eo quod in principio romani trifarie fuerunt a Romulo dispertiti: in senatoribus, militibus et plebibus. Quae tamen tribus nunc multiplicatae nomen pristinum retinent».

182 Cf. DELL, s.u.

Con esta etimología popular, pretende poner en relación una raíz, *co-*, presente en *coeuntes, communis*, con *ui-*, de *uita, uiuo*, de acuerdo con su concepto de ciudad, el mismo que encontramos en san Agustín [183].

No se trata de una palabra compuesta, sino de un término indoeuropeo muy antiguo que se puede encontrar en otras lenguas con distintos matices de significado [184]. *Ciuis*, por oposición a las diferentes variedades de extranjero, es la designación que se daban entre sí los miembros de un grupo poseedor de derechos, término de camaradería que implica comunidad de hábitat y de derechos políticos [185]. Procede de un tema, **koiwos*, convertido en **keiwos*, cuyo sentido auténtico no es ciudadano, sino conciudadano. Nuestro autor, aunque no ha dado una etimología correcta, ha reflejado bien en su interpretación de *ciuis* todos estos matices.

2.º   *Vrbs.*—En la etimología que san Isidoro va a proponernos para *urbs*, sin duda de origen popular, está contenida la forma de organización de las ciudades, en círculo; añade además el antiguo ritual que se desarrollaba antes del establecimiento de una ciudad: la delimitación del territorio con el arado [186]: «*Vrbs* uocata ab *orbe*, quod antiquae ciuitates in orbe fiebant, uel ab urbo parte aratri, quo muri designabantur» (15, 2, 1).

Se trata de un vocablo de origen oscuro, del que se ha conjeturado, sin pruebas, que vendría del etrusco [187]; no hay duda de que es un préstamo, pues no hay en indoeuropeo un nombre común para la «ciudad».

Nuestro autor distingue perfectamente entre *ciuitas* y *urbs:* «Nam urbs ipsa moenia sunt, ciuitas autem, non saxa sed habitatores uocantur» (15, 2, 1).

Los habitantes de la *urbs* son los *urbani*, apelativo que, según él, sólo pueden recibir los romanos, ya que Roma es

---

183   Cf. *Epist.* 138, 10: «Quid est autem ciuitas nisi hominum multitudo in quoddam uinculum redacta concordiae».

184   Cf. E. Benveniste, op. cit., I, 335.

185   Ibid.

186   Cf. Varrón, *L.L.* 5, 143: «Quare et oppida quae prius erant circumducta aratro ab orbe et uruo urbes; et ideo coloniae nostrae omnes in litteris antiquis scribuntur urbes».

187   Cf. DELL, s.u.

la única *urbs:* «*Vrbani* uocabuntur, qui Romae habitabant. Qui uero in ceteris locis, oppidani. Nam sola urbs Roma, cetera oppida» (9, 4, 42).

3.º *Oppidum.*—Parece ser un término propio del latín, cuya etimología es incierta [188]. La que nos propone san Isidoro se relaciona con el significado y el tipo de ciudad al que se refiere: «*Oppidum* quidam ab *oppositione* murorum dixerunt; alii ab *opibus* recondendis eo quod sit munitum; alii quod sibi in eo conuentus habitantium opem det mutuam contra hostem» (15, 2, 5).

De todas formas, advierte su inseguridad al establecer el origen de la palabra en las dos posibles etimologías que indica: *oppositio* y *opes*, y en la introducción de la opinión de otros: *alii... alii.* Como ya hemos señalado antes, recoge la oposición *urbani/oppidani* [189] sin darle ningún matiz peyorativo [190].

4.º *Vicus.*—Para este núcleo de convivencia, san Isidoro nos propone la siguiente etimología: «*Vicus*, autem dictus ab ipsis tantum habitationibus, uel quod *uias* habeat tantum sine muris» (15, 2, 12); «*Vicus* ut praedictum est, ipsae habitationes urbis sunt; unde et *uicini* dicti» (15, 2, 22).

Efectivamente, se ha pensado en relacionar *uicus* con *uia*, ya que en determinadas ocasiones *uicus* significa calle. Sin embargo, esta relación no parece clara. Podría vincularse con el griego οἶκος [191] de un tema, **uoik* [192], que tiene palabras correspondientes en céltico: *fich* (ir.), *gwig* (gal.). *Vicinus* es un derivado de *uicus*.

5.º *Municipium.*—La etimología que san Isidoro nos ofrece de este término y sus derivados es correcta:

«*Municipium* est quo manente statu ciuitatis ius minoris aut maioris officii a principe impetrat. Dictum autem *municipium* a *muniis* id est officiis» (15, 9, 10); «*Municipes* sunt in eodem municipio nati, ab officio munerum dicti» (9,

---

188 Cf. DELL, s.u.
189 Cf. *Etym.* 9, 4, 42.
190 Como parece tener en Cic., *Brutus* 69, 242: «Ignoti homines et repentini quaestores celeriter facti sunt, oppidano quodam et incondito genere discendi».
191 Cf. DELL, s.u.
192 Cf. E. Benveniste, op. cit., I, 294 ss.

4, 21); «*Municipales* sunt originales ciues et in loco officium gerentes» (9, 4, 22).

Deriva de *munia*, de una raíz, **mei-*, que significa cambiar, intercambiar, ampliamente representada en indoeuropeo. Son términos que han servido para designar intercambios reglados por el uso, y tienen un valor jurídico. En latín: las funciones oficiales de un magistrado [193].

La distinción entre *municipes* y *municipales* aparece claramente reflejada en el libro de las *Diferencias* [194]: habitantes de un municipio y magistrados. Aquí las dos nociones parecen converger.

Existen otros términos utilizados para nombrar la ciudad, menos frecuentes, pero que también recoge nuestro autor: «*Castrum* antiqui dicebant oppido loco altissimo situm, quasi *casam* alta, cuius pluralis numerus castra, *diminutiuum castellum* siue quod castrabantur licentia inibi habitantium» (15, 2, 13); «Dicta autem *castra* quasi *casta*, uel quod illic *castraretur* libido» (9, 4, 44) [195].

Propone dos etimologías: la primera claramente de carácter popular: *casa alta;* la segunda relacionada con el verbo *castrare*. Es posible establecer una conexión entre *castrum* y *castrare*, ya que quizá el sentido antiguo es de separación, «lo que sirve para separar», empleado sobre todo en la lengua militar. Por otra parte, el adjetivo *castus*, que san Isidoro relaciona con *castrare*, pertenece al lenguaje religioso sin vinculación alguna con *castrum* ni con *castrare* [196].

Castellum es, efectivamente, un diminutivo de *castrum*, formado con el sufijo compuesto *-ellus* que pertenece como propio a los temas en -m-, -l-, -r-, correspondiente al sufijo *-ulus* [197].

Otros términos con etimología correcta que son mencionados por nuestro autor son:

193   Cf. DELL, s.u.
194   *Diff.* 1, 371: «Inter municipem et municipalem. Municipes sunt curialium maiores dicti eo quod fisci munera accipiant; municipales autem originales ciues sunt et in locus officium gerentes».
195   Cf. Servio, *Ad Aen.* 3, 519: «Castra quasi casta, uel quod illic castraretur libido».
196   Cf. DELL, s.u.
197   Cf. V. Väänänen, op. cit., 189.

«*Colonia* uero est quae defectu indigenarum nouis culto-
ribus adimpletur. Unde est *colonia* a *cultu* agri est dicta»
(15, 2, 9); «*Coloni* sunt cultores aduenae, dicti a cultura
agri» (9, 4, 36); «*Suburbana* sunt circumiecta ciuitatis aedi-
ficia quasi *sub urbe*» (15, 9, 16); «*Compita* quod loca multa
in agris eodem *competant*» (15, 9, 15).

ROSA MARIA HERRERA GARCIA

Rhétorique, poétique et théologie dans le latin médiéval

Le Moyen Age est une des périodes où le latin a connu la plus grande fécondité [1]. Bien loin d'avoir á cette époque le caractère d'une langue décadente, il joue avec une plénitude extrême son rôle historique de langue de culture. Il nourrit à la fois la création littéraire (rhétorique et poétique), la philosophie et même la théologie. Il engendre et soutient les langues vernaculaires. On ne doit pas sous-estimer son importance ni méconnaître son originalité, qui n'exclut pas l'aide qu'il apporte à la tradition classique [2].

Le latin est d'abord porteur d'une culture littéraire. Dans une période où les langues vernaculaires, d'abord balbutiantes, progressent peu à peu, il conserve seul les techniques d'une grammaire et d'une stylistique anciennes et évoluées. D'autre part, si on examine les contenus de pensée, on constate que le latin est avant tout la langue de l'Église, donc de la théologie et de la philosophie. Il constitue l'instrument d'une puissante tradition de pensée. Comme il est la langue des clercs et des lettrés, il se manifeste aussi dans les autres domaines. La liturgie de l'Église aussi bien que l'inspiration particulière des individus font qu'il intervient très largement dans la création poétique.

---

1 J'ai présenté cette communication sur l'invitation du Professeur Manuel Fernández-Galiano. Qu'il me soit permis de la lui dédier, en témoignage de respectueuse fidélité à son souvenir.

2 A propos de la poésie latine médiévale, nous bornerons ici à renvoyer à notre ouvrage: *In hymnis et canticis. Culture et beauté dans l'hymnique chrétienne latine*, Louvain-Paris 1976 et au recueil *Retorica e poetica tra i secoli XII e XIV. Atti del secondo Convegno internazionale di studi dell'Associazione per il Medioevo e l'Umanesimo latini (AMUL)..., a cura di Claudio Leonardi e Enrico Menestò, Trento e Rovereto, 3-5 ottobre 1985*, Florence-Pérouse 1988. Pour les textes, on pourra utiliser les recueils de F. J. H. Raby et de H. Spitzmuller.

Pour toutes ces raisons, il mérite l'intérêt et la fidélité
des modernes. Certes, aujourd'hui, les langues vernaculaires ont pris le relai et cela est bon. Mais il faut éviter d'en
tirer prétexte pour éliminer un patrimoine culturel qui n'est
pas moins précieux que les oeuvres d'art produites dans la
même période. Le latin médiéval nous apporte surtout une
leçon que l'affaiblissement moderne de la culture tend à
dissimuler: ce langage a été commun à tous, avant que ne
se produisent les divisions nationales; il fournit donc des
points de référence communs à tous; sa mission vraiment
catholique est d'unifier.

Cela est vrai aussi quant aux catégories de réflexion et
de création que nos contemporains tendent à dintinguer
d'une manière trop abstraite. Précisément, c'est l'abstraction
qu'ils reprochent à la théologie scolastique. Or, il est possible
de montrer qu'une telle critique tient trop souvent à la
séparation excessive qu'on introduit entre les genres. En
réalité, la littérature latine du Moyen Age forme un tout.
La poésie lyrique, liturgique ou philosophique y rejoint la
scolastique et contribue à l'expliquer en montrant son
caractère concret. Nous essayerons de le faire voir ici.

Donc, l'utilisation du latin dans la poésie médiévale est
d'abord liée à l'histoire du langage. Certes, les langues
vernaculaires se développent progressivement. Mais le latin
est lié à diverses techniques qui, d'une part, les aident à
progresser et à se modeler et, d'autre part, exercent sur
lui-même une influence qui lui permet de prendre une
originalité nouvelle.

On peut partir de saint Agustin et de son *De doctrina
christiana*. Il y reprend l'essentiel des leçons de rhétorique
données par Cicéron, en les combinant avec les traditions
de Sénèque et de Virgile. Il résume donc l'essentiel des
apports offerts par la littérature romaine. Mais il s'efforce
aussi de les accorder avec l'originalité stylistique de la parole
divine, telle que la proposent les traductions de la Bible dont
il peut disposer.

C'est ainsi, en particulier, qu'il se réfère à saint Paul:

> *Gloriamur in tribulationibus, scientes quia tribulatio patien-
> tiam operatur, patientia autem probationem, probatio uero*

spem, spes autem non confundit: quia charitas Dei diffusa est in cordibus nostris per Spiritum Sanctum, qui datus est nobis (*Rom* 5, 3-5). «Glorifions-nous dans les tribulations, sachant que la tribulation opère la patience, que la patience nous met à l'épreuve, que l'épreuve engendre l'espoir et que l'espoir ne nous confond pas: car la Charité de Dieu est diffusée dans nos coeurs par l'Esprit Saint qui nous a été donné» (*Rom* 5, 3-5).

Voici le commentaire présenté par Augustin:

Hic si quis, ut ita dixerim, imperite peritus, artis eloquentiae praecepta Apostolum secutum fuisse contendat, nonne a Christianis doctis indoctisque ridebitur? Et tamen agnoscitur hic figura quae climax *graece, latine uero a quibusdam est appellata gradatio (...) Agnoscitur et aliud decus, quoniam post aliqua pronuntiationis uoce singula finita, quae nostri membra et caesa, Graeci autem* cola *et* commata *uocant, sequitur* ambitus *siue* circuitus, *quem* periodon *illi appellant...* «Sur ce point si quelqu'un qui serait, pour ainsi parler, un expert inexpert soutenait que l'Apôtre a suivi les préceptes de l'art oratoire, est'ce qu'il ne serait pas raillé par tous les Chrétiens, doctes ou non? Et pourtant on reconnaît ici la figure qui a été appelée *climax* par les grecs et par certains latins gradation (...) On reconnaît aussi une autre grâce lorsque certains éléments de la prononciation s'achèvent sur une parole particulière: les latins appellent cela des membres et un style coupé, les grecs *cola* et *commata;* suit l'*ambitus* ou le *circuitus*, que ces derniers appellent période... (*De doctrina christiana* 4, 7, 11).

Augustin prend Paul pour modèle et affirme qu'il se tient au-delà de l'éloquence et qu'il ne se présente nullement comme l'élève des rhéteurs. Mais l'étude du langage, de ses pouvoirs et de ses lois permet de comprende que les rhéteurs sont surtout des analystes qui se sont attachés à observer chez les orateurs ou les écrivains les exigences de la nature et de l'idéal. Cicéron le pensait déjà. Dès lors, quel meilleur modèle que saint Paul? On s'aperçoit précisément que celui-ci réunit, sous l'inspiration directe de Dieu, toutes les vertus qui étaient apparues de manière éparse et progressive dans la littérature latine.

Augustin va donc proposer à la latinité médiévale une
série de préceptes tirés de la Bible qui permettront, là
comme ailleurs, de réaliser à la fois la préservation et
la «conversion» de la culture antique. Nous retiendrons les
principales données.

L'auteur, comme le faisait Cicéron, insiste à la fois sur
la grâce *(decus)* et l'*aequalitas*, l'équilibre rythmique, qui
s'obtient à la fois par le style coupé et par la période. Un
tel équilibre ne doit pas aboutir à la seule constance des
tonalités mais il doit répondre aux montées de l'ésprit qui
cherche sans cesse à s'élever vers la sublimité divine: de là
l'importance des gradations qui, ainsi que le montre le texte
paulinien, s'accordent parfaitement avec l'emploi des *cola*.

Il convient d'insister sur deux observations. D'abord,
le style qu'Augustin conçoit ainsi reflète les exigences les plus
récentes de la rhétorique antique, en même temps que,
pour les justifier, il nous renvoie aux sources classiques. Il
connaît certainement les principales formulations que la
Seconde Sophistique avait présentées à partir du IIIe siècle.
Il s'intéresse aux deux principaux aspects de l'esthétique
oratoire, tels qu'elle les avait définis: l'usage des figures, la
couleur de l'expression *(ideai tes lexeos)*[3]. Il met l'accent à
ce propos sur le pathétique de la «tribulation» chrétienne.

Mais il parle aussi de la joie et de l'harmonie. Pour les
traduire, il n'existe rien de meilleur que la musique. Saint
Augustin écrit le *De musica:* on peut dire que sa rhétorique
et sa poétique sont d'abord musique. La recherche du beau
se présente alors comme une modulation où le sens mathé-
matique des proportions et des modes s'accorde dans la
sagesse et dans la contemplation aux mouvements du coeur
et de la charité.

De cette double tendance à la virtuosité et à l'élévation
vont résulter des nouveautés esthétiques d'extrême qualité.
D'abord, le règne de la musique, qui aboutit très tôt aux
différents aspects du plain-chant, conduit à des modifica-
tions essentielles de l'écriture. Non que les techniques an-
tiques soient oubliées ou méconnues. Augustin les avait

---

3 V. en dernier lieu la thèse de M. Patillon, *La théorie du discours chez
Hermogène de Tarse. Essai sur la structure de la rhétorique ancienne*, Paris 1988.

décrites avec beaucoup de précision et on continuera de les pratiquer avec talent, de manière à les transmettre intactes à la Renaissance.

Mais, à la versification métrique, voici que viennent s'adjoindre les proses, inspirées par les traductions des psaumes et des cantiques de l'Ancien Testament. Nous dirions volontiers que l'esthétique du *Magnificat* va suppléer celle de Virgile ou s'accorder avec elle. La liturgie, qui exprime et façonne à la fois tous les mouvements collectifs de l'âme religieuse, intervient avec force, en donnant leur place et leur forme aux modes et aux genres. Alors s'épanouissent, selon les différences qui leur sont propres, les hymnes, les cantiques, les séquences.

Le rythme et le contenu de l'expression prennent des valeurs originales. Déjà les anciens usaient avec maîtrise de toutes les techniques de la *concinnitas*. Le Moyen Age les développe et, ici encore, il prolonge la réflexion d'Augustin sur le *decorum* et la *proportio*. Il pousse ainsi très loin l'art du verset et du *uersus*, en allant dans deux directions: d'une part, retrouver le rythme et le chant dans la prose, d'autre part, au-delà du mètre, développer les aspects rythmiques et rimés du vers.

Les mêmes principes fondamentaux régissent la disposition du discours: d'une part la libre coulée du chant ou de la cantillation, qui refuse autre loi que celle de la modulation rythmique; d'autre part, dès le temps où les différentes parties du choeur dialoguent dans la séquence, équilibre symétrique des strophes: on va vers les laisses et les strophes, vers les formes fixes des langues vernaculaires [4].

Ajoutons que les principes esthétiques que l'Antiquité avait d'abord formulés se rencontrent ici selon les mêmes exigences complémentaires de liberté et de rigueur. Augustin y avait insisté dans le *De musica:* comment accorder l'abondance et la simplicité? La seconde est nécessaire au sublime. Mais la première fait partie de la grandeur. Le saint d'Hippone avait montré comment toutes les formes les plus complexes du vers métrique pouvaient se construire à partir

---

4 Et aussi vers les «stances», forme dont on connaît le succès.

de la plus simple, le dimètre iambique, dont Ambroise de Milan avait fait dans ses hymnes un usage admirable.

Le vers le plus beau était aussi le plus simple, qui ne gardait que les mots les plus purs et les plus immédiats pour louer Dieu: *Deus creator omnium* [5]. La poésie chrétienne commençait là. Mais, à partir de cette formule de base, de ce membre initial, toutes les variations étaient possibles. Dans la création littéraire comme dans la création divine, l'unité engendrait la variété selon l'ordre et le jaillissement de l'abondance *(copia)*. Ici intervenaient toutes les démarches du langage analogique, depuis la vocalise ornementale des *alleluia* jusqu'à la floraison jubilante des paraphrases, des comparaisons, des symboles (allégorie, anagogie, déploration, célébration, exclamation).

Nous percevons que de telles démarches ne sont pas gratuites. Elles proposent aux écrivains et aux poètes un ensemble de moyens entre lesquels ils doivent choisir. Nous aurons à revenir sur les conditions de tels choix. Mais nous devons d'abord, en nous tenant au point de vue qui a été le nôtre jusqu'ici, ajouter quelques observations sur la technique du discours. Il s'agit cette fois des tropes et des figures.

La poésie sacrée n'est pas seule en cause, comme dans les genres que nous avons étudiés jusqu'ici. Elle intervient au même titre que les autres formes de création. Les textes que nous pouvons utiliser ont un caractère théorique. Il s'agit des Arts poétiques qui fleurissent à partir du XIIe siècle, par exemple chez Matthieu de Vendôme ou Geoffroy de Vinsauf [6]. Les indications qu'ils proposent sont d'abord techniques. Elles portent notamment sur l'art du récit épique et elles trouveront leur application chez les auteurs profanes.

Mais elles insistent surtout sur l'usage et la définition des tropes et des figures. Elles en donnet la liste savante. Elles les rattachent à une théorie de l'ornementation, dans laquelle apparaissent des éléments originaux, qui appar-

---

5   Il s'agit du premier vers de l'hymne de saint Ambroise pour le soir (Lucernaire); cf. saint Augustin, *De musica* 6, 17, 57.

6   Cf. E. Faral, *Les arts poëtiques du XIIe et du XIIIe siècles*, Paris 1924.

tiennent au Moyen Age. Cette période s'intéresse particulièrement au langage et aux relations qui s'y manifestent entre
le sens, la grammaire et l'esthétique. De là une réflexion
particulièrement approfondie sur deux «vertus du style»:
la clarté, l'*ornatus*. En d'autres termes, disons que la question de l'obscurité poétique est posée. Les théoriciens médiévaux se gardent de nous proposer des choix tranchés.
Là comme ailleurs, ils essaient de mettre en lumière les
complémentarités. Ils distinguent l'*ornata facilitas* et l'*ornata
difficultas*.

Les deux styles impliquent l'*ornatus*, c'est-à-dire la
recherche de la beauté. Ils interviennent selon les circons-
tances et peuvent même s'allier. Ils impliquent dans tous
les cas une réflexion sur le sens des mots. La «difficulté»
tient principalement à l'usage des tropes qui, dans la méta-
phore ou la métonymie, transposent la signification de
chaque mot. La «facilité» repose sur les figures (répétition,
exclamation, ellipse, hyperbole, etc.), qui augmentent au
contraire l'expressivité. De telles recherches ont eu en leur
temps une grande importance: elles sont par exemple liées
à l'effort des troubadours. Mais on doit aussi souligner leur
très grande fécondité, qui se manifeste à l'époque actuelle:
cette approche «sémiologique» est de nature à résoudre
les problèmes qui se sont élevés au début du XXe siècle à
propos de l'«obscurité» poétique.

Nous arrêterons, pour donner un seul esemple. Nous
le trouverons, au XIIe siècle, chez la sainte abbesse Hildegarde de Bingen, connue par ses visions théologiques et
symboliques qui mettent elles aussi en cause le langage du
sacré. Il s'agit ici d'une séquence qu'elle a composée pour
ses moniales. Nous allons y retrouver, à des titres divers,
la plupart des procédés que nous avons évoqués, jusqu'ici.
Hildegarde s'adresse à Marie [7]:

> *O splendissima gemma*
> *et serenum decus solis*
> *qui tibi infusus est,*
> *fons saliens de corde patris,*

---

7 Hildegarde de Bingen, *Lieder,* éd. P. Barth et al., Salzburg 1969, 5, 5, p. 218.

qui est unicum Verbum suum
per quam creauit mundi primam materiam,
quam Eua turbauit.
Hoc Verbum effabricauit tibi, Pater, hominem
et ob hoc es tu illa lucida materia
per quam hoc ipsum Verbum exspirauit omnes uirtutes
ut eduxit in prima materia omnes creaturas.

«O gemme très resplendissante,
sereine beauté du soleil,
qui est infus en toi,
source qui jaillis du sein du Père,
lui qui est son Verbe unique,
toi par qui il a créé la prime matière du monde,
celle qu'Ève a troublée.
C'est ce Verbe qui fabriqua, pour toi, Père, l'homme
et c'est pourquoi tu es, toi, cette matière lumineuse
par laquelle ce Verbe même à ex-spiré toutes vertus
quand de la prime matière il produisit toutes les créatures».

Cet admirable cantique, où les versets coulent librement dans le chant, est d'abord une paraphrase de la Genèse. Mais il s'agit aussi d'un psaume moderne. Tous les procédés de l'écriture sont présents. Bien entendu, il n'est pas nécessaire de parler de l'utilisation méthodique d'un manuel de rhétorique. Tout s'inscrit dans une culture séculaire dont notre moniale use spontanément. Nous reconnaissons les métaphores et les comparaisons *(gemma)*, les images, les couleurs, les symboles (*fons saliens,* le contraste ou la synthèse mystérieuse de l'eau et du feu), l'art de l'ellipse sur le caractère plurivoque de certains mots (nous avons dû traduire littéralement *exspirauit*). De même, il faut admirer l'audace et la force de certains rapprochements qui prennent la forme de jeux de mots: *Maria, mater, materia.*

Ici la simple maîtrise de l'expression dessine avec une grande hardiesse les éléments majeurs d'une théologie mariale. Marie était présente dès la création, en ce Verbe même qu'elle enfantait éternellement. Elle était, en termes platoniciens, la *protè hylè*, la matière originelle à partir de laquelle Dieu, en s'incarnant, «éduquait» au sens le plus complet, c'est-à-dire produisait, mettait au jour et façonnait les créatures. Ainsi se trouvait marquée avec force la complémentarité qui existe en Marie et en son amour féminin entre la matiére et l'esprit.

Nous constatons que, chez Hildegarde, l'usage des procédés poétiques, qui paraît d'ailleurs spontané et issu d'une imitation visionnaire de la *Genèse* et de l'*Apocalypse*, résulte essentiellement de l'inspiration religieuse (ou de l'ex-spiration du Christ). Cela nous conduit à aborder le second des thémes que nous avons annoncés. Les auteurs religieux qui se sont servis du latin au Moyen Age, ont voulu bien souvent en faire le langage de Dieu ou du divin. Il s'agit pour nous d'insister maintenant sur les rapports qui existent à cette époque entre la poésie et la théologie.

Le rôle de la première est de mettre l'accent sur le caractère concret de l'expérience religieuse, que la seconde souhaite décrire de la manière la plus rigoureuse. Nous croyons que, malgré les différences apparentes, il existe une unité profonde dans l'usage du latin que nous proposent les auteurs médiévaux. On pourrait le montrer dans la poésie profane. Les chants lyriques des goliards, même lorsqu'ils prennent un caractère de provocation, restent très proches dans leur forme de la poésie religieuse que les *clerici uagantes* ne peuvent manquer de connaître. Les Arts poétiques nous montrent assez que les techniques de l'amplification ou de la purification interviennent de manière égale dans les textes sacrés ou profanes. Le cantique se change parfois en satire, les images de la prière adressée à Marie se transportent sur la femme aimée. Il faudrait s'interroger sur les lois qui président à de telles transpositions. Mais là n'est pas notre objet principal. Comme nous l'avons dit, nous voulons essentiellement étudier l'unité de la parole chrétienne lorsqu'elle parle de Dieu.

Comment trouver les mots qui expriment la plénitude de l'être, l'infini, l'absolu? La question et, peut-être, les réponses apparaissent dès l'Antiquité. Elle aboutit à deux propositions qui semblent contradictoires (et qui, effectivement, s'opposent dans le style même d'un Platon).

1. Dieu est unité. Il ne peut donc s'exprimer que par la simplicité extrême, en prenant le mot «simple» en son sens premier: ce qui n'est pas multiple. L'idéal de simplicité

s'exprimait déjà, en un sens stylistique, chez le Platonicien
tardif qui avait écrit le *Traité du sublime* [8]. Nous retrouvons ici les différentes tendances qui aboutissent à la pensée
et à la pratique d'Augustin.

2.   Mais Augustin employait aussi toutes les techniques
de la profusion. La même dualité se retrouvait depuis
le second siècle dans le Néo-platonisme chrétien qui, de
Clément d'Alexandrie à Grégoire de Nysse, n'avait cessé
de s'épanouir dans la culture grecque. On aboutissait, au
V^e ou au VIe siècle, à l'oeuvre puissante du ps. Denys l'Aréo-
pagite.

Deux idées fondamentales s'en dégageaient. D'une part,
la connaissance de Dieu avait un caractère apophatique. Elle
s'accomplissait dans la ténèbre et dans la négation, puisque
l'infini dépasse toutes les formulations, qui sont particu-
lières. Fallait-il donc renoncer à la parole? Le ps. Denys
répondait par un traité sur les noms divins. Il y montrait que
l'expression pouvait approcher l'infini, sans jamais l'épui-
ser, par la profusion de ses moyens: figures inépuisablement
variées, tropes, symboles. Ces textes allaient être traduits
au IXe siècle par Jean Scot Érigène. Dès lors, les poètes et
les liturgistes se voyaient conviés à suivre deux chemins, à
concilier peut-être deux tendances: rejoindre par la purification et la simplification du langage le mystérieux silence
de Dieu; imiter par la fécondité du langage et de ses méta-
morphoses ou métaplasmes le jaillissement infini de l'être.
Les deux exigences existent dans la théologie comme dans
la poésie.

On pourrait le montrer au temps des séquences, lorsque
fleurit le chant grégorien. Nous avons assez indiqué, à
propos des techniques mêmes, comment la simplification
et la variation se rencontrent dans l'art de moduler. Mais
nous insisterons spécialement sur trois moments de la créa-

---

8   Le traité *Du sublime* est un texte éclectique qui comporte des éléments
stoïciens (par exemple la notion de grandeur d'âme, qui peut aussi provenir de
l'Aristotélisme). Mais il renvoie surtout à l'«élévation», concept fortement lié à
la conception platonicienne de la trascendance.

tion médiévale. On y rencontre chaque fois les influences de Denys et d'Augustin.

A la fin du XIe siècle et au début du XIIIe, c'est surtout la théologie mystique qui marque son influence. Voici un fragment des *Sermons sur le Cantique des cantiques* de saint Bernard de Clairvaux [9]:

> *Experti recognoscant,*
> *inexperti inardescant*
> *desiderio*
> *non tam cognoscendi*
> *quam experiendi.*
> *Non est enim strepitus oris*
> *sed iubilus cordis;*
> *non sonus labiorum*
> *sed motus gaudiorum;*
> *uoluptatum,*
> *non uocum*
> *consonantia.*
> *Nec enim in publico personat:*
> *sola quae cantat audit*
> *et cui cantatur,*
> *id est sponsa et sponsus...*

«Que ceux qui en font l'expérience le reconnaissent,
que ceux qui ne la font pas s'enflamment
du désir
non tant de la connaissance
que de l'expérience.
Car ce n'est point le fracas de la bouche
mais la jubilation du coeur;
non le son des lèvres,
mais le mouvement des joies;
des voluptés,
non des voix
la consonance.
On ne l'entend pas au dehors:
seule celle qui chante entend
et celui pour qui elle chante,
le fiancé, la fiancée...

---

9 Saint Bernard de Clairvaux, *Super Cantica* 1, 11.

Toutes les techniques que nous avons évoquées sont ici présentes, en particulier les symétries. Notons que ce passage des *Sermones* est rédigé en prose. Notre graphie fait apparaître les *membra* assonancés qui en constituent la structure. Les préceptes d'Augustin sont appliqués ici d'une manière plus marquée encore qu'il ne le suggérait. La musique interne du texte concilie prose et poésie [10]. Mais une telle forme répond, comme l'auteur le dit très précisément, à une «expérience», c'est-à-dire au dialogue intime avec Dieu, fiancé de l'âme, qui suscite son amour et s'en nourrit en même temps. La musique venue du silence, peut à la fois simplifier les mots et amplifier leur jaillissement.

C'est donc par l'expression musicale et pure de l'expérience mystique que Bernard et ses amis, tel Guillaume de Saint-Thierry essaient de dire Dieu. Il semble qu'ils s'opposent ainsi aux démarches qui vont, surtout au XIIIᵉ siècle, se développer dans la scolastique. Déjà Bernard se méfiait d'Abélard. Nos contemporains ont tendance à partager une telle suspicion. Ils ne croient pas qu'il soit possible de rationaliser l'expérience de Dieu.

Mais nous pensons qu'ils se trompent à propos de la véritable scolastique. Ses maîtres ont été parfaitement conscients de l'objection, comme Aristote même, dont ils s'inspiraient. Ils n'ont pas prétendu réduire Dieu à la raison humaine. Mais ils ont affirmé le primat de la sagesse, car elle comprend à la fois la raison et l'expérience qui la dépasse. Comme l'ont prouvé en particulier les travaux du P. Chenu, saint Thomas d'Aquin est lui aussi un disciple du ps. Denys. Il est souvent possible de montrer que l'intuition poétique se tient au centre même de ses démonstrations. Il nous en explique clairement les raisons dès la question I de la 1ᵉ partie, dans une série de textes célèbres, par lesquels il souligne que les procédés de la poésie ne s'opposent pas à la théologie. En particulier, dans l'article 9,1, l'auteur évoque une objection selon laquelle la poésie est *infi-*

---

10   Ces procédés, sur lesquels R. de Gourmont avait déjà appelé l'attention d'une manière générale dans son *Latin mystique*, ont été étudiés chez saint Bernard par Dom J. Leclercq dans diverses études.

ma doctrina. Elle ne peut donc intervenir dans la connaissance et dans l'expression du divin.

Voici la réponse (1,1,9,3):

> *Dicendum quod poeta utitur metaphoris propter repraesentationem; repraesentatio enim naturaliter homini delectabilis est. Sed sacra doctrina utitur metaphoris propter necessitatem et utilitatem...* «Il faut dire que le poète se sert des métaphores pour la représentation; en effet la représentation est naturellement agréable à l'homme. Mais l'enseignement sacré use des métaphores à cause de la nécessité et de l'utilité...».

Il s'agit ici des métaphores. Mais on pourrait évoquer toutes les autres pratiques du langage, tous les tropes, toutes les figures. Ils sont abondamment présents dans les sermons de saint Thomas, dans ses oeuvres diverses et dans le traité de rhétorique qui lui est attribué. Certes, il distingue entre le plaisir et l'utilité. Mail il est trop aristotélicien pour condamner un plaisir conforme à la nature. Il le place simplement dans son ordre. Surtout, dès l'argument suivant, il se réfère au ps. Denys [11].

> *Dicendum quod radius diuinae reuelationis non destruitur propter figuras sensibiles quibus circumuelatur, ut dicit Dionysius, sed remanet in sua ueritate; ut mentes quibus fit reuelation permittat in similitudinibus permanere, sed eleuat eas ad cognitionem intelligibilium...* «Il faut dire que le rayon de la révélation divine n'est pas détruit à cause des figures sensibles qui l'entourent d'un voile comme le dit Denys, mais demeure dans sa vérité; de sorte qu'aux esprits auxquels elle est donnée la révélation ne permet pas de demeurer dans les similitudes mais elle les élève à la connaissance des intelligibles...».

Thomas reviendra aussitôt après sur la doctrine de Denys qui, parlant du symbolisme biblique, préfère ses images humbles et charnelles à des formulations plus éloignées de l'humain et moins capables d'accomplir la

---

11 *Loc. cit.*

médiation entre lui et Dieu. D'une manière plus générale, nous retrouvons ici le courant de pensée qui, venant des *Noms divins* et passant par l'Érigène, insistait sur la nécessité des symboles pour dire la perfection de Dieu. Chez Thomas, cela se conjugue avec une théorie de la connaissance qui met à la fois l'accent sur la vérité naturelle de l'intuition concrète et qui insiste sur les vertus de l'analogie pour parvenir jusqu'à Dieu. Tout s'accorde et se réunit dans une interprétation spécifiquement théologique: Thomas a su être l'un des plus grands poètes de la liturgie chrétienne en écrivant l'Office du Saint-Sacrement, qui doit lui être attribué selon toute vraisemblance. Le lien entre le concret et le symbole, qui donne un caractère essentiellement poétique à la connaissance théologique, se révélait essentiellement dans un sacrement, dans le sacrement par excellence: l'Eucharistie.

Ajoutons que, dans son progrès historique, la poétique médiévale va franchir un échelon supplémentaire. Elle s'appuyait sur les traditions du ps. Denys et d'Augustin, elle était à la fois mystique et théologique. Mais, avant même que n'apparaisse saint Thomas d'Aquin, François d'Assise est venu. Il a ouvert des voies nouvelles. Lui aussi, comme beaucoup de mystiques conteste la théologie savante, qui lui paraît manquer d'humilité [12]. Cependant ses disciples ne le suivront pas toujours sur ce point. Bonaventure insistera seulement sur les aspects transcendants du Christianisme, mettant plus que Thomas l'accent sur le Platonisme. Mais l'exemple de François se traduit d'une autre manière. Lorsqu'il vivait à Assise, on sait qu'il dialoguait avec une peinture représentant le Crucifié.

La prière franciscaine va se nourrir des images du Christ. Elle va le suivre dans sa vie et dans sa Passion. Dès lors, elle ne se bornera ni à l'extase ni à la méditation. Elle sera essentiellement *Imitation de Jésus-Christ*. Nous allons jusqu'au XIVe siècle et à Thomas a Kempis, auquel est attribuée, au moins pour une grande part, cette oeuvre qui devait tenir une place si grande dans la spiritualité catholique. Mais

---

12 D'autre part, François voulait que les cantiques fussent en langue vernaculaire, pour être compris de tous et pour éviter là encore l'orgueil intellectuel.

qu'il nous soit permis de nous arrêter un instant encore à Bonaventure. Les poèmes qui lui sont attribués et qui appartiennent assurément à sa lignée spirituelle nous indiquent assez ce que va devenir la poésie de la Croix [13]:

> Cor a cruce sorbeatur
> et in illa rapiatur
> amoris incendio;
> dissipata carnis rixa,
> mens sit tota crucifixa
> spiritali gaudio...

> «Que la croix dévore le coeur
> et qu'il soit en elle ravi
> par l'incendie de l'amour;
> dissipée la rixe de chair,
> soit tout l'esprit crucifié
> par la joie spirituelle...

Les indications qui précèdent peuvent nous suffire. Elles ont assez répondu aux questions que nous posions en commençant.

La poésie latine du Moyen Age est belle et profonde. Elle s'attache d'une manière particulièrement attentive aux exigences de la théologie chrétienne. Elle parle à Dieu et de Dieu d'une manière concrète et elle fournit ainsi aux philosophes et même à la scolastique des intuitions et un langage qui les protègent contre l'abstraction. Il existe donc, comme nous le pensions, une correspondance fondamentale entre poésie et théologie.

Nous aurions pu poursuivre notre chemin. L'esprit franciscain nous aurait conduit, nous l'avons dit, vers l'*Imitation de Jésus-Christ*. Au delà, nous aurions trouvé le Christ romanique et nous serions allé jusqu'à Péguy (*Mystère de la Charité de Jeanne d'Arc*) [14]. Avec les Thomistes, nous aurions rejoint les mystiques et Maître Eckhart nous aurait enseigné comment la plasticité du langage permet de traduire dans l'amour les exigences paradoxales de la théologie négative.

---

13   Saint Bonaventure, *Laudismus de Sancta Cruce*, Spitzmuller, p. 854.
14   Cf. en particulier le portrait de Marie, présente à la Passion.

Tout près des sources, nous aurions rejoint les mystiques. Ils parlent de plus en plus les langues vernaculaires.
Mais ils restent profondément tributaires du ps. Denys et
de Bernard de Clairvaux. En Espagne, au XVIᵉ siècle, nous
rejoignons leurs disciples, Thérèse d'Avila, Jean de la Croix.
Il suffit d'écouter un instant le maître de la nuit obscure.
Lui aussi, dans son langage moderne qui doit tant à la
tradition du sublime antique et biblique, sait parler de
la joie spirituelle, unir dans l'extase le *Magnificat* et le *Mise-
rere*:

> O vive flamme d'amour
> comme vous me blessez avec tendresse
> dans le centre le plus profond de mon âme...

On trouvait déjà les mêmes formules dans un poème de la
tradition cistercienne, attribué à saint Bernard [15]:

> *an amor dolor sit,*
> *an dolor amor sit,*
> *utrumque nescio;*
> *hoc unum sentio,*
> *iucundus dolor est,*
> *si dolor amor est.*

Il existe une correspondance fondamentale entre prière
et poésie dans la littérature chrétienne médiévale. Les
oeuvres que nous avons étudiées exercent leur influence à
la fois sur la liturgie et sur la théologie. Elles leur confè-
rent un langage où la simplicité s'accorde à la profusion,
la finesse savante à l'intensité concrète. On peut grâce à nos
textes discerner les grandes tendances de la spiritualité
médiévale: rencontre mystique avec Dieu, échanges scolas-
tiques de la raison et de la foi, imitation franciscaine de la
vie et de la Passion du Christ.

Tous ces courants ne cesseront pas de se rejoindre ou
de se distinguer, même lorsque la langue vernaculaire

---

15 *Cantio ad Christum* 4; Spitzmuller, pp. 560-562 (le poème est attribué à
saint Bernard, mais la tradition manuscrite est tardive). Le texte représente assurément avec fidélité la tradition poétique instaurée par Bernard.

prendra une place dominante dans la liturgie. Une telle évolution ne doit pas être combattue: il faut que la Foi parle le langage du peuple. Mais il appartient à l'Église de marquer la continuité de sa liturgie et de rester consciente de la cohérence de sa pensée. Elle ne pourrait la comprendre sans la connaissance du latin. Il faut maintenir la beauté des cathédrales. Il faut aussi préserver celle des liturgies. Ne laissons pas mourir le chant Grégorien. Lui aussi se modèle sur le latin et ne peut s'en passer. Nous ne combattons certes pas les nécessaires évolutions. Le latin lui-même les a favorisées. Il a fait changer les formes; il a été le pédagogue des langages d'Occident. Il continuera. Mais, pour qu'il puisse le faire, il est nécessaire qu'il ne cesse pas d'exister.

ALAIN MICHEL

Epicuro y Lucrecio
en la polémica de Tertuliano y Lactancio

Epicuro había ensayado entre la Escila de la Mitología
y la Caribdis de la Religión astral la única teología posible
que salvara a las divinidades de las extravagancias de ambas.
Tiempo después, san Agustín, a cuestas siempre con el
drama irresuelto del dualismo que atormentaba su alma,
incluso tras la conversión, confesará que en la época de su
juventud estuvo a punto de conceder sus simpatías a
Epicuro, pero desistió de ello porque el filósofo pagano
descartaba la inmortalidad del alma. Con esto dejaba paten-
tes dos cosas san Agustín: la primera, el difícil puente entre
Cristianismo y Epicureísmo; la segunda, la cierta fascinación que la elevada enseñanza del profeta, pese al tiempo
transcurrido, producía aún en los espíritus inquietos por
la verdad. Frente al miedo y pavor que las creencias exten-
didas acerca de los dioses procuraban a los hombres,
Epicuro levantaba sus ojos al cielo para alzarnos con su
victoria hasta los niveles de una religiosidad pura y apacible. La contemplación sosegada y no el temor debería ser
el comportamiento de los humanos para con los dioses en
su tranquila y serena paz. Pero la limitación antes expuesta
y el 'aprovidencialismo' impedían que el raudal de luz que
podía desprenderse del Epicureísmo, fuera admitido sin más
por los autores cristianos, empeñados en el ardor de su polémica. Esto en el plano general. En el particular, resultará
interesante repasar la actitud de Tertuliano y de Lactancio
ante Epicuro y su portavoz romano, Lucrecio, por cuanto
aquéllos fueron los relevantes fautores de la teología del Dios
airado, lo cual llevaba a un encontronazo frontal con el
dogma de la 'ataraxia' divina, propugnado por los Epicúreos.

Si bien Tertuliano se muestra poco inclinado a reconocer a la filosofía los méritos que pudieran corresponderle en la medida en que aproxima a los hombres a la verdad, con afirmaciones tan contundentes como *apud philosophos incerta quia uaria ea est enim materia sapientiae saecularis, temeraria interpres diuinae naturae et dispositionis* [1] o resalta su inutilidad cuando acota *quod autem a Deo discitur, totum est* [2], no tiene inconveniente en recurrir a ella para apoyar actitudes cristianas. Y así, en el pasaje de *Apologeticum* (3, 6), en el que el escritor africano reclama para los cristianos el derecho a denominarse como tales a partir de Cristo, al igual que los filósofos paganos suelen nombrarse a partir de su maestro. Y si cita aquí como de pasada a los Epicúreos [3] no lo hace así en su mención a la vida retirada [4], o en el elogio a la *animi uoluptas* [5] que le fue dado conocer a Epicuro de quien alaba la consideración que hace acerca del sufrimiento y que entiende Tertuliano puede ayudar a los Cristianos en la prueba extrema: *sic et Epicurus omnem cruciatum doloremque depretiat, modicum quidem contemptibilem pronuntiando, magnum uero non diuturnum* [6].

Mas, como es de esperar, predominan los desacuerdos que se presentan insalvables en la discusión acerca del alma. Entiende Tertuliano que los filósofos paganos se han dejado extraviar en este punto por una inane fascinación y en el catálogo general precisa que Epicuro lo ha sido por el *stupor* [7]. No obstante lo expuesto, y como para ciertas ideas de su escatología Tertuliano necesita de la noción de

---

1 *Ad nationes* 2, 1, 13 y *De praescriptione haereticorum* 2, 7 respectivamente.

2 *De anima* 2,7.

3 Parece también incidental la alusión a Epicuro en *De anima 31, 6* donde Tertuliano ironiza acerca de la reencarnación. Irónica en *Ad Nat.* 2, 4, 15.

4 *De pallio* 5,4.

5 *Apologeticum* 38, 5. Desde luego, Tertuliano hace ver el avance que supone el Cristianismo mediante una pregunta: *in quo uos offendimus, si alias praesumimus uoluptates?*

6 *Apologeticum* 45, 6.

7 La inseguridad manifestada por los filósofos acerca de la naturaleza del alma le parece a Tertuliano prueba del aserto sobre la vanidad del pensamiento pagano. El catálogo puede leerse en *De anima* 3, 2.

corporeidad del alma [8], admitirá que ésta ha sido propugnada por los pensadores que critica [9] y dará la razón a los estoicos, despachando con cierta acritud la postura atomista, defendida por Epicuro: *si et atomi et corpulentias de coitu suo cogunt* [10]. La escasa simpatía que despierta en él la teoría atomista se echa de ver en la siguiente ironía: *si atomos Epicuri tenerem* [11]. De otra parte, aunque frente a Dicearco que niega la existencia del 'principale', concede crédito a Epicuro y otros pensadores [12], discrepa con el profeta en la ubicación: *nec in tota lorica pectoris ut Epicurus* [13].

La teoría del conocimiento estribaba para los epicúreos, como es sabido, en la infalibilidad de los sentidos. Tertuliano la critica y frente a lo por ellos propugnado aduce violentamente: *absciderunt et opinionem a sensu et sensum ab anima* [14]. También la 'fides somniorum' procura fricción. No admite el escritor africano la definición del sueño dada por Epicuro: *Deminutionem spiritus animalis* [15], por cuanto *perit anima si minoratur* [16], para más adelante proseguir su acerada crítica: *uana in totum somnia Epicurus liberans a negotiis diuinitatem et dissoluens ordinem rerum et in passiuitate omnia spargens, ut euentui exposita et fortuita*. Al hilo de esta complicada trama que implica

---

8 *De anima* 7, 1: «dolet apud inferos anima cuiusdam et punitur in flamma et cruciatur in lingua et de digito animae felicioris implorat roris».

9 Así en *De anima* 5, 2: «Hipparchus et Heraclitus ex igni, Hippon et Thales ex aqua, Empledocles et Critias ex sanguine, Epicurus ex atomis».

10 Ibid.

11 *De anima* 32, 4. Pero la crítica es en este pasaje especialmente dura para otros pensadores también: «Si numeros Phytagorae uiderem, ideas Platonis offenderem, entelechias Aristotelis occuparem».

12 *De anima* 15, 3. El catálogo contiene los nombres de: «Plato, Strato, Epicurus, Democritus, Empedocles, Socrates, Aristoteles».

13 *De anima* 15, 5.

14 *De anima* 14, 4-5. En realidad, a Tertuliano le preocupa establecer en sus términos justos el papel que el alma desempeña en la tarea del conocimiento; por esto, el desacuerdo no estriba tanto en la *perpetuam ueritatem*, sino en el camino elegido por los Epicúreos para la defensa de su dogma. Una estimación muy favorable de los sentidos puede verse en *Apologeticum* 27, 1.

15 *De anima* 43, 2.

16 *De anima* 43, 4. Tras pasar revista a las diferentes hipótesis propugnadas por los filósofos cierra Tertuliano el pasaje con el siguiente rasgo de humor: «ego me numquam ita dormisse praesumo, ut ex his aliquid agnoscam».

directamente a la teología, espeta: *pauca de insignioribus perstringens Epicuro pudorem imperabo* [17], porque, para Tertuliano, la 'fides somniorum' es algo muy importante en su concepto de la Divinidad: en este sentido añade: *fides somniorum de effectu, non de conspectu renuntiatur. Non enim quia uidentur uera sunt, sed quia adimplentur* [18].

Tertuliano polemiza con el segundo elemento del Cuadrifármaco, al defender apasionadamente el acontecimiento de la muerte como algo que sucede al ser humano en su humanidad: *dissoluitur autem et caret sensu non ipsa mors, sed homo, qui eam patitur... Quodsi hominis est pati mortem dissolutricem corporis et peremptricem sensus, quam ineptum ut tanta uis non pertinere dicatur!* [19]. Desde esta postura en la que se combina a la perfección la fe con la filosofía, se entienden bien los ataques continuados por parte de Tertuliano a la noción de mortalidad del alma propugnada por Epicuro. La doctrina cristiana muestra aquí su superioridad sobre las demás: *honestior Pythagorica, plenior Platonica, Epicurea grauior quae te ab interitu defendit* [20]. De otra parte, el escritor africano gusta de subrayar que de entre los pensadores paganos fue Epicuro el único en negar la inmortalidad del alma: *seu minime diuina quoniam quidem mortalis, ut Epicuro soli uidetur* [21].

Precisamente porque la muerte alcanza al hombre en su ser mismo, ella se convierte en el único acceso a la Transcendencia. La ley de la muerte es universal: *publica totius generis humani sententia mortem naturae debitum pronuntiamus. Hoc stipulata est Dei uox, hoc spopondit omne quod nascitur, ut iam hinc non Epicuri stupor suffundatur negantis debitum istud ad nos pertinere* [22]. Por lo que se ha dicho,

---

17 Ambos pasajes en *De anima* 46; 2.

18 *De anima* 57, 10.

19 *De anima* 42, 1. También alcanza a Epicuro la ironía: «mors nihil ad nos, ergo et uita nihil ad nos » y la contraposición: «si ademptio sensus nihil ad nos, nec adeptio sensus quicquam ad nos». El pasaje se desdobla con una crítica a Séneca.

20 *De testimonio animae* 4, 2.

21 *De testimonio animae* 1, 5. La misma idea se mantiene en *De praescriptione haereticorum* 7, 4: «et ut anima interire dicatur et Epicurus obseruatur et ut carnis restitutio negetur, de una omnium philosophorum schola sumitur».

22 *De anima* 50, 2. La crítica va preferentemente contra Menandro.

Tertuliano rechaza resueltamente que *nihil esse post mortem*, aseveración que juzga característica de la escuela de Epicuro: *Epicuri schola est* [23], a la que compara con los Saduceos [24] y es en el marco de esta discusión cuando se produce una de las violentas contraposiciones entre Cristo y Epicuro: en *De monogamia* (10, 5) el autor cristiano pregunta: *aut numquid nihil erimus post mortem secundum aliquem Epicurum, et non secundum Christum?* Por otro lado, Tertuliano gusta de poner en evidencia las contradicciones entre la negación de la existencia ultraterrena y el temor a la muerte en palabras que sin mencionar a Epicuro parecen tenerlo muy presente en un largo pasaje del *De testimonio animae* [25].

Epicuro con sus enseñanzas había intentado desterrar el miedo a las divinidades y así el temor, como se ha apuntado antes, no desempeñaba papel ninguno en la Religión. Tertuliano encuentra aquí mil ocasiones para discrepar del filósofo pagano. Efectivamente, el escritor cristiano establece una relación entre el *naturalis timor animae in Deum* y la Divinidad que se aíra y entre la cólera de Dios y su Juicio, de suerte que la tesis se desdobla también en su aspecto ético [26]. Para él, la ley y los profetas son los instrumentos del temor [27], donde no hay miedo no puede haber enmienda [28] y cuando se propugna que no hay que temer a Dios ·

---

23 *De resurrectione mortuorum* 1, 4.

24 Idem, 2, 1. Sin embargo, la ironía acerca de los sacrificios ofrendados por los paganos a sus difuntos, que Tertuliano señala a renglón seguido, recuerda algún tinte lucreciano.

25 En el capítulo 4º. Pasaje en el que Tertuliano demuestra un uso feliz de la paradoja. Da la impresión de que ha hecho un uso mejor de ella en la discusión filosófica que en los momentos en los que se encuentra apurado por la circunstancia pastoral, produciendo el efecto en estos casos, de ahogarse con este recurso, cuyo dominio no acaba de lograr, tal vez por haber vislumbrado que su alcance llegaba mucho más allá de lo que su naturaleza retórica podía hacer pensar en un principio.

26 *De testimonio animae* 2, 5. La secuencia es *timor, ira, animaduersio y potestas*, que en cuanto suprema sólo a Dios pertenece. Que el temor es necesario para una buena conducta se aduce en *De cultu feminarum* 2, 10, 6: «quanti facilius inlicita timebit qui licita uerebitur». Cf. también *Adu. Marcionem* 4, 6, 17: «metu... ultionis omnis iniquitas refrenatur».

27 *De pudicitia* 7, 9.

28 *De paenitentia* 2, 2.

todo resulta disolución [29], y, precisamente, negar la ira de
Dios es ayudar a la increencia [30]. De suerte que para Tertuliano hay una ecuación entre el *timor hominis* y el *honor
Dei* [31] que alcanza a su vez a la esperanza: *cotidie timens,
quod cotidie sperat* [32], de modo que el *timor* resulta ser el
fundamentum salutis. Desde luego que estos pasajes deben
completarse con aquellos otros en los que Tertuliano
proclama la bondad de Dios, tales como *agnosce... bonita-
tem Dei nostri* [33] o *qui uniuersa benedixit, misericordiarum
pater* [34]. O con aquellos otros en los que hace precisiones
acerca de la naturaleza de la cólera de Dios: *irascitur, non
exacerbabitur* [35] o acerca de la prioridad de la Bondad
sobre la Ira: *ita prior bonitas Dei secundum naturam, seueritas posterior secundum causam. Illa ingenita, haec accidens,
illa propria, haec accommodata* [36].

29 *De praescriptione haereticorum* 43, 3.
30 *De patientia* 2, 3.
31 *De paenitentia* 7, 6.
32 *De anima* 33. Muy interesante al respecto es la secuencia: «sperando time-
bimus, timendo cauebimus, cauendo salui erimus» de *De cultu feminarum* 2, 2,
3, emplazada entre otras dos: «praesumit-ueretur-praecauet-periclitatur y securus-
sollicitus».
33 *Aduersus Marcionem* 2, 4, 6.
34 *Aduersus Marcionem* 5, 11, 1. También en esta misma obra (5, 5, 2). Otros
pasajes de este tenor: *De resurrectione mortuorum* 9, 5; *Ad uxorem* 2, 8, 9; *Aduersus Hermogenem* 11, 2 y de nuevo *Aduersus Marcionem* 1, 22, 4, que se refieren
a la bondad de Dios y a la de Jesucristo y su Evangelio. Desde luego que el contraste
de estas afirmaciones con las de la cólera divina debe quedar ponderado por el
momento de conversión que vive Tertuliano en cada una de sus obras, pero no
cabe duda de que la tendencia del autor cristiano ha apuntado siempre a una pree-
minencia de la teología de la cólera divina, incluso en su obra más moderada.
35 *Aduersus Marcionem* 2, 16, 7. En *Aduersus Marcionem* 5, 13, 3-5 desarrolla Tertuliano la compatibilidad de la ira, la creación y la revelación de la verdad.
En este sentido véase también la compatibilidad de los atributos de Juez y Creador en Dios en *De resurrectione mortuorum* 14, 6: «talis est noster merito iudex
quia Dominus, merito Dominus quia auctor, merito auctor quia Deus». Cf. también
en esta obra la relación entre retribución y el día de la cólera (22, 2) y la tensión
ira-gratia (58, 5).
36 *Aduersus Marcionem* 2, 11, 2. También *De idololatria* 14, 1: «ut merito
irascitur et Dominus». Ciertos castigos son procurados por la conducta de los
hombres que mueven la cólera divina que no es gratuita ni caprichosa y así en
De monogamia 4, 4 y 10, 2. Los escarmientos pueden ser anunciados en la bóveda
celeste como así se lee al final de *Ad Scapulam*, apreciación que choca frontal-
mente con la desmitologización de la susodicha bóveda celeste llevada a cabo por
Epicuro y Lucrecio.

Mas indudablemente el equilibrio no se conserva. Basta con cotejar los textos de *Aduersus Marcionem* acerca del perdón con los de *De pudicitia* [37], o las afirmaciones ponderadas del tenor de *diliges Deum et timebis Deum. Aliud obsecutori proposuit, aliud exorbitatori* [38] con las de inutilidad de la Redención de Jesús respecto de ciertos pecados [39], para ver hacia dónde deriva la cuestión en Tertuliano.

El problema, que puede explicar en parte el atormentado mundo interior del escritor cristiano, ha conocido por cuenta de Tertuliano un intento de solución recurriendo al carácter racional de la cólera de Dios y así leemos en *De anima* (16, 5, 7): *indignabitur Deus rationabiliter* [40] que no

37 La bondad eterna y perpetua de Dios es exaltada en *Aduersus Marcionem* 1, 22, 4 y su preferencia por la misericordia es aducida en 3, 13, 2 de la misma obra. Para la postura de Tertuliano respecto del perdón de Dios en *De pudicitia* son de interés: 1, 17; 1, 18; 18, 17 y antes 10, 8. Interesante puede ser la comparación de *Aduersus Marcionem* 5, 5, 8: «zelotem Deum confirmat et iudicem» con *De paenitentia* 8, 7: «Deus scilicet tam pater nemo, tam pius nemo». La medida en la generosidad de Dios en *Aduersus Marcionem* 1, 24, 3: «Dispensatorem non profusorem» y también en la misma obra pero en 1, 23, 5 la precisión: «exageratio est debitae bonitatis, exactio indebitae».

38 *Aduersus Marcionem* 3, 13, 2 donde Tertuliano quiere dejar fijada la compatibilidad entre el *timor iudicii*, la *iustitia* como *plenitudo Diuinitatis* y la *clementia* entre otras varias. La paradoja entre amor y castigo es ponderada por Tertuliano en *De patientia* 9, 4.

39 *De pudicitia* 39 que resulta desolador en especial cuando se coteja con lo que el mismo Tertuliano había escrito en *Aduersus Marcionem* 5, 19, 5: «reconciliat omnia in semetipsum pacem faciens per crucis suae sanguinem».

40 Para la *ratio bonitatis* cf. *Aduersus Marcionem* 1, 23, 1. De nuevo para la relación 'juicio'/'ira'/'falta' véase *De patientia* 3, 6. Los problemas más graves de esta postura tertulianea aparecen en el plano ético como se echa de ver con la taxativa prohibición de la ira a los humanos, por ej., *Apologeticum* 45, 3, *De spectaculis* 16, 1; la advertencia: «iras... non probauit» de 23, 6 de la misma obra, las recomendaciones de *De orationes* 11, 1, la condena de la impaciencia en *De patientia* 12, 7, la descripción apacible de la vida de la Iglesia en *Ad uxorem* 2, 8, 8, la recomendación de moderación de *De spectaculis* 19, 2, el nuevo valor de la oración en *De oratione* 3, 1 con el encarecimiento del ruego por los enemigos y la superioridad de la súplica que ahora aparta a la cólera de Dios y no atrae como antes calamidades y destrucción. Y todo ello, en especial, si se relacionan dos pasajes que son fundamentales al respecto: uno, el *De spectaculis* 15, 11: «Deus praecepit spiritum sanctum, utpote pro naturae suae bono tenerum et delicatum, tranquillitate et lenitate et quiete et pace tractare, non furore non bile non ira non dolore inquietare», en el que es definitivamente recusada la cólera en el comportamiento del ser humano, que, según el otro pasaje, es «non tantum opus Dei uerum etiam et imago», que se lee en la misma obra, pero en 2, 10. Como se echa de ver la cuestión pasa por el difícil acuerdo entre la recomendación estoica de suprimir el enojo y la recuperación de la noción aristotélica de la ira racional. La primera postura resultaba eficaz para la moral, la segunda para la teología,

ha de colocarse muy lejos de las precisiones dadas acerca del arbitrio de los hombres y la voluntad de Dios en *De exhortatione castitatis* (2, 4) en lo que se refiere a los intentos por resolver la cuestión sin menoscabar la Dignidad divina.

Pero esta concepción teológica de Tertuliano explica bien la discrepancia sostenida con Marción acerca del «Dios Bueno» que parece guardar ecos de la ataraxia divina, defendida por Epicuro. Si éste había desterrado de los dioses la pasión, Tertuliano la propugna ardorosamente hasta el punto de que un Dios sereno puede parecerle incluso ridículo: *atquin derideri potest Deus Marcionis qui nec irasci nouit nec ulcisci. Porro si retributionem praedicat, ab eodem erit et corruptionis messis et uitae* [41], e incluso le causa pasmo: *magis... mirabor Deum optimum, percutiendi et saeuiendi alienum* [42].

Este aspecto de la polémica de Tertuliano choca con otros momentos de su obra en los que parece lamentar que los sentimientos sean considerados atributos de la divinidad como en los casos de Homero (con la matización *humanis*) [43] o el de Valentín [44]. De todas maneras, aunque sea fugazmente, Tertuliano también remite los sentimientos de la Divinidad al afecto de su Misericordia, si bien define a Dios como *inconuertibilem et indemutabilem* [45].

pero ambas chocaban cuando abandonaban los autores el terreno de la mera especulación. Por otra parte, cf. el retrato que Tertuliano hace de la paciencia en la obra del mismo título (15, 4) en especial: «nulla maeroris aut irae rugositate contracta» que recalca bien el ideal que ha de cumplir esta virtud. Para la noción del ayuno como pararrayos de la cólera de Dios, v. *De ieiunio* 7,1 y 12, 2, para la extensión de esta creencia.

41 *Aduersus Marcionem* 5, 4, 14. Pero también en la misma obra 4, 19, 3: «non minatur mitissimus Deus, quia nec iudicat nec irascitur» y 5, 5, 4: «Deus autem Marcionis et quia ignotus non potuit offendi et quia nescit irasci»; en 5, 12, 9 insiste en su concepción de la ira de Dios frente a Marción: «lenissimi Dei praedicator, nega nunc, haeretice, timeri Deum tuum, cuius apostolus timebatur».

42 *Aduersus Marcionem* 5, 12, 8. La necesidad de la ira es defendida por Tertuliano con vistas a una compresión cabal de la Divinidad en 1, 26, 1-2 y 1, 27 de esta misma obra. La relación 'temor'-'ofensa' es abordada en la susodicha *Aduersus Marcionem* 4, 28, 3. De otra parte, en *De cultu feminarum* 2, 10, 3 insiste Tertuliano en que el castigo y el escarmiento son determinaciones de Dios para con el extravío de los hombres.

43 *Ad nationes* 1, 10, 38.

44 *Aduersus Valentinianos* 4,2.

45 *Aduersus Hermogenen* 12, 1, pero en *Adu. Marcionem* 5, 11, 2: «malens scilicet paenitentiam peccatoris quam mortem, utique ex misericordiae affectu»

Si hasta ahora la crítica ha podido conducir de un modo sesgado hasta la teología de Epicuro [46], en punto a la Providencia las cosas se presentan muy claras. Rechaza abiertamente la noción del Dios tranquilo en *Ad nationes* (2, 2, 8) contraponiendo el pensamiento epicúreo al platónico: *Platonici quidem curantem rerum et arbitrum et iudicem, Epicurei otiosum et inexercitum et, ut ita dixerim, neminem* y *neminem rebus humanis* amplía en el pasaje correspondiente del *Apologeticum*, el 47, 3 (en el cual discrepa también del *Deus corporalis: alii ex atomis*). Estas afirmaciones deben contrastarse con lo que para el mismo Tertuliano constituye una de las mayores grandezas de la Divinidad y que se lee en *Aduersus Hermogenen* (45, 3): *maior eius gloria si laborauit*.

Si el 'stupor' fue la causa del extravío de Epicuro, también la Divinidad tal y como es concebida por el pensador pagano se hace reo de él. La ataraxia es censurada en estos duros términos por Tertuliano en *Aduersus Valentinianos: in otio plurimo placidae et ut ita dixerim stupentis diuinitatis, qualem iussit Epicurus* [47].

Precisamente y habida cuenta del uso específico que de este término, 'stupor', hace Tertuliano en su obra, es muy posible que deba colocarse dentro de la polémica con Epicuro, el pasaje que se lee en *De patientia*, 2, 1 en el que el escritor africano hace una apasionada defensa del concepto cristiano de esta virtud: *nobis exercendae patientiae auctoritatem non adfectatio humanae caninae aequanimitatis stupore formata*. Finalmente, la *duritia Epicuri* es puesta de

---

que ha de ser contrastado con el ya mencionado de *De pudicitia* 18, 17 para percatarse del espinoso itinerario espiritual de Tertuliano en el que la comprensión de este pasaje parece haber desempeñado notable papel, en parte por poner en entredicho la teología de la cólera de Dios, al menos como ensaya su formulación el escrito africano.

46 Desde luego que, a veces, no tanto. Hay pasajes que dejan constancia de la relación existente, para Tertuliano, entre la concepción de Dios sostenida por Marción y la de Epicuro; cf. *Aduersus Marcionem* 1, 25, 3 y 1, 25, 5. Igualmente, 2, 16, 2 en el que encontramos una contraposición de las enseñanzas de Cristo y las de Epicuro, las de los profetas y la de los filósofos paganos. En la misma línea deben leerse los pasajes en los que relaciona Tertuliano filosofía y herejía: *Aduersus Marcionem* 4, 15, 2 y 5, 19, 7.

47 *Aduersus Valentinianos* 7, 4. *Stupentem Deum* es dicho por Tertuliano en el ya mencionado *Adu. Marcionem* 1, 25, 3.

relieve por Tertuliano de nuevo frente a Platón en la cuestión referente al origen y final del mundo [48].

No obstante, choca al lector que pese a todas las divergencias, ninguna de escasa envergadura, Epicuro no haya entrado en el catálogo de pensadores reseñados en *Apologeticum* (46) donde encontramos un apretado haz de descalificaciones endosadas a los filósofos paganos. Esto podría ser un inidicio de alguna consideración hacia el profeta por parte de Tertuliano. Al menos resulta llamativo y da que pensar el silencio del escritor africano, tan hábil a la hora de aprovechar las ocasiones de escarnio y de censura [49]. Pero es muy posible que el pasaje de *De spectaculis* (30, 4) esté referido a los epicúreos, vistos a la peor luz, y que *aliquem Epicurum* guarde un cierto eco despectivo si se compara con *Hermogenem aliquem* [50], mas, en cualquier caso, la ausencia de Epicuro en el catálogo, insistimos, es cuanto menos, sorprendente.

En un número mucho menor de veces alude Tertuliano a lo largo de sus escritos a Lucrecio. El pasaje más célebre es aquel en el que apoyándose en el verso lucreciano de *De rerum natura* (1, 305): *tangere enim et tangi nisi corpus nulla potest,* defiende la realidad del Cuerpo de Cristo en *Aduersus Marcionem* (4, 8, 3) sin regatear su encendido elogio a la *saecularis sapientia* [51].

Se ha hallado ecos de Lucrecio en diferentes pasajes de los escritos tertulianeos, por ejemplo, *Ad nationes* (2, 3, 9) puede ser una adaptación de *De rerum natura* (1, 305) de nuevo y 2, 3, 4 de 5, 235 y ss. Menos verosímil parece la relación existente entre *Aduersus Marcionem* (3, 13, 2) y de *De rerum natura* (5, 222-34), cuyo eco, sin embargo, es mucho más perceptible en *De anima* (19, 7-8) acerca del llanto del recién nacido.

Es muy probable que el pasaje del capítulo 13° de *De anima,* dedicado a establecer la principalidad del alma sea

---

48 *Aduersus nationes* 2, 3, 4.

49 Como muestra, la primera referencia a Tácito en *Adu. nationes* 1, 11, 3 no puede ser más desabrida.

50 *De monogamia* 10, 5, y 16, 1, respectivamente.

51 «Etiam saecularis sapientiae digna sententia». El verso de Lucrecio es también usado por Tertuliano en *De anima* 5, 6.

una polémica abierta con la postura de Lucrecio desarrollada en el canto tercero de su poema a partir de verso 396:

Et magis est animus uitai claustra coercens
et dominantior ad uitam quam uis animai,

en especial si se tiene en cuenta la vibrante contraposición 'animus' / 'anima' defendida por Tertuliano: *quantas animas pasco, ait diues, non ait animos, et animas saluas optat gubernator, non animos, et rusticus in opere et in proelio miles animam se, non animum ponere affirmat* [52].

También es posible que pueda establecerse una relación entre los versos del canto tercero de Lucrecio, 670 y ss.

Praeterea si inmortalis natura animai
constat et in corpus nascentibus insinuatur,
cur super ateactam aetatem meminisse nequimus
nec uestigia gestarum rerum ullu tenemus?

y el pasaje de *De anima* (24, 8) en el que aborda frente a Platón el autor africano la polémica acerca del olvido; e, incluso, parece que hay acuerdo entre el escritor cristiano y Lucrecio en lo referente a la cuestión de la armonía, si se cotejan los respectivos textos de *De anima* (58, 4) y *De rerum natura* (3, 106 y ss.) aunque no haya alusión directa por parte de Tertuliano a Lucrecio.

* * *

De la misma forma que a Tertuliano, a Lactancio le merece también poco crédito el quehacer filosófico. En una andanada general alude a Platón y Aristóteles, a Epicuro y Zenón [53], o sea los cuatro pensadores de mayor repercusión, contraponiendo la sabiduría a sus opiniones contradictorias. Espeta a los filósofos su incapacidad para afirmar nada cierto: *philosophi de auctoribus nihil certi adferentibus* [54], sus contradicciones, *cum inter se magna concerta-*

---

52 *De anima* 13, 2, concretamente.
53 *Diu. Inst.* 5, 3, 1.
54 *Diu. Inst.* 1, 1, 17.

tione dissideant [55] y si bien él mismo acota su postura: *non sum equidem tam iniquuus ut eos putem diuinare debuisse ut ueritatem per se ipsos inuenirent, quod ego fieri non posse confiteor,* no obstante mantiene una exigencia, poco menos que taxativamente, *sed hoc ab iis exigo quod ratione ipsa praestare potuerunt* [56]. Tampoco se encuentra muy comedido en su dura retahíla de descalificaciones morales que endosa en su conjunto a los filósofos en *Diu. Inst.* (3, 15, 8): *iracundos, cupidos, libidinosos, adrogantes, proteruos et sub obtentu sapientiae sua uitia celantes.*

En el momento de fijar su actitud polémica respecto a Epicuro, menosprecia a éste por cuanto el pensador pagano admitía a la tarea de la filosofía a los *rudes omnium litterarum* [57] y en este aspecto lo contrapone a Platón. Efectivamente, éste aceptaba a los sabios. Es cierto, por otra parte, que en la filosofía Lactancio adivina un intento que debe ser ponderado, mas prefiere resaltar su incapacidad. La doctrina de Epicuro le parece la *multo celebrior* [58], justamente por ampararse bajo el pabellón del *nomen uoluptatis* y calibra la atracción que sobre los viciosos ejercía este saber que parece favorecer antes que nada los defectos de quienes lo buscan, mostrando aquí Lactancio una notable desorientación acerca del concepto del placer sustentado por los Epicúreos, cosa en la que no cayó, como hemos visto ya, Tertuliano.

Lactancio muestra su sorpresa por la *philosophorum qui Epicurum secuntur amentiam* [59], en la medida en que se inclinan por la teoría atomista y descartan la Providencia. De esta manera el atomismo es *repugnantius.* Y, además, con cierta ironía, postula su crítica del Epicureísmo, buscando su punto débil: el átomo como tal no es dado a

---

55   *Diu. Inst.* 1, 1, 18.
56   *Diu. Inst.* 2, 3, 19.
57   *Diu. Inst.* 3, 25, 7 y 13. En *De op. Dei* 2 con un tinte lucreciano asimila el deseo de saber de los Epicúreos a *desipere.*
58   *Diu. Inst.* 3, 17, 2. Allí mismo, pero en 3, 27, 11, critica a los filósofos sus enseñanzas y razona la inutilidad de sus consejos. «Turpissimae uoluptatis adsertor» es llamado Epicuro en *Diu. Inst.* exagerando desde luego las desviaciones a las que el hombre puede llegar al no existir una Divinidad providente y capaz de encolerizarse (3, 17, 34).
59   *De opificio Dei* 2.

los sentidos: *quattuor elementis constare omnia philosophi ueteres disserebant. Ille noluit, ne alienis uestigiis uideretur insistere, sed ipsorum elementorum alia uoluit esse primordia quia nec uideri posset nec tangi nec ulla corporis parte sentiri* [60]. En *Ep.* 31 y con términos muy parecidos se dirige en medio de un tono agrio y violento al pensador pagano: *si nec uidentur nec ulla corporis parte sentiuntur, unde esse illa scire potuisti?* Y tras plantear dificultades en torno a la cuestión de la forma de los átomos, Lactancio concluye la discusión no sin virulencia: *sed haec delira et inutilia.* El escritor cristiano gusta de apurar la contradicción antes expuesta. En un pasaje en el que considera a Epicuro como heredero de la necedad de Demócrito, exclama Lactancio: *quae si sunt corpuscula et quidem solida ut dicunt sub oculos certe uenire possunt* [61].

Otra de las contradicciones de las que alardea el Epicureísmo es para Lactancio el reconocimiento que hace de la existencia de la Divinidad y la negación de Providencia y Creación. Aún más, negar la Providencia equivale a negar la existencia de Dios y a esta conclusión llega el escritor cristiano espetando sin ambages: *cum igitur prouidentiam sustulit... etiam Deum negat esse* [62] y reprocha al epicureísmo el ser la única escuela de sabiduría de la Antigüedad que niega Providencia y Creación. Para Lactancio, además, en este punto Epicuro es puesto en evidencia no sólo por los testimonios de los filósofos, sino también por los de los demás mortales [63].

El carácter fortuito del mundo, *auctor Democritus, confirmator Epicurus* es rechazado violentamente [64]. Y de la increencia en la Providencia extrae una descalificación moral para los pensadores de estas escuelas [65]. Para Lactancio, la Providencia ha sido vislumbrada por Pitágo-

---

60 Los pasajes citados se hallan en *De ira Dei* 9 y 10.
61 *Diu. Inst.* 3, 17, 23.
62 *De ira Dei* 9.
63 *Epitome* 1.
64 *Diu. Inst.* 1, 2, 2.
65 En la dirección ya apuntada en la nota 58, en *Diu. Inst.*2, 1, 2 y más adelante examina lo que él considera ignorancia de la 'hominis ratio' de la que se dirá más adelante.

ras, los Estoicos y los Peripatéticos, Trimegisto y la Sibila; frente a ellos sólo aparece el *delirus Epicurus* negándola y el adjetivo *epicureus* se tiñe de valor despectivo al aludir a Cota, en *Div. Inst.* (2, 8, 60).

Pero Lactancio avanza aún un paso más en su camino de desconsideraciones y descalificaciones hacia la persona de Epicuro y su pensamiento. Reconoce que la idea de Providencia podría plantear dificultades al pagano por cuanto a los buenos les acontecen cosas malas, mas de aquí no puede derivarse una negación sin más de este atributo de la Divinidad. Si Epicuro así lo hace es *uelut iniquitate inductus* [66]. Y contrapone a la negación del pensador pagano el orden y disposición que puede comprobarse en las cosas. En otros pasajes, Lactancio insiste en que la afirmación de la existencia de Dios supone la proclamación de su Providencia automáticamente [67], y tomando el nervio de Cicerón espeta a Epicuro, que se contradice admitiendo la existencia de la Divinidad, pero rehusándole la Providencia: *nunc uerbo eum reliquisti, re sustulisti* [68].

Por otra parte, acusa a Epicuro de ceguera para ver en las criaturas la maestría del plan divino. Rechazada la Providencia y cuidado del mundo como tareas divinas, el filósofo pagano se ve precisado a argumentar acerca de la cuestión y Lactancio critica como *deliramentum congruens superiori* su explicación de que los ojos no fueron hechos para ver, ni los oídos para escuchar [69]. Si bien en este punto de la discusión acerca de los sentidos se muestra muy crítico, Lactancio es muy sensible a ciertas aclaraciones de tono epicúreo sobre la información que los sentidos nos propician [70]. Desde luego con precisiones y siempre dentro de la creencia de que éstos en su totalidad han sido despertados a su tarea por designio de Dios y son como los trechos que recorre la sabiduría hasta nuestro espíritu [71].

---

66   *Diu. Inst.* 3, 17, 16, en el que insiste acerca de la ignorancia del pensador pagano.

67   *Epit.* 31: «exclusa enim prouidentia curaque diuina consequens erat, ut non esse omnino deum diceres».

68   Ibid.

69   *De opificio Dei* 6.

70   *De opificio Dei* 14 y antes en 9.

71   *Diu. Inst.* 3, 3, 3.

Escasa compresión muestra Lactancio hacia la ataraxia divina. Un Dios tal le parece al escritor *corruptus... ac beatus quia semper quietus*, equiparando tal estado al de la muerte [72]. Desde esta perspectiva se ve bien el abismo que se abre entre la teología epicúrea y la de Lactancio cuando se aborda la cuestión del temor religioso. Para el escritor cristiano, como hijos debemos a Dios amor y honra, como siervos, culto y temor y este doble aspecto lo condensa Lactancio en la siguiente frase: *sapientia spectat ad filios quae exigit amorem, religio ad seruos quae exigit timorem* [73].

Lactancio, de otro lado, considera al hombre como aquel que lleva la figura de Dios y reconoce que El lo formó como *simulacrum* suyo [74] y en consecuencia da un pequeño catálogo de las virtudes que ha de practicar el cristiano: *non irasci, non cupere diuitias, non libidine inflammari, dolorem non timere, mortem contemnere* [75], en el cual es de advertir por el tono de las dos últimas recomendaciones la influencia sesgada del Epicureísmo y cómo el Cristianismo no tenía inconveniente alguno en admitir el ideal moral labrado en buena medida por el Estoicismo, pero este ideal es a su vez un compromiso también con la ética epicúrea, tal y como Séneca ha dejado plasmado en su época de madurez.

Dentro de esta concepción es comprensible que ciertas pasiones como la misericordia, la avaricia y el miedo aparecieran como *morbi* [76]. El difícil equilibrio entre el estoicismo y el peripatetismo, que está por bajo de la discusión del tema del Dios airado, fuerza a Lactancio al discutir de la cólera a hacer una puntualización a fin de no convertir en más estridente la contraposición en la que viene a dar:

---

72 *De ira Dei* 17. Magnífica la acotación a Epicuro, «uel si habet (sc. *potestatem*) et non utitur...».

73 *Diu. Inst.* 4, 4, 1 y *Ep.* 54.

74 *Diu. Inst.* 5, 8, 4: «homo ipse qui figuram Dei gestat» es otra forma de decir lo mismo que el pasaje aludido en el texto: «Deus formauit hominem ueluti simulacrum eius» y que se lee en *De ira Dei* 13.

75 *Ep.* 45. De otra parte, cf. *Diu. Inst.* 6, 18, 17 para la incompatibilidad entre *bonus uir* y *nocere*.

76 Las puntualizaciones de Lactancio frente a esta opinión de los filósofos pueden leerse en *Diu. Inst.* 6, 14, 4.

non est morbus irasci sed iracundum esse morbus est [77]. De igual tenor puede ser la distinción entre *seueritas* y *saeua crudelitas* [78]. Por esto y por cuanto Lactancio admite el atributo de la cólera en Dios, ha de reconocer al mortal en la medida en que es *simulacrum* de El, y pese a las recomendaciones antes señaladas, una justa cólera que define del siguiente modo: *irae adfectus ad coercenda peccata qui sunt in nostra potestate* [79].

De todas formas, queda bien patente al ojear otros pasajes de Lactancio que el autor se mueve aquí en un terreno erizado de dificultades y que la congruencia no es el sello característico del estadio de su pensamiento. Baste el siguiente repaso: reprimir la cólera es propio del hombre lleno de fortaleza [80]; la grandeza de la doctrina cristiana es justamente la de templar la cólera [81]. El problema estriba en que el complemento directo del primer pasaje es *iracundiam*, pero en el segundo es *iram*. La *hominis ratio* es definida por Lactancio como *humanitas, iustitia, pietas, Dei parentis agnitio* y más adelante la *iustitia* es *humanitas, aequitas, misericordia* [83]. El timbre de gloria del Cristianismo es precisamente la constancia de su mansedumbre y de su humanidad. Y la piedad es propia de *qui cohibere iram sciunt omnemque animi furorem tranquilla moderatione leniri* [84] y la actitud de la paciencia debe ser la preferida a la hora de defender la religión [85]. Estos lugares son sólo aducidos aquí como ilustración del intenso conflicto en el que se ven inmersos estos escritores embarcados en la costosa empresa de articular una Fe en categorías nuevas, que no dejan de influir en la concepción de la primera, pues no en vano los paganos cristianos no abjuraron de su

---

77   *Diu. Inst.* 6, 16, 10.
78   *Diu. Inst.* 6, 14, 4.
79   *Diu. Inst.* 6, 19, 6.
80   *Diu. Inst.* 1, 9, 4, aprobando el sentir de Cicerón.
81   *Diu. Inst.* 3, 26, 2. En 6, 5, 13 puede leerse: «uirtus est iram cohibere».
82   *Diu. Inst.* 3, 9, 19.
83   *Diu. Inst.* 5, 6, 4. Las consecuencias de la ignorancia de la justicia en 7, 6, 12 del mismo escrito.
84   *Diu. Inst.* 5, 10, 10. Para el *misericordiae munus,* cf. 6, 12, 4 y para el precepto de hacer siempre el bien 6, 10, 8, ambos pasajes de la obra aquí citada.
85   *Diu. Inst.* 5, 19, 22.

compresión del mundo. Sin embargo, y reconociendo el
mérito que contrajeron en sus logros, no debe descuidarse
el aspecto de su precariedad, que, de otra parte, tanto puede
iluminar su circunstancia humana.

Lo difícil que debía resultar para ellos aunar tantas
cosas, se echa de ver cuando Lactancio empieza a relacionar virtud e ira. Si *uirtus est iram cohibere*, no *iracundiam*,
no obstante leemos: *nam si uirtus est in medio irae impetu
se ipsum cohibere ac reprimere, quod negare non possunt,
caret ergo uirtute quisque ira caret* [86], lo cual significa que
la cólera es precisa para la virtud, de forma que el autor,
siguiendo aquí la escuela aristotélica, tan denostada en este
aspecto por Séneca, afirma que la ira es un medio puesto
por Dios *rationabiliter* [87] para la represión de los pecados,
creyendo Lactancio salvar de esta forma los múltiples
problemas surgidos, pero acaso ello no ocurrió ni tan
siquiera de una manera provisional.

Llegados a este instante, es bueno retomar los pasajes
en los que Lactancio discrepa a las claras de la concepción
teológica de Epicuro. Otra vez la ataraxia le parece al escritor cristiano supresión de la verdad y de la religión. En un
pasaje señala la postura del pensador pagano acerca de la
beatitud e incorruptibilidad de Dios al igual que la indife-
rencia divina hacia el mundo, *nec gratia eos tangi nec ira
moueri* [88] que de cierta forma rima con afirmaciones típicas de Lactancio como *Deus impassibilis* o *Deus incorrupti-
bilis, perfectus, impassibilis* [89], y que, en principio, pueden
chocar con las de *Deus iustus, mitis, patiens*, y si bien en este
catálogo no alude a la cólera, puede ésta estar implícita,
como se desprende de la correlación 'gracia'-'cólera' defendida por Lactancio en su querella con Epicuro en *De ira*

---

86   *Diu. Inst.* 6, 15, 5.

87   *Ep.* 56. «Nom enim per se mala sunt quae Deus homini rationabiliter
inseuit». Lactancio asegura que el único fin de la ira es «ad coercitionem peccatorum».

88   Alusión a Epicuro en *Diu. Inst.* 5, 10, 12. Otros pasajes de discrepancia
en 2, 17, 4 y 3, 12, 15 de esta obra y 4 de *De ira Dei*. De tono muy general la andanda
de *De ira Dei* 1 y muy ajustada la del capítulo 2º de esta misma obra.

89   Para el catálogo de los atributos divinos, cf. *De ira Dei* 3; 'Deus impassibilis', en *Ep.* 3; para iustus mitis patiens, v. *Diu. Inst.* 2, 17, 2 y en esta obra, pero
en 5, 6, 12, habla Lactancio de la perpetua clemencia de Dios.

Dei [90]. Para salvar la dificultad de un Dios sometido a las pasiones precisa Lactancio: *non necesse est ut timeat qui irascitur* [91]. De otro lado, y para evitar malos entendidos puntualiza frente a Epicuro que *gratia et ira et miseratio habent in deo materiam recteque illis utitur summa illa et singularis potestas ad reum conseruationem,* para aseverar contra Donato que merece crítica la postura de quienes *Deum faciunt inmobilem,* acusando sesgadamente a los epicúreos [92].

De modo que Dios se aíra en relación con su gracia [93]. Frente a los paganos concluye que su argumentación no debía caminar en la dirección en que lo hizo, sino en la contraria: *nec oportebat eos argumentari quia Deus non irascitur, ergo nec gratia commouetur, sed ita, quia gratia Deus commouetur, ergo et irascitur* [94].

En esta discusión da Lactancio un paso más para destruir la opinión epicúrea acerca del querer y el poder de Dios, en un pasaje feliz que remata con estas palabras: *sed hoc non uidit Epicurus... si tollantur mala, tolli pariter sapientiam* [95]. Tal es la relación 'cólera'-'gracia' que Lactancio pondera en los siguientes términos no exentos de paradoja: *in ira inest gratificatio* [96]. De suerte que aquellos filósofos que por querer liberar el alma de la angustia, suprimen la religión, impiden al hombre alcanzar el cielo: *si religio tollitur, nulla nobis ratio cum caelo est* [97]. Y entre ellos, con

90   Otra vez *De ira Dei* 4, en donde pone en evidencia la consideración que de Dios hace Epicuro. Durísima resulta la expresión: «ademit ei etiam beneficentiam».

91   Frente al recelo expresado por Epicuro de que la Divinidad resultara rea de debilidad al quedar a merced de las pasiones.

92   *De ira Dei* 22.

93   El castigo como indulgencia de Dios y prueba de su cuidado hacia nosotros es defendido por Lactancio en sus *Diu. Inst.* 5, 22, 13. El retraso de la ira de Dios hasta el fin de los tiempos en 2, 17, 2 de esta obra.

94   *De ira Dei* 5.

95   *De ira Dei* 13. El Dios verdadero no los suprime porque ha otorgado 'sapientia' al hombre. Extraordinario se ha mostrado Lactancio al examinar frente a los presupuestos epicúreos la cuestión de si *uult/non potest,* y *aut potest et non uult,* y *neque uult neque potest* y *uult et potest.*

96   *De ira Dei* 16. Antes y contra la ataraxia divina ha afirmado: «non est enim fas eum... non moueri et insurgere ad ultionem sceleratorum».

97   *Diu. Inst.* 3, 10, 10.

palabras casi calcadas, se encuentra aludido Epicuro: *haec dum sentit Epicurus religionem funditus delet* [98]. Desde otra esquina, a Lactancio le parece esencial para la religión el temor: *adeo religio non potest esse ubi metus nullus est* [99] y remacha otra vez contra toda tentación epicúrea: *ut illorum persuasionem reuincamus qui sine ira Deum esse credentes dissoluunt omnem religionem* [100].

Otro punto de conflicto es la consideración del culto. Para Lactancio, si se admite la postura epicúrea, éste, el culto, vendría a ser superfluo. Lactancio, por el contrario, establece una relación entre Creación y adoración [101] al tiempo que reprocha de nuevo a Epicuro su *stultitia* o a Lucrecio su delirio: *quae delirat Lucretius* [102]. Además lamenta Lactancio que ciertas posturas epicúreas conserven aún crédito y algo de vigor [103]. Una consecuencia para el hombre se desprende, según Lactancio, de la concepción teológica de Epicuro: *Epicurus ignorat ipsos homines quare aut quis efficeret* [104]. Tras atacar de nuevo el atomismo, cuya causa es la *ignorantia rationis* [105], el escritor cristiano arremete contra el filósofo pagano en punto a la cuestión: *quae utilitas Deo in homine* [106] y hace, en cambio, una apasionada defensa del culto que los hombres deben a Dios.

La suerte ultraterrena del ser humano, negada por Epicuro, ofrece a Lactancio nuevas oportunidades de arremeter contra el pensador pagano, tanto en lo que se refiere a su interpretación de las penas del infierno [107] como a su noción del alma mortal: *si enim mortales sunt animae, si uirtus dissoluto corpore nihil futura est, quid fregimus adtributa nobis bona quam aut ingrati aut indigni qui diuinis muneribus perfruamur?* y con mejor criterio apuesta por la

---

98 *De ira Dei* 8.
99 *De ira Dei* 11.
100 *De ira Dei* 22.
101 Al revés que Epicuro. Cf. *Diu. Inst.* 7, 5, 7. Tb. 5, 20, 15.
102 *De opificio Dei* 6.
103 *Epit.* 50.
104 *Diu. Inst.* 7, 3, 13.
105 *Diu. Inst.* 7, 4, 23.
106 *Diu. Inst.* 7, 5, 4.
107 *Diu. Inst.* 7, 7, 13: «Epicurus errauit qui poetarum id esse figmentum putauit et illas inferorum poenas quae ferantur in hac esse uita interpretatus est».

esperanza y el sentido de la existencia: *mors igitur non extinguit hominen sed ad praemium uirtutis admittit* [108]. De otra parte, la temporalidad es para Lactancio un aspecto favorable que invita, precisamente, a la esperanza [109]. En consecuencia, de falsa ha de reputarse la actitud de Demócrito, Epicuro y Dicearco [110], que tampoco podría sostenerse ante la irrefutable experiencia que ofrecen los magos o que, en todo caso, tendría que plantearse a fondo el problema de la inanidad de lo humano y del mundo [111]. El pensar de los filósofos, antes aludidos, es sencillamente para Lactancio, *delirasse* [112].

Ya hemos indicado cómo Lactancio se muestra poco proclive a establecer puentes entre su pensamiento y el de Epicuro en la cuestión de la *uoluptas* que en absoluto puede identificar con el *summum bonum*, por cuanto es *communis omnibus* y tampoco debe considerarse bien supremo aquello que puede ser adscrito al cuerpo [113]. No obstante, en dos aspectos al menos la aportación hecha por Epicuro no es desestimada: en uno es ampliada, la que se refiere a la finitud del mundo, si bien precisa Lactancio que el pagano no pudo aportar explicación convincente alguna, pues ésta sólo llega a nosotros como fruto de la Revelación; la otra es en punto a la discusión en torno a la existencia o no de los antípodas [114].

De la escasa simpatía que la reflexión filosófica de Epicuro despertaba en Lactancio es muestra también la viva contraposición entre el sabio atormentado en el toro de

---

108   *Diu. Inst.* 6, 9, 20 y 7, 10, 10, respectivamente. Cf. tb. para lo primero, *Ep.* 52, para lo segundo, *Diu. Inst.* 6, 24, 13.

109   «Ut uita haec temporalis est certosque terminos habet quia corporis est sic et mors aeque temporalis est certumque habet finem quia corpus attingit», en *Diu. Inst.* 7, 10, 11 que pueden aludir a la 'muerte inmortal' propugnada por los epicúreos.

110   *Diu. Inst.* 7, 13, 7.

111   *Diu. Inst.* 7, 6, 3: «si nihil post mortem sumus, quid potest tam superuacum, tam inane, tam uanum quam humana res et quam mundus ipse?».

112   *Ep.* 65.

113   Cf. *Diu. Inst.* 3, 7, 7: 3, 8, 5 y *Ep.* 28.

114   *Diu. Inst.* 7, 1, 10: «unus igitur Epicurus auctore Democrito ueridicus in hac re fuit...» que no deja de ser un elogio dado al cariz de la controversia. Cf. antes 2, 10, 25 de esta obra. Para los antípodas, véase *Diu. Inst.* 3, 24, 1.

Fálaris y el individuo que sufre *pro fide, pro iustitia , pro Deo* [115].

En el caso de Lucrecio tampoco son mayores las consideraciones. Es cierto que aplaude la tarea del poeta latino que pretendía liberar de la superstición a sus contemporáneos, pero Lactancio añade: *qui quidem hoc efficere non poterat quia nihil adferebat* [116]. *Nostrum est hoc officium, qui et uerum Deum adserimus et falsos refutamus* [117], aunque en otro aspecto no tiene inconveniente en admitir el tino del romano al identificar *religio* y *uinculum* [118].

Desde luego no le parece acertado Lucrecio cuando alaba a Epicuro, al cual sorprendentemente no identifica y lo confunde con Pitágoras [119], o Tales. En otros aspectos busca la confrontación con Lucrecio también, como cuando contrapone la Providencia a la naturaleza entendida como madrastra [120] o cuando no vacila en tildar de *ineptissimo... argumento* [121] el esgrimido por Lucrecio en *De rerum natura* 3, 359 y ss. El ya mencionado delirio del poeta, hijo de la necedad de Epicuro, es criticado como factor del 'aprovidencialismo' y del atomismo [122], cuya valoración hemos tenido la oportunidad de contrastar arriba. Otras teorías que defiende Lucrecio, para Lactancio son pura y llanamente mendacidades [123] y difiere también de la consideración de la filosofía como sabiduría según propugnaba el poeta latino [124].

---

115 *Diu. Inst.* 3, 27, 5.
116 Lucrecio es puesto en el mismo trato de igualdad que los filósofos, en la medida en que tampoco aporta *nihil ueri.* Cf. nota 54.
117 El pasaje se lee entero en *Diu. Inst.* 1, 16, 2-3.
118 *Diu. Inst.* 4, 28, 12-13.
119 Los versos de Lucrecio se hallan en *De rerum natura* 5, 6 y ss. y Lactancio queda perplejo y glosa lo que sigue: «unde apparet aut Pythagoram uoluisse laudare qui... aut Milesium Thalem, qui...». Todo ello en *Diu. Inst.* 3, 14, 2-5.
120 *De opificio Dei* 3.
121 *De opificio Dei* 8.
122 Cf. nota 102.
123 «O quam facile est redarguere mendacia!», exclama en *Diu. Inst.* 2, 11, 3, a la hora de criticar *De rerum natura* 5, 783 y ss. para defender la idea de una Providencia. En otra línea, acerca de la vida primitiva en *Diu. Inst.* 6, 10, 13-17, puede verse alguna concomitancia con *De rerum natura* 5, 805 y otros versos. *De opif. Dei* 4 guarda cierto tono lucreciano en la queja de la *inmatura mors.*
124 *Diu. Inst.* 3, 16, 12-25.

Cuando Lucrecio pondera el epicureísmo y a su fundador, Lactancio se complace en recordar que la doctrina del
profeta es *uanitas* [125] y que los elogios, de cuya desaproba-
ción ya hemos hecho ligera mención hace un momento, no
pueden ser leídos, afirma el escritor cristiano, sin que el
lector dibuje una sonrisa con sus labios, habida cuenta de
que no se ofrecen a Platón o a Sócrates, los reyes de los filósofos, sino que *de homine quo sano ac uigente nullus aeger
ineptius delirauit* [126] y censura el encendido tono de la
alabanza proclamada por el discípulo hacia su maestro, que
contrasta con la inutilidad de su enseñanza; *leonis laudibus
murem non ornauit, sed obruit et obtriuit* [127], asegura con
sangrante ironía.

No es menos virulento cuando disiente de la noción de
muerte que se lee en Lucrecio. Puntualiza Lactancio que es
mejor hablar de separación que de disolución [128]. Mantiene
también su diferencia de pensamiento en lo aseverado por
Lucrecio acerca de la necesidad de que el alma, que ha
nacido con el cuerpo, desaparezca conjuntamente con
él [129]. Ataca a Lucrecio por seguir las opiniones de su maestro en punto a la creación del hombre y recalca de nuevo
el papel de la Revelación [130]. Unos versos de Lucrecio son
aducidos para hostigar a Epicuro en la defensa que hace
Lactancio de la religión y del culto [131] y en este ámbito
sucede una de las cosas más curiosas que pueden darse en
esta polémica entre cristianos y epicúreos. No tiene, al parecer, mayor dificultad Lactancio en ponderar la descripción
de la piedad que hace Lucrecio (*De rerum natura* 6, 52 ss.),
pero silencia los versos que dicen:

125   *Diu. Inst.* 3, 17, 27.
126   *Diu. Inst.* 3, 17, 28-29.
127   *Diu. Inst.* 3, 17, 29-30. Lucrecio es tildado de *poeta inanissimus*.
128   7, 12, 25 de *Diu. Inst.* En 27 de la misma cita Lactancio desarrolla una
mordaz y terrible ironía: «equidem numquam uidi qui se quereretur in morte dissolui: sed ille fortasse Epicureum aliquem uideret etiam dum moritur philosophan-
tem ac de sui dissolutione in extremo spiritu disserentem».
129   Cf. todo el capítulo decimosegundo del libro séptimo de *Diu. Inst.*, en
el que al final Lactancio se hace eco del desacuerdo entre Pitagóricos y Epicúreos.
130   *Diu. Inst.* 7, 3, 13.
131   *De ira Dei* 8.

sed mage pacata posse omnia mente tueri

y prefiere cerrar la discusión con una cita de Persio [132]:

compositum ius fasque animo sanctosque recessus
mentis et incoctum generoso pectus honesto.

Ocurre todo esto en dos momentos de *Diu. Inst.* (2, 3, 11 y 2, 4, 10) respectivamente.

Una alabanza hacia Lucrecio se registra cuando Lactancio le felicita por reprochar a sus contemporáneos la necedad que se deriva de la pérdida de la *notitia Dei* [133]. Tampoco rechaza los versos de Lucrecio para sustentar la crítica endosada al *furor* de la religión pagana, que se contrapone a la siempre equilibrada postura de los Cristianos [134].

Muy feliz se muestra Lactancio cuando detecta contradicciones en la obra de Lucrecio y así gusta contraponer pasajes en los que a su juicio el poeta latino incurre en incongruencias. En *De ira Dei* (10) y con motivo de la discusión en torno al azar, enfrenta los versos de Lucrecio que empiezan: *nam de si nihilo fierent, ex omnibus rebus* con aquellos otros que principian: *nil igitur fieri de nilo posse putandum est* [135] para cerrar el pasaje con este exabrupto: *quis hunc putet habuisse cerebrum cum haec diceret nec uiderat sibi esse contraria?* [136]. En *Diu. Inst.* (7, 21) se muestra más comedido Lactancio cuando reprocha a Lucrecio su olvido al contraponer lo afirmado en los versos:

cedit item retro, de terra quod fuit ante
in terram sed quod missum est ex aethereis oris
id rursum caeli fulgentia templa receptant

---

132   Tal vez para no dar la razón a su maestro Arnobio, quien había dicho: «cultus uerus in pectore atque opinatio de dis digna». El pasaje de Persio en 2, 74. Para la consideración de la piedad, véase también *Diu. Inst.* 1, 20, 23.

133   *Ep.* 20.

134   «Nostri semper manusetudinis et humanitatis sibi gloriam uindicauerunt», *Diu. Inst.* 1, 21, 4. Los versos de Lucrecio son citados en 1, 21, 14 de esta misma obra.

135   *De rerum natura* 1, 159 y 1, 205.

136   No deja de ser sangrante el empleo del verbo *uideret* habida cuenta del uso que de él hace Lucrecio en su obra.

con su teoría acerca de la necesidad de que alma y cuerpo perezcan conjuntamente [137].

Llevado de su afán polemizador a veces da la impresión, como se ha apuntado ya, de que Lactancio no comprende del todo bien al poeta latino. Se entiende que traiga el agua a su molino a la hora de interpretar cristianamente el *caelesti... semine oriundi* [138] o la aplicación a Jesús de los versos lucrecianos que empiezan por *ueridicis hominum purgauit pectora dictis* [139], aunque ciertamente el poeta pagano estaba muy lejos de afirmar lo que Lactancio arguye. Pero ya no ocurre lo mismo en el despiste de interpretación en que incurre el autor cristiano al abordar los versos de Lucrecio aducidos en *Diu. Inst.* (3, 17, 10) dando la impresión de no haber captado la ironía del poeta epicúreo.

Lactancio se muestra más cauto que Tertuliano en la por aquél citada como *inextricabilis quaestio* acerca de la principalidad del *animus* o del *anima*. Alude al testimonio de los dos poetas epicúreos para dejar la cuestión empatada mediante el uso del adverbio *indifferenter* [140]. Es muy probable que el prólogo del canto quinto de *De rerum natura*, en el que Lucrecio ha puesto en evidencia a Hércules con el único fin de hostigar a los Estoicos, esté en el fondo del *uir fortior*, alabado por Lactancio en su *Diu. Inst.* 1, 9, 5.

En un balance final hay que certificar lo dicho al principio acerca del difícil puente entre Epicureísmo y Cristianismo. Ni Tertuliano ni Lactancio han prodigado sus simpatías hacia Epicuro y Lucrecio, salvo en ocasiones que no alcanzan el corazón de la doctrina, ni parecen haber sentido la necesidad de ensayar un acuerdo en algunos puntos en los que el Epicureísmo podía ayudar a articular una comprensión mejor de la Divinidad. No obstante, sí que hay que resaltar algo que no deja de resultar chocante: el arisco y agrio Tertuliano ha mostrado a lo largo de todo

---

137 *Diu. Inst.* 7, 12, 5. El reproche suena así: «uictus est ueritate et imprudenti ratio uera subrepsit».
138 El verso de Lucrecio está en *De rerum naturae* 2, 991; las interpretaciones de Lactancio, en *De opificio Dei* 19 y *Diu. Inst.* 6, 10, 7.
139 *Diu. Inst.* 7, 27, 6.
140 *Diu. Inst.* 3, 17, 10.

el conflicto mantenido con el Epicureísmo una medida y una ponderación en su crítica y discrepancia que contrasta con la dureza y la vehemencia que llega al insulto, de la que ha hecho gala el equilibrado y elegante Lactancio que no ha regateado las palabras más hirientes y desairadas al borde del escarnio, para poner en evidencia la doctrina opuesta [141].

Ha pasado ya la tolvanera. El horizonte de problemas de Tertuliano y de Lactancio ya no es el nuestro. Y es el instante de preguntarse si esta primera apología acertó del todo al contraponerse tan drásticamente a las concepciones de Epicuro, sin haber intentado siquiera un esfuerzo de comprensión, como así se hizo con otras corrientes del pensamiento de la Antigüedad, en principio tan distantes de la originalidad del Cristianismo como podría estarlo el Epicureísmo, cuidando, eso sí, el señalar los límites de tal acercamiento. Mas si ellos no pudieron, porque su horizonte, igual que para todas las épocas de la humanidad, era también su confinación, quizá nosotros estemos en mejor posición para intentarlo, ya que una consideración cristianizada de la ataraxia permitiría abordar ciertas cuestiones que dejan para el hombre contemporáneo zonas oscuras en su comprensión de la Divinidad.

Tal vez este dogma epicúreo, retomado en la medida aceptable y de acuerdo con la Revelación de Dios en Jesús de Nazareth, nos ayudaría a entender la Providencia más que al modo de un gobierno o régimen de las leyes que presiden la Creación, como la misericordiosa mirada de Dios hacia el mundo y el hombre en su libre desplegarse a lo largo de la historia que conduce a todos y cada uno de los seres hacia El; la cólera de Dios, no tanto el enojo de la Divinidad que busca el escarmiento del pecador, sino más bien el sentir éste como hostil la mirada de afecto que Dios nos dirige a ofendido y ofensor, porque nos obliga a poner en primer plano al hermano herido por nuestra falta; el Juicio, antes que una sentencia sobre nuestra existencia de acuerdo con

---

141 En nada suaviza el que haga propias las palabras de Lucrecio: «lingua... est interpres animi», en *De opificio Dei* 10, el tono agrio y desaforado de la general discrepancia.

leyes y normas, como el encuentro de nuestro precario amor y nuestro trágico desamor con Quien es el amor en plenitud, desde siempre otorgado, jamás diferido, nunca alejado de nosotros, ni siquiera en el instante crucial de nuestra presencia ante El, cargados con el temblor de nuestra existencia contradictoria de lágrimas y felicidad efímera. Acaso desde esta perspectiva en medio del estremecimiento de una época que a su manera experimenta también la doble tentación de la Escila de la utopía, siempre más allá de nuestro alcance, y la Caribdis de un 'restauracionismo', que nos aparta de los signos de nuestro tiempo, ambas de acuerdo en silenciar la angustia y la pregunta que cada uno, por existir, inauguramos, fuera posible que la Iglesia, comunidad de creyentes en Jesús de Nazareth, muerto y resucitado, proclamara antes que nada la esperanza para los humanos de ahora y aquí, anunciando el gozo del amor y de la misericordia de Dios que a todos aguarda sin hacer excepción en su amor indiviso, y así pusiera ella, la Iglesia, su confianza antes que en el dogmatismo y la norma, antes que en el espíritu de ortodoxia, en la libertad y en la acción del Espíritu Santo.

ENRIQUE OTON SOBRINO

Comentarios latinos del maestro Venegas
a la comedia *Samarites*

I

El maestro Alejo Venegas de Busto nació en Camarena, 30 kms. al noroeste de Toledo, en 1498-1499. Cristiano viejo, descendiente de los Venegas, señores de Luque (Córdoba) y de los Busto residentes en Ocaña. Casó con Marina Quixada, de la que tuvo siete hijos. Murió en Toledo a primeros de agosto de 1562 [1].

Se graduó en Artes Liberales en la incipiente Universidad Toledana.

De clara vocación docente, enseñó gramática en Ocaña, Alcalá de Henares y, sobre todo, en Toledo y en Madrid. En Toledo, desde antes de 1526 hasta 1544, llegando a compartir la dirección del Estudio de Gramática de la Universidad con el maestro Cedillo, pedagogo extraordinario, excelente humanista, muerto en olor de santidad. En Madrid, desde octubre de 1544 hasta febrero de 1560. De la huella pedagógica marcada por el maestro Venegas hay constancia escrita en las *Actas* del Concejo de la Villa, y la recoge aún viva en 1576 Luis Hurtado de Toledo.

De su pluma, hurtándole resquicios al sueño, salieron entre otras obras un *Tratado de ortografía y acentos en las tres lenguas principales*, Toledo 1531; *Agonía del tránsito de la muerte con los avisos y consuelos que cerca della son provechosos*, Toledo 1537 (once ediciones hasta 1583); *Primera parte de las diferencias de libros que hay en el universo*,

---

1 La precisión documental y razonada de todo lo que aquí se afirme, véase en mi obra *El Maestro Alejo Venegas de Busto. Su vida y sus obras* (Toledo, Diputación Provincial, IPIET, 1987).

Toledo 1540; *Tratado y plática de la ciudad de Toledo a sus vecinos afligidos* (1543); comentarios latinos a la obra de Alvar Gómez de Ciudad Real *De militia Principis Burgundi quem Uelleris aurei uocant,* Toledo 1540, y a la que constituirá el objeto de esta comunicación, original de Pedro Papeo, *Samarites, comoedia de Samaritano euangelico,* Toledo 1542 [2].

II

El maestro Venegas concibió su vida profesional como un servicio al «común», a la gente sencilla. Por eso escribió en castellano la parte más sustanciosa de su obra, para abrirles los tesoros del saber encerrados en el latín y el griego. Y se ganó con ello un puesto eminente entre las autoridades de la lengua, como uno de sus mejores forjadores. Por esta profunda razón de servicio escogió, probablemente, la profesión de maestro de gramática, tan desprestigiada, pues en palabras de Vives *docere habitum est abiectum* y en las de García Matamoros *paedogogis talis honor in nobilium domibus habetur, qualem repudiarent parasiti, si saperent, nam anteambulones et apparitores iniuriam putarent.* Venegas, consciente de la impronta indeleble que el maestro imprime en los discípulos, consideró siempre que este oficio debía reservarse sólo para los mejores.

Junto a esta satisfacción profesional definen su talante pedagógico el amor a la verdad y el amor al alumno. Respecto al primero está convencido, con san Agustín, de que la verdad vence siempre y lleva a Dios, de donde viene. Por eso afronta los problemas, todos, sin prejuicios, con optimismo, sin miedos a conflictos artificiales con la fe, que es para él la primera verdad; rectifica sus propios errores y no acepta el *magister dixit.* Respecto al segundo baste subrayar su oposición al criterio reinante de «la letra con sangre entra», persuadido de que «no resulta el provecho al discípulo de la indignación del maestro, sino de la diligencia».

Un hombre de tal coherencia cristiana hubo de plantearse el dilema —antiguo (san Basilio) y remozado (Nebrija,

---

2   Cf. op. cit., p. 198, 273-292.

Erasmo, Colet)— de la compatibilidad o incompatibilidad de la formación humanística de los adolescentes cristianos en autores gentiles, por clásicos que fueran. El paganismo infiltrado por este método era evidente. El mismo Venegas concede *quod ethnicitatis fucatum lenocinium iam diu mentibus nostris insederit ut cum in profanis litteris loquaces Fabios aut Stentoras clamosiores, in rebus sacris Siriphias (quod aiunt) ranas agamus.* ¿Renunciará a la cultura clásica, al aprendizaje de las bellas formas de expresión en los magníficos modelos gentiles, por soslayar el peligro de paganización o al menos de enturbiamiento de la fe?

Como tantos egregios, distinguió entre el estudio de las humanidades y el método de impartirlas. En cuanto al primero no encuentra ningún reparo, convencido de que la verdad y la belleza que se encuentran en los gentiles son nuestras, «que nos tienen usurpadas» y que hay que recuperar. En cuanto a lo segundo propugna como método insustituible la «licción de buenos autores», pero rechaza que tales sean únicamente los antiguos grecorromanos. Esto equivaldría, inaceptablemente, a sumergir a los adolescentes durante el período más influenciable de su vida en una concepción del mundo exclusivamente pagana, deformadora e incluso obscena. *An Aeneida semper* —se pregunta— *et Pharsaliam, Metamorphosim et Thebaida cum ceteris id genus poematis christianae tyronum mentes ebibent sitibundae? Sic nobis imponet antiquitas ut ioca seriis, inania solidis, mendacia ueris, terrena caelestibus et christianis ethnica praeferamus? ut poetastros denique et ranciunculos nugiuendas suoque Pythone perflatos christianis poetis ueroque numine afflatis anteferendos esse credamus?* En consecuencia excogió una selección de autores paganos y cristianos, antiguos y modernos, que guiasen progresivamente la marcha de los estudios humanísticos. Así el estudiante vadearía a pie enjuto la literatura pantanosa de la gentilidad y recuperaría los tesoros de verdad y de belleza que en ella se encierran. El éxito dependería en gran medida del tino del maestro —¡trascendencia del oficio!— en la dosificación.

Del empleo de este método esperaba el maestro Venegas que, amén de los ya existentes, habrían de surgir autores cristianos, no inferiores ni en número ni en calidad a los clásicos paganos, que darían forma bella a la concepción cristiana del mundo y que, por tanto, sin expurgos ni prevenciones sevirían de modelo a los estudiantes.

En la consecución de este empeño Venegas colabora a tres niveles: estimulado a escribir, leyendo en clase a los poetas latinos contemporáneos, y comentando —preparando libros de texto— algunas de esas obras. De entre tales autores se llevó la palma Alvar Gómez de Ciudad Real, a quien Nebrija llama *Virgilium christianum*, cuya *Talichristia* conceptúa como *poeticam theologiam a summis uiris diu desideratam et a Ioanne Pico, illustri Mirandulae comite, summo uoto petitam*. Venegas le equipara a los mejores poetas paganos y le pone a la cabeza de los cristianos *quod christiana christiane conscripsit nihilque ethnicitatis rebus sacris intersit quod in christianae Religionis usum non undequaque conduceret*.

III

Conocida esta propensión del maestro Venegas, se explica el que cuando Fernando de Lunar, Secretario del Cabildo Toledano, encontró la comedia *Samarites*, acudiera sin más a Venegas: *Samarites hic ad manus cum venisset, lectione huius delectatus, ad nobilem Magistrum Vanegas... me contuli, ipsumque deprecatus sum ut in eo aliquantulum insudaret eundemque scholiis suis elucidaret et locupletaret*.

Es *Samarites* una comedia de corte plautino terenciano, con fondo evangélico: la parábola del buen Samaritano. Consta de cinco actos precedidos por el argumento y un prólogo, y seguidos por una peroración en la que se explica la intencionalidad última de todo el artificio y simbolismo teatral. Su trama es sencilla. Megadoro (Dios Padre) prepara para su hijo adoptivo Egión (Adán, todo hombre) una magnífica herencia y le da por pedagogo a Eubulo (razón natural). Al joven Egión por una parte se le antojan excesivos los apercibimientos de Eubulo y protesta; por otra le tienta el diablo con ayuda de sus esbirros Gulón (la gula) y Hedílogo (lo mundano) y de la joven Sarcofilia (la lujuria). Cuando Egión cae medio muerto, ni el levita ni el sacerdote pueden curarlo. Entonces Megadoro envía a Samarites (Jesucristo) que le cure y restablezca en la Iglesia Católica, encomendándole al cuidado del Mesonero (Romano Pontífice).

El maestro Venegas comenta esta comedia ateniéndose escrupulosamente a su quehacer de maestro de gramática, es decir, a facilitar la máxima comprensión del texto. Para ello explica, después de expurgarlo de sus múltiples erratas, las concordancias y construcciones sintácticas enrevesadas, las formas arcaicas, la métrica, la trama y situación de la escena, el sentido de muchos vocablos, proverbios, metáforas, etc. Cuando éstos son de contenido teológico, su explicación es, por fuerza, teológica, pero breve y escueta, la requerida para la inteligencia del texto. Salta a la vista la diferencia entre tales comentarios y los gramaticales. Los primeros —que son poquísimos hasta el quinto acto, y suman unos 90 de un total de 799— carecen de ordinario de la brillantez de exposición y de la lozanía de referencias cultas con que Venegas apoya y adorna los específicos de su oficio. Para éstos siempre tiene a punto la cita precisa (asombra su erudición) o el paralelo de Plauto, o de Terencio, o de Homero... Es lógico que así sea tanto en razón del autor como de los destinatarios, maestros y alumnos de gramática. Salta también a la vista la bondad pedagógica del método propuesto por Venegas en la «licción de buenos autores»; por ser *Samarites* de fondo cristiano y de forma clásica, sus comentarios —técnicamente irreprochables— desarrollan armónicamente la formación humanística y la cristiana de los estudiantes.

Es precipitado por tanto el juicio de Bartolomé José Gallardo cuando dice que «las notas por la mayor parte son puramente místicas y piadosas. Algunas son gramaticales». En cuanto a la proporción numérica lo inverso hubiera sido lo correcto; en cuanto a la calidad, la dimensión mística no aparece por parte alguna, ni tampoco la piadosa, a no ser que «piadosas» quiera decir teológicas.

El maestro Venegas comienza explicando la métrica empleada en la comedia, versos yámbicos y trocaidos, valiéndose de Terenciano Mauro. Después expone los cuatro sentidos aplicables a la Sagrada Escritura y por consiguiente a *Samarites*, puesto que *omnes qui inde quasi ex fonte riuuli deriuantur, quattuor illos suae originis sensus non inuiti sequentur.* Sarcofilia, por ejemplo, literalmente es *carnis amor*, alegóricamente *Eua* y moralmente *stimulus carnis.*

Dada la dificultad de acceso a esta obra y de su enrevesadísima lectura, copiamos el inicio del prólogo con sus primeras glosas. Después seleccionamos, casi al azar, un ejemplo de comentarios de contenido similar. Subrayamos la/s palabra/s comentada/s, anteponiéndoles el número del verso correspondiente, según nuestra numeración, entre paréntesis.

a)   *Inicio del Prologus y primeras glosas*

> Quia paedotribae est non litteris sed moribus
> bonis potissimum instituere suum gregem,
> 15   ad conscribendum Samariten animum appuli
> blanditias et gulam ut fugiant, si sapere auent.
> Qui illic stat Aegio, in latrones incidet
> elusus ab Hedylogo et Gulone; sic Adam
> periit gula, dolo serpentis, habens fidem
> 20   uxori. Ceterum uos, adolescentuli
> mei filioli, discipuli charissimi, hic
> lateis in Aegionis persona. Si...

Prologus praefatio sonat.—(13) *Paedotribae:* praeceptoris; is est qui pueros exercet transferturque (sic) ab exercitio corporis ad animorum culturam. Lege Fabium 2 et 3 cap. lib. 3; et oratorem Plinium, Epist. lib. 2 ad Mauricum, et ad Corelliam lib. 3.—(16) *Auent:* copiunt; inde auidus.—(17) *Illic:* in scenae aulaeue angulo extremo.—*Dolo serpentis:* antiqui, cuius imaginem diabolus expressit primos parentes decepturus; lege Gen. 3.—(22) *Latetis in Aegionis persona:* tropologice et moraliter repraesentabitis personam Aegionis, id est, Adam elusi fraude serpentis.

b)   *Comentarios gramaticales*

(470)   *Macte animi, iuvenis...* Cum ablatiuo etiam construitur: Vergilius lib.9: «Macte noua uirtute, puer, sic itur ad astra»; Martialis: «Macte animi, quem rarus habet morumque tuorum». Illud in hoc nomine est aduertendum, uocem uocatiui sumi etiam pro nominatiuo et accusatiuo: T. Liuius lib. 2: «Iuberem macte uirtute esse, si pro mea

patria ista uirtus staret»; idem lib. 4: «Macte uirtute, Seruili, esto, liberara re publica»; illic pro accusatiuo, hic uero pro nominatiuo ponitur. Aliquando est aduerbium poniturque pro ualde et uehementer: Plautus in *Milite:* «Is amabat meretricem macte Athenis».

c) *Comentarios explicando palabras*
   o conceptos sencillos

(453) *Antipodas:* contrariis uestigiis contra nos positos. Miror Lactantium Firmianum, auctorem alioqui grauem, antipodas quasi uulgi fabulam deridere. Quo ab antichthonibus atque a perioecis et antoecis antipodes differant, ostendit Marcianus Capella et Ioachinus Uadianus super Melam.

d) *Comentarios explicando frases hechas*

(588) *Nullus sum:* hyperbole comicis familiarissima, sumpta ex *Ephigenia* Euripidis, qua rerum desperationem aut ingens malum significamus.—(90) *Attabas si ego sum, tu es Munenius...* Diogenianus tradit Attabam et Munenium fuisse par nobile furum, subindeque quando improbus cum improbo contendit dici solet: si ego Attabas sum, id est, improbus et plagiarius, tu es Munenius, qui in nihilo cessit Attabae. Huius prouerbii meminit in *Timonis Niceti vita* Diogenes Laertius.

e) *Comentarios explicando proverbios*

(401) *Sub omni lapide scorpius dormit,* id est, caueas oportet; ubique hostis uel sopitus insidiatur, qualis est scorpius qui sub lapidibus iacere solet. Hoc adagium sumptum est ex Nicandri, qui de serpentibus librum eddidit, commentatore; qui illud ex Sophoclis *Captiuis* allegat. Nicandri autem opera circumferuntur, cum adhuc exstent.

f) *Comentarios mitológicos*

(366) *Gygis polliceor annulum:* promitto me habere annulum Gygis, qui e pastore repente factus fuit Lydorum rex. Huius annuli gemma introrsum uersa reddebat eum qui gestabat omnibus inuisibilem, extrorsus uero uisibilem. Lege

Platonis *De re publica* lib. 2; Ciceronisque *De officiis* lib. 3; Lucianum item in *Uotis*.

g) *Comentarios teológicos*

La escena 7ª del V acto comienza con estos versos del Mesonero:

> 842   Stabulum, hoc est, Pandochium hic constituit
>   [Herus
> receptandis curandisque familiariter
> peregrinis uniuersis qui huc diuerterent...

Uniuersis: ex illa turba magna quam dinumerare nemo poterat ex omnibus gentibus et tribubus (Apoc 7, 9). Porro cum suauis sit Dominus uniuersis (Ps 144, 9) nec sit distinctio iudaei et graeci (Rom 10, 12) debitoremque se profiteatur Apostolus graecis et barbaris, sapientibus et insipientibus (cap. eiusdem epistolae 1, 14), quid tam diu crocitant isti coruuli Nemrothistae? an nesciunt quod sorex suo perit iudicio? nesciunt quod Euangelium currit per totum orbem? Caueant (obsecro) ne fiant nouissimi qui se primos iactant et profitentur. Caueant (obsecro per uiscera misericordiae Dei nostri) ne in uestibulo mortis incipiant cum rubore nouissimum locum tenere (Luc 14, 9). Taceo de magnatibus ac magistratibus, quorum absit ut me censorem audeam profiteri. Ipsi enim qua erga Deum et proximum pietate sanctiant, derogent et abrogent, uideant. Nostrum est illorum iussa capessere. Ceterum quosdam priuatos uideas, imagines hominum uerius quam homines, quibus est uirtutum, morum, litteraturae, industriae ac ciuilitatis denique curta suppellex, nihil aliud quam Cadmeam segetem, id est, schismata in re publica disseminare; ad cetera uero rei publicae munia personas mutas, uetusto sanguine pingues, ad numerum tantum fruges consumere natas.

Es conocido Venegas por sus ataques a los cristianos viejos. Sirva este comentario como colofón, pues quizá sea lo más atrevido que salió de su pluma en este campo, y hasta ahora era desconocido.

ILDEFONSO ADEVA

Un léxico medieval de Vicente de Beauvais

Escasas y oscuras son las noticias sobre la vida de Vicente de Beauvais, «varón de gran lectura, memoria increíble, singular doctrina y vida admirable», según palabras de Fr. Ambrosio de Altamura [1]. De acuerdo con todos los indicios debió nacer hacia el año 1200. Menos dudas suscita el año de su muerte —al parecer 1264—, fecha en la que coinciden Altamura [2] y Jacobo Echard [3]. Tutor del hijo de Luis IX de Francia, realizó una gran enciclopedia que junto con la de Bartolomé de Inglaterra [4] se constituye en uno de los textos fundamentales de la cultura europea del siglo XIII.

Vicente de Beauvais denominó a su enciclopedia con el título de *Speculum mundi*, aunque en los manuscritos su obra se reconoce también bajo las denominaciones de *Speculum maius*, *Imago mundi* o *Bibliotheca mundi*. La obra se encuentra dividida en tres partes: *Speculum naturale*, *Speculum doctrinale* y el *Speculum historiale*. Es, sin embargo, de dudosa atribución el *Speculum morale* ya que parece ser

---

1 Fr. Ambrosio Altamura, OP, *Bibliothecae Dominicanae ab admodum*, R. P. M. (Romae 1627): «... vir maximae lectionis, memoriae incredibilis, rarae doctrinae, vitaeque admirabilis».

2 Fr. Ambrosio Altamura, op. cit.: «Excessit ab humanis anno 1264».

3 Jacobus Echard, *Scriptores Ordinis Praedicatorum*, Recensiti, Incoavit R. P. F. Jacobus Quetif S. T. P. Tpus primus (Lutetiae Parisiorum aúd J. B. Christophorum Ballard et Nicolaum Simarte, 1719, p. 214: «Anno itaque 1264 mortem oppetiisse Vincentium probabilius est, sicque refert Ludovicus a Valleoleti in suo scriptorum ordinis catalogo plurules in hoc opere citato et anno 1413 Parisiis in conventu S. Jacobi collecto, in quo sic habet». «Santus Pater Frater Vincentius Belvacensis nationis Franciae in vita et doctrina in toto orbe famosissimus et cetera obiit anno Domini 1264...».

4 Bartolomé de Glanville, llamado el inglés, *De propietatibus rerum*, escrito hacia 1240 en 19 libros.

que no se conoció su existencia hasta el año 1300, al menos
así lo manifiesta Echard [5].

Si bien la producción de Vicente de Beauvais es de naturaleza amplia y espíritu enciclopédico, nos interesa de modo
especial su obra lingüistica expresada íntegramente en el
Speculum doctrinale. Entre los nombres ausentes en la historia de la Gramática medieval se adscribe el de Vicente de
Beauvais. Prácticamente no existen referencias al compen-
dio de teoría gramatical de este autor en los estudios y catá-
logos de gramáticos medievales. No aparece, asimismo, su
nombre en la extensa bibliografía de Bursill-Hall que ante-
cede al libro de R. W. Hunt sobre la historia de la Gramática en la Edad Media [6]. Tampoco aparece en el censo de
materiales gramaticales del medievo que ha realizado el
mismo Bursill-Hall [7]. Sólo Thurot [8] hace una pequeña referencia al hecho de que Vicente de Beauvais compuso el
segundo libro de su *Speculum doctrinale* con extractos de
comentarios de Pedro Helías. La referencia de Thurot no
es del todo exacta y ha podido ser esto la causa de que
no se haya estudiado a Vicente de Beauvais con la atención
debida [9]. Si bien es cierto que introduce textos de Pedro
Helías, también lo hace con otros autores como san Isidoro
o Donato [10], y aunque Pedro Helías sea efectivamente el
autor de quien más material se recoge, lo que de originalidad aporta Vicente de Beauvais es la ordenación del mate-

5   Jacobus Echard, op. cit., p. 217: «Hactenus evidenter demostratum est
prologum Bellovacensis corruptum fuisse a falsario, ut speculum morale insere-
retur, et auctori qui nec de eo cogitarat supponeretur, non desunt adhuc argu-
menta quae ante 1300 speculum morale incognitum fuisse probent».

6   G. L. Bursill-Hall, 'Selected Bibliography', en R. W. Hunt, *Collected Papers
on the History of Grammar in the Middle Ages* (John Benjamins, Amsterdam 1980)
pp. XXVII-XXXVI.

7   G. L. Bursill-Hall, 'The Middle Ages', en T. A. Sebeok (ed), *Current Trend
in Linguistics*, vol. 13: *Historiography of Linguistics* (Mouton, La Haya) pp. 190-196.

8   Ch. Thurot, *Extraits de Divers Manuscrits Latin pour servir a l'histoire des
doctrines grammaticales au Moyen Age* (París 1869) p. 23.

9   El único trabajo dedicado a la promoción de la obra gramatical de este
autor se encuentra publicado en la revista *Alfinge* n. 3, pp. 21-28, a cargo del profesor Feliciano Delgado.

10   Son interesantes a este respecto las palabras de V. Paladini y de M. de
Marco, en *Lingua a Letteratura mediolatina* (Casa Editrice Profesor Ricardo Patron,
Bologna 1970) p. 254: «Egli ha utilizzato ben trecentocinquanta intitolata *Specu-
lum mundi*».

rial que selecciona, sistematización que no debe ser olvidada
porque es posible que haya ejercido más influencia de la que
pudiera parecer a simple vista.

A la Teoría Gramatical que Vicente de Beauvais expone
en el libro II de su *Speculum doctrinale* precede un léxico
que ocupa los capítulos XLVI al LXVIII del libro I, aunque
esta división resulta totalmente accidental puesto que coloca
los términos por orden alfabético. En este léxico recoge su
autor términos latinos, griegos y en menos proporción
hebreos, y los explica por medio de tres procedimientos: por
sinonimia, por traducción, o bien, mediante una paráfrasis
semántica. De este modo Vicente de Beauvais ha optado por
usar según lo requiere la naturaleza de cada palabra uno
de los tres procedimientos, posibilitándonos un conocimiento más detallado sobre la frecuencia del uso y el significado específico —así como del origen y extensión— que
ciertos términos latinos adquirieron en esta época.

Es interesante destacar que el procedimiento más utilizado es la clasificación del término mediante una paráfrasis semántica, que en algunos coincide con la explicación
que de dicho(s) término(s) nos da san Isidoro. Pero lo que
podría convertirse en mera repetición muerta de fórmulas
encerradas en la tumba de escasas columnas tipográficas,
se evita mediante una utilización cuidada de la fuente.
Comparemos, por ejemplo, las explicaciones que del término
«cernuus» nos dan respectivamente san Isidoro y Vicente
de Beauvais:

S. I., *Or.*, 19, 34, 13 [11]	V. de B., *Sp. doc.*, I, XLVIII [12]
Socii sunt sine dolo	Magnus sacer vel socius sine dolo. alias soccus sive solea.

Vicente de Beauvais, pues, no se ha limitado a un simple
calco, sino que ha introducido una acepción nueva, quizá

[11]   San Isidoro, *Or*, 19, 34, 13. Citado por A. Ernout, en su *Dictionaire Etymo-logique de la Langue Latine, Histoire des mots*, 4ª ed. (A. Meillet, París 1967) p. 116.
[12]   Vicente de Beauvais, *Speculum doctrinale*, I, XLVIII (Venetiis, apud H. Liechtenstein Coloniensis, 1494, de la Biblioteca Universitaria de Sevilla).

desconocida para san Isidoro. En estos casos podemos observar cómo la definición dada por Vicente de Beauvais responde en esencia a la presentada por san Isidoro: Veámoslo con el término «crepida»:

S. I., *Or.*, 19, 34, 3 [13]	V. de B., *Ep. doc.*, I, XLVIII
Est autem genus (calceamenti) singulari forma et idem utrique aptum pedi, vel dextro vel sinistro. Crepidas autem distas quod cum sono stringantur, sive a pedum crepitu in ambulando.	Genus calceamenti utrique pedi aptum distum a pedum crepitu in ambulando.

Pero no todos los vocablos pueden ser explicados mediante una paráfrasis semántica. A este procedimiento (con el que se explica el 60 % del volumen total del léxico), le sigue con un 34,3 % la aclaración de los vocablos mediante uno o varios sinónimos; procedimiento que tiene un enorme interés porque un análisis sistemático de las palabras sustituidas nos explicaría la antigüedad de ciertos términos latinos y el porqué otros han tenido más fortuna en su uso evolucionado en las lenguas romances. Así, a «funestum» [14] le adjudica los sinónimos «sceleratum, pollutum», «supersedeo», le parece más oscuro que los sinónimos mediante los cuales lo explica «omitto, pretereo, taceo» [15].

En aquellos casos en los que la palabra es de procedencia griega (el 97 % del total de los términos traducidos) o hebrea (sólo un 3 %), Vicente de Beauvais se vale del procedimiento de la traducción (con un porcentaje de uso del 57 % respecto de los otros dos), en virtud del cual explica dichos vocablos mediante sus correspondientes latinos, precedidos por el calificativo «grece» o «hebraice» que hace referencia a la procedencia de los términos en cuestión. Así por

13   San Isidoro, *Or*, 19, 34, 3. Citado por A. Ernout, op. cit., p. 149.
14   Vicente de Beauvais, op. cit., I, XLVIII.
15   Vicente de Beauvais, op. cit., I, LXXIII.

ejemplo: «ciclon», grece. rotundum [16]; «deca», grece. decem [17]; «tamax», hebraice. mensis iulius [18].

En otras ocasiones considera que es necesaria una aclaración mediante una paráfrasis semántica que adjunta a la traducción del término: «nifa», grece. ignis odor. qui a latinis nidor dicitur [19].

La utilización, pues, de los sinónimos, las frases explicativas y las traducciones, unida al uso de los calificativos de sujeto como «herba», «avis», «bestia», etc., constituye a nuestro modo de ver el procedimiento más prudente de la obra. No obstante, quizá la tacha estilística más notable sea el orden alfabético imperfecto que se observa en algunos momentos. Sin embargo, podemos afirmar que el hecho de que la concepción que Vicente de Beauvais posee del vocabulario funcional sobrepasa una mera lista de vocablos con explicaciones o equivalencias, es evidente, en vista de que se incluyen en la lista principal hasta frases preposicionales e idiomáticas.

No negamos, en este sentido, que Vicente de Beauvais se encontró para la realización de este léxico con una tradición lexicográfica anterior a la que hace referencia Alberto Fabricio en su *Bibliotheca Latina* [20]. Pero este hecho, muy al contrario de restar importancia al léxico de este autor, lo erige en un baluarte fundamental de la transmisión lexicográfica de su tiempo, en contra, incluso, de la noción actual de «originalidad».

Este hecho y no otro nos ha impulsado a realizar este somero trabajo con la esperanza de disminuir el grado de silencio en que se encuentra sumida esta figura de las letras medievales.

ROCIO DEL MAR ARIZA

---

16 Vicente de Beauvais, op. cit., I, XLVIII.
17 Vicente de Beauvais, op. cit., I, XLVIII.
18 Vicente de Beauvais, op. cit., LXV.
19 Vicente de Beauvais, op. cit., I, LVII.
20 Este autor en su *Bibliotheca Latina, sive Notitia auctorum veterum latinorum* II (Venecia 1728) pp. 462-463, se refiere en concreto a la existencia de un léxico anterior realizado por un tal Papias en el año 1063 y publicado en Venecia en 1496, del cual Vicente de Beauvais no negó haber tomado información según él mismo lo atestigua en el libro I de su *Speculum doctrinale*.

Originalidad y apropiaciones
en el *Comentario al Apocalipsis* de Beato de Liébana

1. PRECEDENTES Y PRETENSIONES DE BEATO

Desde Ramsay —e incluso con anterioridad a este investigador— hasta nuestros días han sido muchos los estudiosos que se han ocupado, aunque con criterios diferentes, de las fuentes de Beato en su obra fundamental, el *Comentario al Apocalipsis de San Juan.*

Las fuentes existentes para la redacción de este Comentario eran copiosas. Varios habían sido los «Comentarios» y exégesis redactados al respecto desde el S. III, en que fue compuesto el «ticoniano». Muchos de los estudiosos llegan a la conclusión, no enteramente cierta desde mi criterio, de que la obra de Beato viene a ser una sucesión de perícopas mejor o peor soldadas, negando, consiguientemente, a Beato —el autor del *Comentario*— toda aportación personal. «Todo lo que pudiese pertenecer a Beato no pasa de una sola página», dice Alvarez Campos [1].

Efectivamente, en lo que concierne al aspecto doctrinal hemos llegado igualmente a la conclusión de que la aportación de Beato no es excesiva, más bien escasa. Los Padres de la Iglesia, a quienes él menciona, aunque no en su totalidad, le suministran materiales amplios y variados, lo que constituye una firme apoyatura para avalar con su autoridad el contenido doctrinal de su exposición [2].

A pesar de la deuda contraída —y reconocida— para con sus antecesores, Beato está persuadido, como ya he expuesto

---

1 *Actas del Simposio para el estudio de los códices del Comentario al Apocalipsis de San Juan de Beato de Liébana* (Madrid 1976).

2 Cf. Beato, *Praef.* 1, 5.

en otra ocasión [3] del valor a ultranza de su obra: de que será como el «vademecum» clasificador de todas las interpretaciones anteriores hechas a la Escritura, particularmente en relación con el Apocalipsis de San Juan. Y aunque aparentemente no le mueven pretensiones literarias, sino que su máxima preocupación es la claridad, según su propia confesión, y por ello escribe *plebeio sermone*, la realidad es que se trata de un acto de falsa humildad —de humilde no tenía un ápice Beato—, pues hay, por momentos, a lo largo de la obra, aciertos estilísticos y ensamblajes perfectos. En el fondo, Beato, decididamente, cuida su dicción y hasta pretende aparentar originalidad.

Una lectura atenta del Prefacio —y del Comentario general— con un cotejo de las fuentes utilizadas muestra que, sin poder negar su deuda con el pasado, Beato posee ingenio —incluso astucia y picardía— para adaptar, convenientemente, los testimonios que mejor se le acomodan, ya que la intencionalidad de nuestro autor es, en gran medida, diferente a la de todos los comentaristas anteriores del Apocalipsis. Todo nos hace pensar que Beato, a diferencia de Isidoro, por ejemplo, no nos lega un *opus ex ueteris lectionis recordatione collectum*, sino que opera en presencia de las fuentes, lo que le permite manejarlas más racionalmente, con adiciones u omisiones —aunque pocas veces de gran volumen—, que a menudo llegan a desfigurar, intencionadamente, el original, convirtiendo, en ocasiones, en apenas reconocible la aportación ajena, que bien se guarda de citar, como no se trate de la Escritura, lo que ya, en sí mismo, implica una clara intencionalidad literaria.

2. UTILIZACIÓN DE FUENTES

El método de utilización de fuentes varía bastante entre el Prefacio o *Summa dicendorum*, como lo denominó el P. Flórez, y el Comentario propiamente dicho. En el Prefacio Beato rara vez copia un párrafo extenso, a excepción de Jerónimo —y estas adiciones de Jerónimo están recogi-

3 Cf. Baloira Bertolo, *Archivos Leoneses*, n. 71 (León 1982).

das sólo en dos códices: San Sever y el de la Biblioteca Nacional— y en una ocasión a Isidoro; antes bien, se limita a transcribir frases breves, para aplicar su contenido a sus propios fines mediante digresiones que al menos aparentemente revisten una relativa originalidad. Se trata de salpicaduras dentro de amplios contextos. En este sentido no está muy lejos de Isodoro en lo que a utilización de fuentes se refiere. Igual que éste, extrae materiales de lugares diferentes, a veces del mismo autor y otras veces de autores distintos, que ensambla y entreteje con absoluta facilidad, y dándole casi siempre racional coherencia.

Cuando en la exégesis Beato utiliza a Isidoro, así como en las descripciones de planos eruditos, observamos sin esfuerzo que el núcleo es isidoriano, mientras que la exposición comentada es beatiana, cuando menos no isidoriana; es decir, lo que está marcado con el sello del personal estilo de Beato —al menos mientras no pueda demostrarse que también estos engarces son meras apropiaciones, hasta el momento no demostradas como tales— es el método no carente de habilidad —y en este procedimiento está muy por encima de la ingenuidad y espontaneidad de Isidoro— empleado para ensamblar textos, que son producto de localizaciones a menudo bastantes alejadas, aun correspondiendo a un mismo autor. He aquí algunos ejemplos:

BEATO, *Praef.* 5, 53	*Etymologiae* 8, 3, 6; 5, 53
Supprestitio dicta est quod sit superflua aut super instituta *religionis* obseruatio. *et ista non uiuit aequaliter ut ceteri fratres sed quasi* amore martyrum semetipsos perimunt, ut uiolenter de hac uita discedentes martyres nominentur.	Superstitio dicta eo quod sit superflua aut superinstituta obseruatio. Hi amore martyrii semetipsos perimunt ut uiolenter de hac uita discedentes martyres nominentur.

El enlace, bien acomodado por cierto, entre los dos textos isidorianos es sin duda patrimonio de Beato. Pudiera pensarse, además, en otra partenidad, si no se hubiera

comprobado este procedimiento a lo largo de la obra; y no
sólo tratándose de Isidoro, sino de cualquier otro autor, o
de cualquier otro texto, incluida la Escritura. En cuanto a
los textos bíblicos, unas veces elige por su cuenta la cita,
y otras veces le viene incluida en la fuente apropiada.

Un procedimiento muy peculiar de Beato consiste en
trastocar el orden del texto transcrito. Mientras Isidoro,
al menos en las Etimologías, copia literalmente a los autores de los que se sirve preferentemente (Servio, Varrón,
Plinio, etc.), sin prejuicio alguno, sin ansias de presentar el
texto como suyo o de desfigurarlo, Beato, salvo en las larguí-
simas digresiones tomadas de Jerónimo, Gregorio o Agustín, rara vez nos presenta el texto de la fuente tal cual la
encontró, sino que, como ya he dicho, la desfigura —al menos
trata de conseguirlo— en la medida en que, a pesar de todo,
conserve cabal sentido y se adapte a la andadura contextual
del discurso. Veamos otro ejemplo igualmente en que la
fuente es Isidoro:

BEATO, *Praef.* 5, 54	*Etymologiae* 8, 5, 53
Hi Graeco uocabulo cotopi-tas dicuntur, quos nos Lati-ne circilliones dicimus, eo quod agrestes sint.	Circumcelliones dicti eo, quod agrestes sint, quos cotopitas uocant supradic-tae haeresis habentes doctrinam.

Es sorprendente ver cómo Beato, cuando no yuxtapone
textos de diferentes orígenes, no sólo disloca los términos,
sino que, además, los reduce intencionadamente. En modo
alguno puede imputarse este trastrueque y esta reducción
a la fuente utilizada, porque Beato, tratándose de Isidoro,
no conoció otra edición que la redacción «corta» dedicada
a Sisebuto, y que, como bien se sabe, constaba de los diez
primeros libros de las Etimologías —también utiliza otras
obras del obispo hispalense—, y que por otro lado se trataba
de una edición *emendata*, a diferencia de la ofrecida a su
discípulo Braulio, obispo de Zaragoza, cuyo manuscrito recibió completo, pero «inemendatum prae valetudine, distinc-
tum ab eo titulis, non libris (cf. epist. 5, ed. Lindsay).

Tampoco baraja de la misma forma a los Padres, incluso a un mismo autor en lugares diferentes. En más de una ocasión combina el texto de Jerónimo, por ejemplo, con amplias glosas, como ocurre al final del libro I (5, 73-99), en la extensa digresión sobre el Anticristo, donde el texto jeronimiano es relativamente breve comparado con el de Beato: se reduce a una casi lacónica sucesión de sentencias, cada una de las cuales lleva aparejado un amplio comentario con algunos aportes de la Escritura. Estoy persuadido de que no todo el texto de la paráfrasis es de Beato, pero seguro que gran parte le pertenece, porque está muy concorde, al margen de la extensión, con sus propias aportaciones. Muy diferentes en forma y contenido son las salpicaduras de Apringio, que hallamos también al final de este libro de Beato [4].

Que Beato siente como una perentoria necesidad de poner de manifiesto su vasta erudición —que la poseía sin duda— o su originalidad (en el fondo viene desembocar a lo mismo) se revela precisamente en esa constante parafraseología —pienso que un poco desatendida por los estudiosos—, que sucede con harta frecuencia a las fuentes de los autores que le suministran expresiones de amplio contenido, como puede ser Isidoro, entre otros. A propósito de Isidoro y del último texto propuesto y apropiado por Beato, éste —y quiero subrayar la intencionalidad a la que me he referido más arriba— no se conforma con la mera definición de *cotopitae* o *circilliones* de la fuente, sino que siente como una especie de obligación ampliar el sentido del texto con un comentario, más histórico que doctrinal, muy ilustrativo, si conocemos de verdad el terreno en que se mueve Beato, como escritor y como clérigo. He aquí la explicación beatiana, que obedece a la pretensión de buscar la hermandad entre los *fratres*, en la comunidad, de la que seguro él era abad, y a la vez de censurar la conducta de Elipando, arzobispo de Toledo: *Circumeunt prouincias, quia non sinunt se uno loco cum fratribus uno se consilio, et unam uitam habere communem, ut anima una et cor unum uiuant apos-*

---

4 Cf. este epílogo con el que nos ofrece Isidoro en *Etym.* 15, 2, 7 y 20, 9, 10 acerca del Faro de Alejandría.

*tolico more, sed ut diximus diuersas terras circuire et sanc-
torum sepulcra praeuidere, quasi pro salute animae suae; sed
nihil ei proderit, quia hoc sine consilio commune fratrum
facit.*

Beato no suele apropiarse de textos extensos continuados, salvo alguna excepción, como las ya citadas digresiones, a las que podíamos añadir la descripción y otros
aspectos del Arca de Noé, procedente de Gregorio Iliberri-
tano. En el Prefacio el texto de mayor volumen proviene de
Etym. 10, 118-121. Se trata de una larga digresión cultural,
pese a que Beato, a diferencia de sus compañeros de viaje
hacia las fuentes, es más bien parco en esta clase de discur-
sos.

Si de Isidoro extrae sólo frases lapidarias —con alguna
aislada excepción— de los demás comentaristas se apropia
siguiendo una táctica semejante. Ahora bien, descubrir todos
los autores que «plagia» Beato no es tarea fácil, por lo que
ignoramos, en gran parte, a quién hay que atribuir buen
caudal de la herencia, copiosa por lo demás, que recibe el
autor del Comentario. Si de Primasio o de Cesáreo se trata
—y hasta de Apringio en menor cuantía—, Beato coincide
más en el contenido que en el tenor formal del texto, que
se reduce a frases relativamente breves, por lo que su correspondencia con Ticonio, de existir como se pretende, no reves-
tirá formas muy diferentes. Si los paralelos con los autores
mencionados nos remiten a Ticonio [5], y si éste era «prolijo
y redundante», es preciso admitir que Beato tomó del obispo
africano el contenido doctrinal, aunque expurgándolo de
cuanto suponía manifestaciones heréticas; y la verdad no
parece que el donatismo ticoniano convenciera en absoluto
al fraile liebanense, cuya intención al escribir el Comentario, en su conjunto, era, con los siguientes prejuicios agra-
vados por las circunstancias, neutralizar la perniciosa
influencia del arzobispo de Toledo, a quien tenía por hereje
y encarnación del Anticristo. No parece muy lógico que un
comentarista como Beato, disponiendo, más allá de lo presu-
mible, de una bibliografía, especialmente patrística, se ence-
rrase con intención prioritaria en la doctrina de un «hereje»

---

5 'Ticonius, *Comentarius in Apocalypsin*', en *PLS*, extracto.

para atacar a otro hereje, a Elipando, quien le resultaba, evidentemente, mucho más odioso —infinitamente más repugnante— que el africano.

Beato rechaza *a priori* la ampulosidad ciceroniana de Ticonio, pero también, a juzgar por el códice turinense y por los comentaristas intermedios, a menudo se aparta de la doctrina ticoniana, mientras se deja llevar de la mano de autores de mayor solvencia —*auctoritate*—, como Isidoro. Beato de Ticonio copia —este es mi criterio— sólo expresiones fundamentales, para aplicarlas luego a un plan preconcebido, que se repite sin cesar, entremezclándolas con razonamientos doctrinales de los comentaristas post-ticonianos. Beato utiliza a Ticonio en la misma medida que a los demás, pero con mayor cautela por lo sospechoso de sus doctrinas, mudándolo caprichosamente, invirtiendo el orden de las cláusulas, verificando toda clase de transposiciones, permutando partículas; en fin, disimulando todo lo posible la adaptación de las fuentes, minimizando las apropiaciones, que son, en definitiva, la mayor parte del contenido de su obra. Pero también sabe combinar un texto seleccionado, de Apringio por ejemplo, con pasajes de otros comentaristas, como Primasio o Cesáreo, pero siempre con su característico disimulo; más bien parece que sus preferencias van orientadas a extractar textos, previamente combinados de otros autores.

Propongo a continuación un ejemplo que puede ser ilustrativo:

BEATO, *Praef.* 5, 104	APRINGIO, 64/16-18
Liber uitae Christus est. tunc ostenditur uniuersae creaturae suae.	Liber uitae *et uita Dominus Iesus Christus* est; tunc *aperietur et* ostendepetur uniuersae creaturae suae.

Se observa fácilmente, pese a lo exiguo del contenido doctrinal del ejemplo, que nuestro autor pretende, no ocultar absolutamente la fuente, sino hasta cierto punto minimizar la aportación recibida, quedándose sólo con la esencia del mensaje y de la forma en que se transmite.

Las mutaciones son aún más ostensibles, cuando toma
por modelos a Primasio y Cesáreo. Las coincidencias lite-
rales son más reducidas. Compárese a propósito Beato,
Praef. 4, 11 con *Prim.* 839 C y Cesáreo 227/10-20. Al instante
se llega al convencimiento de que de una página en sus prede-
cesores Beato extracta prácticamente tres palabras, porque
el resto del texto beatiano corresponde, en gran parte, a citas
bíblicas incluidas en las mismas fuentes.

Si el Comentario de Ticonio fue abreviado también por
sus inmediatos imitadores, Beato atemperó aun más que
aquéllos su copiosa redundancia, su «copiosíssima dispu-
tatio», en palabras de Agustín [6], omitiendo casi todas las
disquisiciones doctrinales y alusiones al mundo antiguo
como testimonios, a excepción, en una relativa medida, de
Jerónimo e Isidoro, particularmente en el Prefacio, así como
el prólogo al libro II, tanto por no convenir con el donatismo,
como por intentar conformar el contenido de su Comentario a fines muy diferentes. En el fondo, aunque no tanto en
el Prefacio como en el Comentario, se deja entrever netamente una propensión a hacer caer en la cuenta al pueblo
del caos apocalíptico que se avecina y comunicarle la necesidad de arrepentimiento ante la inminente hora final con
la venida del Anticristo, y una réplica sin paliativos contra
Elipando y su grupo, que personifica al propio enemigo de
Cristo como anticipo del fin del mundo [7].

Mientras Primasio, Cesáreo e incluso Beda desgranan
el texto bíblico con el fin de comentarlo minuciosamente y
en profusión, siguiendo tal vez la exposición ticoniana,
Beato, siguiendo el mismo orden, aunque sin demasiado
rigor —igual pasa de un capítulo del Apocalipsis de Juan
a otro bastante alejado e incluso que le precede—, agrupa,
por lo general, los textos para comentarlos escuetamente,
pero orientándolos siempre hacia los fines que persigue.
Compárese, sólo a modo de ejemplo, Beato, *Praef.* 4, 13-15
con Primasio, 340 D, y Cesáreo, 227/23.

---

6   Aug., *Doctr. christ.*, 3, 30, 42.
7   Cf. Baloira Bértolo, 'La tradición manuscrita en el Prefacio de Beato: discusión de aspectos', en *Archivos Leoneses*, nn. 81 y 82 (León 1987) pp. 312 ss.

Los autores consultados, imitados o apropiados por Beato son realmente numerosos: toda la Patrística en suma. De ellos se sirve en forma diferente, como ya se ha visto, pero siempre, eso sí, con una intencionalidad en gran medida opuesta a la de los que le precedieron y con unas pretensiones orientadas hacia otros lares.

Y para terminar —el espacio de que dispongo se agota—, digamos, como en alguna ocasión he expuesto, que resulta francamente sorprendente que en una zona en que la comunidad religiosa se hallaba en estado embrionario, sin una organización diocesal perfectamente constituida, pudiera disponer Beato de un caudal tan abundante de inspiración —y apropiación—. El último comentarista de Juan estuvo sin duda en relación con Toledo —acaso anteriormente con Córdoba— en unión más estrecha de lo que suponemos, de lo que se supone. Si tenemos en cuenta el gran número de manuscritos consultados por Beato, se nos hace cuesta arriba admitir que estuvieran todos allí, en los valles de la Liébana, a su disposición, por muchos códices que arramplaran consigo «los monjes que voluntariamente huyeron de la España musulmana o que fueron forzados a trasladarse allá desde el valle del Duero por las huestes de Alfonso I», como opina D. Claudio Sánchez Albornoz [8]. Parece más lógico que su erudición proceda de fuera de Asturias, y más concretamente de Toledo. Pero los documentos de que hasta el momento disponemos no nos autorizan a ir demasiado lejos en este campo. Esperemos mejores auras de información.

MANUEL ADOLFO BALOIRA BERTOLO

---

8   C. Sánchez Albornoz, 'El *Asturorum Regnum* en los días de Beato de Liébana', en *Actas del Simposio para el Estudio de los Códices del Comentario al Apocalipsis* de Beato de Liébana (Madrid 1978-1980) 3 vol., I, 22. Cf. Baloira Bértolo, 'El Prefacio del Comentario al Apocalipsis de Beato de Liébana', en *Archivos Leoneses*, n. 71 (León 1982) pp. 9 ss.

Algunas reflexiones en torno a las figuras de Coré, Datán y Abirón en las fuentes hispano-visigodas

1. INTRODUCCIÓN

Cualquier lector de los documentos jurídicos hispánicos de la Alta Edad Media, habrá podido constatar, una y otra vez, la presencia de toda una serie de cláusulas penales de carácter religioso y más concretamente de origen bíblico. Tales son, por vía de ejemplo, las relativas a la destrucción de Sodoma y Gomorra, la lepra de Giezi, la muerte de Ananías y Safira y naturalmente la condena de Judas [1].

Se trata en todos los casos de figuras arquetípicas de «malvados», cuya mención en los documentos obedece —sobre todo en origen—, a la mentalidad social de la época (o al menos a la de sus grupos dirigentes), obsesionados por conformar la realidad diaria en función de los acontecimientos de la Historia Sagrada. Más también, y cada vez más según avance el tiempo, a imperativos estilísticos. A partir de la segunda mitad del siglo XII, en efecto, irán desapareciendo paulatinamente esta clase de admoniciones religiosas, viéndose sustituidas por otras de carácter pecuniario y político. Especialmente centradas éstas en el concepto de

---

1 Sodoma y Gomorra (Gen 19, 24-25), Giezi (2 Re 5, 20-27), Ananías y Safira (Act 5, 1-11). Para los textos relativos a Judas consúltese: A. Iglesia Ferreiros, *Historia de la tradición. La traición regia en León y Castilla* (Santiago de Compostela 1971) pp. 91-92. Por lo demás, la presencia de estas cláusulas penales puede también rastrearse en la documentación epigráfica: *Inscr.* 47 y 262. Edición de J. Vives, *Inscripciones cristianas de la España romana y visigoda* (Barcelona 1969) pp. 23 y 77 respectivamente.

ira regia, y al calor del renacimiento de los poderes públicos tras la diáspora feudal [2].

Volviendo a las penas modélicas de raíz escrituraria, existe una todavía no citada, que se refiere a la muerte de Coré, Datán y Abirón. Cuya génesis y ulterior desarrollo en tierras peninsulares, pretendemos abordar en el presente trabajo, recogiendo así el reto que hace ya más de medio siglo lanzara un prestigioso historiador del Derecho [3].

2. LOS ACONTECIMIENTOS BÍBLICOS

Los hechos a los que hace referencia nuestro tema se encuentran recogidos, básicamente, en el capítulo XVI del *Libro de los Números*. Aunque dicho capítulo no deja de presentar, todavía hoy, problemas de la más variada índole (en especial los relativos a la presencia de diversas tradiciones orales y literarias, y su posible concatenación en el espacio y en el tiempo), es lo cierto que, para lo que aquí interesa, puede considerarse el texto conservado en la

[2] F. Mateu y Llopis, 'Las cláusulas penales pecuniarias de los Documentos para la Historia de las instituciones de León y de Castilla. (Siglos X-XIII), AHDE, t. 23 (1953) pp. 579-591; F. J. Mattoso, 'Sanctio. (875-1100)', *Revista Portuguesa de Historia*, t. 13 (1971) pp. 299-338; M. Sánchez, 'Una cláusula penal del *Tumbo negro* de Zamora: la maldición divina. Ensayo metodológico', 'Homenaje a Fr. Justo Pérez de Urbel', t. 1 (Abadía de Silos-Burgos 1976) pp. 339-379; J. L. Martín, 'Utilidad de las fórmulas *inútiles* de los documentos medievales', *Semana de Historia del Monacato cántabro-astur-leonés* (Monasterio de San Pelayo-Gijón 1982) pp. 81-86. Para la 'ira regia', el ya clásico estudio de H. Grassotti, 'La ira regia en León y Castilla', CHE, ts. 41-42 (1965), pp. 5-135.

[3] Nos referimos naturalmente a J. Beneyto Pérez, 'Sobre las Fórmulas Visigodas. *Judas, Datán y Abirón*', BRAH, t. 101 (1932) pp. 191-197; aquí especialmente pp. 196-197. Véanse algunos ejemplos documentales con nuestra fórmula en el siglo IX, en A. C. Floriano, *Diplomática española del período astur*, 2 vols. (Oviedo 1949 y 1951) docs. 24, 52, 53, 95 y 101. Un ejemplo catalán del X fue ya editado por el P. Z. García Villada, 'Formularios de las bibliotecas y archivos de Barcelona. ss. X-XV', *Anuari del'Institut d'Estudis Catalans*, t. 4 (1911-1912) pp. 533-552, en la p. 537. Para Portugal, F. J. Mattoso, op. cit., pp. 314-315. Por contra, los documentos extrapeninsulares con menciones a Datán y Abirón parecen ser mucho más escasos. De la segunda mitad del IX es, por ejemplo, la *Capitula de iudaeis*. Edición de A. Boretius, *Capitularia regum francorum*, t. 1, *M. G. H. Legum, Sectio II* (Hannover 1960) pp. 258-259.

Vulgata como un relato sin contradicciones [4]. Tal fue de hecho el punto de vista que, como veremos más adelante, adoptaron tanto los exégetas cristianos como sus discípulos, los redactores de normas jurídicas.

En esencia el argumento (Núm. 16) es como sigue: Coré (perteneciente al grupo sacerdotal) junto con Datán y Abirón (cabecillas de buena parte de los israelitas), se rebelaron contra Moisés y Aarón por un doble motivo, político y religioso. Político, por cuanto negaban la jefatura de Moisés, propugnando en cambio su traspaso a los descendientes de Rubén. Mas también religioso (centrado en Coré), ya que ponían en tela de juicio las prerrogativas espirituales —práctico monopolio sacerdotal— de la familia de Aarón.

Gracias a las súplicas de los caudillos del Pueblo elegido, Yahvé reconsideró su primera decisión de destruir simplemente a los judíos, inclinándose en cambio por un castigo que alcanzase sólo a los cabecillas de la revuelta, así como a sus seguidores. Castigo que debía ser claramente sobrenatural pues, como argumentaba el propio Moisés, sólo entonces resultaría incontestable la directa tutela de la divinidad para con las autoridades constituidas.

Sucedió así en efecto. Por mandato de Yahvé abrióse la tierra, engullendo vivos a todos los malvados que, junto con sus pertenencias, fueron a engrosar las filas del infierno [5].

El impacto de este castigo en la posteridad debió ser intenso, pues ya la propia Biblia recoge incidentalmente alusiones a estos hechos en otros de sus pasajes. Quedémonos, sin embargo, ahora con uno, recogido también en el *Libro de los Números*, que nos habla del perdón de los hijos de Coré y su inclusión en el grupo de los levitas [6]. De ahí se derivaría un juicio algo menos negativo, siquiera por vía

---

4 L. Pirot y A. Clamer (dirs.), *La Sainte Bible*, t. 2: *Lévitique. Nombres. Deutéronome* (París 1946) pp. 339-340; G. Hort, 'The death of Qorah', *Australian Biblical Review*, t. 7 (1959) pp. 2-5, y especialmente J. Liver, 'Korah, Dathan and Abiram', *Scripta Hierosolymitana*, t. 8 (1961) pp. 189-217.

5 A. Clamer y G. Hort, op. cit., pp. 340-347 y 6-26 respectivamente. Todavía puede ser útil, E. Palis, 'Core', *Dictionnaire de la Bible*, t. 2 (París 1899) cols. 969-972.

6 Num. 26, 11. Los otros textos bíblicos que nos informan sobre la revuelta de Coré son: Num. 26, 10-11; Deut. 11, 6; Psalm. 106, 16-18; Eclo. 45, 22-24, y Iud. 11. J. Liver, op. cit., pp. 198-203.

indirecta, del que cabría esperar sobre el sacerdote rebelde. Juicio que va a tener gran importancia a la hora de recordar la propia secesión. Aunque estemos adelantando acontecimientos, cabe señalar que Datán y Abirón (esto es, los cabecillas políticos, y en principio los menos importantes), serán los únicos recordados en la documentación de tipo jurídico.

Mas antes de llegar a ésta, debemos abordar la literatura patrística de la que son cabal continuación los autores hispano-visigodos.

3. LOS EXÉGETAS CRISTIANOS

Por lo que sabemos, fue Orígenes (ff. 231-252) el primero en establecer una directa relación entre los acontecimientos veterotestamentarios arriba indicados y la propia situación de la Iglesia. Utilizando su conocido método exegético de raíz alegórica, equiparó en efecto a Coré y sus seguidores con los que, dentro de la comunidad cristiana, se oponían a la fe verdadera reprentada por los sacerdotes. Por decirlo más claramente, identificó a aquellos con los herejes, propugnando su expulsión de la Iglesia [7].

Una centuria después, Gregorio de Elvira —ya independientemente, ya siguiendo al Doctor de Alejandría— vería en Coré, Datán y Abirón una prefiguración de los herejes y judíos, justamente condenados en el infierno [8]. Por su parte, San Epifanio, iba a establecer décadas más tarde, una interpretación destinada a tener gran éxito, según la cual los herejes cainitas se equiparaban a la figura de otros réprobos bíblicos: sodomitas, Judas, Datán y Abirón [9].

Si San Jerónimo se limitaba todavía a ver en los rebeldes contra Moisés una metáfora de los pecadores, condenados por provocar a Dios [10], San Agustín daría un paso

---

7 *In Num. Homil.* 9, PG, t. 12, cols. 625-626; M. Simonetti, 'Eresia ed eretici in Origene', *Augustinianum*, t. 25 (1985) pp. 735-748.

8 *In Cant.* 3, 19. C. Chr., t. 69, p. 186.

9 *Anaceph.* 3, 1, 5. PG, t. 42, col. 859. Vide infra n. 11.

10 *Comm. Eccl.* 8, 18. C. Chr., t. 72, p. 308.

más. Recogiendo las ideas de San Epifanio, añadiría la interesante caracterización de nuestros rebeldes como los inventores del primer cisma de la historia del judeocristianismo. Dato éste directamente ligado a la concepción de la herejía como *schisma inveteratum*, que había desarrollado el obispo de Hipona al calor de la querella donatista [11].

A mediados del siglo V la identificación de Coré, Datán y Abirón con los herejes y cismáticos así como su relación con la figura de Caín, debía estar ya plenamente consolidada, como lo demuestran los escritos de uno de los discípulos de San Agustín, Quodvulteo de Cartago [12]. Contemporáneo de éste, Salviano de Marsella preferiría sin embargo mencionar, en una perspectiva histórica, la figura de los tres rebeldes en parecidos términos a como lo hiciera San Jerónimo [13].

Y llegamos así a los Padres hispanos-visigodos, cuyos testimonios competen ya de forma directa al presente estudio.

Fue Montano, salvado el precedente de Gregorio de Elvira, el primer escritor hispánico que mencionó a Coré, Datán y Abirón, en una carta dirigida al clero palentino hacia 531, e incluida luego en las actas del II Concilio de Toledo. Para Montano, la actuación de ciertos presbíteros que se habían atrevido a consagrar el crisma (función reservada en exclusividad a los obispos), fue considerada como abiertamente cismática. De ahí que resultara fácil argumentarla, entre otros ejemplos bíblicos, en función del «precedente» de la secesión contra Moisés. Aún más: caso de no arrepentirse, el obispo de Toledo llegaba a augurar a sus díscolos

11   *De haer*. 18, *Enarr. in Psalm*. 54, 16 y subsidiariamente ibid., 46, 2. *C. Chr.*, t. 46, p. 298; t. 39, pp. 668-669, y t. 38, pp. 529-530, respectivamente; G. Bardy, 'Le *De haeresibus* et ses sources', pp. 397-416, *Miscellanea Agostiniana*, t. 2 (Ciudad del Vaticano 1931) pp. 397-416; H. Petre, 'Haeresis, schisma et leurs synonimes latins', *Revue des Etudes latines*, t. 15 (1937) pp. 316-325, y L. G. Müller, *The de haeresibus of Saint Augustine* (Washington 1956) pp. 42-52.

12   *Lib. Prom*. 1, 12, 18-19 y 2, 10, 18. Edición de R. Braun, *Quodvulteus: Livre des promesses et des prédictions de Dieu*, 2 vols. (París 1964) pp. 196 y 336, respectivamente.

13   *De gud*. 1, 12, 56-58. *M. G. H./A. A.*, t. 1/1, p. 16.

sacerdotes tanto el anatema, como la milagrosa muerte que aconteció a los tres malvados [14].

La metáfora de Coré, Datán y Abirón no volvería a aparecer en las fuentes literarias visigóticas hasta la época de San Isidoro, si bien lo haría ya de forma recurrente y por completo elaborada.

Fue en efecto hacia el 600, cuando el Hispalense recogió en su *De ortu et obitu Patrum,* por vez primera y todavía de forma incipiente, la noticia sobre la rebelión [15]. Noticia que, años más tarde, desarrollaría en sus *Alegorías,* identificando a Datán y Abirón (Coré no es mencionado de forma explícita) con herejes, cismáticos y paganizantes [16].

Será, sin embargo, en su postrera y más elaborada obra exegética —las *Cuestiones sobre el Antiguo Testamento*— donde San Isidoro vaya a perfilar definitivamente el tema. La revuelta de Coré, Datán y Abirón será entendida ahora como prefiguración de las herejías y cismas que intentan dividir a la Iglesia. Los herejes, profanando la oración y el sacrificio de la misa, han constituido «iglesias» particulares en oposición a la verdaderamente católica [17].

Tal audacia y temeridad tendrá un duro castigo: las penas del infierno. Donde herejes y cismáticos irán a parar algún día, como en su momento les ocurrió a los rebeldes contra Moisés [18].

Un tercer y último autor a reseñar en el conjunto de la literatura de época visigoda será San Julián de Toledo. Quien hacia los años ochenta del siglo VII, y continuando la exégesis de escritores anteriores, volverá a equiparar a Datán y Abirón con los cismáticos y a su muerte con las penas del infierno [19].

---

14   *Ep. ad Palent.* Edición de J. Vives, *Concilios visigóticos e hispano-romanos* (Barcelona-Madrid 1963) pp. 47-48.

15   *Ort.* 25, 4. Edición de C. Chaparro Gómez, *Isidoro de Sevilla: De ortu et obitu Patrum* (París 1985) p. 143.

16   *Alleg.* 66. PL, t. 83, col. 110.

17   *Quaest. in Num.* 15, 3 y 15, 14. Ibid., cols. 346 y 348.

18   Ibid., 15, 15, col. 348. Vid., nuestro trabajo 'La herejía y sus imágenes en las obras exegéticas y pedagógicas de San Isidoro de Sevilla', *Anuario de Estudios Medievales,* t. 17 (1987) pp. 15-28.

19   *Antik.* 1, 77. PL, t. 96, cols. 629-630.

La metáfora, transmitida al mundo mozárabe, reaparecerá sin práctica variación en los autores del siglo IX. Tales serán los casos del *Indiculus luminosus* de Alvaro de Córdoba, de la anónima *Passio Sancti Iacobi* y de uno de los cánones del, también anónimo, *Concilium Cordubense* del año 839 [20].

4. LAS FUENTES JURÍDICAS

Hasta aquí hemos ido repasando los testimonios de carácter patrístico-literario, fundamentales para entender la imagen que el cristianismo perfiló de los acontecimientos narrados en el Número 16. Hora es ya de acudir, sin embargo, a los que poseen un interés mayor para nuestro estudio, como son los de índole jurídica.

El primer documento que nos sale al paso está fechado el 29 de septiembre del año 550/1, y no es otro que el de la famosa donación del diácono Vicente (futuro obispo de Huesca) al monasterio de Asán. Para lo que aquí tratamos, interesan sólo como es obvio las sanciones de carácter espiritual, que consisten en la excomunión, el anatema y el juicio divino. Este último plasmado en tres ejemplos de origen bíblico: la condena de Judas, la muerte de Ananías y Safira y la de Datán y Abirón [21].

La inclusión de este tipo de admoniciones en un documento, por lo demás respetuoso con el Derecho romano, cabe sin duda explicarla por la condición clerical de los implicados. Mas también por la práctica legal de aquel tiempo, expresada en función de rígidos patrones estilísticos, que a la larga evidencian el creciente papel de la Iglesia en la regulación de negocios jurídicos. Un papel que no hará sino

---

[20] *Conc. Cord.* 3; *Ind.* 11. Edición de I. Gil, *Corpus Scriptorum Mozarabicorum*, t. 1 (Madrid 1973) pp. 137 y 284. *Pass. S. Iac.* 14. Edición de A. Fabrega Grau, *Pasionario Hispánico*, t. 2 (Madrid- Barcelona 1955) p. 115.

[21] *Donatio Vincentii Diaconi*, p. 65. Edición de J. Campos, 'Vicente, obispo de Huesca, y Calasancius, en el siglo VI', *Analecta Calasanctiana*, n. 23 (1970) pp. 51-94. Aunque el testamento de Vicente (*Cartula testamenti Vincentii episcopi*, ibid., pp. 66-68) no conserva por desgracia las fórmulas imprecatorias, es lícito suponer que resultarían de tono similar.

acrecentarse en los siglos posteriores, hasta convertirse en práctico monopolio, tanto en lo que se refiere a la fijación de modelos (los llamados «formularios»), como a la propia realización material de las escrituras [22].

En lo que compete estrictamente a nuestro tema, cabe señalar que tan sólo Datán y Abirón aparecen mencionados en el texto. Dato que de hecho se repetirá sin excepción en todos los documentos de épocas visigótica y altomedieval.

Como ya se apuntó en su momento, la omisión de Coré parece obedecer a las propias matizaciones del texto bíblico, que menciona de forma explícita el perdón de la descendencia de aquél. Y de la que formarían parte figuras tan destacadas como los profetas Henan y Samuel [23].

Por contra, algunos autores, y con referencia siempre a documentación del siglo XII, han pretendido que la omisión de Coré obedecería a un interés vergonzante de los propios clérigos, que desearían impedir así verse retratados en la figura del réprobo levita [24]. Sin embargo, es lo cierto que la ausencia de Coré la heredan los documentos altomedievales de los de época visigoda. Y el hecho de que buena parte de los exégetas ya mencionados omitan asimismo al tercer rebelde, parece avalar nuestra hipótesis. En caso contrario, no se entendería entonces porqué no omitir también la figura de Judas, que junto a la excomunión, aparece de hecho prácticamente en todos los documentos, acompañado o no de otras figuras bíblicas [25].

Para el siglo VII contamos, siguiendo ya el hilo de nuestro relato, con otra serie de documentos que vuelven a incluir

22   H. Leclercq, 'Formules', DACL, t. 5/2, cols. 1899-1948 (París 1923); R. Gibert, 'Enseñanza del Derecho en Hispania durante los siglos VI al XI', *I. R. M. A. E., Pars. I 5 b cc* (Milán 1967); J. Bono, 'Historia del Derecho notarial español', t. 1/1, *Introducción, Preliminar y Fuentes* (Madrid 1979) pp. 80-92, 110-122, 138-147 y 154-165.

23   J. A. G. Larraya, 'Coré', *Diccionario de la Biblia*, t. 2 (Barcelona 1964) p. 530. Vide supra, nota 6.

24   Así M. Sánchez, op. cit., p. 344, a quien sigue J. L. Martín estudiando documentación del monasterio de Trianos: 'Feudalismo y mentalidades', *En torno al Feudalismo hispánico*. Actas del I Congreso de Estudios Medievales, León 1987 (en prensa).

25   Sobre la figura de Judas y su caracterización como arquetipo del *traditor/proditor* medieval, véanse las excelentes páginas de A. Iglesias Ferreiros, op. cit., pp. 85-95.

el castigo de Datán y Abirón entre sus cláusulas penales.
Tales son los casos de dos de las *Fórmulas visigodas* y de
una ley antijudaica de Ervigio, de 27 de Enero de 681. A estos
documentos habría que añadir algún otro cuya exacta cronología se nos escapa, aunque todo haga pensar en la época
visigoda.

Aceptadas hoy plenamente como del siglo VII (si bien
recogiendo elementos anteriores), las llamadas *Fórmulas
visigodas* parecen haber sido redactadas en Toledo. Previ-
siblemente en un medio oficial —en todo caso eclesiástico—,
como de hecho sucede con otras colecciones coetáneas [26].
Consisten, en esencia, en modelos de distintos tipos de escritura jurídica, listos para ser aplicados tras añadirles los
datos puntuales relativos a cada negocio [27].

Para nuestro tema interesan dos de estas *Fórmulas*. La
primera, una concesión de ingenuidad, menciona las figuras de Datán y Abirón junto con otras admoniciones religiosas: el juicio divino, la excomunión y la compañía de
Judas [28].

Mayor interés reviste, sin embargo, la segunda fórmula,
intitulada *Conditiones sacramentorum* y en la que es posible distinguir dos partes. En primer lugar la exposición del
Símbolo de fe, acompañada del juramento solemne por una
larga serie de realidades vinculadas al Altísimo. Acto en
modo alguno protocolario, ya que confirma tanto la ortodoxia de quien jura, como su *fidelitas* para con Dios [29]. En

26   La paternidad toledana, frente a la opinión tradicional que las situaba
en Córdoba, ha sido apuntada recientemente por M. C. Díaz y Díaz, 'Introducción
general', *San Isidoro de Sevilla: Etimologías*, t. 1 (Madrid 1982) p. 77. Vide supra,
nota 22.

27   Sobre las *Fórmulas Visigodas*, consúltense: A. García Gallo, 'Consideración crítica de los estudios sobre la legislación y la costumbre visigodas', AHDE,
t. 44 (1974) pp. 400-409; A. Canellas López, *Diplomática hispano-visigoda* (Zaragoza
1979) pp. 16-17; J. Bono, op. cit., pp. 82-83, y J. M. Pérez-Prendes, *Curso de Historia del Derecho español. Parte general* (Madrid 1984) pp. 450-451.

28   *Form*. 5, p. 75. Edición de I. Gil, *Miscellanea Wisigothica* (Sevilla 1972).

29   Como ha destacado acertadamente J. N. Hillgarth: 'Popular religion in
visigothic Spain', *Visigothic Spain: new aproaches* (Oxford-Clarendon Press 1980)
pp. 26-27 y 53. Sobre el concepto de *fidelitas* en el reino visigodo y sus implicacio-
nes político-religiosas: C. Sánchez Albornoz, 'En torno a los orígenes del Feudalismo', t. 1, *Fideles y gardingos en la monarquía visigoda. Raíces del vasallaje y
del beneficio hispanos* (Buenos Aires 1974) pp. 27, 37-42; A. Iglesia Ferreiros, op.

segundo lugar, los castigos que acontecerán en caso de perjurio.

Se incluyen ahora la maldición eterna, una serie de penas corporales de carácter milagroso y la pronta muerte del culpable; que será arrojado al infierno siguiendo los pasos de Giezi, Datán, Abirón y los habitantes de Sodoma y Gomorra. El documento termina señalando que tales penalidades, aparte de manifestar la soberana ira de Dios, ejercerán sin duda un efecto disuasorio en el ánimo de los posibles perjuros. Tanto los castigos como esta última observación, dicen mucho obviamente de la importancia dada a los juramentos en la sociedad visigoda [30].

En parecidos términos, mas ya sin estas consideraciones, irá a expresarse otro documento, quizá de fines del siglo VII, titulado asimismo *Conditiones sacramentorum* [31].

Resta finalmente comentar la disposición de Ervigio. Aunque incluida en el *Liber Iudiciorum*, se trata en realidad como en los casos anteriores, de un largo juramento, dirigido en esta ocasión a los judíos convertidos al catolicismo. No es lugar éste para analizar, siquiera brevemente, el complicado tema del judaísmo durante el período visigodo [32]. Bástenos recordar, que la política de bautismos forzosos desarrollada durante el reinado de Sisebuto (612-621), se saldó con la aparición de extensos grupos de judeoconversos. Católicos ante la ley, pero íntimamente ligados a su antigua religión. El propio término *iudaeus* se cargó así de una gran ambigüedad, designando fundamentalmente a esta especie híbrida de nuevos creyentes [33].

---

cit., pp. 55-81, y especialmente (si bien sus puntos de vista deben en ocasiones matizarse) A. Barbero y M. Vigil, *La formación del Feudalismo en la Península Ibérica* (Barcelona 1978) pp. 127-128, 179-182.

30	*Form.* 39, pp. 106-108. Edición cit. Sobre los juramentos: A. Canellas, op. cit., pp. 57-58 y P. D. King, *Derecho y Sociedad en el Reino visigodo* (Madrid 1981) pp. 135-137.

31	Fue ya editada por el P. G. Antolín, 'El códice Emilianense de la biblioteca de El Escorial', *La Ciudad de Dios*, t. 74 (1907) pp. 574-575. Un ejemplo similar, aunque sin mencionar ya a nuestros rebeldes, en A. Canellas, op. cit., p. 271.

32	Sirva como introducción la excelente obra de L. García Iglesias, *Los judíos en la España antigua* (Madrid 1978).

33	J. Orlandis, 'Hacia una mejor comprensión del problema judío en el Reino vidigodo-católico de España', pp. 149-196, *Settimane di Studi sull'Alto Medioevo*, 26 («Gli ebrei nell'Alto Medioevo»), aquí especialmente pp. 161-166.

La ley que nos ocupa se encuadra, en este sentido, en una política sistemática por integrar irrevocablemente, también en la práctica, a los judeoconversos en el seno de la *Sociedad cristiana*. Lo que para la época significaba tanto como convertirles en súbditos fieles del monarca de Toledo [34].

Pues bien, en la formulación ideológica de esta integración a la vez social, política y religiosa, va a jugar también un papel (si destacado o no puede discutirse), la metáfora tantas veces citada de Datán y Abirón.

En efecto, tanto en el largo y solemne juramento como en el apartado de disposiciones penales se mencionan los nombres de ambos rebeldes, tragados vivos por la tierra y lanzados al infierno por enfrentarse al Señor. Ciertamente se trata aquí, una vez más, de asociar a los posibles infractores de una norma humana, con la larga serie de «villanos» escriturarios —egipcios, sodomitas, diablos—, y en suma con los réprobos del Juicio final [35]. Pero no es menos cierto que la presencia de nuestros rebeldes parece responder ahora a un objetivo mucho más preciso.

Por encima de la mera idea de superación de la Vieja por la Nueva Alianza, evidenciada en la presencia de numerosos personajes del Antiguo Testamento, Datán y Abirón

---

34   La situación de los judíos como «Marginados sociales» ha sido destacada acertadamente por A. Barbero y M. Vigil, op. cit., pp. 184-186. Tanto la imagen organológica de la *Sociedad cristiana* como la concepción totalitaria que la informa *(Regnum = Ecclesia)*, son herencias del Bajo Imperio y así aparecen recogidas en las más diversas fuentes de época visigoda. Por desgracia no contamos todavía con un estudio pormenorizado sobre el tema, aunque la próxima publicación de la obra de P. Cazier —*L'Eglise dans la société wisigothique du début du VIIe siècle d'après les «Sentences» d'Isidore de Séville*—, permite abrigar grandes esperanzas. Consúltense, entre tanto, A. Barbero, 'El pensamiento político visigodo y las primeras unciones regias en la Europa medieval', *Hispania*, t. 30 (1970) pp. 261-303; M. Reydellet, *La royauté dans la littérature latine de Sidoine Apollinaire à Isidore de Séville* (París 1981) pp. 554-597 y S. Teillet, *Des goths à la nation gothique. Les origines de l'idée de nation en Occident du Ve au VIIe siècle* (París 1984) pp. 503-537. Reflexiones y datos sumamente interesantes podrán encontrarse asimismo en P. D. King, op. cit., pp. 42-70 y 145-182.

35   *L. V.* 12, 3, 15. Edición de K. Zeumer, *Leges Visigothorum. M. G. H. Legum, Sectio I. Legum Nationum Germanicarum*, t. 1 (Hannover 1902) pp. 443-446; A. Canellas, op. cit., p. 78, y en especial J. Orlandis, op. cit., pp. 170-172. Un ejemplo similar —*Conjurationes hebraeorum*— mas sin duda posterior al 711, fue editado por el P. G. Antolín, op. cit. pp. 575-577.

ofrecen aquí un significado especialmente obvio. El de quienes, dentro ya de la *Sociedad cristiana*, se afanan por romper la unidad provocando cismas. Esto es, volviendo al judaísmo, postrera «mancha» que, desaparecida ya la herejía, impedía al Reino visigodo convertirse definitivamente en una *Patria christiana* [36].

Si nuestra hipótesis es correcta, habrá que concluir que la presencia de ciertos elementos documentales, desdeñados normalmente como simples tópicos de escuela, puede por el contrario ser un indicador efectivo —aunque indirecto—, de una situación histórica determinada. O cuanto menos un testimono, éste sí directo, de la imagen que una sociedad tuvo de sí misma [37].

Analizar y sistematizar tales elementos, inmersos a menudo en fuentes repetidamente utilizadas, tendría sin duda un inestimable valor para el campo de la Historia de las ideas [38].

FEDERICO-MARIO BELTRAN TORREIRA

36 *L. V.* 12, 2, 3. Edición cit. p. 413. De forma similar vuelve a expresarse Recesvinto en *Conc. Tol.* 8 y *Conc. Tol.* 12. Edición cit. pp. 266 y 328, respectivamente. La expresión *Patria christiana* es de Tajón de Toledo, *Ep. Ad Quiric.* 2., PL, t. 80, col. 727.

37 Una útil catalogación es la ofrecida por A. Canellas, op. cit., pp. 93-96 y 107-112, aunque siga considerándolos meros tópicos. Aunque no directamente vinculados con nuestro tema, sirvan como ejemplo y acicate a futuras investigaciones, dos renovadores trabajos del profesor M. C. Díaz y Díaz, 'Titulaciones regias en la monarquía visigoda', *Revista Portuguesa de Historia*, t. 16 (1976) pp. 133-141 y 'Más sobre epítetos regios en la Hispania visigótica', *Studi Medievali*, t. 19 (1978) pp. 317-333.

38 Con posterioridad a la elaboración del presente artículo han aparecido dos importantes trabajos de la profesora I. Velázquez Soriano —a quien agradecemos nos haya permitido consultarlos en original— sobre la problemática que se ha venido aquí tratando. Se trata de *El latín de las pizarras visigodas*, t. 2 (Madrid 1989) pp. 931-935 y especialmente 'Elementos religioso-bíblicos en fórmulas y documentos de época visigoda', *Antigüedad y Cristianismo*, t. 6 (1989) (en prensa). Añádase finalmente nuestro trabajo, 'Notas en torno a una sanción religiosa de época visigoda', *Haeresis*, n.º 14 (1989) (en prensa).

El latín en la Iglesia entre el ayer y el hoy

NOVA ET VETERA

De todos es conocido la enorme importancia que la lengua latina ha jugado y juega como vehículo comunicativo en la historia de la iglesia romana, así como la influencia de ésta sobre la historia del latín. Junto con el griego y el hebreo contituye el trío de lenguas *santas* que durante generaciones han constituido el principio y fundamento de los estudios eclesiásticos y también de los estudios humanísticos. Durante siglos nuestros mayores han rezado en latín y bebido de las fuentes bíblicas en la *Vulgata*.

La Iglesia sin poderse sustraer a ese patrimonio y acervo cultural tiene la necesidad de renovarse incesantemente, pues *Ecclesia nulli stirpi aut nationi, nulli particulari morum rationi, nulli antiquae aut novae consuetudini exclusive et indissolubiliter nectitur* [1].

EL LATÍN EN LA IGLESIA DEL AYER

Como advierte V. J. Herrero, «el primitivo mensaje cristiano se formuló en la koiné griega, y ésta fue la lengua ecuménica del cristianismo en sus comienzos. Hay que tener en cuenta que la koiné era, por así decirlo, una lengua internacional» [2]. En el occidente latino los primeros secuaces del evangelio fueron, como nos destaca V. Loi [3], los miembros de la comunidad helenófona presentes en las grandes metrópolis y centros comerciales. En la propia Roma el

---

1 'Gaudium et spes', *Concilio Vaticano II*, B. A. C., Madrid 1951, p. 297.
2 *Introducción al estudio de la filología latina* (Gredos, Madrid 1976) p. 166.
3 Cf. 'Origini e caractteristiche della latinità cristiana', supl. 1 al *Bolletino dei classici* (Accademia Nazionale dei Lincei 1978).

griego fue lengua de la liturgia hasta los inicios del siglo III, y como dice Mohrmann, su sombra planea sobre los comienzos de la latinidad cristiana.

Es importante advertir que el *Kérigma* llega primero a los barrios bajos, punto en el que coinciden todos los críticos, por lo que el latín cristiano se articula sobre un sustrato de lengua vulgar, lo que advierten, reprochan o lamentan los primitivos autores cristianos. Arnobio dice, refiriéndose a las traducciones latinas bíblicas hechas por personas no peritas y con temor reverencial al texto, que *trivialis et sordidus sermo est... barbarismis, soloecismis obsitae sunt... res vestrae et vitiorum deformitate pollutae* (*Ad Nat.* 58-59). Como dice San Agustín, *ut enim cuique primis fidei temporibus in manus venit codex Graecus, et aliquantulum facultatis sibi utriusque linguae habere videbatur, ausus est interpretari* (*De doctr. christ.* 2, 11, 16).

Lactancio hace referencia al rechazo de los intelectuales ante la rudeza y simplicidad de este incipiente latín bíblico-litúrgico en *Div. Inst.* 5, 1, 15-16. San Jerónimo, por su parte, advierte de ello a los que se acercan a las Escrituras en *Ep.* 22, 30, 2. En el curso del siglo II con el crecimiento de los fieles de lengua latina, de modo particular en el Africa romana, muchas comunidades adoptaron el latín como lengua litúrgica, bíblica y catequética.

Este tono vulgar y helenizante de la lengua primitiva cristiana, con su uso constante en el servicio divino, terminó por dignificarse y santificarse, hasta el punto de ejercer una poderosa influencia incluso sobre la lengua de los estratos elevados y cultos de la sociedad romana convertidos al cristianismo, como testimonia San Agustín: *quamquam tanta est vis consuetudinis etiam ad discendum, ut qui in Scripturis Sanctis quodam modo nutriti educatique sunt, magis alias locutiones mirentur, easque minus latinas putent quam illas quas in Scripturis didicerunt neque in Latinae linguae auctoribus reperiuntur* (*De doctr. christ.* 2, 14, 21). Como dice Palmer, «los usos vulgares se arraigaron firmemente por su constante repetición en la comunidad hablada y, naturalmente, en el canto[4].

---

4 *Introducción al latín* (Ariel Barcelona 1984) p. 191.

Es también característico cómo San Jerónimo, culto y versado en los clásicos, cuyo perfecto latín ennoblece su no pequeño epistolario, cuando por iniciativa del papa San Dámaso, su gran valedor, emprende la tarea de revisar la traducción latina de los textos bíblicos, procura hacer el mínimo de alteraciones y se adapta a este estilo cristiano. El mismo, no obstante, es consciente que incluso así su interferencia en el conocido y venerado texto habría de levantar protestas: *quis enim doctus pariter vel indoctus, cum in manus volumen assumpserit et a saliva quam semel imbibit viderit discrepare quod lectitat, non statim erumpat in vocem me falsarium me clamans esse sacrilegum, qui audeam aliquid in veteribus libris addere, mutare, corrigere?* (PL 29, 557).

Hacia la mitad del siglo III ya encontramos textos cristianos redactados originalmente en latín. En Tertuliano vemos perfectamente formado el latín cristiano, siendo el primero en utilizar el latin en obras literarias de altos vuelos. Como dice Palmer, «con el correr de los siglos la organización de la Iglesia y la vida cristiana progresaron rápidamente. El pensamiento cristiano se hizo más maduro y profundo. Su instrumento de expresión se hizo más sutil y sensible por obra de una serie de escritores bien dotados (Cipriano, Arnobio, Lactancio, Ambrosio). En Jerónimo y Agustín la lengua de la cristiandad latina alcanzó su más alto florecimiento» (op. cit., p. 203).

Por último, sólo reseñar que durante la Edad Media, con el desarrollo de la burocracia vaticana, el latín adquiere una capacidad aptísima para la comunicación de ésta, desarrollándose un lenguaje técnico propio de la diplomacia vaticana (latín curial) que pervive hasta la actualidad. Con la escolástica y, sobre todo, con Santo Tomás de Aquino, el latín adquiere una total capacidad para el lenguaje especulativo y teológico, creándose términos de nuevo cuño, siendo esta transformación semejante a la obrada por Cicerón sobre el latín de su época.

Considerando el latín cristiano en su aceptación más amplia tiene en la Iglesia tres modalidades fundamentales:

a) Latín del derecho canónico y de la diplomacia vaticana: el latín es la lengua oficial del Vaticano y en ella se publican las ediciones típicas.

b) Hasta el Concilio Vaticano II en la liturgia romana, exclusiva lengua litúrgica: universalidad, adecuación y tradición, así como reacción ante la Reforma protestante, la reafirmaron desde Trento.

c) Lengua exegético-teológica, como lengua vehículo de la cultura.

El latín en la Iglesia de hoy

El Concilio Vaticano II viene a reconocer el cambio en la posición de monopolio lingüístico que en la iglesia romana venía detentado el latín casi desde la consolidación del cristianismo en Roma y del primado de Pedro. Esta situación experimentó una reafirmación fundamental con la creación de los Seminarios desde el Concilio de Trento. Paralelamente, el latín era la lengua de la diplomacia y de la cultura en Europa.

Con el Vaticano II se corrobora el desarrollo y preponderancia que las lenguas vernáculas han adquirido fundamentalmente desde finales del XVIII como vehículos de cultura y comunicación; el P. Hervás y Panduro ya se lamentaba: «La tropa de gentes semiliteratas, que injustamente dan al siglo presente el nombre de ilustrado, ha querido desterrar al reyno de las tinieblas la lengua latina» [5]. El latín se había ya refugiado hacía tiempo en el actual siglo en la universidad y la Iglesia; ya no cumplía su misión de comunicación internacional: la Iglesia latina abarca además regiones ajenas al latín e incluso a la literatura occidental.

Se da barra libre y se recomiendan las traducciones oficiales de la Biblia para hacer inteligible y accesible la Palabra de Dios y operativa en mayor medida la liturgia, incidiendo en la importancia *ex opere operantis* de los sacramentos y no exclusivizando la fuerza *ex opere operato*. No obstante se pondera de equilibrio. El latín no debe perderse en la formación sacerdotal, porque capacita para el estudio directo de una larga tradición; su uso en la liturgia sirve

---

5 *Historia de la vida del hombre* II-1.ª (Madrid 1789) p. 81.

de comunicación común en celebraciones internacionales y no debe perderse el acervo musical importante sobre textos litúrgicos latinos.

A continación vamos a examinar las orientaciones de los Padres Conciliares, de la curia y del romano pontífice para analizar el nuevo papel del latín en la Iglesia.

El latín en la Biblia

En la *Dei Verbum* se recomienzan las traducciones, aunque sin perder de vista el carácter venerable de la *Vulgata*, que sigue siendo la versión oficial de la Iglesia latina, cuya última edición corregida se ha editado bajo el pontificado de Juan Pablo II [6].

El latín en la liturgia

En el aspecto tan importante de la vida de la Iglesia, aun dándose amplia y total cabida a las lenguas vernáculas, el Concilio recomienda que no se pierda el uso de la lengua latina, por sus valores tradicionales y prácticos [7].

El latín en la misa. Su uso no se debe perder, sobre todo en las oraciones privadas del sacerdote, que en algunas ediciones vernáculas actuales del Misal Romano ni siquiera se traducen. Es cierto, desde luego, que la introducción de la lengua vernácula en la celebración de la misa, así como en las demás prácticas litúrgicas, ha posibilitado la participación de toda la asamblea en la celebración y ha hecho que ésta no sea sólo asunto de clérigos.

Para facilitar el uso del latín, al menos las partes del Ordinario de la misa, en la edición castellana actual del misal romano, por ejemplo, se inserta como apéndice el ordinario y misas latinos. Esto, además, es positivo cuando se acoge en la comunidad un ministro que no maneja, o lo hace con dificultad, la lengua vernácula de la región [8].

El latín en los sacramentos restantes y sacramentales.

---

6 *Concilio Vaticano II*, ed. cit., p. 143.
7 Cf. *Sacrosanctum Concilium*, cit., 167.
8 Id., op. cit., p. 175.

Se puede comentar lo mismo que hemos dicho sobre la misa [9].

El latín en el Oficio Divino. El Oficio Divino o Liturgia de las Horas, oración oficial de la Iglesia, tradicionalmente se venía celebrando en latín; así se simboliza la unidad de la Iglesia. No obstante, como en las restantes prácticas litúrgicas, se admite la entrada de las lenguas vernáculas, que en la práctica ha incidido negativamente en el total abandono del latín [10].

El latín en la música sacra. El gregoriano. La Iglesia aquí demuestra un vez más su postura equilibrada; no se puede echar por la borda un tan rico y secular patrimonio. A la vista está incluso el resurgir que, por ejemplo, el gregoriano está teniendo desde una perspectiva puramente musical, *liturgiae Romanae propius* [11].

El latín en la formación sacerdotal

Es de vital importancia el uso del latín para aquellos que se dediquen al estudio teológico, pues son herederos de un impresionante acervo redactado casi exclusivamente en lengua latina en lo que se refiere a la iglesia romana; esta lengua debe ocupar un papel importante entre las demás, cuyo conocimiento también se recomienda como complemento formativo, pues libera de la servidumbre de las traducciones y posibilita un conocimiento más directo y fresco de los textos. Pablo VI insiste en la línea conciliar del decreto *Optatam totius* [12] en su *Epistula Apostolica quarto exacto saeculo post constituta a Concilio Oecumenico Tridentino sacra Seminaria* [13].

Opus Fundatum «Latinitas»

La Santa Sede, a instancias de Pablo VI, movida por el cambio de la situación del latín después del Vaticano II,

---

9 Id., op. cit., p. 180.
10 Id., op. cit., p. 192.
11 Id., op. cit., p. 200; 'Musicam Sacram', A. A. S. 59 (1967) 313-5.
12 *Concilio Vaticano II*, ed. cit., p. 468.
13 A. A. S. 55 (1963) 993.

procurando su preservación y estudio, establece la fundación *Latinitas* en 1976, A. A. S. 68 (1976) 481-3. La Sede de la fundación se establece en Roma (art. 2), y tiene propósito de promover el uso del latín, sobre todo cristiano.

En la misma línea que Pablo VI, nuestro actual pontífice Juan Pablo II, poco después de su elección para el sumo pontificado, nos dirigió las siguientes palabras: *nolimus a gravibus documentis Decessorum Nostrorum discedere, qui momentum linguae Latinae, hac etiam aetate,* maxime quod ad ecclesiam attinet, *saepius in luce posuerunt. Est enim sermo Latinus lingua quaedam universalis, nationum fines trascendens* [14].

CONTRASTE CON LA REALIDAD; VISTA HACIA EL FUTURO

Sin embargo, aunque de lo anterior parece colegirse una situación positiva mesurada, a la vista está que el latín se ha desterrado en la praxis casi totalmente de la Iglesia. Sólo sigue siendo vehículo diplomático-administrativo de la curia romana, e incluso estos documentos son simultáneamente traducidos a las lenguas más importantes del mundo. En la liturgia se ha desterrado casi totalmente: sólo de vez en cuando se oyen algunos cantos como la *Salve Regina* o el *Pange lingua* como reliquias de un antiguo esplendor. Las revistas internacionales como la española *Concilium,* son un mosaico lingüístico.

Ante tal situación de abandono es pertinente en primer lugar un análisis que explique tal hecho y que pueda ayudarnos a enmendarla. Se pueden señalar como más importantes las siguientes causas, agrupadas en externas e internas:

a) *Externas o extraeclesiales*

Política. Flota en el ambiente, también en nuestro país, una política desde el poder de desprestigio de la formación humanística, desde un triunfalista y exacerbado tecnolo-

---

14   A. A. S. 71 (1979) 45.

gismo; el latín está etiquetado de inútil, es importante el inglés, el idioma de la ciencia actual.

Socioeducativa. El latín no sólo ha perdido su principado en las artes y en las ciencias, sino que casi ha desaparecido del panorama cultural.

Ideología. El latín se asocia a «cultura vieja», trasnochada; es «cosa de curas», oscurantista, nada práctico por otra parte.

b) *Internas o intraeclesiales*

Educativa. Las lenguas vernáculas han sucedido al latín en el terreno de la especulación teológica; su papel en las *rationes studiorum* de los centros de formación teológica y sacerdotal es simbólico.

Ideológica. Por su preponderante papel en la iglesia preconciliar ha caído con ella, su abandono se ha sentido como la liberación de una pesada carga. Además, su manipulación por parte de sectores conservadores e integristas ha provocado hacia él un sentimiento de alergia.

Pienso que esta actual situación no se puede calificar sino que, de no mirar atrás, está condenado en el futuro a repetir errores y a no aprender soluciones. El Concilio, en esta dirección, interroga a nuestra sociedad, la del tecnicismo y la especialización, deshumanizada y vuelta de espaldas a la tradición: *Quomodo dynamismo atque expansioni novae culturae est favendum, quin fidelitas viva erga traditionum haereditatem pereat? Quod particulari modo urget ubi cultura, quae ex ingenti scientiarum artiumque technicarum progressu oritur, componenda est cum eo ingenii cultu qui studiis secundum varias traditiones classicis alitur* [15].

RAMON DE LA CAMPA CARMONA

---

15   'Gaudium et spes', *Concilio Vaticano II*, ed. cit., p. 293.

El latín como lengua en los disidentes del siglo XVI *

No debe resultar ajeno a la temática de este congreso la comunicación que presento bajo el título aludido, toda vez que apoyamos todo esfuerzo de acercamiento a una Iglesia verdaderamente ecuménica y porque, si bien el latín de estos autores cae cronológicamente lejos de la época en que empezó a tomar forma la lengua de los primeros cristianos en su condición de *Sondersprache* y *Kirchensprache*, este latín aunque de disidentes, cristiano, del siglo XVI— es tal que refleja o ha de reflejar de algún modo las estructuras operativas en el lenguaje de aquellas mentes que rompen o han roto de alguna manera con los esquemas tradicionales del pensamiento, personas que piensan de otra manera, son *anders Denkende* y, por lo mismo, su expresión lingüística es otra que la habitual, puesto que, como advierten los grandes pensadores de la filosofía del lenguaje, la expresión lingüística *es* el propio pensamiento.

Ha hecho ya un lustro que tuvo lugar en Strasburgo un coloquio sobre los disidentes del siglo XVI entre el Humanismo y el Catolicismo [1] de la mano del grupo GRENEP (Groupe de recherches sur les non-conformistes religieux du XVIe siècle et l'histoire des protestantismes) fundado en 1975 y ubicado en la Universidad de Ciencias Humanas de Strasburgo [2]. Dicho grupo asumió desde un principio la

---

* Abreviaturas utilizadas: BBA = Bibliotheca Bibliographica Aureliana. USH = Université des Sciences Humaines.

1 Bibliotheca Dissidentium, Scripta et studia N° 1, *Les Dissidents du XVIe siècle entre l'Humanisme et le Catholicisme. Actes du Colloque de Strasbourg* (5-6 février 1982) publiés par Marc Lienhard (1983).

2 Ibid., p. 9. Cf. BBA 79. Bibliotheca Dissidentium. *Répertoire des non-conformistes religieux des seizième et dix-septième siècles, edité par André Séguenny.* Textes revus par Jean Rott, t. I (Baden-Baden 1980) p. 5.

tarea de asegurar la publicación de las obras, también las latinas, y trabajos sobre tales disidentes [3].

El mismo año en que se constituye el grupo GRENEP (1975), entre los días 20 y 22 de febrero, la Facultad de Teología Protestante de Strasburgo organiza un coloquio sobre los Anabaptistas [4]. Tres años más tarde, el 9 y 10 de junio de 1978, tiene lugar en la misma universidad otro coloquio organizado por dicho grupo GRENEP sobre creyentes y escépticos en el siglo XVI [5]. La actividad científica del GRENEP prosigue con la impresión (1977/79) de la correspondencia de Martín Bucero [6], con el estudio (1977) de los no-conformistas religiosos en el siglo XVI [7] y con otros trabajos relacionados con la reforma protestante [8], además de la edición de las Opera latina de Martín Bucero [9].

Con estos estudios el GRENEP pretende dar a conocer un buen número de individuos que vivieron, por razón de sus ideologías, marginados y de espaldas a la Iglesia tradicional y a las iglesias constituidas a tenor de las reformas luterana, zwingliana, bucerana y calvinista y que se les viene designando con los nombres de «radicales no-conformistas», «ala izquierda de la reforma», «disidentes» [10].

3   BBA 79, nota 2, P. 5.

4   'The origins and characteristics of anabaptism' / 'Les débuts et les caractéristiques de l'anabaptisme', *Proceedings of the Colloquium organized by the Faculty of Protestant Theology of Strasbourg / Actes du Colloque organisé par la Faculté de Théologie protestante de Strasbourg* (20-22 February / février 1975), edited by / publiés par Marc Lienhard. (Internacional Archives of the History of Ideas 87, The Hague 1977). Cf. BBA 79, p. 5.

5   'Croyant et sceptiques au XVIe siècle', *Actas du colloque organisé par le GRENEP*, Strasbourg, 9-10 juin 1978, publiés par Marc Lienhard. (Société savante d'Alsace et des Régions de l'est. Collection «Recherches et Documents»), t. 30.

6   Jean Rott, 'Correspondence de Martin Bucer. Liste alphabétique des correspondants, Strasbourg, Publications de la Faculté de Théologie protestante de l'USH de Strasbourg', *Bulletin* n. 1 (1977).

7   'Les non-conformisted religieux au XVIe siècle', *Revue d'Histoire et de Philosophie religieuses* 57 (1977), n. 2. Cf. BBA 79, nota 2, p. 7.

8   André Séguenny, *Spiritualistische Philosophie als Antwort auf die religiöse Frage des XVI. Jahrhunderts* (Wiesbaden 1978). *Horizons européens de la Reforme en Alsace*, Mélanges Jean Rott publiés par M. de Kroon et M. Lienhard (Strasbourg 1980). 'Quellen zur Geschichte der Täufer', *Elsass*, III (Teil, Stadt Strassburg 1536-1552).

9   Martin Bucer, *Opera latina. Studien in medieval and reformation thought*, vol. 30.

10   BBA 79. *Bibliotheca Dissidentium*, t. I, p. 7. Hasta la fecha han aparecido 7 tomos. T. I: Johannes Campanus, Christian Entfelder, Justus Velsius, Catherine

Del mismo modo que la lengua refleja la vida de un pueblo y que el proceso evolutivo del cristianismo como pueblo de cultura quedó recogido en su propia lengua, a saber, el latín cristiano, así también la lengua de estos disidentes ha de ser fiel reflejo de su *distinto pensar,* de manera que, a su vez y en cierto sentido, se pueden encontrar en ella las características propias que la definan dentro del neolatín cristiano [11].

En el coloquio alsaciano sobre los disidentes del siglo XVI, que hemos mencionado, se acometió en mesa redonda el estudio de los rasgos más importantes de la vida y destino de alguno de esos disidentes, siguiendo en ello principalmente el plan de trabajo que de contenido metodológico había elaborado a grandes rasgos uno de sus miembros, el Profesor Bernard Roussel. Según Roussel había que investigar la génesis de la disidencia, el sistema disidente, el final de la disidencia y su tipología y no en último lugar las propiedades del discurso del disidente, su organización, su significación. Roussel preguntaba si este discurso estaba caracterizado por un alargamiento del léxico, de las referencias... con respecto al discurso ortodoxo con el que más o menos rompe. Preguntaba, sobre todo, si incluía otra manera de remitir a la Biblia, a las obras filosóficas. En otro estado de cosas, quería saber si el discurso de los disidentes se desplaza a una mayor racionalidad en la medida en que éste critica el discurso ortodoxo y la autoridad de las instituciones que garantizan su validez o si permanece «irracional» o constituye otro tipo de irracionalidad [12].

Por lo demás, sería importante determinar la incidencia de estas características también en los autores reformis-

Zell-Schütz. Baden-Baden 1980. T. II: Martin Borrhaus (Cellarius), 1981. T. III: Johannes Bünderlin, Wolfgang Schultheiss, Theobald Thamer. 1982. T. IV: Jacques de Bourgogne, seigneur de Falais, Etienne Dolet, Casiodoro de Reina, Camillo Renato. 1984. T. V: Pierre Poiret. 1985: T. VI: Valentin Crautwald, Andreas Fischer, Jan Kalenec, Sigmund Salminger. 1985 T. VII: Eloy Pruystinck, Sebastian Franck, Antonio del Corro. 1986.

11   Cr. M. G. Koffmane, *Entstehung und Entwicklung des Kirchenlateins,* «ist die Sprache ein Spiegel des Volkslebens, so muss sich auch die Einwirkung des Christentums auf ein Culturvolk in dessen Sprache abbilden». Cf. Chr. Mohrmann, *Latin vulgaire, latin des chrétiens, latin médiéval* (Paris, Klincksieck 1955) p. 17.

12   Véase nota 1, p. 41.

tas más destacados de la época, tales como Lutero, Zwinglio, Melanchthon, Bucero, etc. ¿Cuál es la tipología del discurso de los nominalistas frente a los escolásticos? ¿Qué diferencias hay entre el discurso de Erasmo (1469-1536) y el de Lutero (1483-1546), por ejemplo entre la *Diatribe seu collectio de libero arbitrio* (1524) de Erasmo y la rotunda respuesta que Lutero le dirige con *De servo arbitrio* (1525) en la que rompe radicalmente con los humanistas? [13].

Responder a estas preguntas no es fácil y supone un detenido estudio comparativo del discurso de estos autores. Además, el hecho de que utilizemos nuestro discurso para exteriorizar el pensamiento nos lleva a la pregunta fundamental sobre la relación que guardan entre sí la lengua y el pensamiento: ¿Conforma acaso la lengua nuestro pensamiento o es más bien el pensamiento el que determina la estructura de la lengua? La respuesta sigue pareciéndonos difícil. Posiblemente debamos pensar en una reciprocidad. En todo caso creemos conveniente, antes de acometer el estudio sistemático de la lengua de estos disidentes, traer aquí las opiniones de algunos relevantes filósofos y lingüistas, que han tratado de esclarecer la relación existente entre expresión lingüística y pensamiento.

Dejando a un lado a Descartes (1596-1650) y a la lingüística cartesiana que eleva el pensamiento y lenguaje al centro de la racionalidad, la idea dominante, sobre todo a partir de Leibniz (1646-1716), es que «las lenguas son el mejor espejo del espíritu». Leibniz afirma que un análisis exacto de la significación de las palabras deja traslucir, más que ninguna otra cosa, la forma de actuar del pensamiento [14].

Siguiendo en esta línea, Wilhelm von Humbodt (1767-1835), para quien la lengua es «enérgeia» (Tätigkeit, actividad) no «ergon» (Werk, instrumento), precisa que la fuerza

---

13   Cf. *Luther and Erasmus: free will and salvation. The library of christian classics*, vol. 17. Erasmus, *De Libero Arbitrio*. Translated and edited by E. Gordon Rupp, M. A., D. D. Luther: *De Servo Arbitrio*. Translated and edited by Philip S. Watson, M. A., D. D. (Philadelphia 1969). Consúltense también: Humbertclaude, *Erasme et Luther*, leur polémique sur le libre arbitre (Bloud 1909); André Meyer: *Etude critique sur les revelations d'Erasme et de Luther*, 2 ed. (Alcan, 1929).

14   Noam Chomsky, *Cartesianische Linguistik. Ein Kapitel in der Geschichte des Rationalismus* (Niemeyer, Tübingen 1971) p. 41.

que engendra la lengua no puede ser distinta de la que engendra el pensamiento [15]. Su coetáneo Friedrich Schlegel (1772-1829) asegura igualmente que «el espíritu y la lengua son tan inseparables, el pensamiento y la palabra son tan una misma cosa, que del mismo modo que consideramos el pensamiento privilegio del hombre, así también podemos llamar a la palabra, según su significación interna y su rango, esencia originaria del hombre» [16].

Especialmente importante para nuestro estudio es la concepción de la lengua a la manera del gramático francés Nicolas Beauzée (1717-1782) y del filósofo y economista británico John Stuart Mill (1806-1873). Para Beauzée la estructura de la lengua refleja la esencia del pensamiento, tanto que «la science de la parole ne diffière guère de celle de la pensée» [17]. John Stuart Mill es más explícito. Siguiendo la línea de Francis Bacon (1561-1626) asienta (1843) la base de su filosofía, a saber: el método inductivo como vía científica de conocimiento; la experiencia suministra los datos, los fenómenos... «encontrar inductivamente la causalidad que concatene los fenómenos es la teoría de la ciencia, de la que las ciencias sociales participan». En cuanto a la relación que guardan el pensamiento y la lengua, afirma que «con la gramática comienza el análisis del proceso del pensar. Los principios y reglas de la gramática son medios a través de los que las formas de la lengua entran en correspondencia con las formas universales del pensar. Las diferencias entre las partes del discurso, entre los casos de los nombres, los modos y los tiempos de los verbos, las funciones de las partículas, son distinciones en el pensamiento, no sólo en las palabras... La estructura de cada frase es una lección de lógica» [18].

Acercándonos ya a nuestros días, Martin Heidegger (1889-1979) en su tratado *Über den Humanismus* dice que

15   Ibid., pp. 25 ss.
16   Ibid., p. 41.
17   N. Beauzée, *Grammaire générale, ou exposition raisonnée des éléments nécessaires du langage* (1767). Cf. Noam Chomsky, nota 14, p. 42.
18   Noam Chomsky, nota 14, p. 42. Interesante a este respecto es el trabajo con datos bibliográficos de J. Marouzeau, 'Logique, psychologie et mécanisme dans la syntaxe latine', REL 7 (1929) pp. 75-85.

«la lengua es la casa del ser. En su morada habita el hombre... El hombre a través de su lengua habita con derecho del ser». De donde vale que «el hombre sólo habla en conformidad con la lengua. La lengua habla» [19].

Pues bien, apoyados en la autoridad de estos filósofos y lingüistas pretendemos acometer el estudio de la tipología del discurso de estos disidentes tal que, entre otras cosas: 1°) aplicando un método analítico inductivo; 2°) recogiendo el uso frecuencial; 3°) comparando los resultados con los de aquellos que teóricamente defendieron un pensamiento opuesto; nos permita profundizar en las diferencias de la estructura lingüística de unos y otros y, con ello, en las del pensamiento.

En principio es mi intención empezar con las obras latinas de dos importantes disidentes españoles, Casiodoro de Reina y Antonio del Corro, sobre todo porque se les cree autores del libro *Sanctae Inquisitionis Hispanicae Artes aliquot*, que bajo el seudónimo de Reginaldus Gonsalvius Montanus aparece en Heidelberg en 1567. El libro denuncia las prácticas de la Inquisición Española, hace apología del protestantismo y sirve de base a la Leyenda Negra antiespañola [20].

El tomo IV de la Bibliotheca Dessidentium del GRENEP contiene la bibliografía y obras del primero, Casiodoro de Reina. Las obras que este autor compuso en latín —además de las *Artes aliquot* que en colaboración con Antonio del Corro se le asigna— son:

a) Obras impresas en latín:

1. *Evangelium Ioannis, hoc est, iusta ac vetus apologia pro aeterna Christi divinitate* (Frankfurt 1573) en 4°.

19   Hans-Martin Gauger, *Wort und Sprache. Sprachwissenschartliche Grundfragen* (Niemeyer, Tübingen 1970) pp. 20 ss.

20   Es de próxima aparición el libro *Estudio histórico-literario y edición crítica bilingüe del libro «Sanctae Inquisitionis Hispanicae Artes aliquot», de Reginaldo González Montes*, del autor de este artículo (Madrid, Centro de Estudios Inquisitoriales).

2. *Expositio primae partis capitis quarti Matthaei* (Frankfurt 1575) en 4°.
3. *Bibliotheca sancta à F. Sixto Senensi collecta*, 2 ed. (Frankfurt 1575) en 4°.
4. *Confessio in articulo de coena, Cassiodori Reinii Hispani* (Antwerp 1579).
5. *Cathecismus, hoc est, brevis instructio de praecipuis capitibus Christianae doctrinae* (Antwerp 1580) en 8°.
6. *Dialogus in espistolam D. Pauli ad Romanos, Antonio Corrano Hisp. autore*, 2 ed. (Frankfurt 1587) en 8°.

b) Obras manuscritas en latín:

1. *Annotationes in Isaiam* (1563) y
2. *Annotationes in Ezechielem* (1563), más numerosas cartas.

En el tomo VI de la misma biblioteca aparece la bibliografía y obras del otro autor, Antonio del Corro, al que también hace, conforme a la opinión más generalizada, autor de las *Artes aliquot* [21]. Sus obras latinas son:

a) Obras impresas en latín:

1. *Acta Consistorii Ecclesiae Londinogallicae, cum responsio(ne) Antoni Corrani* (March 1571).
2. *Dialogus Theologicus* (London 1574).
3. *Sapientissimi Regis Salomonis Concio* (London 1579).
4. *Epistola Beati Pauli Apostoli ad Romanos* (1581).
5. *Dialogus in epistolam D. Pauli ad Romanos* (Frankfurt 1587, obra n. 6 de Casiodoro de Reina).

b) Obras manuscritas en latín:

1. *Nonas theologica*, ca. 1570 y
2. probablemente alguna carta en latín.

---

21   E. Böhmer, 'Spanish Reformers of two centuries from 1520', en *Bibliotheca Wiffeniana*, vol. II (Strassburg-London 1883). Reimpreso s. 1. [1963]. Cf. nota 20, especialmente el capítulo C) Hipótesis sobre su autoría.

El estudio grafemático de las *Artes aliquot* deja ver que su autor cae en algunas confusiones de c + e/i y s debido al seseo y también (una vez) en la confusión de tj + vocal y si + vocal debido igualmente a la pronunciación asibilada de estos grupos, además de algún hispanismo como la caída de sonora intervocálica. Así: *a)* asimilaciones debidas a la pronunciación asibilada (s) de c + e/i: (sc → ss:) agnosci (agnossi 8 [26]), fasciculis (fassiculis [xiii] [5]); (xc → x:) excipit (exipit 27 [26]); *b)* pronunciación asibilada de c + e/i y confusión con s (grafía inversa): (ss→sc:) classes (clasces 137 [26]); *c)* confusión del grupo sc con c debido a la misma pronunciación asibilada de c + e/i: (sc→c:) abscesserat (abcesserat 12 [1]), desciscentibus (deciscentibus 169 [14]); *d)* uso de c por s debido al mismo fenómeno de asibilación de c + e/i: (s → c:) consessu (concessu 145 [11]), intersertis (intercertis 76 [9]), sermonis (cermonis 28 [22]); *e)* asibilación del grupo tj + vocal (grafía inversa): (tj→si:) salsius (saltius 277 [10]); *f)* caída de consonante sonora (d) intervocálica: crudelitatis (cruelitatis 108 [27]).

Por lo demás, una vez que estudiemos el discurso de las *Artes aliquot* y lo comparemos con las obras de estos autores, podremos ver la relación que guardan entre sí. ¿Compuso acaso primero el libro en castellano Antonio del Corro y después lo virtió al latín Casiodoro de Reina? Casiodoro de Reina (el seudónimo *Reginaldus* puede hacer alusión a Reina) es natural de Montemolín, localidad situada en plena sierra (con lo que se explicaría además, el sobrenombre de *Montanus*) al sur de Badajoz, cerca de la provincia de Sevilla, por lo que se hace llamar Hispalensis, lo que aclararía, en principio, el seseo, al que hemos aludido. También Antonio del Corro es de la misma región, pues parece haber nacido en Sevilla, ya que se hace llamar igualmente Hispalensis.

NICOLAS CASTRILLO BENITO

Sobre el estilo de Juvenco

Es Cayo Vetio Aquilino Juvenco, presbítero español de muy noble linaje [1], el precursor de la épica cristiana con sus *Evangeliorum libri quattuor*. Bajo un ambiente idóneo, la paz de Constantino [2], afloró esta nueva manifestación literaria del cristianismo. Hay además razones de índole práctica: la poesía cristiana de esta época, y no sólo la epopeya de Juvenco, estaba destinada —como señala Ch. Mohrmann [3]— a desempeñar en la instrucción cristiana un papel semejante al que ejercía en la escuela pública la poesía profana. Sin abandonar el conocimiento de los grandes poetas nacionales como Virgilio y Horacio, la cultura cristiana sintió la necesidad de completarse con obras poéticas que fueran testigos y transmisoras del mensaje nuevo. La gran cantidad de citas y referencias que conservamos de la epopeya en cuestión provenientes de autores inmediatamente posteriores a Juvenco, y asimismo la frecuencia con que lo recuerdan los escritores medievales [4] muestran bien a las claras el éxito de su empresa.

La obra de Juvenco es, como se sabe, una paráfrasis hexamétrica del texto evangélico, según las versiones anteriores a la *Vulgata* [5], y siguiendo como fuente básica el

1 Según de él nos informa Jerónimo, *Vir. Ill.*, 84.

2 Así él mismo en *Ev.* 4, 806-808: *Pax haec mihi saecli, / quam fovet indulgens terrae regnator apertae / Constantinus*, y San Jerónimo, *Vir. Ill.*, 84: *floruit sub Constantino principe*.

3 'La langue et le style de la poésie chrétienne', *REL* 25 (1947) pp. 280-297 (= *Etudes sur le latin des Chrétiens* I Roma 1958, pp. 151-168), esp. p. 283.

4 Cf. la introducción de Hümer a su edición (Praga-Viena-Leipzig 1891), pp. VIII-XXIII. En esta edición, la más solvente hasta el momento, a pesar de sus reconocidas deficiencias, basamos nuestro trabajo.

5 Para los cotejos textuales con el Evangelio seguimos la ed. de P. Sabathier, *Bibliorum sacrorum latinae versiones antiquae*, 1949-1951 [2].

evangelio de San Mateo, completado en determinados pasajes con el de los otros tres evangelistas. Dicha paráfrasis intenta verter la prosa clara y escueta de la Escritura en los moldes tradicionales de la poesía épica, cuyo maestro por excelencia era Virgilio. El poeta, por tanto, siente la tensión de estos dos polos entre los que se ve obligado a moverse en su labor creativa.

El resultado —y con ello adelantamos la principal conclusión de nuestro estudio— es un texto poético de gran sobriedad (menor desde luego que la del Evangelio), en el que los recursos estilísticos no nacen al unísono con el contenido, sino que le son aplicados *a posteriori* como aderezos o, según el propio autor define en la conclusión de su obra (4, 804-805), como *ornamenta terrestria linguae*. La poesía de Juvenco no difiere, pues, del texto evangélico, sino por estos «adornos terrestres» que tratan de vincularlo con la tradición pagana.

Precisamente a ese intento de «encarnación» del *Verbum Dei* en la tradición literaria del paganismo obedece, en la generalidad de la poesía cristiana primitiva, el hecho de que se eviten de manera escrupulosa las expresiones y términos específicamente cristianos, hecho que iría desapareciendo a medida que se consolidaba la religión cristiana; así lo señala Ch. Mohrmann [6].

Pero, sin embargo, en el caso de Juvenco, tal vez debido a su carácter de pionero, no se cumple de manera rigurosa esta sustitución en el léxico. Así, por ejemplo, en el caso del término cristiano *profeta* (1 125, 234; 2 104, 278; 3 50, 144; 4 46, 78; etc.) son escasas las ocasiones en que se ve sustituido por *vates* (1 4, 31; 2 576; 3 292; 4 404; etc.) vocablo propio de la lengua pagana. Igual sucede con *templum* (3 642, 646; 4 86) cuyo empleo prefiere Juvenco frente a *adytum* 1 10, 507).

Por el contrario, *angelus*, término específicamente cristiano, no aparece en ninguna ocasión, siendo sustituido por *nuntius* (1 52, 365; 2 125) y *minister* (1 11, 31, 57; 4 747; etc.). Se utiliza la perífrasis *remeasse in luminis oras* (4 761),

---

6 Art. cit., pp. 284-285.

de rancio sabor lucreciano, y *tenebris ad lumina vitae /
... remeare* (4 734-735), en vez del término técnico *resurrexisse*.
La designación *Sanctus Spiritus* (1 21, 69; 2 628; etc.) alterna
con el poetismo *Sanctus Flatus* (1 359; 2 194-195; 4 797). Hay
una tendencia, pues, a traducir los tecnicismos en poetis-
mos, pero a veces, cuando la prosodia de dichos términos
específicamente cristianos se aviene con el esquema hexamétrico, alternan éstos con los vocablos poéticos sucedá-
neos.

Otra vía de acomodación al lenguaje épico que da lugar
a un cierto alejamiento de la expresión evangélica, es el uso
de fórmulas de transición [7], que introducen o cierran el
parlamento de los distintos personajes. La mayor parte
provienen de calcos de fórmulas virgilianas, que, a su vez
entroncan con la tradición de Ennio y Homero. Las encontramos —según distingue Rodríguez Hevia— de dos tipos
en su variedad introductoria: breves, caracterizadas a
menudo por elipsis verbal y por ausencia de epítetos refe-
ridos al personaje, e introducidas a veces por una marca
temporal (*Olli Christus ait:* 2 4, 252; 3 659; etc. *Talia tum
Christus:* 2 205; etc.), y largas, que ocupan todo el verso y
suelen contener un amplio epíteto referido al sujeto que se
dispone a hablar (*Olli respondit mundi regnator Iesus:* 2 265.
His auctor vitae tum talia reddit Iesus: 3 503; etc.). Por lo
que se refiere a las fórmulas conclusivas, suelen contener
anafóricos y se realizan como construcciones participiales
o breves frases temporales (*Talibus adloquiis:* 2 321. *Haec
fatus:* 2 430; etc.).

Pero, a pesar de este acercamiento al lenguaje poético
de la epopeya, se cuida de no tergiversar lo más mínimo el
mensaje y preservarlo de toda deformación y mentira
poética. El poeta no cede ante ciertos procedimientos épicos
que supondrían un aumento sustancial del contenido. No
hay, por ejemplo, fuera de las que se hallan en el propio texto
del Evangelio, ninguna comparación naturalística, tan tópi-
cas en el género. Estas, visualizadoras y ornamentales,

---

7   Sobre este aspecto existe el estudio de V. Rodríguez Hevia, 'Las fórmulas
de transición en Juvenco', *Studia Philologica Salmanticensia* 5 (1980) pp. 255-271.

hubieran corrido el riesgo de confundirse con algunas parábolas breves de contenido doctrinal.

No hay tampoco écfrasis descriptivas de paisajes, personas y objetos, recurso asimismo tradicional en la epopeya [8]. No las había en el texto sagrado y el poeta se atiene a él. Un tímido intento de prosopopeya hay, sin embargo, a propósito de los Magos. Frente a la simple indicación de San Mateo, 2, 1 (único, como se sabe, que cuenta la epifanía): *Ecce Magi ab oriente venerunt Hierosolymam,* Juvenco escribe cinco versos en los siguientes términos: *Gens est ulterior surgenti conscia soli, / astrorum sollers ortusque obitusque notare; / huius primores nomen tenuere Magorum. / Tunc hinc delecti Solymos per longa viarum / deveniunt regemque adeunt orantque doceri...* (1 224-228) écfrasis prosopopéyica en la que se encuentra la acostumbrada fórmula introductoria con el verbo *sum* en presente y la igualmente fórmula conclusiva de rigor conteniendo el demostrativo *hic* o algún adverbio de él derivado (en este caso doblemente: *huius... hinc*) [9], haciendo concesión, por tanto, a las normas del género, y amplificando sin desvío la escueta indicación del evangelista.

Singular y mediatizado por su doble fuente formal y temática es el comportamiento de Juvenco en lo que a la expresión del tiempo se refiere. El texto evangélico, como correspondía a su naturaleza, era parco y escueto en sus indicaciones (cf. San Mateo 27, 1: *et cum mane factum esset* = Iuv. 4 586-587; San Mateo 27, 45: *a sexta hora tenebrae factae sunt* = Iuv. 4 687-694; San Mateo 27, 62: *altera autem die* = Iuv. 4 727; San Mateo 28, 1: *vespere autem sabbati* = Iuv. 4 743). De modo que nuevamente el poeta se hallaba entre dos extremos y elige el término medio: las fórmulas indicativas de tiempo carecen de la personificación mitológica de los elementos que había en Homero y Virgilio, pero son más extensas e imaginativas que las evangélicas, con mayor lujo de adjetivos y notas de color.

---

8   Cf. sobre este tema A. Zapata Ferrer, *La écfrasis en la poesía épica latina hasta el s. I d. C. inclusive* (tesis doctoral), Ed. Univ. Complut. Madrid 1986).

9   Sobre fórmulas introductorias y conclusivas de la écfrasis, cf. op. cit., pp. 284 ss.

Incorpora a ellas la terminología virgiliana y concretamente el adverbio *iam*, con que a menudo el mantuano introducía o aderezaba las suyas (*Aen.* 3 521, 588-589; 4 584-585; 9 459-460; 5 104-105; 6 535-536; 7 25-26), está presente en la mayoría de los ejemplos del cristiano, como a continuación se verá. Son éstos: *Fuderat in terras roseum iubar ignicomus sol* (3 1); *Iamque dies paschae primo processerat ortu* (4 428); *Iamque dies rutilo complebat lumine terras* (4 727). Sólo en una de las muestras, precisamente la más extensa, la que abre el libro segundo (1-3), cede Juvenco tímidamente a una metaforización de la noche que arrastra aquí su oscuro manto pintado de estrellas: *Iamque dies prono decedens lumine pontum / inciderat, furvamque super nox caerula pallam / sidereis pictam flammis per inane trahebat.*

Pero atendamos a otro caso de la encrucijada entre el Evangelio y la épica. Cuando el tema sagrado presenta alguna similitud con ciertos episodios de la tradición épica, especialmente virgiliana, hay un intento de acomodación al tópico, aprovechando la fraseología virgiliana y añadiendo notas y matices ajenos al Evangelio y procedentes de la fuente pagana [10]. Esta cesión al tema virgiliano, siempre que el tema evangélico lo condicione, ocurre de modo singular en la descripción de la tempestad marina (Iuv. 2 25-32), que, respondiendo a la breve indicación de San Mateo 8, 24: *Et ecce motus magnus factus est in mari, ita ut navicula operiretur fluctibus,* se amplifica a lo largo de 8 versos utilizando el léxico e imágenes de la famosa tempestad virgiliana de *Aen.* 1 82-117, ocasionada al desencadenarse los vientos de Eolo.

También en Juvenco son los vientos el agente (2 25; 2 28) que en el Evangelio no eran mencionados en el desencadenamiento de la tempestad, aunque sí en el momento en que Jesús hace que ésta se calme y en la pregunta de los discípulos al contemplar la sumisión de los elementos a su orden *(Qualis est hic, quia venti et mare oboediunt ei?)* [11]. Hay concordancias señaladas con Virgilio como son las

10 Cf. S. Costanza, 'Giovenco', *Enciclopedia Virgiliana* 2, pp. 748-749.
11 Agradecemos a este respecto la sugerencia del Dr. Mariner con ocasión de la lectura pública de este trabajo.

montañas de agua (Iuv. 2 29) con recuerdo del *praeruptus aquae mons* (*Aen.* 2 105); la expresión *ferit puppim* (Iuv. 2 30) = *Aen.* 2 115; la visión de la tierra al fondo del abismo al abrirse las olas (Iuv. 2 32) = *Aen.* 2 107: *terram inter fluctus aperit.* Significativa ampliación que supone en este caso una notable primacía, como modelo, del texto poético pagano.

El ornato principal con que Juvenco caracteriza su expresión frente al evangelio es la profusa adjetivación [12]; como nos es dado ver en la versión que hace del Padre Nuestro (1 590-600), en la que incluye once adjetivos calificativos frente a la presencia de uno solo —*quotidianum*— en el texto de San Mateo según la *Vetus* [13]:

S. Mateo (6, 9-15)	Juvenco 1 590-600
Pater Noster, qui es in coelis: santificetur nomen tuum. Adveniat regnum tuum. Fiat voluntas tua in coelo et in terra. Panem nostrum *quotidianum* da nobis hodie. Et dimitte nobis debita nostra, sicut et nos dimittimus debitoribus nostris. Et ne passus nos fueris induci in tentationem. Sed libera nos a malo.	*Sidereo* genitor residens [in uertice caeli, Nominis, oramus, uenera- [tio sanctificetur In nobis, pater *alte*, tui: [*tranquilla*que mundo Adueniat regnumque tuum [lux *alma* reclaudat. Sic caelo ut terris fiat tua [*clara* uoluntas, *Vitalis*que hodie *sancti* [substantia panis Proueniat nobis; tua mox [largitio soluat *Innumera* indulgens erro- [ris debita *praui*; Et nos haut aliter conce- [dere foenora nostris.

12 Cf. a este respecto M. Donnini, 'Un aspetto dell'espressivitá di Giovenco, l'aggetivazione', *Vichiana* 2 (1973) pp. 54-67.

13 Hemos de advertir que el adjetivo *quotidianum* que presenta la *Vetus Latina* se halla más lejos del texto juvenciano que el de la *Vugata* donde leemos: *Panem nostrum supersubstantialem* (cf. Iuv. 595: *substantia panis*). Por cierto que nos parece aflorar aquí un no leve problema de interpretación en el texto del poeta al decir *Vitalisque hodie Sancti substantia panis*, ¿no se estará refiriendo a la Eucaristía más bien que al simple pan?

Tetri saeua procul tempta-
[tio daemonis absit
Eque malis tua nos in
[lucem dextera tollat.

Sea suficiente con este ejemplo para mostrar esa vertiente de su estilo, que busca así conseguir un lenguaje más brillante, matizado y sugestivo, más propio de la poesía. A ese fin obedece también la caracterización con epítetos de los personajes —según era de ley en toda la epopeya—, entre los cuales llaman especialmente la atención aquellos, aplicados al Padre o a Cristo, que son de origen pagano y que, por no chocar con la creencia cristiana, son acomodables a una nueva circunstancia: así *Tonans* (2 795; 4 553, 786); abundan en general como epítetos los adjetivos en *-tor*, de gran rendimiento en el lenguaje técnico cristiano: *mundi regnator* (2 262) *legum complector* (2 568). Una faceta muy interesante asimismo dentro del campo de la adjetivación en Juvenco es el uso de compuestos al estilo épico, algunos de los cuales son creaciones analógicas del poeta, de gran poder evocador todos ellos: *altithronus* (*praef.* 24), *astrifer* (3 225), *auricolor* (1 356), *flammicomans* (4 201), *flammipes* (2 546), *flammivomus* (*praef.* 23), etc.

Adentrándonos en los recursos fónicos, el primero de ellos que hay que destacar es la aliteración, con la que, a veces abusivamente y con no demasiada eficacia, precisamente a causa de la frecuencia de su empleo, el poeta ha querido dar relieve y sonoridad al lenguaje. Supera en mucho el uso que de ella hacía Virgilio y en ello vemos una muestra de afán arcaizante por vincularse con la poesía latina más antigua, especialmente Ennio [14]. No en vano el ritmo poético mostraba paulatinamente su tendencia a realizarse con apoyo en homofonías. Ejemplos de este recurso son: 1 4: *dilata diu;* 2 228: *truci terras;* 1 23: *populo partem pleramque;* 1 682: *penetrabant per prona;* 4 436: *continuo cuncti quaerunt quis,* y un largo etc. No hallamos, sin

---

14 Cf. sobre este tema M. Donnini, 'L'alliterazione e l'omeoteleuto in Giovenco', *AFLPer* 12 (1974-75) pp. 128-159.

embargo, ningún ejemplo de onomatopeyas en que la repetición aliterante suponga una imitación del significado a que va asociada, recurso que en Virgilio aparecía sobre todo en contextos naturalísticos y frecuentemente animales; en este sentido la materia evangélica no le brindaba apenas ocasión a nuestro poeta para poner en juego tal virtuosismo.

Como arcaísmo debemos considerar el uso ocasional de ciertas rarezas morfológicas tales como *olli* u *ollis*, siempre en fórmulas introductorias de parlamentos y en posición inicial de verso (1 27; 2 14; 3 110; 4 29; etc.), el verso enniano: *Olli respondit rex Albai Longai* (*Ann.* 1 33 Vahlen), imitado también por Virgilio (12 18), aunque con variación, es el modelo.

Por fin, en cuanto a la métrica, el poeta tiende, cediendo a lo que la lengua latina espontáneamente le ofrecía, a la abundancia espondaica. Predominan los hexámetros con sólo dos dáctilos en el 1.er y 5.º pie, y son muy frecuentes los sólo dáctilos en el 5.º pie (*Praef.* 9; 1 2, 4; 2 25, 510; 4 43; etc.).

Los frecuentes hexámetros que dan entrada al parlamento de un personaje, mayoritariamente Jesús, y que métricamente se realizan como espondaicos salvo en el 5.º pie, o como holospondaicos, sí que conllevan una lentitud rítmica, que quiere sin duda contrastar, por su carácter de presentación y de palabras del poeta narrador, con el ritmo más vivo del parlamento del personaje. Ya hemos aludido a la holospondaica fórmula enniana (*Ann.* 1 33 Vahlen), como influyente para el uso de la forma *olli*. Dos versos al menos de Juvenco de entre los varios encabezados por *olli* introductores de parlamento, hacen eco al verso de los *Annales*. Son el 2 134: *Olli respondit terrarum gloria Christus*, y en 2 265: *Olli respondit mundi regnator Iesus*. Versos con los que el poeta evangélico, pretende vincularse con la más rancia primigenia tradición épica latina. Arcaísmo que es rasgo importante para caracterizar su estilo y, que, frente a la predominante imitación virgiliana, ha pasado desapercibido a los comentaristas.

Terminamos aquí esta visión del estilo juvenciano, recogiendo en resumen nuestras conclusiones. Primera: que él mismo hace una neta separación entre su contenido, ya preexistente, y los ornatos con que él lo adereza. Segunda: que, aun vinculándose en léxico, fórmulas y adecuación a los tópicos de la tradición épica, no se prohíbe el uso de ciertos tecnicismos cristianos, ni se acoge a aquellos recursos que le suponen un aumento sustancial del contenido. Tercera: que el principal ornato poético que caracteriza al texto de Juvenco frente al evangélico es la profusa adjetivación. Cuarta: que, aunque se ciñe a Virgilio como modelo principal de la lengua poética, es arcaizante en cuestiones como la aliteración, más frecuente que en Virgilio, y la métrica, con mayor abundancia espondaica que en el mantuano. A pesar de todo, y en esto estamos de acuerdo con la que parece ser unánime opinión de la crítica, su estilo adolece de monotonía y excesiva sobriedad. Tanto sea por las limitaciones que le imponía un argumento fijo como por ausencia de un temperamento artístico de mayor aliento. O tal vez por ambas razones simultáneamente.

Mª DOLORES CASTRO JIMENEZ
VICENTE CRISTOBAL
SILVIA MAURO MELLE

Algunos rasgos sintáctico-estilísticos
del *De catechizandis rudibus**

Tiene esta comunicación como marco la tesis, comúnmente aceptada, de que la producción literaria de san Agustín se halla surcada por una pluralidad de estilos, que
responden más a los distintos contenidos y destinatarios de
cada obra, que a una evolución personal del autor. Desde
esta perspectiva, el *De catechizandis rudibus* ocupa un lugar
de especial interés dentro de la obra literaria agustiniana,
al posibilitar una confrontación, exenta prácticamente por
completo de la variable temporal, entre las dos partes que,
como es sabido, configuran ese tratado, parejas en extensión, pero netamente distintas en su contenido y, en cierto
modo, también en sus destinatarios. Una, de tenor similar
a algunos tratados teológicos y que puede considerarse como
una *epístola* extensa, constituida por las recomendaciones
y observaciones —a menudo de índole metalingüística— dirigidas a Deogratias, diácono de Cartago; la otra, en cambio,
equiparable a los *sermones*, integrada por los dos ejemplos
de charla de introducción al catecumenado dirigida a un
supuesto *rudis*, aducidos por Agustín como ilustración práctica de las indicaciones y consejos ofrecidos a Deogratias
en la primera parte.

Se centra, pues, esta comunicación en un análisis
sintáctico-estilístico, contrastado, de una y otra parte de esta
obra singularmente 'bicéfala' (designadas en lo sucesivo
como *Epístola* y *Sermones*, respectivamente), limitado a los
siguientes aspectos: su estructura sintáctica general, y sobre

* Se ofrece aquí un resumen (con la Introducción y principales conclusiones) de esta comunicación, cuyo texto íntegro ha sido publicado en la revista
AVGVSTINVS 35 (1989) 337-346.

la presencia de algunas figuras retóricas concernientes al ornatus *in uerbis coniunctis* (concretamente, la sinonimia, acumulación coordinante y subordinante o epíteto).

1. La *Epístola* presenta, en general, una estructura sintáctica más compleja que los *Sermones*, ofreciendo un promedio notablemente superior en la amplitud y profundidad o ramificación hipotáctica de sus períodos, tal como se especifica en el Apartado I de esta comunicación, en el que también se han puesto de relieve otras divergencias sintácticas más particulares entre una y otra parte de la obra, en sintonía con esa diferente estructura general.

2. El desvío de la norma propia de las figuras *per adiectionem* aquí analizadas (desde una perspectivas sintáctico-semántica, sin considerar sus aspectos fónicos y rítmicos), responde exclusivamente, en el caso de la acumulación coordinante, a lo que J. Cohen llama 'inconsecuencia' de tipo redundante (no impertinente o zeugmática), hallándose también marcada por la redundancia la gran mayoría de los epítetos anormales registrados en esta obra (tan sólo la cuarta parte de esos epítetos son impertinentes, e inciden, además, principalmente en la *Epístola*).

3. Esas características sintáctico-estilísticas, y sus divergencias en una y otra parte del *DCR*, evidencian, por un lado, las cualidades básicas y generales que diversos autores han puesto de relieve en el estilo de san Agustín: la claridad y expresividad, principalmente. Por otro lado, manifiestan también el carácter relativo o formal y genérico de esas cualidades, material o absolutamente variables a lo largo de la producción literaria agustiniana, en función de sus distintos destinatarios. En cualquier caso, confirma asimismo este estudio la primacía de la 'claridad', también en la práctica, sobre los demás rasgos o cualidades estilísticas generales, en consonancia con la superioridad de las *res* sobre las *uerba*, proclamada por san Agustín en tantos lugares, y también en esta obra.

PERFECTO CID LUNA

Tradición clásica y cristiana
en la *Translatio S. Monicae*, de Mafeo Veggio

Un curioso capítulo de la lectura de los textos cristianos y patrísticos está representado por la admiración suscitada por la figura de San Agustín en el Renacimiento. Mapheus Veggius, famoso por su poema completando el poema virgiliano, el *Supplementum Aeneidos* o *Liber XIII* de la *Eneida*, escrito en 1427, e impreso en las antiguas ediciones incunables de las *Opera Omnia* de Virgilio, años más tarde, en 1455, después de haber ingresado en la orden Agustiniana, dedica uno de sus escritos al hallazgo y traslado de los restos de Santa Mónica, madre de San Agustín, desde el puerto de Ostia a la basílica de San Pablo extra muros, y finalmente a la iglesia de San Agustín, donde se conserva aún hoy.

El texto de la *Translatio S. Monicae* fue publicado de forma póstuma en el año de 1459. La extensión del mismo es relativamente breve, aunque no figura entre los textos patrísticos conservados en las bibliotecas hispánicas y estudiados por G. Loewe, W. von Hartel, Z. García Villada y, más recientemente, por L. Rubio. El texto de la edición incunable se encuentra en la biblioteca del Convento de San Agustín en Roma y fue editado en 1866 por el abate Bougaud.

Un análisis del presente texto permite observar la presencia de una doble tradición clásica y cristiana. Veggio, como canónigo de la basílica de San Pedro, abbreviatore y datario papal, imita la fraseología ciceroniana, típica de los documentos pontificios de la época, e incluso su forma de la prosa, al mismo tiempo que pueden observarse reminiscencias de la epigrafía cristiana y de la lectura de los textos bíblicos y cristianos. A esta doble tradición se une la influencia de la literatura hagiográfica. Concretamente su *imago Sancti Augustini* recoge claras reminiscencias de la tradición medieval representada por San Remigio en su evocación de San Agustín, citado por Jacobus de Voragine en su magna compilación de la *Legenda Aurea*.

TRANSLATIONIS ORDO: MATTEUS VEGGIUS
D. PAPAE EUGENII DATARIUS, SCRIPSIT.

Apud Ostia Tyberina sanctissima Augustini mater Monica ex hac vita migravit, quod divino ita longe prospiciente consilio factum esse credendum est. Nam, cum pervertendi aliquando essent sancti patriae ejus ritus, et instituta immutandaque rerum facies, incolarum studia, haud indignum visum est tam sanctae, tamque de omnibus benemeritae foeminae ossa incuria posteritatis, locorumque malitia deperire. Quare tali melius loco eam defungi non ab re Deus voluit, ubi haberent Christi cultores cuius sacrum corpus venerarentur, venerantesque maiorem ad devotionem, divinumque ad amorem inflammarentur, atque ut magnitudini meritorum eius, par etiam honor, et gloria redderetur cum summum Ecclesiae sanctae culmen, haereticorumque domitorem acerrimum Augustinum precibus illa suis, et lacrymis protulisset. Convenire etiam credidit ut ubi Romae, cum esset utique totius mundi summum culmen omniumque nationum domitrix acerrima, futuris postea quando melius id expedire videretur temporibus, corpus eius aliquando inferretur. Quod ut facilius commodiusque postmodum suo tempore fieret magno simul ante consilio providit, ut non longe illinc illa decederet, ubi translata demum sempiterno aevo sacra eius ossa quiescerent.

Id vero quomodo post tot saecula contigerit —nam praecipue Dei nutu cuncta acta sunt— dicendum est. Anno siquidem Domini Nostri Jesu Christi 1430, Martini vero V, pontificatus anno tertiodecimo, tot transactis saeculis, cum tempus iam advenisse Deus intelligeret, ut populorum devotio, quae satis tunc tepebat, nova magnarum sanctarumque rerum demonstratione excitaretur, misit in mentem cuiusdam Iohannae religiosissimae foeminae, quae, nulli unquam nupta, caste et sancte per omnem aetatem suam ad longos iam annos perducta ex proposito semper ita vixerat, ut persuaderet fratribus Augustiniensibus, qui Romae habitabant, solicitaque admodum et frequens rogaret eos ut corpus beatissimae Monicae, quod certo apud Ostia Tyberina sub altari

sanctae Aurae conditum esse a multis grandioribus natu, maiori-
busque suis saepe audierat, receptum translatumque in urbem
irent. Tandem visum est eis qui regimen aliorum habebant ne desi-
derium pudicissimae foeminae omnino negligeretur. Itaque Ponti-
ficem adeunt, rem exponunt, rogant, supplicant. Suscipiensque
eos audiensque libenter Pontifex annuit plene onestissimis eorum
motis, unde laeti ocyus illi eo proficiscentes, templumque sanctae Aurae introeuntes, quae magna ibi cum incolarum et navigan-
tium devotione colitur, primum altare, quod memoriae eius
dedicatum, in interiori fornice secretius late aperire usque ad
extrema fundamenta magna vi diu aggressi sunt. Nihilque prorsus invenientes, frustrati omni spe, infectoque negotio omnes abie-
runt. Unus tamen remansit qui rem animo altius fixam habebat
perseveranter coepto operi instans, cupiensque, si Deus annue-
ret, quod tantopere attentaverat, perficere. Cum interim senior
quidam incola eius loci magno impetu irruens in eum, quod corpus
sanctae Aurae inde auferre auderet, minas ille pessime intenta-
bat. Quem prudens vir, cum sedato animo dulcibusque verbis se
non quidem sanctae Aurae, sed Monicae matris Augustini, nec nisi
summi Pontificis iussu corpus quaerere dixisset, illico repressit *: 'Quin age, ergo' ille inquit, si tamen beatae Monicae corpus
optas, fac quod libet; sed scito hic frustra tempus conterere, nisi
me fallit quod a maioribus nostris indubitata fide, semper accepi,
hic subtus altum fornicem extructum esse ubi multorum sanctorum suis quinque tumulis posita corpora requiescunt, atque inter
caetera cuius causa nunc tu tantum insudas. Quare rem oportet
te alia aggredi via. Intuere parietes oppositum altari, hunc interius perfodito, atque inde exiens qua depressior extra locus patet,
iterum perfosso eo introito usque ad fornicem quem dixi tibi sub
altari situm esse, is u te etiam perfodiendus erit, in quo et tu quaeris, et quod tibi adfirmavi, sicut maiores nostri tradiderunt, procul
dubio invenies'. Haec cum ille aduisset, magna affectus laetitia,
statim socios advocari fecit qui ad tria iam millia passuum absce-
dentes iter confecerant. Quorum praesentia alacrior etiam factus,
quidquid a seniore illo acceperat narrat eis. Tunc laeti omnes
verba eius opere exequentes, non aliter ut ipse dixerat, invenerunt.
Accensis autem subito cereis, fornicem ipsum subterraneum
ingredientes quinque ibi tumulos marmoreos, ordine dispositos,
intuentur, quorum quilibet apposita plumbea lamina, quid conti-
neret, indicabat. Primus quidem corpus S. Lini papae, secundus
S. Austerii martyris, tertius S. Constantiae, quartus S. Aurae virgi-

---

*   Repressit quin, Age ergo, *Bougaud*, p. 562.

nis, quinctus vero S. Monicae matris Augustini. Porro qui conti-
nebant corpora Austerii et Constantiae tumuli, ambo aqua
limpidissima pleni erant, ubi vero corpus S. Aurae iacebat tumu-
lus, instar auri renitentem aquam servabat. Reliqui nihil liquoris
omnino habebant. Nec mora: exultantes illi meritasque Deo laudes
decantantes, dimissis reliquis corporibus, eduxerunt tumulum,
in quo iacebat corpus beatae Monicae, ac per Tyberim usque ad
basilicam S. Pauli summa cum veneratione detulerunt, quieve-
runtque ibi noctem illam.

Cum interim fama tantae rei totamque urbem implere coepit:
proxima autem die, qua fuit Dominica Palmarum quinto ydus
Aprilis, cum venissent fratres magna cum celebritate, magnoque,
et solemni cum apparatu, et honore deducturi in urbem sanctum
Monicae corpus, mirum quanta ibi confluxerit omnis sexus, omnis-
que aetatis hominum multitudo.

Tantus erat affectus, tantum studium, tam incensa omnibus
videndi, contingendique tantum digito sacrum sarcophagum; unde
et quosdam a demoniis liberatos, nonnullos a lepra mundatos,
alios variis languoribus sanatos fuisse omnibus manifestissime
constitit. Quo magis etiam auctus est conctorum amor, et devotio, factusque maior est undique concursus et exultantium clamor.
Ita Romam perlatum est, collocatumque in templo antiguo
S. Trifonis, quod est contiguum novo templo S. Augustini,
commendatumque curae fratrum Augustinensium. Mansitque ita
usque ad tempora Papae Nicolai V, tunc, Deo volente, impellen-
teque ita animos hominum, templum S. Augustini longe ante deso-
latum magna ex parte per Guillelmum de Estouteville, cardinalem
Rothomagensem, Religionis Augustinianae protectorem, erigi
coepit; atque ibi per Matteum Vegium, Domini Eugenii Papae data-
rium nobilissimum, mausoleum, mira arte et ingenio elaboratum,
magnoque sumptu, et labore comparatum, quale etiam Roma
caeteris suis praeclaris ornamentis merito anteposuerit, fabrica-
tum est. Ubi demum defuncto Nicolao V succedenteque Callis-
to III, in principio eius pontificatus, rursum beatissimae Monicae
corpus IV nonas Maii, quae est dies natalis eius, magno debito-
que cum onore translatum est. Cui non modo libenter annuit Pontifex, sed insuper septem annorum, totidemque quadragenarum
indulgentiam diebus natalium matris Monicae, et filii Augustini
perpetuo aevo daturam concessit, ut omni ex parte dignus tam
praestanti tamque foeminae honor exhiberetur.

LOCI SIMILES

I. AUREAE ET ARGENTEAE AETATIS

Apud Ostia Tyberina	Cf. Cic. De Rep. II, 3, 18.
ex hac vita migravit	Cic. Fin. I, 19, 62.
sancti patriae ejus ritus	Cic. Leg. II, 9, 21; II, 16, 40.
locorumque malitia	Pall. I, 6.
honor et gloria	Cic. Tusc. I, 2, 4; Part. XXIV, 87.
facilius commodiusque	Liv. XXII, 2, 2.
frustrati omni spe	Liv. II, 15, 5.
Quin age, ergo	Ael. Donatus, Commentum
Quin omitte me	Terentii, Phorm. III, 2.

Romae, cum esset utique totius mundi summum culmen omniumque nationum domitrix acerrima.	Liv. I, 16: Roma caput orbis terrarum. Vid. et Prud. Contra Symmachum II, 662: (Roma) ... caput orbis; CIL VI, 29849: Roma, caput mundi.
Cum interim fama tantae rei totamque urbem implere coepit.	Liv. I, 16
confluxerit omnis sexus, omnisque aetatis hominum multitudo.	Liv. XXI, 8, 2; XXII, 7, 11.

II. SACRAE SCRIPTURAE ET LATINITATIS CHRISTIANAE

... quosdam a demoniis liberatos.	Math. 9, 18: 20-21; Math. 9, 18: 32-34; Math. 10, 8; 12: 22-30; 8, 28-34; 8, 14-17. Marc. I, 32-34; 7, 24-30; 9, 14-29. Luc. 4, 41-37; 8, 26-39; 11, 14-23; 17, 11-19.
nonnullos a lepra mundatos.	Mat. 8, 1-4; Marc. I, 40-45; Luc. 5, 12-16.
alios variis languoribus sanatos.	Marc. I, 32-34; Luc. 4, 40.
dies natalis.	Paulin. de Nola, Carm. XXI, 171.

III. MEDII AEVI

Summum Ecclesiae sanctae
culmen, haereticorumque
domitorem acerrimum
Augustinum.

S. Remigius, apud Jacobum de
Voragine, *Legenda Aurea*
s.v. *Augustinus.*

J. CLOSA FARRES

BIBLIOGRAFIA

I. G. A. Consonni, *Un Umanista agiografo, Maffeo Vegio da Lodi* (Ravenna, 1909); F. X. Eggersdorfer, 'Maffeo Veggio', en *Lexikon für Theologie und Kirche* (Freiburg im Breisgau, Herder, vol. X, 1938) col. 518-519; A. Gambaro, 'Maffeo Veggio', en *Enciclopedia Italiana di Scienze, Lettere ed Arti* (Roma, Istituto della Enciclopedia Italiana, 1950).

II. A. Cox Brinton, *Mapheus Vegius and his Thirteenth Book of the Aeneid* (California University Press, 1930); W. S. Maguinness, 'Maffe Veggio continuatore dell'Eneide', en *Aevum,* 42 (1968) 478-485; G. E. Duckworth, 'Mapheus Veggius and Vergil's Aeneid. A metrical comparison', en *Classical Philology,* 64 (1969) 1-6; J. Closa Farrés, 'Vergilius, Poeta Latinus: Virgili en els Humanistes Hispànics', en *Bimillenari de Virgili* (Universitat de Barcelona, Sociedad Española de Estudios Clásicos, 1983) 153-161.

III. Abbé Bougaud, *Histoire de Sainte Monique* (París, 1866, 1875, 7ª ed., 1914, 14 ed.).

IV. *Mattheus Veggius Translationis S. Monicae* (Romae, Typis Francisci de Cinquinis, 1459).

V. Ferdinand Gregorovius, *Geschichte der Stadt Rom im Mittelalter vom V bis zum XVI Jahrhundert* (Stuttgart, Gotta, 1886); S. J. Engelbert Kirschbaum, *Las Tumbas de los Apóstoles. Confrontación arqueológica en los fundamentos de la Cristiandad* (Barcelona, Argos, 1959); Arthur L. Frotingham, *The Monuments of Christian Rome from Constantine to the Renaissance* (New York, Macmillan, 1908).

Terminología sobre relaciones de dependencia en la *Vita Sancti Emiliani* de Braulio de Zaragoza

Proyecto de investigación

El desarrollo en la década de los 70 de los estudios sobre la esclavitud en el mundo antiguo impulsó la creación de grupos de trabajo internacionales que se especializaron en dicha temática. Fruto de estos momentos es la constitución del GIREA (Groupe International de Recherches sur l'Esclavage dans l'Antiquité) con sede en el Centre de Recherches d'Histoire Ancienne de Besançon. Actualmente se puede hablar de tres focos de trabajo: en Besançon, Lecce y Madrid (Departamento de Historia Antigua de la Universidad Complutense). Desde los comienzos surgió la idea de crear un «Indice Temático» que permitiera codificar toda la información sobre la dependencia existente en la literatura clásica.

Desde 1969 se ha venido trabajando sobre oradores áticos, Cicerón y Marcial, perfeccionándose poco a poco el Indice, que ya aparece fijado como proyecto de investigación en el trabajo de C. Pérez sobre la Correspondencia de Cicerón [1]. Seguidamente se ha ampliado el campo de actuación a numerosos autores, que van siendo estudiados en sucesivas tesis doctorales; de estos trabajos se puede disponer a través de las actas de los Coloquios del GIREA [2]. La aportación española nace más recientemente, de la mano del Profesor D. Domingo Plácido Suárez, en el Departamento de Historia Antigua de la Universidad Complutense. El

---

1 C. Pérez, *L'Index de la Correspondance de M. Tullio Cicero* (Paris 1984).
2 Especialmente *Index*, 10 (1981) y 11 (1982).

núcleo español del GIREA se ha visto potenciado con la celebración en Madrid del «Congreso sobre esclavos y semili-
bres», en colaboración con el GIREA, así como a través de
cursos de Doctorado.

Fundamentos

El esquema inicial del Indice nace de la voluntad de
incorporar toda la información posible a un sistema de coordenadas numéricas que permitan el acceso a su consulta.
Por tanto, el Indice se compone de una serie de claves numéricas *(categorías operativas)*, agrupadas a su vez en *categorías clasificatorias* y éstas, finalmente en *sectores temáticos*.
Estos últimos son los siguientes:

I. Esclavos/dependientes y estructuras económicas:
    fuerzas productivas.
II. Esclavos/dependientes y relaciones de producción.
III. Esclavos/dependientes y prácticas sociales.
I V . Ideologías ligadas a la existencia y al funciona-
    miento de la esclavitud/dependencia: prácticas y
    sistemas.

Su principal característica es ser una clasificación
ampliable y *divisible,* lo que confiere la máxima flexibilidad
al trabajo.

Nuevas aplicaciones

El interés de esta comunicación reside en abrir nuevos
campos de aplicación para el Indice. En este caso se trata
de la *Vita Sancti Emiliani* de Braulio de Zaragoza; de esta
forma se intenta el acercamiento a un texto no clásico, con
la introducción de una nueva problemática en los estudios
basados en el Indice. El punto principal radica en el alejamiento de la sociedad altomedieval respecto de la esclavista
que la precedió, para la cual se pensó inicialmente el Indice.

El autor

Braulio de Zaragoza nació a fines del siglo VI, en el seno
de una poderosa familia hispanorromana, probablemente

vinculada al nordeste hispánico, y con cierta tradición de relación con los más altos cargos eclesiásticos. Recordemos que es un período en que tiende a afianzarse el papel de la Iglesia como gran aparato político y socio-económico. De entre sus familiares hay que destacar a su padre, Gregorio, probablemente obispo de Osma; su hermano Juan, obispo de Zaragoza y predecesor en esta sede de Braulio, y otro hermano, Fronimiano, vinculado, aunque de forma poco clara, al santuario de San Millán. Desde ca. 630 ocupó la sede cesaraugustana, parcipando en los Concilios IV, V y VI de Toledo. Murió en torno a 650. Braulio escribió la *Vita Sancti Emiliani* entre los años 635 y 640, a partir de los testimonios de testigos presenciales de los milagros del santo, que le fueron remitidos por su hermano Fronimiano. Al enfrentarse a la obra hay que tener presentes los siguientes datos:

— El autor pertenece a las clases dirigentes de la sociedad hispanovisigoda.
— Se trata de un eclesiástico importante, que además se mantiene bastante próximo a los puntos de vista «oficiales» sobre los problemas de la Iglesia de su época.
— Tiene una importante formación literaria.
— Escribe sobre hechos que no conoció, para darles una fijación definitiva que hay que suponer agradable a la jerarquía y favorable a los religiosos que ocupan el santuario riojano a la muerte de Emiliano. Ello le lleva a restar agresividad a algunas actitudes del ermitaño y a llenar su actuación de providencialismo.

Léxico social en la Vita Sancti Emiliani

En el texto aparecen numerosos vocablos que hacen referencia al status social, aunque no todos ellos implican una relación de dependencia [3]. Hemos prescindido de la

---

3 Una clara limitación del Indice es que sólo permite analizar los términos que expresan sometimiento a dependencia, no los que indican una situación social que implica la existencia de dependientes.

terminología social referente a los dominadores, para centrarnos en aquellos vocablos que designan a un dependiente, ya sea por su sentido intrínseco o por la forma de ser utilizados por Braulio. El Indice establece una casuística muy compleja para analizar el empleo de cada término en cada momento. Con el objeto de facilitar la exposición, ofrecemos una clasificación simplificada en tres grupos:

— Vocabulario que expresa una dependencia en sentido estricto.
— Vocabulario propio de la dependencia utilizado en sentido figurado.
— Vocabulario propio de las estructuras eclesiásticas.

Discipulus (VSE, 9). En su acepción clásica se relaciona con el pupilo, el aprendiz. Su referencia a la dependencia personal es de carácter incierto. En la VSE no se trata de una dependencia de tipo jurídico, pero establece una serie de relaciones más o menos definidas a nivel personal; la relación maestro-discípulo lleva aparejada otra serie de prestaciones (ver *famulatus*).

Famulatus (VSE, 11). En época clásica se refiere al sirviente, al criado servil. En la VSE expresa la subordinación de Emiliano al ermitaño Félix, la cual incluye servicios domésticos. Se trata de formas de dependencia muy laxas, de tipo pactual, que pueden ser disueltas por iniciativa de cualquiera de ambos; pero no podemos olvidar que Braulio lo expresa con un término estrictamente servil.

Hospes (VSE, 11). En sentido clásico es el huésped, el extranjero, lo que determina una dependencia bilateral aun en estudio [4]. Su contenido de dependencia se acentúa hasta llegar a designar una relación de hospicio cada vez más próxima al patronato. En la VSE el empleo metafórico que de él se hace limita bastante su significatividad.

El espacio disponible nos obliga a limitar las referencias bibliográficas al mínimo, así como el aparato crítico en general.

4 La edición de la VSE utilizada es la de L. Vázquez de Parga, *Sancti Braulionis Caesaraugustani episcopi Vita Sancti Emiliani* (Madrid 1943).

Presbyter (VSE, 12). El «officium presbiterii» implica una dependencia jerárquica respecto del obispo que la legislación canónica no deja de reforzar. Pero en este caso tenemos una utilización de la dependencia doblemente significativa, puesto que en época visigoda el eremitismo es un fenómeno de gran difusión pero marginal en la medida en que rechaza ser incluido en las estructuras oficiales; la jerarquía promueve esta asimilación, generalmente ordenando presbítero al eremita. Este caso es especialmente difícil de valorar a través del Indice porque el sometimiento a dependencia no supone un descenso de status social; por el contrario, Emiliano pasa a dirigir una parroquia, teniendo incluso clérigos subordinados a él. Todo ello indica que la dependencia personal ha dejado de ser (si es que alguna vez lo fue plenamente) el simple esquema libre-dependiente o dominus-servus/libertus, para ser un fenómeno más jerarquizado y con más matices que hay que valorar.

Ancilla. En época clásica se refiere a la esclava joven o de corta edad. En la VSE funciona como el femenino de *servus.*

Uso estricto (VSE, 18). Se refiere evidentemente a una dependencia *dominus-ancilla,* aunque sus posibles matices se nos escapan.

Uso metafórico (VSE, 30). Es un claro ejemplo de la contraposición *dominus-servus* considerada como el elemento básico de la organización social, siendo objeto de una transposición hacia expresiones de tipo religioso, expresando la relación hombre-Dios. En este caso designa a personas que se han consagrado a la vida religiosa *(ancillae Dei).*

Clericus. Es un término que en el final de la Antigüedad incorpora al sentido religioso otro de características económicas, en relación con la explotación de la tierra. En el texto la expresión «clerici sui» no deja lugar a dudas sobre su sentido de dependencia.

Servus. Es el término latino por excelencia para la esclavitud personal e individual, base de las sociedades griega y romana. Se opone, explícita o implícitamente, al hombre libre y, sobre todo, al ciudadano, al que se liga por relaciones de dominación y posesión. Sin embargo, la riqueza conceptual de estos términos va más allá de la referencia al status jurídico servil dentro de la sociedad esclavista. En la VSE es el término que aparece más frecuentemente y su variedad de matices proviene tanto de la época clásica como del devenir histórico posterior.

Uso estricto (VSE, 14). Se trata de una comparación múltiple contraponiendo las figuras de Emiliano y Cristo. Es un ejemplo magnífico de la utilización del vocabulario de la dependencia con contenido religioso, pero el campo de aplicación es estrictamente esclavista.

(VSE, 20). Designa a Sibila, siervo de un tal Tuentus, que fue llevado hasta Emiliano «a suis» para ser exortizado. Al no tratarse de un texto técnico Braulio aplica las categorías que le son más familiares. Pero, teniendo en cuenta que no se nos dice nada sobre el rango social de Tuentus (dato que sí se ofrece para otros *domini*), y que es conocida la tendencia de los autores hispánicos a aplicar *servus* a situaciones de colonato o clientela *(obsequium)*, podemos sospechar que no se trate estrictamente de un siervo, sino más bien de un dependiente que permanece en un sistema de predominio de lazos comunitarios parentales o territoriales.

(VSE, 21). Se trata de un servus perteneciente al comes Eugenius. Por el rango de éste se puede considerar como una relación estricta *dominus-servus*.

Uso figurado (VSE, 30). Indica la teórica relación de dependencia de Emiliano *(Christi servus)* respecto de Cristo, como ya se ha visto.

(VSE, 30). *Christi servi* designando genéricamente a los que siguen a Cristo.

Diaconus. En época clásica significa auxiliar, sirviente. en la VSE no se trata de léxico específico de la dependencia, sino de un cargo eclesiástico de nivel inferior. Es una muestra de que la Iglesia se jerarquiza a base de relaciones de dependencia. Como en un caso anterior (vid. *presbyter*) es un sometimiento a dependencia que implica un áscenso social, y la liberación un descenso.

Nuntius (VSE, 24). En sentido clásico, el comunicante en relación con lo sagrado. En la VSE es una dependencia en sentido estricto, pero sin detallar el estatuto jurídico de los dependientes, que podría ser una esclavitud de tipo doméstico o una dependencia de tipo clientela o séquito personal.

(VSE, 33). El empleo es muy semejante, pero al ser Emiliano quien envía el nuncio podemos prescindir del contenido puramente servil.

Mercenarius (VSE, 26). Refleja una importante variación semántica, desde el guerrero a sueldo en época clásica a, posteriormente, el individuo que trabaja por una paga. Hay que tener en cuenta que el trabajo asalariado es en esta época un fenómeno muy marginal y que siempre indica un margen de dependencia. Se trata de una dependencia en sentido estricto, pero de carácter incierto.

Mendicantes (VSE, 27). Se refiere a una multitud de pordioseros, pero en un contexto de dependencia efectiva, aunque laxa. El mismo término «limosna» indica dependencia: «poscentes consuetas subsidii stipem».

Mancipatum (VSE, 21). Procede de *mancipium*, término genuinamente esclavista que en esta ocasión se emplea en sentido figurado para aludir a un siervo poseído por el demonio *(diutina invasione sibi eum haberet mancipatum)*. Esta posesión convierte al demonio en su nuevo amo. El exorcismo de Emiliano restablece tanto la salud espiritual del siervo como el orden socialmente deseable.

Minister (VSE, 29). Designa genéricamente a los ayudantes de Emiliano en sus predicaciones y en las relaciones con los fieles, encerrando un contenido de dependencia laxa. Es un papel semejante al de los clérigos (vid.) y el presbítero, pero en un contexto mucho menos formalizado (aunque no hay que olvidar que estamos en la fase de apogeo e institucionalización de las actividades de Emiliano).

Conclusiones

1. Desde el punto de vista metodológico hay que plantearse la validez del Indice para un texto de época visigoda.

Por una parte, hay un problema de *casuística,* puesto que en esta época se dan situaciones nuevas no previstas en el Indice. Por otra parte, existe una dificultad de *concepto.* El Indice parte de una distinción bipolar entre el libre y el dependiente que se adapta mal a situaciones menos formalizadas, como la dependencia en el marco de sociedad gentilicias o en un universo de dependiencias jerarquizadas. Esto exige más bien el replanteamiento de algunos bloques del Indice para que al consignar estos casos no se pierda buena parte del contenido.

2.   En cuanto al léxico de la VSE, refleja las categorías propias de la élite social hispanovisigoda, apareciendo términos genuinamente esclavistas aplicados a situaciones dudosas. Por otra parte, al ser el autor un eclesiástico, se explica la tendencia a utilizar giros retóricos que reflejan los esquemas de la jerarquía eclesiástica.

3.   En cuanto a las novedades terminológicas por comparación con los textos clásicos podemos distinguir: *a)* Vocablos referentes estrictamente a la dependencia cuyo uso se mantiene. *b)* Vocablos que comportan un margen de confusión, a menudo ya desde época clásica. *c)* Como novedades, la generalización de términos de la dependencia aludiendo a situaciones espirituales y la difusión de vocabulario específicamente eclesiástico, con un contenido de dependencia jerárquica.

4.   Finalmente hay que insistir en la necesidad de prodigar estos estudios para facilitar el análisis comparativo. Así se puede, al mismo tiempo, ir perferccionando el Indice como instrumento de trabajo y profundizar en el vocabulario social de la época visigoda [5].

JULIO ESCALONA MONGE
TOMAS RODRIGUEZ CEREZO

5   Este trabajo es un resumen de un estudio más amplio que ha sido recientemente publicado: Escalona Monge, J., y Rodríguez Cerezo, T. M., 'El Léxico sobre relaciones de dependencia en un texto de época visigoda. Un ensayo metodológico', *Studia Historica. Historia Antigua,* vol. VI (Salamanca 1988) pp. 201-210.

Recordatio iocorum tempore dolendi
(Sidonio Apolinar *Ep.* 8, 11, 2)

En el canto V del Infierno se encuentra una de las más conocidas escenas de la obra maestra de Dante: el encuentro con los enamorados florentinos Paolo y Francesca; es ella la que, a la pregunta del poeta, hace el relato de su historia de amor, iniciado con la reflexión:

'Nessun maggior dolore
che ricordarsi del tempo felice
nella miseria, e ciò sa il tuo dottore' (vv. 121-123)

A quién puede referirse Francesca como el *dottore* de su interlocutor, el poeta, es una cuestión no del todo resuelta, ya que si Virgilio es el maestro por excelencia para Dante, y a él se refiere, en general, con el término *dottore,* las primeras palabras de Francesca tienen un paralelo textual más próximo en Boecio (Cons. 2, pr. 4): *infelicissimum est genus infortuni fuisse felicem;* y Boecio aparece también como una autoridad para Dante, aunque no en el grado que Virgilio [1].

Ciertamente hay en la escena de la *Divina Comedia* claras resonancias de la *Eneida:* de la pregunta de Dido a Eneas, al final del libro 1, y de la respuesta de éste, el relato de sus desventuras, precedido de la queja por el dolor que el propio relato significa para él (2, 3 ss.):

---

[1] Las ediciones con comentario sobre este punto y referencias bibliográficas a la familiaridad de Dante con el *De consolatione* son, entre otras, la de B. Lombardi, *La divina Commedia* (Florencia 1830) y A. Fortescue, *Boethius. De consolatione Philosophiae* (Londres 1925).

Infandum, regina, iubes renouare dolorem,   3
Troianas ut opes...
                    ... quis talia fando   6
temperet a lacrimis?...   8
sed si tantus amor casus cognoscere nostros   10
incipiam   13

Del mismo modo Dante pregunta a Francesca, y ella, tras ponderar el dolor del recuerdo de su antigua felicidad, accede, como Eneas, a la instante súplica, y se dispone a iniciar el relato:

'ma se a conoscer la prima radice   124
del nostro amor tu hai cotanto affetto,
farò come colui que pianse e dise'   126

Es en este punto donde el pasaje, virgiliano en su enfoque, presenta además paralelos textuales con el modelo:

— *dolorem* al final de verso / 'dolore' ya en el 121;
— transición adversativa: *sed / ma;*
— léxico: *cognoscere / conoscer*
            tantus amor / cotanto affetto
            nostros / nostro;
— colocación del verbo en primera persona de futuro al comienzo de verso: *incipiam / farò.*

Además, 'la prima radice' se corresponde con la petición de Dido (1, 753): *a prima dic, hospes, origine;* y en 'farò come colui que pianse' se recuerda expresamente el llanto de Eneas: *quis... temperet a lacrimis?* [2].

Incluso creo que *talia fando* es similar a 'ciò sa' (complemento neutro pronominal de un verbo de decir/saber) y suponen un cierto descenso en el tono patético del texto, una objetivación al introducir comparativamente otros sujetos: *quis* / 'il tuo dottore'.

No oculta Dante, por tanto, el modelo épico que está

---

2   B. Kytzler, en *Gedenkenschrift Rohde* (Tübingen 1961) pp. 151-168 'Das früheste Aeneis-Zitat' analiza estos pasajes desde el punto de vista de la tradición épica (pp. 162-4).

siguiendo, y en ambos relatos ocupa el mismo lugar, el primero, en el comienzo de las palabras puestas en boca de los respectivos personajes, la queja del dolor del recuerdo.

Se distancian en ella, sin embargo, los dos autores, en la expresión y en el concepto. Las palabras de Eneas-Virgilio son expresivas del dolor de su alma —no hace falta recordar los recursos de este verso: la selección de las palabras *infandum, dolorem, renouare;* la ordenación del verso, con el verbo central, la asociación adjetivo-substantivo a principio y fin de verso, la aliteración en la segunda y penúltima palabra; el juego de cesuras— y ese dolor consiste en la repetición del dolor anterior. (Incluyen, por otra parte, una sinopsis del relato, que no hay en Comedia). El dolor de Francesca en Dante es un dolor presente, que se agrava por el contraste con una felicidad anterior, y está anunciado, definido, en términos apodícticos, objetivos, con una sentencia de carácter general.

Es en ésta donde se da la coincidencia con Boecio, también paciente de una caída en desgracia, que define su situación con una similar sentencia; la coincidencia de Boecio y Dante es fundamentalmente conceptual, ya que el lenguaje de sus respectivas obras es diverso, por la diferencia de géneros (prosa dentro de un *prosimetrum* filosófico, frente a poesía épica); este hecho da mayor fuerza a los paralelos textuales: *a)* fórmula superlativa inicial, aunque muy distinta por la expresión negativa en Dante; *b)* ordenación de conceptos: infortunio-pasado-felicidad; *c) felicem / felice.*

Por eso creo que en definitiva es clara la referencia boeciana, sin que ello obste para que 'il tuo dottore' sea, como en la mayoría de los casos en la Comedia, referencia a Virgilio, claramente presente también aquí como modelo.

Con estos dos textos quiero comparar el de Sidonio Apolinar, que en el comienzo de una carta bastante grave hace, sin embargo, un tímido gesto de humor amistoso que él mismo limita con la reflexión: *quamquam intempestiua uidetur recordatio iocorum tempore dolendi* (*Ep.* 8, 11, 2). Aunque en prosa, y con una diferencia conceptual —en Sidonio no hay superlativo, sino un comedido *intempestiua uidetur* 'parece inadecuada'—, hay un claro paralelismo formal con el uso dantesco:

— *recordatio iocorum / ricordarsi del;*
— *tempore / tempo;*
— *tempore* ablativo / *nella;*
— ordenación de conceptos: pasado-felicidad-dolor presente: *recordatio-iocorum-dolendi / ricordarsi-felice-miseria* (en Boecio, la referencia al pasado era menos clara: *fuisse,* y faltaba la segunda mención de la desgracia).

Por otra parte, Dante emplea la expresión *tempus amarissime penitendi,* y el adjetivo *tempestiuae,* en una carta 6, 19, 26 de tema y tono similar a la 7, 7 de Sidonio, y podrían encontrarse ciertos paralelos en la correspondencia de los dos autores, como para hacer pensar que, aunque Sidonio no es citado por Dante, sí debió leer sus cartas.

El texto de Dante parece, pues, refundir dos expresiones distintas de una sentencia que en boca de Francesca es la repetición de un *topos;* es una afirmación conocida, acuñada, la que ella repite, y por eso puede ejemplificarla con el texto virgiliano implícitamente citado, además de referirla a su propio caso. La versión de Sidonio, la más temprana de las tres, y a la que no he encontrado un precedente completo, parece tener a su vez ya un tono tópico, y en ella hay elementos que pueden remontarse a distintos géneros y autores.

La reflexión sobre el bien perdido aparece ya en Plauto: *tum denique homines nostra intellegimus bona / quom quae in potestate habuimus ea amisimus* (*Capt.* 142-3); conocemos algo como bueno precisamente al haberlo perdido. En Ovidio aparece la idea, más optimista, de que es agradable el recuerdo del buen tiempo pasado: *iuuat o meminisse beati temporis* (Met. 7, 997), con el uso de la expresión *beatum tempus,* semejante a 'tempo felice'.

Pertenece al campo de la reflexión filosófica el tratar sobre el bien y el mal —el sumo bien y el sumo mal, en relación con la expresión superlativa de Boecio y Dante— que los epicúreos ponían en el sentimiento subjetivo de placer y dolor, según Cicerón: *Epicurus uoluptatem summum bonum esse uult summumque malum dolorem* (de fin. 1, 29). El estoico Séneca se refiere repetidamente a las consecuencias dolorosas del placer, indebido o no duradero: *fit infeli-*

cis animi praua uoluptas dolor (dial. 6, 1, 7); *destitutae cupiditatis dolorem (dial.* 9, 13, 3).

También San Agustín trata de la asociación de dolor y alegría, en *Ciu.* 14, 7, citando precisamente el verso de la *Eneida* (6, 733): *dolent gaudentque,* y, por otra parte, del dolor del bien perdido, como probatorio de la presencia del bien: *Nisi enim bonum relictum esset, bonum amissum dolere non posset. ... ita dolor amissi boni in supplicio testis est naturae bonae (Ciu.* 19, 13).

Santo Tomás, que cita a Aristóteles *(Philosophus in II Rhet.)* resuelve la contradicción entre recuerdo feliz por poseído y doloroso por perdido: *ad quantum memoria praeteritorum bonorum, inquantum fuerunt habita delectationem causat, sed inquantum sunt amissa causat tristitiam (Summa* 2, 2, 36, 1).

Por otra parte, en Dante la reflexión sobre el dolor está puesta en boca de la enamorada Francesca, y por tanto llevada al terreno del amor. La asociación de dolor y amor es característica de los líricos, particularmente los elegíacos latinos: *quicumque solent in amore dolores (Prop.* 3, 20, 27); *curaque et, in magno qui fit amore, dolor* (Ov. *ars* 1, 736). También Sidonio habla del amor como un dulce veneno y un deseado dolor: *dulcique ueneno / tactus uotiuum suspirat corde dolorem (Carm.* 11, 63-4); la identificación, no expresa en Dante, pero contextualmente realizada, de la felicidad con el amor feliz en el recuerdo, y la desgracia con el sufrimiento amoroso, se dará en formulaciones posteriores del concepto.

En cuanto a la caracterización del tiempo con las notas de felicidad o tristeza —por medio de adjetivos: *beatum,* como en el ejemplo de Ovidio, *maestum;* genitivos: *doloris, dolendi*— se da en las letras latinas, pero el refuerzo de la idea de un 'tiempo de gozar' distinto del 'tiempo de sufrir' viene sin duda del Eclesiastés, citado parcialmente por Dante: 'Tempo è da parlare e tempo è da tacere' *(Conv.* 4, 2, 8). Abundantes sentencias medievales confirman la vigencia de esta idea [3]: *tempora transibunt et gaudia vana peri-*

---

3 Tomadas, con la correspondiente numeración de H. Walther, *Lateinische Sprichwörter und Sentenzen des Mittelalters* (Göttingen 1963-9).

bunt (31219); *tempora passiva fugiunt redeuntque dativa* (31211); *tempora gaudendi sunt tempora certa dolendi* (31198); *tempore tu leto, quae sunt adversa caveto* (31241), etcétera.

En la literatura hispánica-romance el tópico se reaviva en el prerrenacimiento, por influencia sin duda de Dante, pero hay sin duda también un fondo común de ideas 'medievales' que proceden, a su vez, de la transmisión de los 'últimos latinos' (Sidonio, Boecio), que es el campo abonado para la recepción de la semilla dantesca y que produce una cosecha en la que se hibridan elementos anteriores. Creo que así puede verse en las palabras que el Marqués de Santillana pone en boca de Macías 'o Namorado', en el «Infierno de los enamorados», que sigue el modelo de la *Divina Comedia:* «la mayor cuita que haber / puede ningún amador / es membrarse del plazer / en el tiempo del dolor» (Infiermo de los Enamorados, estr. 62).

La dependencia de la *Divina Comedia* es directa: el poeta visita un infierno alegórico, distingue una sombra que luego resultará la de un compatriota, la interroga, y ella responde con la reflexión consabida sobre el mayor dolor, el recuerdo, el sufrimiento. Pero en su fórmula hay alguna renovación de la de Dante, que presenta otros elementos tradicionales: el dolor y placer del amor expresos en el término 'amador', y el 'membrarse del plazer en el tiempo del dolor', más semejante a la *recordatio iocorum tempore dolendi* sidoniana que al 'ricordarsi del tempo felice nella miseria' dantesco.

Del propio Macías es una canción que tiene como estribillo: «Ben puede Deus faser / tras gran pesar, plaser», donde el tópico placer-dolor se trata, admitiendo como milagro divino la sucesión inversa [4].

En las Coplas de Jorge Manrique se repite el tema, sin la connotación amorosa: «cuán presto se va el plazer, / cómo después, de acordado, da dolor», y (sin pretender agotar las

---

4   *Cancionero de Baena*, ed. J. M. Azáceta (Madrid 1966) p. 310. Macías, probablemente el poeta más antiguo del Cancionero (vid. A. Valbuena *Historia de la Literatura Española*, t. I, p. 213) debió escribir a mediados del XIV; teniendo en cuenta que la primera edición de *La Divina Comedia* es de 1321, y que la propia figura de Macías personifica el sufrimiento de amor, más que la influencia dantesca su tratamiento del tópico parece confirmar la existencia de una línea tradicional.

ocurrencias hispánicas del tópico) el propio Cervantes, en el *Coloquio de los perros,* hace decir a Berganza: «¡Ay amigo Cipión, si supieras cuán dura cosa es de sufrir el pasar de un estado felice a un desdichado!» con una fórmula bastante similar a la de la *Comedia,* pero sin superlativo y devuelta a un texto en prosa, como las cartas de Sidonio, que Cervantes conocía [5].

Mª CONCEPCION FERNANDEZ LOPEZ

5 Comparar la descripción repugnante de la carta 3, 13, 8, y su utilización por Cervantes en otro pasaje del Coloquio (p. 305 de la ed. de Clásicos Castellanos): *Taceo uentris inflexi pendulos casses parti genitalium, quia debili, bis pudendae turpibus rugis turpius praebere uelamen* y 'con la barriga, que era de badana, se cubría las partes deshonestas, y aún le colgaba hasta la mitad de los muslos'.

¿Vino nuevo en odres viejos? Expresión de un conflicto a principios del siglo V

Es bien sabido que, a comienzos del siglo V, las invasiones en varios puntos del Imperio y la amenaza ante Roma de los pueblos llamados bárbaros se hacen cada vez más inquietantes. En 402 Estilicón vence a Alarico en *Pollentia*, batalla que tendrá repercusión literaria en obras dispares [1]. No menos significativas de los nuevos tiempos son las distintas reacciones que aquella situación, unida a las no tan viejas fuerzas religiosas imperantes, provocaba en los estamentos de los estamentos rectores de la sociedad: funcionarios, obispos, escritores, sin contar la masa sufridora del pueblo que había de soportar bien directamente los efectos sangrientos de razzias y devastaciones. Buen ejemplo de ello es el propio Rutilio (1, 412 ss.). En resumen: ante el peligro inminente y tan cercano a la capital del Imperio (o capitales) de los ataques bárbaros y ante las posturas de gobierno enfrentadas que les tenía que hacer frente, ¿cómo reaccionar? ¿Aferrándose al pasado glorioso sin racionalizar, por así decir, los problemas, y sin tener en cuenta la fuerza nueva que la nueva religión representaba?, ¿o bien intentar un camino nuevo y abierto —en la medida en que fuese posible, claro es—, más acorde quizá con el Universalismo que, literal y literariamente, se predicaba? Intentemos ver cuál fue dicha reacción, poniendo a Estilicón de por medio, sin detenernos en su figura o su gobierno, y a uno y otro lado a Rutilio Namaciano y a Prudencio.

En la segunda parte del *De reditu suo* (o *Iter Gallicum*) Rutilio arremete contra Estilicón, al que llega a calificar de

---

1   Vid. Claudiano, *De bello gothico*, 202, 281; Prudencio, *C. Sym.* 2, 720.

traidor: *Quo magis est facinus diri Stilichonis acerbum / proditor arcani quod fuit imperii* (41-43).

Recordemos que, después de lo que supuso el gobierno de Eugenio, los primeros años de Estilicón también se caracterizaron por cierto acercamiento a los círculos rectores paganos en vistas a una posible restauración del orden antiguo, e indicio de ello es que Claudiano se convierte en cantor de corte, sin que quepa rechazar que el poeta de Egipto haya sido pagano [2]. Estilicón se mueve dentro de la órbita del poder cristiano, como continuador de la voluntad de Teodosio, que invitaba a la aristocracia pagana a convertirse, tras su victoria sobre Eugenio. Y aquí procede situar a Rutilio frente a lo que representaba para él el Cristianismo. Más aún que en el caso de Claudiano, hoy parece estar fuera de duda que el poeta galo no fue cristiano [3], aunque ello no requiere decir que no conociese bien, hasta cierto punto, qué suponía el cristianismo y los textos cristianos [4].

Fijémonos en los del poeta galo: en I, 387-390 leemos: *reddimus obscenae convicia debita genti, / quae genitale caput propudiosa metit, / radix stultitiae, cui frigida sabbata cordi, / sed cor frigidius relligione sua.* Parece que el poeta pueda referirse, *sensu lato,* también a los cristianos con ese apóstrofe, en que habría que ver una alusión a san Pablo [5]. De otro lado, cabe pensar que aquí Rutilio se ponía a cubierto frente a textos cristianos más cercanos, antipaga-

---

2 Sea cual sea la opinión que nos merezca Estilicón, lo cierto es que, en vida del general y regente, Alarico no tuvo nada que hacer militarmente. Muerto aquél, el segundo tuvo el campo libre. La eliminación de Estilicón significó el fin de la posible política de equilibrio entre romanos y bárbaros, y al menos la desaparición del dique que podía poner coto a los eventos tal como se sucedieron.

3 Puede concluirse al menos de los motivos siguientes: 1) el peso en su obra de la «superestructura» mitológica; 2) su admiración de los templos paganos, tan distinta en el tenor a la de Prudencio; 3) su curiosidad por el teatro y el circo; 4) su interés por las antiguas vivencias religiosas; 5) su fe en la *dea Roma* y la exaltación de los libros Sibilinos; 6) sus amistades, todas ellas paganas; 7) el trato dado a Dios en el paso contra los judíos; 8) el tono de su ataque a los monjes.

4 Parece estar comprobado que Rutilio haya conocido algunos libros del *De ciuitate Dei* de san Agustín, aunque probablemente no todos los libros que aduce A. Cameron, 'Rutilius Namatianus, St. Augustine and the date of the «De reditu»'', RS 57 (1967) p. 32;P. Courcelle, *Histoire littéraire des grandes invasions germaniques* (Paris 1964) p. 105, n. 4. Desde luego, no hay duda de que conoce la religión judía y la cristiana, lo cual era natural en su tiempo, aunque no se fuese cristiano.

5 Cf. I. Lana, *Rutilio Namaziano* (Turín 1961) p. 169.

nos por lo que afecta a la *ciuitas terrena* [6]. No entraremos
aquí en los motivos de la diatriba contra los judíos. Pero,
en relación con lo que suponía la nueva fuerza cristiana en
los círculos rectores del poder, sí debemos traer a colación
otros dos pasajes de Rutilio en los que se ataca agresiva-
mente a los monjes, a quienes podemos considerar blanco
de las iras del poeta en tanto, al menos, en cuanto integran-
tes del ala intransigente [7] de la nueva ideología que, curiosamente, va a coincidir en la actitud que el propio Rutilio
ostentaba hacia los bárbaros. Ello no descarta el que, al
mismo tiempo, Rutilio no haya entendido el sentido espiritual del camino vital de aquellos estrictos cristianos.

Veamos los pasajes. El primero se nos presenta al quinto
día de travesía: *squalet lucifugis insula plena viris. / Ipsi se
monachos Graio cognomine dicunt, / quod soli nullo vivere
teste volunt. / Munera fortunae metuunt, dum damna veren-
tur: / quisquam sponte miser, ne miser esse queat? / Quae-
nam perversi rabies tam stulta cerebri, / dum mala formides,
nec bona posse pati? / Sive suas repetunt factorum ergastula
poenas, / tristia seu nigro viscera felle tument. / Sic nimiae
bilis morbum assignavit Homerus / Bellerophonteis sollicitudinibus; / nam iuveni offenso saevi post tela doloris / dicitur humanum displicuisse genus* (1, 440-452).

Tras proseguir un tanto su navegación hacia Nordeste,
y topar con la isla de Urgo, añade Rutilio: *adversus scopu-
lus, damni monumenta recentis: / perditus hic vico funere
civis erat. / Noster enim nuper iuvenis maioribus amplis / nec
censu inferior coniugiove minor / impulsus furiis homines
terrasque reliquit / et turpem latebram credulus exul agit. /*

___

6 Cf. san Agustín, *Ciu. Dei* 3, 17-19; cf. san Pablo, *1 Cor.* 1, 21, 25; cf. san Agustín, *Sermones* 52, 12, 18; san Ambrosio, *Epistulae* 40, 11.
7 O ala «izquierda», como los denomina Mazzarino, al referirse al grupo de
Milán, enfrentado al sector «liberal» o «centrista» de Roma. Recuérdese el trato
del papa Siricio y su clero de Roma a san Paulino de Nola, p. ej. La misma actitud
en los cristianos ortodoxamente partidarios de la institución matrimonial, opuestos
a los de influencias maniqueas, con quienes podían ser asimilados, aun si injustamente, los monjes. Otros cristianos reprochaban al monacato la demasiada asce-
sis: cf. san Jerónimo, *Ep.* 39, 6. No obstante, el anticristianismo de Rutilio es
sociológico: el monje es lo opuesto al *bonus ciuis.* A ese respecto, cf. *Cod. Theodo-
sianus* 16, 3, 1, en donde el alejamiento de las ciudades de los asentamientos mona-
cales viene motivado por casos de monjes anarquistas. En Rutilio faltan los ataques
tópicos y anecdóticos de un Libanio o un Eunapio.

Infelix putat illuvie caelestia pasci / seque premit laesis saevior ipse deis. / Num, rogo, deterior Circaeis secta venenis? / Tunc mutabantur corpora, nunc animi (1, 517-526).

Digamos de pasada que estos versos ya inducen a pensar en la paganidad del poeta. Que los ataques antepuestos hayan de entenderse como referibles a los cristianos en general lo han sostenido no pocos estudiosos [8]. Quizá debiéramos pensar mejor en aquella parte de los cristianos que, políticamente, resultaban negativos para la visión social y política que Rutilio y sus congéneres tenían. Dicho de otra manera, la «izquierda» milanesa, en general, frente al sector más liberal o centrista de los cristianos de Roma [9].

Abona esta consideración el reciente descubrimiento de los fragmentos de *De reditu*, pues el fragmento denominado B ensalza la figura de Constancio [10]. Pero admitamos o no esta interpretación, lo cierto es que Rutilio ataca con virulencia al menos a un sector de los cristianos, quizá sin perder de perspectiva la política de equilibrio que Estilicón, así atacado indirectamente, intentaba realizar frente a los bárbaros. De ser así, Rutilio se equivocaba en el conflicto, pues si hubiese que buscar culpable en los antecedentes que harían posible la caída de Roma, habría que señalar a Olimpio y a Serena [11], no al general perspicaz y ya victorioso ante Alarico. Pero Rutilio, en su ceguera —compartida por sus congéneres senatoriales paganos y cristianos— ante el problema, y en su odio visceral al partido filogermánico,

---

8   Así, G. Boissier, *La fin du paganisme* (Paris 1891) p. 233; P. de Labriolle, 'Rutilius Claudius Namatianus et les moines', REL 6 (1928) p. 34; I. Lana, op. cit., p. 179; Ch. H. Coster, 'Christianity and the Invasions. Two sketches', CJ 54 (1959) p. 155; E. Doblhofer, *R. Cl. Namatianus. De reditu suo sive Iter gallicum.* II (Heidelberg 1977) p. 179; F. Corsaro, *Studi rutiliani* (Bolonia 1982) p. 56. Sin embargo, para F. Paschoud, *Roma aeterna. Etudes sur le patriotisme romain dans l'occident latin à l'époque des grandes ivasions* (Neuchâtel 1967) p. 161, se trataría de una reacción visceral por parte de Rutilio. Tampoco ve connotaciones cristianas en general M. Pastor Muñoz, 'Cuestiones en torno a R. Namaciano', *Hisp. Ant.* 2 (1973) p. 215.

9   Desde luego, los diversos grupos cristianos, o tendencias, no eran uniformes. De otra parte, es difícil saber con exactitud los diversos aspectos concretos en esta y otras cuestiones de la Antigüedad tardía, cf. M. Lavarenne, *Prudence. III. Psychomachie. Contre Symmaque* (Paris 1948) p. 90.

10   Cf. M. Ferrari, 'Spigolature bobbiensi', IMU 16 (1973) pp. 15-20.

11   Vid. Claudiano, *Panegyricus dictus Probino et Olybrio consulibus,* 73-173, p. ej.; Rutilio, 1, 93-114.

estuvo falto del sentido de lo que pudo ser una solución más realista, al menos de acuerdo con nuestra perspectiva actual.

Ante el conflicto, el poeta se inclina por agravar el que ya existía entre determinados cristianos y paganos, por lo que resulta perfectamente lógico su ataque a Estilicón, imputándole además el haber destruido los libros Sibilinos, guardianes del *arcanum imperii romani* [12]. Es decir, Rutilio adoptó la postura de no mirar hacia adelante, lo que hubiese supuesto aceptar a los nuevos dirigentes sin prosapia romana, bien es cierto, pero capaces de buscar el equilibrio y de haber podido evitar mayores males. Prueba de aquella postura es su himno a Roma, el más sentido y elocuente de cuantos la Antigüedad nos haya regalado, superior a mi entender al de Claudiano [13]. Los textos que hemos visto, aun si breves, pueden dar idea, si se acepta la interpretación, de la resolución del conflicto, triste y desolada [14], por parte de Rutilio.

Distinto en otros aspectos fue el proceder de nuestro Prudencio. No sólo en cuanto a su actitud interpretativa del patriotismo romano [15], sino también en cuanto se refiere al valor dado a la propia obra artística. Aunque puede darse por cierto que Símmaco no propusiese realmente en segunda vuelta, año 402, la restauración del altar de la Victoria, ello para nuestro caso es lo de menos: Prudencio reacciona ante la querella como algo aún vivo, movido quizá porque no le convenciese demasiado la respuesta de san Ambrosio, sin descartar que su propia respuesta supusiese una especie de descarga de conciencia. De cualquier manera, entre los objetivos de Prudencio estaba el de convencer a los paganos reticentes, rutilianos diríamos, de que su actuación era posible gracias a la política de Estilicón. La causa inmediata de

---

12 *De reditu suo* 2, 52.
13 *De red.* 1, 47-204.
14 El tema de la desolación, sobre todo ante las ruinas, es constante en Rutilio. Cf., p. ej., I, 281-286, y mi art. en prensa *Claudio Claudiano y Rutilio Namaciano: de sus poéticas de la descripción.*
15 Sobre el patriotismo de Prudencio, cf. A. Puech, op. cit.; P. Chavanne, 'Le patriotisme de Prudence', RHL 4 (1899) pp. 332-352, 385-413; G. L. Bisoffi, *Il Contra Symmachum di Aur. Prudenzio Clemente* (Treviso 1914); F. Paschoud, op. cit., pp. 227-229.

Contra Symmachum sin duda fue contraponer la visión cristiana a la de Símmaco, para quien patriotismo y paganismo formaban un todo indisociable. Y sin duda el buen talante literario del pagano debía pesar aún en los años primeros del siglo v. El propio Prudencio elogia la calidad de la *Relatio* [16].

Con Claudiano y Rutilio está concorde Prudencio en asignar al Imperio romano un papel providencial [17]. Lo que lo distingue es atribuir a Cristo la verdadera autoría de los triunfos de Roma, negándola explícitamente a dioses y emperadores. En ello reside la especial impostación prudenciana al respecto, de cara al conflicto con su tiempo. Pues, si Cristo sustenta al Imperio, éste progresará sin fin, como veremos. Señalaré sólo algunos pasajes. La diosa Victoria es inútil: *Non aris non farre molae victoria felix / exorata venit; labor inpiger, aspera virtus, / vis animi excellens, ardor, violentia, cura / hanc tribuunt, durum tractandis robur in armis. / Quae si defuerint bellantibus, aurea quamvis / marmoreo in templo rutilas Victoria pinnas / explicet et multis surgat formata talentis, / non aderit versisque offensa videbitur hastis. / ... vincendi quaeris dominam? Sua cuïque dextra est / et deus omnipotens, non pexo crine virago / nec nudo suspensa pede strofioque recincta / nec tumidas fluitante sinu vestita papillas* (*C. Sym.* 23-38).

Si en Rutilio y en Claudiano hay deseos explícitos de unidad y de paz, en Prudencio son muy abundantes los pasajes en que ese anhelo se pone en evidencia, con Cristo o las Virtudes como eje (sin perjuicio de que sepamos que la idea proviene también del estoicismo medio): *nec enim fit copula Christo / digna, nisi inplicitas societ mens unica gentes. / Sola deum novit concordia, sola benignum / rite colit tranquilla patrem. Placidissimus illum / foederis humani consensus prosperat orbi, / seditione fugat, saevis exasperat armis, / munere pacis alit, retinet pietate quieta* (*C. Sym.* 2, 591-597).

El mismo deseo de unidad de todos los pueblos encontramos en *Psychom.* 750-797, aquí bajo la voz de la alego-

---

16   Orandi arte potens, et callida fingere doctus / Mentitumque gravis personae inducere pondus: *C. Sym.* 2, 645-646.
17   Otra cosa pensaba san Jerónimo, *Ep.* 123, 16.

ría. Rutilio también expresa el mismo deseo de unión de las naciones.

Frente a Claudiano y Rutilio, Prudencio destaca la juventud de Roma, fruto de esta nueva visión cristiana: *Nec enim spoliata prioris / robore virtutis senuit nec saecula sensit...* (*C. Sym.* 2, 640 ss.).

Como en los dos poetas paganos citados, para Prudencio Roma será eterna, consumando su exaltación en la esfera celeste: *Tunc tibi non terris tantum victoria parta / sed super astra etiam media servabitur aede* (*C. Sym.* 2, 65-66). *Et dubitamus adhuc Romam tibi, Christi, dicatam / in leges transisse tuas omnique volentem / cum populo et summis cum civibus ardua magni / iam super astra poli terrenum extendere regnum?* (*C. Sym.* 1, 587-590).

El progreso de Roma será sin fin, ahora en oposición a la visión pesimista de sus oponentes poéticos: *C. Sym.* 2, 277-369, en lo que podríamos ver una como teología del progreso de la Historia, aplicada a Roma, que ha sido capaz de pasar de la barbarie a la civilización [18].

Prudencio no desdeña el gobierno monárquico como medio de llevar a cabo el progreso de la civilización. Un ejemplo será el del propio Augusto (*C. Sym.* 2, 413-435), y otro el de Teodosio, defensor del Cristianismo, con cuyo panegírico se abre *Contra Symmachum:* vid. 1, 9-41. En el colmo de imparcialidad, Prudencio llega a juzgar a Juliano como bueno para con el Imperio, si bien, huelga recordarlo, no para con Dios: *Apoth.* 449-454. Esta teología del poder llevará a unos resultados posteriores de enormes consecuencias.

Para el poeta de Calahorra no hay conflicto con ese Cristo presentado tan benévolamente: la religión que ofrecía a los ojos de aquellos sesudos y nada irreligiosos senadores [19] es sonriente, sin parecido con el rigor de la santa

18   Vid. entre otros para la originalidad de Prudencio en esta clase de teología A. Puech, *Prudence. Etude sur la poésie latine au 4ᵁ siècle*, París 1888, p. 229; I. Rodríguez Herrera, *Poeta Christianus. Esencia y misión del poeta cristiano en la obra de Prudencio* (Salamanca 1981) p. 142. Quizá haya influido el que Prudencio no prolongó demasiado su estancia en Roma. Distinto fue el caso de san Jerónimo, o el de muchos humanistas, como fue el de Juan de Valdés, por ejemplo.
19   Sobre la adscripción religiosa de muchos senadores y su dedicación nada tibia, cf. H. Bloch, *La rinascita pagana in Occidente alla fine del secolo IV,*

roña de los monjes (*Cathem*. 8, 21-28), en la que no está ausente interés tan romano como el de *do ut des:* si Constantino ha usado el lábaro, bien merece la victoria (*C. Sym*. 1, 467-488).

Pueden también señalarse otros varios aspectos en el patriotismo prudenciano, todos opuestos a la agresiva actitud para con los cristianos o judíos de Rutilio: los ídolos son inocentes (*Perist*. 2, 413-484; *C. Sym*. 1, 501-505). Si en el poeta pagano las ruinas y la desolación son tema importante, en Prudencio los antiguos templos dejarán paso a las nuevas basílicas (*C. Sym*. 1, 580-586; *Perist*. 2, 517-548). E incluso el poeta español va más allá, mostrando un patriotismo hasta la médula: san Lorenzo está en un senado eterno, coronado no con la corona del martirio, sino con la de *civis romanus*, y llega a ser *consul perennis* (*Perist*. 2, 549-560). Si los epítetos exaltantes a Roma no faltan en Claudiano y en Rutilio, abundan en Prudencio (*C. Sym*. 1, 408 ss., 464, 496; 2, 489; *Apoth*. 385-507.

Sin embargo, nuestro poeta resuelve el conflicto ante los peligros que representaban los invasores de su tiempo de modo un tanto paradójico, cercano al de sus oponentes: el bárbaro no merece consideración. Uno de los mayores pecados llega a serle el abandonar la civilización para irse a vivir entre los bárbaros (*Hamart*., 455-461; cf. también *C. Sym*. 2, 816-819). A éstos no los considera desde la tolerancia, sino desde el proselitismo en todo caso. De ellos, quizá por excesiva confianza en la victoria de Estilicón, Roma ya no tiene nada que temer (*C. Sym*. 2, 84-95), ¡y ello a sólo un lustro de la toma de Roma por Alarico!

Finalmente, no podríamos concluir sin citar la actitud verdaderamente renovadora y original de Prudencio ante la valoración que hace de la poesía, o de su propia actividad creadora, es decir, el conflicto entre la expresión de su acendrado amor y patriotismo por Roma reflejado en su poesía y el valor radicalmente nuevo: que ésta sirva para expresar su personal conversión total a Dios, y de medio para glorificarlo. De la primera postura es ejemplo el que afirme que

pp. 260 ss. de la edición italiana de *The conflict between Paganism and Christianity in the fourth century*, ed. por A. Momigliano (Oxford 1968).

Cristo ha querido el Imperio romano, por más que sea para asegurar la difusión de la buena nueva (*C. Sym.* 1, 287-290), llegada la plenitud de los tiempos (*C. Sym.* 2, 619-622). Y, efectivamente, podemos decir que eran otros tiempos los prudencianos: no hay ninguna visión propia del Apocalipsis ante el poder del Imperio [20], y la mentalidad escatológica o de *parousía* está totalmente ausente.

Tomando, pues, a Virgilio como referencia, donde éste sitúa a Júpiter como factor (*Aen.* 1, 278 ss.), Prudencio aduce a Cristo (*C. Sym.* 1, 528-543; *Perist.* 2, 413-424). Muchos autores han llamado la atención acerca de la emulación e influencia virgiliana en nuestro poeta cristiano [21]. Efectivamente, el espíritu de Virgilio sirve también, como bagaje, para expresar de modo nuevo la nueva función poética, provista de una visión ideológica y artísticamente renovadora. Y en esto, muy especialmente, Prudencio se destaca como radicalmente otro por sobre sus coetáneos: no sólo por la temática específicamente cristiana o por los fines que persigue su poesía, sino también porque su instalación ante los signos de su tiempo era de distinto tenor. En efecto, Prudencio cimenta con su obra de poesía las pautas duraderas de los nuevos valores ético-religiosos bajo veste alegórica y figurativa.

Para concluir, con su poesía Prudencio cumple, personal y artísticamente, la enseñanza de los Evangelios acerca del vino y los odres nuevos: la poesía ya se puede considerar como instrumento de glorificación y alabanza de Dios, al tiempo que vía de conversión personal. Unase a ello el optimismo, exagerado ciertamente si miramos a los tiempos inmediatamente posteriores al poeta, frente a la romaneidad de su concepción de la *ciuitas terrena*, y resultará que, en el encarar el conflicto de su tiempo, a estos efectos poco se parece el poeta hispano a sus colegas galo y egipcio.

Mas en lo que toca a la consideración político-social

---

20 En *C. Sym.*, Prudencio no alude ni cita el Apocalipsis ni una sola vez.
21 Cf. para los diversos puntos de vista, entre otros E. Rapisarda, 'Influssi lucreziani in Prudenzio' VC (1950) 47 ss.; A. Salvatore, *Qua ratione Prudentius, aliqua Cathemerinon libri conscribens, Horatium Vergiliumque imitatus sit* (Nápoles 1956); I. Lana, *Due capitoli prudenziani* (Roma 1962); R. Herzog, *Die allegorische Dichtkunst des Prudentius* (Munich 1966).

concreta y fáctica de los días en que le tocó vivir, creo que no puede afirmarse lo mismo: recuérdese el año 410. Aunque, visto desde otra perspectiva, el odre viejo de la interpretación de la ciudad terrenal no estaba tan caduco: el fondo de la teología político-moral de Prudencio tendrá una inmensa fortuna, informando, como es sabido, una dirección nueva —por más que basada en ese concepto tardoantiguo de monarquía con Roma como centro— que años más tarde el papa León I magno se encargaría de establecer. Y no hace falta decir que ocupará, al igual que el modo alegórico, la Edad Media por entero.

EMILIANO FERNANDEZ VALLINA

Simetría en las cláusulas de Paciano de Barcelona
(Epístola 1)

En la prosa de arte latina la correlación que las diversas partes del discurso guardan entre sí constituyen el fundamento del *orationis ornatus*, consistente, entre otras figuras, en la repetición y el paralelismo entre los miembros de un período, bien por su longitud [1], bien por el ritmo final, combinándose y dando lugar a la *concinnitas* del mismo modo que la hermosura del cuerpo femenino reside en la armoniosa proporción de sus miembros. A este concepto responde la metáfora de la *intemerata uirgo* que aparece en Paciano [2] y que leemos ya en Cicerón [3] y en Quintiliano [4], entre otros [5], en términos no muy distintos. La belleza y gracia de la doncella casta y hermosa es el modelo, en sentido traslaticio, que el alumno de retórica debe procurar imitar en los ejercicios escolares, y que luego plasmará el buen escritor romano.

Conforme a la enseñanza de los gramáticos y *rhetores* latinos, se proponen aquí unos pasajes escogidos de la Epístola 1 de Paciano para ilustrar el ornato del ritmo, que si para nosotros es objeto del análisis intelectual para el romano era el placer del oído, de la imaginación auditiva. Estos pasajes se han transcrito *per cola et commata* aten-

---

1 Angel Anglada, *El ornato de la longitud de los miembros en Paciano: Homenaje a Lisardo Rubio Fernández* (Univ. Complutense, Madrid 1989).

2 *Ep. 1*, 3, 1, 52-57: esta Epístola se cita por la edición de Angel Anglada, *El texto de Paciano en la Bibliotheca Patrum de Marguerin de La Bigne: Homenaje a Pedro Sáinz Rodríguez I* (Madrid 1986) pp. 325-337.

3 *Or.* 19, 64.

4 *Inst. Or.* 9, 4, 123.

5 Angel Anglada, 'La expresión *intemerata dei uirgo* como metáfora del período gramatical en Paciano de Barcelona (*Ep. 1*, 3, 1)', *Emerita* (1980) pp. 271 s.

diendo a la puntuatióm del ms. *Reginensis Lat. 331*, que nos ha conservado las *distinctiones* genuinas del propio Paciano [6]:

> 2ᵧ   *Si non carnālĭs īntēntĭŏ.*
> 1³ᵧ (δ)   *sed ut ego arbitror inuocatio spiritālĭs ēst dŏmĭnĕ.*
> 2ᵧ   *quod ex nobis fidem catholicae ueritātĭs ēxāmĭ-*
>   *nās.*
> 1³ᵧ   *tu potissimum quae uel quam diuersa sequereris*
>   *indicārĕ dēbŭĕrās* [7].

El fragmento presenta una simetría alternante entre el primer y tercer miembro, con la forma 2ᵧ , y el segundo y cuarto, con la forma 1³ᵧ (la δ indica que hay un monosílabo —*est*— que por *consyllabicatio* forma una unidad con *domine*).

Ejemplos numerosos de este tipo de correspondencia simétrica los encontramos, por ejemplo, en Virgilio:

Damoetas

> t   *ān mĭhĭ cāntāndō uīctŭs nōn rĕddĕrĕt īllĕ,*
> h   *quĕm mĕă cārmĭnĭbŭs mĕrŭĭssēt fĭstŭlă cāprŭm?*
> t   *sī nēscīs, mĕŭs īllĕ căpĕr fŭĭt; ĕt mĭhĭ Dāmōn*
> h   *īpsĕ fătēbātŭr; sĕd rĕddĕrĕ pōssĕ nĕgābăt* [8].

En estos versos hay una alternancia basada en la coincidencia de ictus y acento en el 4.° pie del hexámetro, siendo homodinos los versos 22 y 24, y heterodinos el 21 y 23 [9].

---

6   Angel Anglada, 'La puntuación del ms. *Reginensis 331* en el texto de Paciano de Barcelona', *Vetera Christianorum* 12 (1975) pp. 279 s.

7   Paciano, *Ep. 1*, 1, 1.

8   Virgilio, *Egl.* 3, 21-24.

9   Sobre simetrías en el cuarto pie, véase W. F. Jackson Knight, *Accentual Symmetry in Vergil* (Oxford 1960). Sobre otros aspectos de simetría, véase G. E. Duckworth, *Vergil and Classical Hexameter Poetry* (Michigan 1969); A. Primmer, *Cicero Numerosus. Studien zum antiken Prosarhythmus. Sitzungsberichte der Österreichischen Akademie der Wissenschaften phil.-hist. Klasse 257* (Wien 1968) pp. 249-267; también Zielisnki, 'Der constructive Rhythmus in Ciceros Reden', *Philologus, Suppl.* 13 (1914) pp. 89-283.

Una simetría de cláusulas alternante aparece en el pasaje siguiente de Paciano:

+	*Si quid scire plēnĭŭs dē nōstrŏ uŏlēs.*
1^3_γ	*oportet ut de tuo profiteārĕ sīmplĭcĭŭs.*
e3$_\delta$	*ne obscūrĭŭs cōnsŭlēndŏ.*
$1^3_{,(\delta)}$	*non scīrĕ nōs făcĭās.*
e3$_{\delta(\varepsilon)}$	*utrum intērrŏgēs ăn lăcēssās* [10].

En él se combinan las cláusulas 1^3_γ y e3$_\delta$, con la variación respecto al pasaje anterior de que este pasaje tiene 5 miembros y el 1.º queda libre, careciendo de ritmo.

Existen en la Ep. 1 otros tipos de simetría, como la que se aprecia en el fragmento citado a continuación:

+	*Persuādērĕ āutĕm.*
1_γ	*quis aliquid pōssĭt īnuītŏ?*
+	*Tua ergo frater non illōrūm cūlpa ēst.*
1_γ	*si tibi quod erat optimum nēmŏ pērsuāsĭt.*
+	*Nam et hodie in potēstātĕ tŭa ēst.*
1_γ	*ut nostra etiam scrīptă cōntēmnās.*
e3$_{\delta(\varepsilon)}$	*si ea mauis uīncĕrĕ quăm prŏbārĕ.*
+	*Caeterum et ipsi domino et apōstŏlīs ēiŭs.*
e3$_\delta$	*plūrĭmī rēstĭtērūnt.*
+	*nec persuaderi ueritas cuīquăm pŏtŭĭt.*
1_γ	*nisi qui eis propria religiōnĕ cōnsēnsĭt* [11].
+	*Itaque domine et nos non ea fidūcĭā scrīpsĭmŭs.*
1_γ	*qua repugnanti aliquid persuadērĕ pōssīmŭs.*
e3$_{\delta(\varepsilon)}$	*sed ea fide qua uolenti bonae pacis ădĭtŭm nōn nĕgēmŭs.*
+	*quae si ănĭmŏ tŭŏ cōrdi ēst.*
1_γ	*de catholico nomine nullum debet ēssĕ lūctāmĕn* [12].

---

10 Paciano, *Ep. 1*, 2, 2.
11 La lectura *qui ei* o *ei qui* de los mss. GP y de las edd. reproduce una enmienda arbitraria de Floro de Lión. La lectura genuina es la primitiva de R, seguida por Angel Anglada en su edición.
12 Paciano, *Ep. 1*, 2, 4-6.

17

Este pasaje consta de 16 miembros. Los cuatro intermedios alternan un miembro de forma e3$_\delta$ con un miembro sin ritmo. Los seis primeros alternan uno sin ritmo con uno de forma 1$_\gamma$. Los seis últimos presentan una variación respecto de los seis primeros, pues ofrecen dos alternancias: en la 1.ª, 1$_\gamma$ encierra un miembro sin ritmo, correspondiéndose con el grupo de los seis primeros, y la 2.ª contiene tres miembros que reasumen la serie de los miembros 9.º, 10.º, 11.º, es decir, la segunda alternancia se extiende a la central constituyendo esta *responsio:*

$$e3_\delta + 1_\gamma \qquad 1_\gamma + 1_\gamma \qquad e3_{\delta(\varepsilon)} + 1_\gamma$$

El siguiente pasaje constituye una buena muestra del esmero que pone Paciano en la armonía rítmica de acuerdo con el contenido:

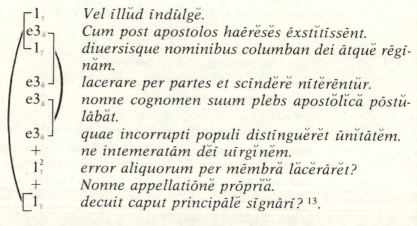

1$_\gamma$ *Vel īllŭd īndŭlgĕ.*
e3$_\delta$ *Cum post apostolos haērĕsĕs ĕxstĭtīssĕnt.*
1$_\gamma$ *diuersisque nominibus columban dei ātquĕ rēgĭnăm.*
e3$_\delta$ *lacerare per partes et scīndĕrĕ nītĕrēntŭr.*
e3$_\delta$ *nonne cognomen suum plebs apostŏlĭcă pōstŭlābăt.*
e3$_\delta$ *quae incorrupti populi distīnguĕrĕt ūnĭtātĕm.*
+   *ne intemeratăm dĕī uĭrgĭnĕm.*
1$_\gamma^2$ *error aliquorum per mĕmbră lăcĕrārĕt?*
+   *Nonne appellatiōnĕ prŏprĭă.*
1$_\gamma$ *decuit caput principālĕ sīgnārī?* [13].

En los cuatro primeros miembros se advierte una simetría alternante constituida por las formas 1$_\gamma$ y e3$_\delta$, que se repite en los miembros 5.º y 6.º para insistir en el significado de *unitatem*, palabra que consta de una dipodia trocaica, y que precedida del tecnicismo gramatical de la puntuación *distingueret,* da la forma e3$_\delta$. Así, *distingueret unitatem* contrasta con el *error aliquorum,* de quienes no

13 Paciano, *Ep.* 1, 3, 1.

saben leer y desgarran el período lacerando los miembros: *per membra laceraret*. La primera parte, que explica el significado de *catholicus*, presenta simetría y todos los miembros terminados con cláusula; la segunda, concerniente a los errores del lector ignorante, carece de simetría y, en dos miembros, de ritmo. La cláusula penúltima 1_γ^2 no corre paralela con ninguna otra, ni de la primera parte ni de la segunda. Sólo la última cláusula cierra todo el período, reasumiendo la forma 1_γ del primer miembro.

Un esquema de alternancia similar presenta el siguiente fragmento de Virgilio, que intercala entre dos versos homodinos un verso heterodino, combinado con una tirada de tres versos también heterodinos.

	h	*sīluă tĕgīt; cūraē nōn īpsa in mōrtĕ rĕlinquŭnt.*
	t	*hīs Phāedrām Prōcrīmquĕ lŏcīs māestāmque Ĕrĭphȳlēn*
	h	*crūdēlīs nātī mōnstrāntēm uŭlnĕră cērnĭt,*
	t	*Ēuādnēnque ēt Păsĭphăēn; hīs Lāŏdămiă*
	t	*īt cŏmĕs, ēt iŭuĕnīs quōndām, nūnc fēmĭnă, Cāenēus*
	t	*rūrsŭs ĕt īn uĕtĕrēm fātō rĕuŏlūtă fĭgŭrăm* [14].

Otro ejemplo distinto, entre otras muchas variaciones con las que Paciano escribe con prosa de arte, lo constituye el siguiente pasaje. En él se aprecia una simetría casi perfecta que combina cuatro cláusulas diferentes —1_γ^3, 1_γ, 2_γ, $e3_\delta$—, alternándolas con miembros carentes de ritmo por efecto de la *uariatio*:

+	*De paenitentia uero.*
+	*deus praestet ut nullis fidelibus necessaria sit.*
1_γ^3	*Nemo post sacri fontis auxilium.*
1_γ	*foueam mortis incurrat.*
2_γ	*Nec tarda solamina.*
+	*ingerere sacerdotes.*
1_γ	*aut docere cogantur.*
+	*Ne peccandi iter aperiant.*

14 Virg., *En. VI*, 444-449.

$e3_{\delta}$ *dum peccati remediis blandiuntur.*
+   *Sed nos hanc indulgentiam dei nostri.*
$e3_{\delta(\varepsilon)}$ *miseris non beatis.*
1_{γ} *nec ante peccatum.*
1_{γ}^{3} *Sed post peccata detegimus.*
+   *Nec sanis medicinam.*
$e3_{\delta}$ *sed male habentibus nuntiamus* [15].

Este período consta de 15 miembros. En los siete primeros, los miembros 4.º y 7.º presentan la forma 1_{γ}, entre ellos se encuentra un miembro de forma 2_{γ} y uno sin ritmo. En el segundo grupo de ocho miembros, que va desde el 8.º al 15.º, tienen la misma forma $e3_{\delta}$ los miembros 9.º, 11.º y 15.º, alternando con uno sin ritmo y con tres de diversos ritmos: 1_{γ}, 1_{γ}^{3}. Los miembros 12.º y 13.º presentan una *responsio* con el 3.º y 4.º, por cuando son de forma 1_{γ}^{3} seguida y precedida, respectivamente, de 1_{γ}. Se presentan estas correspondencias:

$$+ \quad + \quad \underline{1_{\gamma}^{3} \; 1_{\gamma}} \quad 2_{\gamma} + 1_{\gamma} \quad + \underline{e3_{\delta} + e3_{\delta(\varepsilon)}} \quad \underline{1_{\gamma} \; 1_{\gamma}^{3} + e3_{\delta}}$$

La existencia de estas simetrías, basadas en el ritmo de los finales de miembro y de período, demuestran que Paciano conocía con detalle las normas y enseñanzas de la retórica clásica y que ha seguido los modelos aprendidos en la escuela, principalmente Virgilio, de quien, por último, exponemos a continuación un pasaje del lib. VI de la *Eneida*, en el que aparece una simetría que repite distintas combinaciones entre los dáctilos y espondeos del hexámetro:

---

15 Paciano, *Ep. 1*, 5, 1.

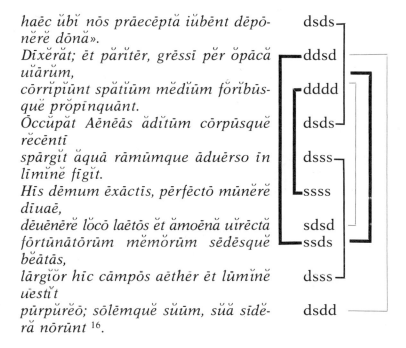

haēc ŭbĭ nōs prāecēptă iŭbēnt dēpō-
nĕrĕ dōnă».
Dīxĕrăt; ēt părĭtēr, grēssī pĕr ŏpācă
uĭārŭm,
cōrrĭpĭŭnt spătĭŭm mĕdĭŭm fŏrĭbūs-
quĕ prŏpīnquānt.
Ōccŭpăt Aēnēās ădĭtŭm cōrpŭsquĕ
rĕcēntī
spārgĭt ăquā rāmŭmque āduērso īn
līmĭnĕ fīgĭt.
Hīs dēmum ēxāctīs, pērfēctō mūnĕrĕ
dīuaē,
dēuēnērĕ lŏcō laētōs ĕt ămoēnă uĭrēctă
fōrtūnātōrŭm mĕmŏrŭm sēdēsquĕ
bĕātās,
lārgĭŏr hīc cāmpōs aēthĕr ēt lūmĭnĕ
uĕstĭt
pūrpŭrĕō; sōlēmquĕ sŭūm, sŭă sīdĕ-
ră nōrŭnt [16].

▬▬▬ opuestos
──── inversos
▬▬▬ iguales

CONCHA FERRAGUT DOMINGUEZ

16   Virg., *En. VI*, 632-641.

María Magdalena en sus himnos

María Magdalena, como a cualquiera se le alcanza, no entra, en principio, en el prototipo de la santa virgen y mártir, con el tratamiento que éste recibe por lo general en la himnología. De ahí el interés, también curiosidad, por saber cómo se ha tratado esta figura evangélica a través de las composiciones a ella dedicadas recogidas en los *Analecta Hymnica.*

La leyenda de María Magdalena, a partir de la Ascensión de Jesucristo, su vida eremítica, su apostolado en Francia, la aparición de sus reliquias y muchos otros detalles, como cronología y variantes en la leyenda e historia de su culto en Francia y en Italia, cuentan con una abundante bibliografía muy bien expuesta por Szövérffy (*Traditio* 1963). El objeto de este estudio es una de las manifestaciones concretas de la leyenda, los himnos y otros tipos de composiciones que se cantaban en las principales commemoraciones de María Magdalena, a saber, el 22 de julio, día de su muerte; la fiesta de la conversión de la beata María Magdalena (el 1 de marzo o 10 de abril); la de la *translatio* de las reliquias que se celebraba de acuerdo con la tradición de Vézelay el 19 de marzo o, en la tradición provenzal, el 5 de mayo.

Hay que tener en cuenta que todas estas composiciones, himnos en su mayor parte, que se fechan entre los siglos XI al XVI, no son solamente piezas litúrgicas, sino que nos encontramos ante composiciones que pertenecen por derecho a la lírica medieval: este es el aspecto que ahora nos interesa.

En primer lugar vamos a estudiar *la temática* del conjunto, considerado como un *corpus* unitario con un determinado hilo conductor lejos de la atomización de los diferentes 'motivos' que presenta Szövérffy.

El tema de los himnos tiene su origen en las diferentes citas del Nuevo Testamento en las que aparece la figura de María Magdalena o de otras mujeres identificadas con ella. Casi sin excepción se encuentran referencias en todos los himnos, lo que puede tomarse como índice de la unidad y regular conformación de las composiciones, de tal manera que constituyen un *corpus* bien definido. Otros elementos de la leyenda, procedentes de las Vidas o de los Sermones o bien de origen popular, están muy escasamente representados; apenas son alusiones y van desapareciendo del repertorio a medida que se avanza en la fecha de composición. Los himnos que pueden fecharse en el siglo XV sólo aluden a hechos evangélicos.

Como dato general también indicamos que apenas se pueden diferenciar en los himnos las diferentes figuras que pueden señalarse en los Evangelios, sino que aparecen como amalgama, como una figura única. Vamos a recordar brevemente las fuentes:

a) Una pecadora unge los pies de Jesús (Lc 7, 36-50; más Mc 14, 3-9; Mt 26, 6-13; Jn 12, 1-18).

b) María, hermana de Marta en Betania: Lc 10, 38-42.

c) En la muerte de Lázaro: Jn 11, 1-45.

d) La mujer de los siete demonios: Lc 8, 2; Mc 16, 9, contada por Lucas entre las piadosas mujeres y por Marcos en la aparición del sepulcro.

e) Entre las mujeres que siguen a Jesús: Lc 8, 1-3; Mt 27, 55; Mc 15, 40; Lc 23, 49.

f) En las honras fúnebres de Cristo: Mt 27, 61; Mc 15, 47; Lc 23, 55.

g) En la Resurrección: Jn 20, 1-8; Mc 16, 9-11; con la variante del ángel mensajero en Mt 28, 1-10; Mc 16, 1-8; Lc 24, 1-10.

Una lectura detenida de los himnos muestra cómo estas citas evangélicas aparecen organizadas, por así decir, de un modo bastante peculiar:

Una pecadora unge los pies de Jesús. Este es el tema protagonista siempre. Sólo en una ocasión se relata en un himno la variante del evangelio de Juan en que María Magdalena unge a Cristo en Betania con la protesta de Judas. La fuente es Lucas hasta el punto de conservar fielmente el léxico del texto evangélico muy a menudo, no sólo el relato. Al caracterizar a la pecadora es cuando surge, como tema secundario, el de la mujer de los siete demonios. Estos y la vida pecadora de María Magdalena dan lugar a descripciones y epítetos muy variados, puesto que ya no tienen que ajustarse a la letra de la fuente, que no incluye más detalles.

El final del relato de Lucas en el que, en palabras de Cristo, se pone de manifiesto el amor de María Magdalena, *quoniam dilexit multum*, permite que los autores de los himnos hagan hincapié en este hecho y muestren la predilección de Cristo por María Magdalena, ejemplificada a menudo con el relato de la resurrección de Lázaro y con el de Cristo defendiendo la elección contemplativa de María Magdalena: *Mariam optimam partem elegit quae non auferetur ab ea*. Pero con mucha mayor frecuencia el amor mutuo se pone en relación o da paso al segundo tema protagonista, con la misma importancia en su tratamiento que el primero: se trata de la aparición de Cristo resucitado a la mujer con el encargo de comunicar su resurrección a los discípulos. Ahora se sigue fundamentalmente el texto de Juan. Pocas veces se hace mención del ángel mensajero de los otros evangelistas; este tema aparece como si hubiera sido trasladado al momento de la leyenda en que María Magdalena, en su vida eremítica, es confortada y alimentada por los ángeles.

Consecuencia de la aparición de Cristo es el apostolado de María Magdalena que comienza con su misión junto a los Apóstoles como testigo de la prueba irrefutable de la divinidad de Cristo. Es en esta ocasión cuando en algunos himnos se dan detalles de su apostolado, en Marsella principalmente, tal y como figuran en la leyenda.

El contraste entre los dos temas, la conversión de la pecadora y el haber merecido la primera aparición de Cristo, da lugar a una dualidad en la descripción de la figura de María Magdalena, que se origina en las fuentes y es ampliamente aprovechada en la composición de los himnos como veremos.

Todo el tratamiento de *la figura* de María Magdalena se resume en las palabras que Lucas pone en boca de Cristo: *remittuntur ei peccata multa quoniam dilexit multum.* Del hecho de la conversión (primer tema material) se deriva la descripción de María Magdalena como ejemplo de penitencia y esperanza de los pecadores. Del hecho del perdón *(remittuntur)* su condición de beatitud. Ambas aparecen en marcado contraste con la descripción de los *peccata multa* o los epítetos o apelaciones que la caracterizan como pecadora, de modo que, brillo y claridad como santa contrastan con negrura y suciedad como pecadora, imágenes que provienen de los propios epítetos y descripciones. *Quoniam dilexit multum,* dilección recíproca como resultado de la conversión y el perdón, es un hecho que se aprovecha también por medio de la creación literaria, hasta llegar al punto culminante, el hecho de ser nada menos que *apostola apostolorum* y *sponsa Christi,* lo que la equipara al resto de las santas vírgenes y mártires. Por tanto, es el propio relato evangélico el que da lugar a composiciones líricas a base de contraste y paradojas.

Algún otro resquicio cabía sin salirse de la tradición: es ampliamente aprovechada la figura, plástica, de María Magdalena llorando y, siempre con gran belleza, también se describe o se ponen palabras al diálogo silencioso entre ella y Jesucristo.

La creación lírica en torno a estos hechos evangélicos tiene otros antecedentes o fuentes en los que ya se aprovechaba el contraste y la paradoja. Citaré solamente un ejemplo: *accessit autem ad Dominum immunda ut rediret munda; accessit aegra ut rediret sana; accessit confessa ut rediret professa* (Aug. *Sermo* 88, 22 a Lc 7, 36-50). En este sentido también indicaré que el modo de organizar la temática en los himnos, tal y como la he expuesto en su aspecto formal, parece tener que ver con la retórica y la dialéctica de los Padres de la Iglesia, es decir, exponer dos hechos principales y glosar una frase que los caracteriza o resume.

Ahora vamos a considerar estos aspectos de la figura, pecadora y santa. Como no es posible examinar himno por himno veremos una panorámica, no exhaustiva, formada por epítetos, apelaciones directas y apóstrofes para terminar con algún ejemplo concreto del *corpus* [1].

Quizá parezca tarea difícil, por no decir imposible, encontrar un hilo conductor a través de un *corpus* de 161 himnos, pero es un hecho que lo hay, y a través de él muestra su unidad. No daré las listas completas, pero sí una selección suficientemente ilustrativa.

Los epítetos de María Magdalena sugieren una imagen de continuo contraste. A través de ellos se la caracteriza en su calidad de santa con cuatro notas diferentes: metafóricamente se señala el brillo de su santidad y su condición de templo de Dios; materialmente, su condición de beatitud gloriosa y sus virtudes. Pero, paralelamente, como pecadora, se encuentran las notas opuestas: al brillo se opone la suciedad a través del léxico empleado; a la virtud, el pecado; a la beatitud, la condenación; al templo de Dios, la sede de los vicios y demonios.

---

1   Himno del s. XVI. Estrofa utilizada por Vigila (8 y 7) *AH* 50, 363):

1   Pange, lingua, Magdalenae
        lacrimas et gaudium
     sonent voces laude plenae
        de concentu cordium,
     ut concordet philomenae
        turturis suspirium.

2   Iesum quaerens convivarum
        turbas non erubuit,
     pedes unxit, lacrimarum
        fluvio quos abluit,
     crine tersit et culparum
        lavacrum promeruit.

3   Suum lavit mundatorem,
        rivo fons immaduit,
     pium fudit fons liquorem
        et in ipsum refluit,
     caelum terrae dedit rorem,
        terra caelum compluit.

4   In praedulci mixtione
        nardum ferens pisticum
     in unguenti fusione
        typum gessit mysticum,
     ut sanetur unctione,
        unxit aegra medicum.

5   Pie Christus hanc respexit
        speciali gratia,
     quia multum hunc dilexit
        dimittuntur omnia,
     Christi, quando resurrexit
        facta est praenuntia.

6   Gloria et honor Deo,
        qui paschalis hostia,
     agnus mente, pugna leo,
        victor die tertia
     resurrexit cum tropaeo
        mortis ferens spolia.

Es éste uno de los himnos en los que el aprovechamiento del contraste y la paradoja aparece en un más alto grado como puede verse especialmente en las estrofas tercera y cuarta. La segunda y la quinta están dedicadas a narrar los hechos evangélicos con inclusión de metáforas *(fluvio lacrimarum, lavacrum culparum, unxit aegra medicum)*. La primera consiste, como es habitual, en la llamada a los fieles y la última contiene la alabanza a Dios.

Así es *stella maris, fulgida, clarissima, stella sole splendidior;* se le dice *fulges velut sidus, signis fulges sedulis, praeluces virtutum claritate; praelucens virginibus; fulgens ut lucerna; margarita nitens; gemma splendida, speciosa, fulgens; monile mundi praeclarissimum; pretiosa margarita; tota flamigera.* Pero como pecadora, *saucia crimine, sorde plena, multo scelerum tabida morbo; immunda agagolae dedita; luxu foetida; nube peccatorum gravata, sordibus multis inquinata, foetida, foetidior; captiva phantasmatum a phalange; sordida Babylonis filia; multimoda delictorum macula obsita.*

Como templo de Dios: *Dei cella; praeclarum Dei templum; purum vas argenti rubigine decocta; nitens aula sanctuarii; templum morum virtutum et gratiae; virtutum lagena; vas mirae gloriae, vas odoris, hortus mirae voluptatis, vas honoris.* Pero *vas foetoris, synagoga vitiorum, terra siccae voluptatis; vas contumeliae foetidum; via criminis septemplici; vas miseriae, spurcitiae, irae; sedes septiformis daemonis, maremagnum peccatorum, aula septem daemonum.*

Como beata gloriosa: *apta caelestibus, angelis socia, iuncta superis, angelica, angelis sodalis, caeligenis socia, caeli ignicoma comitans caterva, assumens locum gloriae, caelo sublimata, consors gloriae, choro nexa virgineo, beata choris sociata sanctis, virginum agmina illustrans, sanctarum consors virginum,* etc. Pero, *tam rea in vitiis, peccatrix femina, infamis, execrabilis, digna supplicio, digna aeternis supliciis, rea morbo multiplici.* Es *egregia meritis, praecellens meritis, meritis amplissima;* pero *aegra, noxa, criminosa. Preaecelsa virtutibus,* pero *plena universisis sceleris; peccatorum labe plena, malorum cumulus* y *morum fructifera; illustrata divinitus,* pero *daemone plena; scelerosa* y *piissima; subdita daemoniis, septeno daemone plena* y *gratiarum vere plena.* En fin, sin más, directamente *peccatrix sanctissima.*

Las notas positivas, sin contar repeticiones, suman 115 y las negativas (sin contar pecados individualizados) 82, sobre un total de 141 himnos estudiados. Podemos entonces pensar que ésta es una forma de caracterización. A ella se suman otras tres notas muy importantes: la del amor a Cristo, la de apóstol y, como consecuencia, la de ejemplo

y esperanza del pecador, notas que caracterizan la figura
de María Magdalena por el mismo procedimiento que acabamos de exponer y, por supuesto, derivadas de los dos hechos
narrados en la fuente principal, «conversión» y «resurrección» y de la frase evangélica de Lucas que antes cité y que
se glosa por este medio [2].

M.ª ESPERANZA FLORES GOMEZ

2   Un ejemplo muy característico es el siguiente himno, siglos XI-XI. *AH* 12,
305. Dímetros yámbicos acentuativos (estrofa ambrosiana):

1   Omnes immundi, currite.
    fons patet indulgentiae,
    nullus desperet veniam,
    qui servat poenitentiam.

2   Exemplum Dei filius
    ostendit peccatoribs
    Mariam, vas spurcitiae,
    septeno plena daemone.

3   Qua quondam nulla turpior,
    qua nunc vix ulla sanctior,
    quae Christi pedes abluit
    sed mox et caput imbuit.

4   Abhorret Christus neminem
    Deus non spernit hominem,
    agamus illi gratias
    pias fundendo lacrimas.

5   Pedes quos nudat Dominus
    tergamus nostris crinibus
    superfluis ex opibus
    ministremus pauperibus.

6   Augebit nobis gratiam,
    quae praestat indulgentiam,
    ut nostra ex fragantia
    redoleat ecclesia.

7   Peccatrix haec sanctissima
    propulset nostra crimina
    eius nobis oratio
    virtutum sit largitio.

8   Sit patri laus ingenito
    et eius unigenito
    cum spiritu paraclito
    nec nato nec ingenito.

En este poema no sólo se observa la descripción a base del contraste, sino que
las propias estrofas se corresponden entre sí: 2 y 7; 3 y 6; 4 y 5, estas dos con la
doctrina de la clemencia y la penitencia, respectivamente; la 1 y la 8 contienen
la exhortación a los fieles y la invocación a la Trinidad. Ver también *Anal. Hymn.*
12, 305 (siglo XI) y *Anal. Hymn.* 40, 279 (siglo XV).

Preposición *cum* en Paciano de Barcelona

La presente comunicación trata los puntos siguientes:

1) Lugar que ocupa la preposición *cum* en la oración.

2) Su uso: *a)* con ablativo instrumental-modal; *b)* con ablativo de compañía; *c)* construcción con adjetivo; *d)* construcción con verbo; *e)* la expresión *cum mala conscientia:* historia de la expresión; su interpretación.

3) La preposición *cum* precede al ablativo que acompaña, excepto en el caso de los pronombres en que es enclítica, con lo cual sigue el uso clásico: *cum plurimis coepiscopis* [1]; *nobiscum* [2]; *tecum* [3].

4) Su uso:

a) Con ablativo instrumental-modal: *addis me cum amaritudine respondisse quae scripserim* [4]. El *Thesaurus* recoge esta construcción en el apartado de la condición o el ánimo, que normalmente se forma con un sustantivo sin la adición de un epíteto. Lo mismo puede expresarse con un adverbio [5].

b) Con ablativo de compañía: *Danielus cum sodalibus suis, sacco tectus et cinere, ieiunio etiam exsanguis haec loquitur* [6]. *Nec tamen mecum est ille qui non paenitet* [7].

---

1   *Ep.* 2, 7, 5.

2   *Ep.* 2, 8, 5.

3   *Ep.* 2, 7, 1.

4   *Ep.* 2, 2.

5   C. G. Santesson, *La particule cum comme préposition dans les langues romanes,* París 1921.

6   *Paen.* 10, 4, 267-268.

7   Tract. 17, 3 = *Ep.* 3. Esta obra se cita según la edición de A. Anglada, *Las obras de Paciano publicadas por V. Noguera y Edición crítica del Liber de Paenitentibus,* Valencia 1982.

c) Construcción con adjetivo: *Vita mundi et pecudibus et feris et alitibus... nobiscum est communis* [8]. La construcción *communis alicui cum aliquo* es clásica, así también se lee en Cicerón: *Panurgus fit ei (Fannio) cum Roscio communis* [9].

d) Construcción con verbos:

Accipere: Novissimis temporibus animan utique cum carne accepit Christus ex Maria [10]. Tenemos una construcción clásica, en la que *cum* tiene un sentido de *adiectione et comitatu.*

Assentire: cum plurimis coepiscopis, cum plurimis confessoribus... assensus est [11]. Este verbo se construye normalmente con dativo; sin embargo, en Paciano, no deja de tener un trasfondo de compañía más propio del verbo *consentire.*

Blandiri: animan suam cum peccatore blanditur [12]. El *Thesaurus* no da esta construcción, difícil de entender. El verbo *blandiri* se construye solo o con dativo, y así se lee la construcción con dativo: *desperatis quibusque peccatoribus falsa bonae conscientiae imago blanditur* [13].

Este verbo es intransitivo, aunque también presenta un uso transitivo en: Ps. Quintiliano: *levior est calamitas cui blanditur aliquid de voluptate laetitia* [14]. Minucio Félix: *illis pavorem fallax spes solacio redivivo blanditur* [15]. Tertuliano: *illic quidem aliquid de venia blandientem* [16]. Agustín: *quid iucundum corporis sensibus blandiatur spectat* [17].

Por todo esto, este pasaje con el verbo *blandiri* + acusativo + *cum* con ablativo nos parece bastante confuso.

Communicare: cum quibus iste communicat [18]. Como verbo intransitivo se construye en latín clásico con *cum;* pero

---

8 *Bapt.* 7, 1.
9 Cic., *Q. Rosc.* 27.
10 *Bapt.* 6, 1.
11 *Tract.* 5, 5.
12 *Ep.* 2, 8, 2.
13 *Ep.* 2, 8, 1.
14 Ps. Quint., *Decl.* 14, 4.
15 Min. Fel. 8, 5.
16 Tert., *Pudic.* 19.
17 Aug., *Civ.* 1, 27 y 11, 16.
18 *Tract.* 18, 2.

con *de* más *ablativo* del tema sobre el que uno se pone de acuerdo con otro: *Libone et L. Lucceio et Teophane, quibuscum communicare de maximis rebus Pompeius consueverat* [19]. También se encuentra *communicare aliquid cum aliquo,* pero esta construcción no se lee en Paciano.

El verbo *communicare* es un cristianismo relativo a la participación de la paz de Cristo con los otros cristianos. Por su sentido, pues, no guarda relación con la sintaxis latina pagana. Sólo concuerda con ésta en la materialidad de la construcción. Se construye también con dativo en Paciano: *Cornelium lapsis communicare arguit* [20]. *Nec communicare lupis agnos* [21].

Podemos leer una construcción en ablativo instrumental-modal con el mismo sentido de participar de la sagrada mesa: *qui... inquinato corpore ac polluta mente communicant* [22].

Comparare: comparate cum his aeternas torquentium manus [23]. De las construcciones de este verbo transitivo, bien con dativo bien con ablativo, con *cum,* la usada por Paciano es la más frecuente.

Se construyen también con *cum:*

A) *Verba coniugendi:* Concordare: *concordare nobiscum* [24]. Convenire: *Nos cum adulteris et furibus convenimus* [25]. Coniungere: *Novatiani philosophiam... cum Hesiodi auctoritate conniungis* [26]. Este verbo admite la construcción *alicui* y *cum aliquo.* César y Cicerón usan mucho más la segunda.

Miscere: cum statu suo posse miscere [27]. Admite también el dativo expresando la relación, la compañía: *se miscere perditis mallent* [28]. La construcción clásica toma ablativo instrumental. Paciano usa *cum,* que también leemos en

19   Caes., *B. Civ.* 3, 18, 3.
20   *Tract.* 6, 4.
21   *Tract.* 19, 1.
22   *Paen.* 2, 3, 44.
23   *Paen.* 12, 1, 330.
24   *Ep.* 2, 8, 5.
25   *Tract.* 19, 3.
26   *Ep.* 2, 4, 7.
27   *Tract.* 20, 4.
28   *Tract.* 3, 6.

Cipriano: *et orationes pariter cum eisdem misceat* [29]; y Filastrio: *angeli miscuerint se cum feminis* [30].

Solidare: cum eodem Cypriano pax una solidavit [31]. Los ejemplos que encontramos en Blaise de este verbo transitivo están construidos con: in + ablativo: *stabo et solidabor in te* [32]; ablativo: *ut... quod proposueram divinae lectionis auctoritate solidarem* [33].

B) *Verba altercandi, pugnandi, dissidendi:*

Confligere: nos tecum... ore potius quam dente confligimus [34]; *cum inermi veritate confligis* [35].

C) *Verba dividendi:*

Partiri: cum vulneratis gemitus... partiri, cum aegrotantibus laborem... partiri, mortem cum moriente partiri [36]. En Paciano tenemos *partiri* + acusativo + *cum* + ablativo; en latín arcaico se encuentra el activo *partire* + acusativo + *cum* + ablativo: *gaudia mecum partisses* [37].

Una serie de verbos aparece en Paciano construidos con la preposición *cum* porque expresan una idea general de compañía: *Coronare: cum plurimis gloriossisime coronatum* [38]. Para interpretar este *cum* conviene tener presente que la *corona* en latín cristiano es el símbolo de la vida eterna. Así, *cum plurimis coronatus* «es coronado», esto es, admitido por Dios en el cielo junto con un gran número de cristianos.

Perire: perire cum miseris [39].

Videri: Iam cum Christo videtur, ut idem Moyses? [40].

Impellere: cum aliquantis... fautoribus nutantem impellit [41]. El *Thesaurus* no recoge esta construcción de *impellere*

---

29 *Ep.* 75, 17, 3.
30 *Haer.* 108.
31 *Ep.* 1, 3, 5.
32 Aug., *Conf.* 11, 30, 40.
33 Cypr., *Fort.* pr. 3.
34 *Ep.* 2, 7, 1.
35 *Tract.* 2, 2.
36 *Tract.* 20, 4.
37 *Lucil.* 98.
38 *Ep.* 2, 7, 5.
39 *Tract.* 1, 6.
40 *Ep.* 2, 8, 3.
41 *Tract.* 6, 3.

con *cum*, no obstante el sentido sociativo que presenta en este pasaje.

Permanere: Tamen concupiscentia cum vitiis omnibus permanebat [42]. En este ejemplo, además del sentido sociativo, no parece ser ajeno el sentido instrumental. Tampoco lo recoge el *Thesaurus*.

Esse: Con el verbo *esse* tenemos varios ejemplos. *Esse cum aliquo* significa únicamente «vivir con alguien», y no «estar con alguien», lo que se expresa con *stare cum aliquo*. En el caso de: *Optarem dissolui et cum Christo esse* [43], no es texto de Paciano, sino una cita bíblica, por lo que estrictamente no es objeto propio de esta comunicación, pero podemos decir que *cum Christo esse* se trata de un lenguaje pagano con un trasfondo bíblico.

En otros dos casos, el verbo *esse* tiene la construcción clásica, pero no en su sentido de vivir con alguien: *non pigeat esse cum multis* [44]. *Nec tamen mecum est ille qui non paenitet* [45].

En el pasaje *cum illis humilibus unum corpus sumus* [46], no es una construcción pagana o clásica *esse + atributo + cum*, sino una construcción cristiana de origen bíblico, lo que también se evidencia con ese predicado *unum corpus*. En todos estos ejemplos podemos ver un valor de *adiectione et comitatu*.

Consistere: quae tecum proximis finibus et vicina urbe consistunt [47]. Tenemos el mismo valor que el del verbo anterior.

Facere: dum cum adversario iter facitis [48]. La construcción *facere aliquid cum aliquo* es una expresión bíblica que tiene su correspondiente en: *iter faciens* [49]; *cum autem vadis cum adversario tuo* [50]; *iter facite ei* [51]. Aparece un

---

42 *Bapt.* 2, 3.
43 *Bapt.* 6, 7.
44 *Tract.* 27, 1.
45 *Tract.* 17, 3.
46 *Tract.* 13, 6.
47 *Tract.* 25, 3.
48 *Paen.* 12, 1, 328-9.
49 *Luc.* 10, 33.
50 *Luc.* 12, 58.
51 *Psal.* 67, 5.

significado de compañía en un contexto bíblico, por cuanto *iter facere*, sin dejar de ser pagano [52], es una expresión corriente en toda la Biblia, especialmente en el Nuevo Testamento, y *adversarius*, aun siendo un término del lenguaje forense, es también un término cristiano que significa el diablo.

Por último, nos quedan dos ejemplos más complejos:

Con el verbo *erogari: cum meretricibus et fornicariis erogata* [53]. En este pasaje, toda la tradición manuscrita posterior a Floro de Lyon reproduce *epotata*, pues Floro tachó la *g* de *epogata* para escribir en la interlínea superior una *t* y leer *epotata*. Pertenece al profesor J. W. Ph. Borleffs [54] el mérito de haber descubierto el origen paleográfico de la falta, al hacer remontar la *p* de *epogata* a una forma de *r* y, de haber sabido establecer la lectura correcta, *erogata*. Confirma esta conjetura otro caso en que la *r* es transmitida en forma de *p* por el copista del *Reginensis* 331, como es *impius* [55], que debe corregirse en *iniurias* [56].

Tanto el *Thesaurus* como J. Ph. Krebs y A. Blaise no citan la construcción *erogare aliquid cum aliquo*. Este verbo se construye: *aliquid in aliquem; in aliquam rem*, y no con dativo, *aliqui rei;* por ejemplo, *in ludos*, no *ludis*. Por tanto, no es una construcción clásica la de este verbo con *cum*, que tiene un valor claramente sociativo.

El otro caso es con el verbo *contingere: cum mala conscientia dei sancta contingitis* [57]. Este verbo es intransitivo y no aparece construido con *cum*, sino con ablativo: *lampadibus incensis tuscanicas contigerunt* [58]; *Dignas digitis contingere gemmas* [59]; *qui verbum dei deum sicut in hac vita possunt, mente contingunt* [60].

En tiempos de la república, la vida y las costumbres de los romanos eran muy externas: la utilidad se hizo la norma

---

52 *Bell. Alex.* 64, 2.
53 *Ep.* 1, 5, 8.
54 «Zwe neue Schriften Pacians?», *Mnemosyne*, 7 (1939), 183 y s.
55 *Ep.* 2, 5, 1.
56 A. Anglada, *Miscel·lania Aramon i Serra*, Barcelona 1980, pas. 5-10.
57 *Paen.* 6, 2, 143.
58 *Acta Arvalium* 87, 2, 47.
59 Estacio, *Silvas* 1, 3, 49.
60 Próspero de Aquitania Ps. 117, 26.

de vivir. En el fondo, faltaba la verdadera honestidad al faltar una norma suma. En la religión, no el amor, sino el temor y la vergüenza de los dioses empujaban a los hombres a venerarlos. Todo esto guarda relación con la noción de *conciencia*, y explica que en la literatura de carácter religioso no se encuentre nunca la voz «conciencia». La doctrina de los Estoicos hizo que la noción de conciencia se ampliara y se difundiera. En el juicio interno, la conciencia hace las veces de testigo acusador en los juicios, o sigue o acompaña las acciones y pensamientos. Otras veces, existe la llamada conciencia precedente a los actos que se deben realizar. Lo propio de la conciencia es acusar y culpar; pocas veces leemos la expresión de la conciencia que absuelve. A menudo la locución *bona conscientia* se presenta del mismo modo que *mala conscientia*, pero cada una indica estado más que acción. *Mala conscientia* nace a partir de la conciencia del crimen, de la conciencia del mal; *bona conscientia*, por el contrario, a partir de la conciencia del bien.

Tanto en los escritores romanos antiguos como en los más recientes, las voces *animus, mens, pectus* son sinónimos de *conscientia: Nihil est enim tam occupatum, tam multiforme tot ac tam variis affectibus conscium atque laceratum quam mala mens* [61]. En Paciano también leemos *mens* con el sentido de *conscientia*, construido con ablativo de modo: *et inquinato corpore ac polluta mente communicant* [62].

Así, debemos explicar por qué Paciano escribe *cum mala conscientia.* ¿Se trata de un ablativo de modo con la preposición *cum*, o aquí *cum* tiene además un valor sociativo?

Esta expresión aparece en la traducción de la antigua versión latina de la *Didaché* (4, 14). También en la *Epistula de Barnabas* (19, 22) la encontramos. Otro ejemplo es el de *1 Tm* 3, 9.

En el Nuevo Testamento es frecuente la perífrasis ἐν-dativo, que no es totalmente ajena al griego, y con la que los escritores del N. T. han traducido el hebreo b[e]. Se usa en lugar de dativo instrumental, pero puede expresar, entre

---

61 Quint., *Inst.* 12, 1, 7.
62 *Paen.* 2, 3, 44.

otros, la manera, así [63]. También ἐν puede equivaler a *con* [64].

Parece lógico, pues, concluir que en Paciano *cum mala conscientia* responde a una expresión que remonta por lo menos a la antigua versión latina de la *Didaché*.

M.ª CARMEN GARCIA ORTOLA

---

63   *Act.* 17, 31.
64   *Act.* 17, 29.

El *Pius Pater* en san Benito

«Las virtudes se anticiparon en él a los años», nos dice su discípulo Gregorio Magno (*Dial.* 2). Es su propia biografía quien nos habla del género de estas virtudes. Los Nursios, pertenecientes a la raza de los Sabinos —una de las estirpes más genuinamente romanas—, se caracterizan entre los antiguos por su firmeza de carácter y su espíritu tradicional. Nos dice Cicerón que los hombres de su raza se distinguen por su austeridad y energía, diciendo «eos vocat fortissimos, florem Italiae ac robur reipublicae» (Ligar. 11) y en otro lugar «Sabini severissimi homines» (*Vatin.* 15.36). Livio (1.18) y Marcial (1.36) se expresan en términos semejantes.

Perteneciente a la clase aristócrata rural sabina, bien bebió él de estos rasgos formadores de su pueblo, que tuvo ocasión de contrastar con la Roma gobernada por el bárbaro Odeacro al declinar el s. v. Desde entonces ya toda su vida será la del *Homo Viator,* la del romano que imprimió a la fe el genio práctico de su carácter haciendo de ella, frente a las espiritualidades de algunos Padres del Oriente, algo dinámico y productivo para el tiempo y la eternidad: «Ora et labora». Es el «gran monje solitario y social» (Pablo VI, 24.X.1964 en Montecassino).

Definirá su orden como «dominici schola servitii» (*RB* Prol. 45). Una de las acepciones de 'Schola' en el latín de la decadencia es la de «tropa». Así en *Inscr.* de M. Colliano, p. 27 (Orell. 3.300) se habla de «Schola armatur» respondiendo a la acepción 3 del *Lexicon totius latinitatis* que la defiende como «locus exercitii militaris» (v. 'Schola'). Y al frente de este escuadrón se va dibujando la figura básica, el estratega genial que será el Abad.

Como es bien sabido, el nombre del superior es tomado
del arameo 'Abba', el padre-madre de la Biblia. En la vida del
desierto es un término que no aparece, incluso por respeto.
Dice S. Pacomio: «Jamás pensé que era yo el padre de los
hermanos, pues sólo Dios es Padre» (*Vita Graeca Prima*, 105).
Ausente además de los escritos de S. Antonio y S. Atanasio,
cuando aparece en Egipto hacia el s. IV en las distintas
Historiae Apothegmata bajo la forma 'Apa'es en el sentido
de padre espiritual, monje venerable y dispensador del
Pneuma. Desde Casiano, y sin perder este carácter carismá-
tico que ahora no nos ocupa, va tomando los rasgos de Paterfamilias, de cabeza de la Comunidad en cuanto que Superior,
encontrándose este término sobre otros a lo largo de todo
el s. VI. Y en S. Benito cobrará los rasgos del *Pius Pater*.

Es el momento de profundizar un poco más técnicamente si se quiere sobre este apelatio epíteto que parece
pretender dar una nota más cálida si cabe a la amable majestad del padre. Hablaremos en un primer momento de la
Pietas romana y benedictina para referirnos a continuación,
y casi sin solución de continuidad, a *Pater* y al calificativo
Pius.

En el Prólogo a su Regla, Benito aplica la virtud de la
Pietas a Dios, que la muestra a los hombres para que cami-
nen por la vía del bien. Como único testimonio del término
nos servirá en esa justa medida para apreciar el sentido que
da precisamente a este vocablo.

En la Literatura clásica es un término entrañable al
estilo de ser romano y a sus ideales. Séneca nos lo enumera
en repetidas ocasiones (*De Ira* 2, 28; *De tranquil animi* 3, 4;
De benef. 2, 31; *Octav.* 1, 52 Y 737; *Ad Helv.* 18, 2; *Ad Luc.*
86, 1) casi siempre en compañía inseparable de *Humanitas,
Liberalitas, Iustitia, Patientia, Fides, Dignitas* y *Moderatio*.
De modo que se subraya su relación más estrecha, si cabe,
con la *Fides* y la *Iustitia*. En Virgilio también está relacionada con la Justicia de Júpiter (*Aen.* 2, 535 y 5, 687) que la
propicia «caelo» o bien esta «pietas antiqua» la halla entre
los hombres, con lo cual se marca esa reciprocidad en una
virtud de dioses y hombres. Cicerón, que habla del «gravis-
simum et sanctissimum nomen pietatis» (*Ep.* 1, 9.1) como
«fundamentum omnium virtutum» (*Planc.* 29), lamenta la

pérdida de la pietas y la humanitas en determinado rey
(*Of.* 3, 41). Y Ovidio, al dar a Eneas el título de «pietatis
idoneus auctor» (*Met.* 2, 543), hace nacer del hijo esa virtud
hacia el padre. De este modo, bien se puede concluir con la
ya clásica definición ciceroniana de *Pietas* como *officium*
que se debe a los familiares y a la patria: *Pietas, per quam
sanguine coniunctis patriaeque benivolum officium et dili-
gens tribuitur cultus.*

De todos los sentidos vistos parece destilar, incluso
antes de hablar del pater como pius, esa Benevolentia que
Benito ha captado en el Dominus celeste, que gobierna con
solicitud. De él se diría lo que Justiniano predicaba del Paterfamilias romano, al que recuerda que *Patria potestas in
pietate debet, non atrocitate consistere* (10.1). Sí, el Dios bene-
dictino es el del Nuevo Testamento.

En la *RB* el término 'pater' aplicado al Abad (dejamos
a un lado las referencias a los 'Patres' y al Abba de Jesús)
siempre aparece revestido de ese carácter cálidamente
acogedor que veíamos como rasgo preminente de la Pietas:
en una ocasión como de quien deben los monjes esperar todo
bien (33, 5) y por dos veces como el *Pius Pater.* Como adjetivo en *admonitionem pii patris libenter excipe* (*Prol.* 1)
cargado por una parte por una alusión del autor de la Regla
a sí mismo. Es un calificativo que acaricia para sí y con el
que se define. Y por otra, por aparecer entre la primera
docena de palabras que abren la regla, le confiere una significación destacada. La segunda referencia se incluye dentro
del capítulo II, el más definitorio del Abad, poniendo ante
los ojos de éste al apóstol Pablo, pidiéndole que alternando
exigencia y ternura, siempre muestre a las claras *(ostendat)*
el *affectum pium patris* (2, 24). Verdaderamente que constituye un concentrado en que cada palabra amplifica a la anterior.

En la literatura clásica nos da la impresión de ser ésta
más una virtud de hijo hacia padre por la difusión del *Pius
Aeneas* inmortalizado por Virgilio. Mas no es ajena a la
mentalidad latina la figura del *Pius Anchieses*, recogida por
Ennio (*Remains of old Latin.* Warmington. Ed. Loeb 16-17),
que curiosamente añade el «pium» como aportación romana
a la traducción de la Eneida, que no otorga a Anquises cali-

ficativo alguno de *Eusebés*. Como eco aparece también este *Pius Anchises* en Ovidio, *Metam.* 13, 640. Esta reciprocidad en que venimos insistiendo se encuentra en autores como Séneca (*Consol. ad Polyb. Controv.* 2) y Tácito (*Agric.* 43), que hablan, respectivamente, de *piissimo patri* —junto al *pios liberos* del *De benef.* 4, 33— y de *piisimae filiae*. Livio habla de la pietas del pater *in filios* (34, 3) y Séneca de la *Pietas liberorum*. Pero es Ovidio el que en lengua poética explota mucho más las posibilidades del adjetivo: aparece aplicado a pater en tantas ocasiones (*Met.* 3, 5; 9, 408; 13, 640, 15, 405) como a mater (*Fast.* 4, 555; 6, 559; *Amor.* 18, 123; *Ep. Saph.* 115) sin contar con la referida a Júpiter como el Dies-Pater por excelencia en *Ep.* 4, 133. De igual modo se aplica paritariamente al esposo y la esposa.

Curiosamente César en toda su obra no emplea una sola vez este adjetivo referido a nadie, y 'pietas' en una sola ocasión *(pro pietate)* en sentido militar. Quizá considere que su lugar no está precisamente entre las armas.

También es de destacar la permanencia del término 'paterfamilias' en la *RB* (2, 7), referido directamente al Abad como responsable de su grey. La presencia de este genitivo arcaico es, a lo largo de toda la Literatura latina, más bien un sinónimo del «qui in domo dominium habet» (Paul. *Dig.* 50, 16, 193) o bien «imperium habebit» de Virgilio (*Aen.* 9, 449), cuyo matiz potestativo no se escapa al monje: *cui potestas ab abbate...data fuerit* (*RB* 70, 2), *praemisso ...abbatis...imperio* (71, 3).

Mas por encima de todo está su oficio principal de *gerere sollicitudinem* (*RB* tít. c. 27. 27, 5), o *curam* (27, 1. 36, 6) o *praevidere* (25, 5: *praeviderit*. 41, 4: *in abbatis sit providentia*. 55, 8: *provideat*. 64, 17; *providus*), para que en todo *abbatem suum diligant* (72, 10), pues éste ha buscado más *amari quam timeri* (72, 15), según aconsejan los clásicos como Homero, Jenofonte, Tácito, Séneca y Cicerón (v. K. Gross: «Plus amari quam timeri», *Vigiliae Christianae* 27 [1973] pp. 218-229).

Por mi parte, he podido atestiguar que en los autores clásicos esta construcción semántica *gerere curam* o su equivalente *agere curam* —más común— no es infrecuente. Aparece en Virgilio (*Pro me curam geris, Aen.* 12, 48), Petronio («Deos rerum humanarum agere curam», *Sat.* 106),

Séneca («agat Princeps curam», *De Clem.* 1, 17; «Ergo mei curam ago», *Ad Lucil.* 121, 17) y Livio («priorem curam agere», 2, 48; «non de se curam agerent», 8, 3; «ego civium curam ago», 6, 15), entre otros. Pero no quiero dejar de reseñar la frecuente sucesión y vecindad de 'cura' y 'sollicitudo'; puede verse entre otros en Cicerón (*Rep.* 3, 26) —«quod vacua metu, cura, sollicitudine»—, Livio (26, 19) —«sollicitudinem curamque hominum animadvertit»— y Valerio Máximo (1, 7, 7; 7, 1, 2): «sollicitudinibus et curis mente sopita», «tristem curis et sollicitudinibus aula».

En definitiva, la expansión de 'pius' la encontramos en el campo que define la actuación del Abad como quien se mueve entre el «arguere» y el «obsecrare» (2, 25), el «increpet» (2, 25), «corripiat» (2, 25 y 2, 27) y «coherceat» junto al «gaudeat» (2, 32), el «prodesse magis quam praeesse» (64, 8) o el «[esse] consideratus» (64, 17). Siempre en una labor de discernimiento y atemperación de estos contrarios «discernat et temperet» (64, 17) no sea que «dum nimis erradere cupit aeruginem frangatur vas» (64, 12). Habitualmente «castum, sobrium, misericordem» (64, 9), jamás «turbulentus, anxius, nimius, obstinatus, zelotypus, suscipiosus» (64, 16), pudiendo cada una de las presentes notas dar pie a otros muchos estudios.

No se ha escapado, por otra parte, a los autores una división que sin pretenderlo ha quedado patente en la exposición de esta pormenorización del campo del «pius pater»; a saber, la de la separación entre el capítulo II y el LXIV de la *RB*, como la del Abad-Praepositus-Maior (nombres usados con anterioridad al primero) y el Abad-Sanctus pater. No es difícil apreciar el contraste de apelativos de tipo más exigente en el primero de estos capítulos y más cálidos en el otro. Incluso se ha hablado no tanto de dos manos —que también—, sino de una 'retractatio' del capítulo LXIV respecto del II (v. B. Capelle, 'Aux origines de la Règle de S. Benoît', *Recherches de théologie ancienne et médiévale* 11, 1939, p. 384). Pienso que sin tener que buscar siempre esas correcciones y accidentes textuales a los que, por otra parte, tan acostumbrada nos tiene la Filología, ni siquiera en cambios de pensamiento en un autor, hemos de reconocer a S. Benito como el genio que ha puesto cada cosa en su sitio: en primer término la función, el cargo (cap. II), y en segundo el talante que debe informarlo (cap. LXIV).

Ha sido mi deseo poner hoy de realce esta figura que, por más romana, se nos hace más cristiana en este siglo de su mayor reconocimiento: al título secular de Patriarca de Occidente, se añade en 1947 con Pío XII el de Padre de Europa (Encícl. *Fulgens Radiatur*), y el 24 de octubre del 64 en Montecassino, al bendecir la reconstrucción del Monasterio tras la Guerra, Pablo VI lo hace «Patrón y protector de Europa».

Y en 1980, al cumplirse el XV Centenario de su Nacimiento, fue saludado por nuestro Pontífice como «Patrono de la Europa de nuestro tiempo» (*L'Oss. Rom.*, 30-3-80). En efecto, una escuela tan fecunda como ésta en la formación de muchos «pii patres» nos abre a la realidad de nuestro presente al reconocer que «nuestras florecientes naciones modernas deben más al báculo de los Abades benedictinos que al cetro de los Reyes y Emperadores» (Card. Gibonns).

OSCAR GARCIA SANZ

Sintaxis de los casos en la *Peregrinatio*

En la sintaxis casual de la *Peregrinatio* deben enfocarse las alteraciones de la norma clásica a partir de ciertos criterios básicos, que permiten discernir lo que realmente son transformaciones y confusiones en el uso de los casos, frente a las peculiaridades que se presentan en este sentido por causas ajenas a la sintaxis. De este modo puede verse en la *Peregrinatio* un texto con menos vulgarismos de los que a este nivel se señalan. En general, el escrito de Egeria presenta más de «banal», en el sentido estilístico que da Marouzeau a esta palabra, que vulgar, sin negar que encontremos las tendencias básicas del latín hablado y transformaciones importantes del funcionamiento de los casos que coinciden con las que se hallan en otros autores tardíos como Gregorio de Tours. Es también interesante observar que algunos fenómenos son explicables como reacción a tendencias vulgarizantes, fenómeno característico del latín escrito en la baja latinidad.

Los criterios básicos de juicio ante las peculiaridades casuales de la *Peregrinatio* son, a nuestro entender, dos: un criterio fonético y otro léxico, ambos bastante relacionados entre sí. El criterio fonético es obvio, se trata de las alteraciones en el fonetismo latino que producen la debilitación de la expresión morfológica del sistema casual latino. Esto obliga a una reflexión acerca de qué ocurre cuando encontramos un caso donde se espera otro en la sintaxis clásica, pues, si opera la confusión morfológica aludida, no es posible hablar de, por ejemplo, ablativo en lugar de acusativo, del mismo modo que no podemos hablar de dativo en lugar de ablativo (o viceversa) ante la desinencia *-ibus*.

Sería cuestión de preguntarse si, bajo la coincidencia morfológica, existe una diferencia funcional (sincretismo morfológico, es decir, ausencia de expresión para una oposición), o si el sincretismo ha llegado al punto de eliminar determinadas oposiciones casuales indiferenciando los usos antes distintos funcionalmente (por distribución que no por morfología). El caso que tenemos en análisis es claramente el primero. Se trata de la coincidencia morfológica mencionada, pero mantiene los usos de ambos casos aún bastante diferenciados.

Las zonas donde comienza esta neutralización casual son precisamente los sintagmas externos de la oración, esto es, todo lo que se refiere a la complementación de tipo circunstancial; observamos aquí la competencia acusativo/ablativo muy extendida en la indicación de espacio y tiempo (ya desde la época clásica) y, sin embargo, mínima en el eje predicativo básico de la oración (aunque también hay ejemplos en el texto, bien que dudosos).

El segundo criterio que presentamos para la valoración de las irregularidades de la sintaxis casual en la *Peregrinatio* es, como decíamos, léxico. Si bien el primero, fonético-morfológico, es señalado convenientemente por Bechtel (p. 93), este segundo no aparece citado aun teniendo una importancia manifiesta. Me refiero a la enorme cantidad de palabras extranjeras de fonética bastante ajena al Latín que utiliza la señora monja en su detallada descripción de tierras y gentes ignotas en Tierra Santa, así como a los términos del culto y religión cristiana, en su mayoría de procedencia griega o hebrea. Estas palabras, al entrar en la dinámica oracional latina, se ven obligadas o bien a admitir una flexión, lo que ocurre en muy contados casos y en diferentes grados, o bien a recurrir a giros alternativos, preposiciones, con lo que contribuyen a la extensión de las mismas para la precisión de las ambigüedades de algunos casos.

En este sentido podemos observar cómo ciertas palabras adoptan una flexión conveniente en lo posible a su terminación (*diaconus, martyr*, en su mayoría palabras de origen griego, cf. Bechtel, pp. 86 y ss.) o presentan apenas ciertos casos (así, por ejemplo, *Anastasis*), finalmente nos encontramos con un tercer grupo de palabras de este tipo que no presentan flexión alguna, y precisan, por tanto, del juego preposicional para marcar su función.

Sobre esta base nos ha parecido conveniente dividir el estudio de la sintaxis casual en dos apartados, de acuerdo con principios estructurales: el sistema sintáctico interno sustantivo-verbo, y el sistema sintáctico externo de la determinación circunstancial. Se observará que mientras el primero presenta escasas irregularidades, el segundo nos muestra un mayor número de alteraciones.

Sistema sintáctico interno

La gran mayoría de estas irregularidades son señaladas por Bechtel en el ámbito de las operaciones metalingüísticas:

— *Acusativo por nominativo:* 'ad civitatem que apellatur Pompeiopolim' [1].

— *Nominativo por acusativo:* 'id est dendros alethiae, quod nos dicimus arbor veritatis', 'in septimana paschale, quam hic appellant septimana maior'.

— *Ablativo por nominativo:* Bechtel señala tres ejemplos, dos de ellos claramente refutables: 22, 1, donde 'Corico' es un nombre propio que aparece una vez tan sólo en la *Peregrinatio*, y posiblemente se trate de un nombre sin flexión; donde el mismo Bechtel señala la probabilidad de una elipsis de 'in'. El único ejemplo claro es, por tanto, 'in ecclesia maiore quae appellatur martyrio' [2].

— *Ablativo por acusativo en función de complemento directo:* Se trata de varios ejemplos de validez bastante discutida, si atendemos a los dos criterios ya señaladas. Así en 7, 1 'licet terra Gesse iam nosse', pero más abajo, encontramos 'ad terram Gesse exiremus', donde sería difícil sostener que tenemos en 'Gesse' un ablativo. Más adelante, 9, 5 'totum per terram Gessen pervenimus'. Todo parece indicar que se trata de una palabra que apenas admite dos casos

---

1 Cf. E. Löfstedt, *Late Latin* (Oslo 1959) pp. 138 y ss. Löfstedt señala efectivamente como los nombres de ciudades terminados en *-polim* mantienen una forma indiferenciada en todos los usos casuales. Lo mismo ocurre con nombres de lugar, como *Parisius*, que generalizan una forma sin preposición como locativo.

2 Véase en este sentido el ejemplo citado por Rubio (p. 97): «cum istius mulieris iuro 'fratre' volui dicere».

debido a su carácter extraño al latín Gesse/Gessen, formas que se emplean con escasa sistematicidad.

En cuanto a los tres primeros casos de irregularidad, ésta se desvanece si confrontamos estos usos con los habituales en la época clásica en contextos metalingüísticos análogos: se trata de la alternancia entre nom. y ac. en el uso metalingüístico (cf. Rubio, *Introducción a la sintaxis estructural del latín*, pp. 95-7), si bien con un mayor margen de libertad [3].

En los casos de nominativo en lugar de acusativo se trataría de auténticos «casos cero», nominativo como mera denominación exento de relaciones casuales. En este mismo sentido habría que tratar los casos de *nominativo absoluto*, tan característicos de la *Peregrinatio* y de toda la baja latinidad; se trata del desarrollo de ese nominativo «cero» o «pendens» con el valor de una oración autónoma (cf. Ernout-Thomas, *Synt. Lat.*, p. 12), así 16, 7 'benedicens nos episcopus profecti sumus'. Existen casos de construcción mixta como 'factis orationibus et cetera quae consuetudo erat fieri', o 'facta oratione nec non etiam et lecta omnia actus Sanctae Teclae', y construcciones que muestran cómo la formación con ablativo iba adverbializándose, y que la de nominativo tomaba progresivamente el valor productivo: 'completo earum septimanarum vigiliae', 'excepto si martiriorum dies evenerit' [4].

Finalmente, con este criterio pueden explicarse algunas de las construcciones que Bechtel engloba bajo el epígrafe de «miscellaneus mistakes in agreement», así 1, 1 'et faciebant vallem infinitam, ingens, planissima et valde pulchram', 'per valle illa quam dixi ingens'. El segundo ejemplo no requiere mayor explicación ante lo ya dicho; en cuanto al primer caso, es evidente que en una enumeración coordinada de elementos las desinencias se vuelven, en determinadas circunstancias, redundantes, ya que la coordinación

---

3 Cf. Väänänen, *Int.*, p. 235.

4 Cf. Väänänen, *Int.*, pp. 261-5. En realidad es el acusativo absoluto el prototipo de construcción absoluta en romance, pero Bechtel no señala ejemplo alguno de acusativo absoluto. El ablativo tiende a fijarse en forma preposicional y parece existir una distribución entre formas fijadas de participio perfecto que exigen acusativo, y formas fijadas de participio presente que exigen nominativo.

por sí sola garantiza el reconocimiento de la función del elemento en cuestión, no es extraño, por tanto que en esta relajación sintáctica las palabras se presentan como mera enunciación sin característica casual significativa. Hay que decir que para Löfstedt, 'ingens' sería algo así como un adverbio que determinaría a 'planissima' (sin -m por razones ya conocidas), sugerencia que parece recoger Heraeus, dada la puntuación que presenta, pero con respecto a 'infinitam'.

SISTEMA SINTÁCTICO EXTERNO

Tratamos aquí las anomalías en la utilización de los casos en la expresión de la circunstancialidad por medio de los casos acusativo y ablativo sin preposición. Creemos, siguiendo criterios estructurales, que los problemas de la construcción preposicional deben tratarse separadamente, aunque sólo a nivel metodológico, pues ambos sistemas se constituyen como alternativos en la expresión de determinadas nociones ya en la época clásica, y la sustitución del uno por el otro es uno de los rasgos más característicos de la evolución de la lengua latina.

La lengua latina había fijado unos determinados usos para los casos acusativo y ablativo sin preposición, pero esta fijación es un hecho de norma, y la posibilidad de alternancia entre varias construcciones es normal en todas las épocas del latín. En la *Peregrinatio* se observa que, pese a las irregularidades esperadas en un texto tardío, existen determinados esquemas fijados. Por ejemplo, en la expresión del tiempo «cuando» Egeria sigue el uso clásico, utilizando un ablativo «locativo»: 'alia die', 'tertia feria', 'hora septima', etcétera, son sintagmas repetidos hasta la saciedad, sobre todo en la última parte del texto, donde se nos describe puntualmente la actividad litúrgica de la 'septimana maior' [5].

---

5   En esta función alterna sin diferencia de sentido clara con el giro de acusativo, alternancia que se da ya en latín clásico con respecto al giro in ablativo (*Synt. Lat.*, pp. 34-5).

Bechtel presenta los casos de alternancia irregular acusativo-ablativo en la expresión de las siguientes nociones:

— *Extensión en el espacio:* Lo normal en clásico es el acusativo de extensión, bien que limitado a contextos bastante determinados y con giros concurrentes fuera, generalmente, de la lengua literaria (Ernout-Thomas, *Synt. Lat.,* p. 30). Es también el uso más generalizado en la *Peregrinatio,* en cuya generalización, pensamos, no es extraña la extensión de sintagmas como 2, 1 'vallis autem ipsa (...) quae habet (...) in longo milia passos forsitan sedecim (...)'. Bechtel menciona dos ejemplos de utilización del ablativo: 6, 3 'iter nostrum quo veneramus' y 'iter nostrum quo ibamus'.

— *Extensión en el tiempo:* La construcción normal era el acusativo, solo o con preposición 'per'. Ambos usos se dan en clásico (Ernout-Thomas, *Synt. Lat.,* p. 31). En la *Peregrinatio* la construcción preposicional se presenta con mayor frecuencia (27 veces, frente a sólo 2 del acusativo sin preposición, en cifras de Bechtel). Es característico también del latín tardío la extensión del ablativo sin preposición expresando esta noción temporal. En la *Peregrinatio* es frecuentísimo este uso que Ernout considera una extensión del ablativo locativo (op. cit., p. 121), y que atestigua en autores clásicos. En esto, Bechtel señala cómo la *Peregrinatio* coincide con otros autores como Gregorio de Tours.

— *Lugar a donde:* Frente a los casos regulares, acusativo con o sin preposición, Bechtel presenta una serie de casos con ablativo a los que se puede aplicar el criterio segundo que expusimos: se trata de nombres de ciudades que apenas sistematizan la oposición entre casos, Pelusio, Tatnis, Tharso. El nombre de «Jerusalem» presenta, quizá debido a su importancia, una incipiente flexión con bastante poca sistematicidad.

— *Lugar en donde:* La confusión entre el «lugar a donde» y el «lugar en donde» es algo reseñado habitualmente en los manuales de sintaxis (Ernout-Thomas, op. cit., p. 112). De este modo puede explicarse el asucativo que Bechtel llama «locativo» 'quando Alexandriam fueram'. Un fenómeno curioso de la *Peregrinatio* es la proliferación de locativos con nombres de lugares muy utilizados: 'ecclesia' y 'martyrium': 'cum missa ecclesiae facta fuerit', 'facta missa

Martyrii' (alternando con el sintagma preposicional 'ad Martyrium') [6].

FORMAS CASUALES FIJADAS

Se trata de formas de utilización bastante frecuente que *mantienen su desinencia aun con un significado adverbial.* Así los nominativos de los adjetivos en función atributiva: 25, 6 'Revertuntur ergo omnes ad civitatem rectus ad Anastase et fit lucernare iuxta consetudinem'. Otras fijaciones: 41, 4 'Et de summo monte usque ad ciuitatem et inde ad Anastase per totam ciuitatem totum pedibus omnes (...) sic deducunt episcopum (...)', donde hallamos *pedibus* instrumental en ablativo sin preposición cuando lo normal en la *Peregrinatio* es la preposición, cf. 37, 2 'episcopus sedens de manibus suis summitates de ligno sancto premet' (con la sustitución del genitivo partitivo/posesivo por el giro preposicional); también en 31, 4 encontramos «totum» con valor adverbial claro frente al «totam» precedente. Bechtel señala como caso «extraño» 'Ministerium omne genus aureum gemmatum profertur'; pero confróntense los ejemplos de Lucrecio 6, 917 'hoc genus in rebus'; 4, 735 'omne genus simulacra'.

LEONARDA GARCIA SOLER
Y ANTONIO GARCIA SOLER

---

6 Cf. Löfstedt, op. cit., p. 133; Väänänen, *Int.*, p. 249.

El léxico de la planta de la vid
en las *Etimologías* de San Isidoro de Sevilla

En *Etimologías* 17, 5, 1-14 encontramos la nomenclatura de las partes constitutivas de la planta de la vid. Creemos que su conocimiento facilita la comprensión de la viticultura y del mundo derivado de la vid, ámbito tratado con detalle en el mundo latino y que San Isidoro no descuida.

Se basa San Isidoro en resúmenes, comentarios, etc., siendo manifiesta la influencia del *De re rustica* de Columela [1]. Utiliza la etimología en la idea de que en el origen está el significado acertado, sirviéndose de la diferenciación etimológica *ex origine/ex causa* (a veces las dos) establecida por él mismo, siendo *origo* «procedencia de un término» y *etymologia* «razón por la que un término surge o se aplica» [2]. La lengua es claramente pedagógica. Procura no dar cabida al *sermo vulgaris*, aunque, ante un estado de lengua en plena evolución (finales del VI, principios del VII) el obispo de Sevilla se deja arrastrar, en algunas ocasiones, por construcciones y formas propias del latín medieval.

Las partes de la vid que San Isidoro trata son las esenciales, procediendo con un desarrollo que tiende de lo general a lo particular [3].

---

1   Para las fuentes, cf. J. Fontaine, *Isidore de Séville et la culture classique dans l'Espagne Wisigotique* (Paris 1959); del mismo autor, 'Problèmes de méthode dans l'étude des sources isidoriennes', *Isidoriana* (León 1961); 'San Isidoro de Sevilla', *Etimologías*. Edición, trad. y notas de J. Oroz Reta y M. A. Marcos Casquero, introducción de M. Díaz y Díaz (BAC, Madrid 1982); *Etymologies XVII*. Introducción de J. André (Belles Lettres, París 1981).

2   *Etym.* 1, 29, 3; cf. Curtius, *Literatura europea y Edad Media latina, La etimología como forma de pensamiento* (FCE, México 1955).

3   Se ha utilizado básicamente la edición de J. André, op. cit., cuyas notas son de gran valor.

VITIS («vid»)

Vitis dicta quod vim habeat citius radicandi. Alii putant vites dictas quod invicem se vittis innectant vicinisque arboribus reptando religentur. Est enim earum natura flexibilis, quae quasi bracchis quibusdam quidquid conprehenderint stringunt (Etym. 17, 5, 2).

También Varrón relaciona *vitis* con *vis* [4]. La vid es una planta originariamente trepadora. Siendo así, son esenciales los ganchitos (*vittis*, «zarzillos») con los que se sujeta a los cuerpos para trepar. Este es el primer significado de *vitis*, que emparenta con *vieo*, «trenzar», segunda opción de San Isidoro, referida a toda la planta. Se fortalece la opción de *vieo* con la explicación *est enim earum natura flexibilis*... Los datos, por lo demás, son exactos: naturaleza flexible, brazos que se aferran... *Vitis*, «vid», se ha conservado en castellano tanto para la planta de cultivo en emparrado como para la de cultivo bajo [5].

CODEX («tronco», «cepa»)

Codex dictus quasi caudex; sic enim veteres et clodum pro claudo dicebant (Etym. 17, 5, 4).

No informa San Isidoro del origen lingüístico que aún hoy es incierto (quizá *cauda*). Tampoco la etimología *ex causa*. *Caudex* está atestiguado en Terencio; *codex* en Plauto [6]. Parece seguro que el sufijo *-ex* de *codex* es el mismo que el de *vertex*, «cima del árbol», o *apex*, «punta». En nuestra opinión, si fuera de *cauda* (cola), tendríamos uno de los numerosos términos de origen metafórico, pues la imagen que ofrece esta parte de la vid puede sugerir la forma de una cola.

---

4 *De L. L.* 5, 37.
5 Se ha manejado fundamentalmente para cuestiones de viticultura: Chauvet-Reynier, *Manual de viticultura* (Mundi-Prensa, Madrid 1974); Font-Quer, *Diccionario de botánica* (Labor, Barcelona 1979).
6 Ter. *Heaut.* 877; Plaut. *Poen.* 1153.

Es, efectivamente, el tronco, la cepa (en su primer significado), el tocón de la vid. *Codex* se especializó en «tronco», y *caudex*, más culto, en tablillas de *madera* cubiertas de cera para escribir. En esta especialización conservamos la familia de palabras de «códice». No en la de *codex* como «tronco de la vid» [7].

SARMENTUM («sarmiento»)

Sarmentum a serendo, id est quasi serimentum (*Etym.* 17, 5, 5).

Falsa etimología. *Sarmentum* viene de *sarpere* (podar). Un sarmiento es «lo que se poda». La etimología correcta la da Paulo-Festo 429, 1. Es un término ampliamente utilizado, siempre con el significado de «tallos sólidos de la vid». Cuando brotan se llaman «pámpanos», al adquirir consistencia, «sarmientos» [8]. Conservamos actualmente «sarmiento» en su plena significación.

MALLEOLUS (técn., «maléolo»; coloq., «pulgar»)

Malleolus est novellus palmes innatus prioris anni flagello cognominatusque ob similitudinem rei, quod in ea parte qua deciditur ex veteri sarmento prominens utrimque mallei speciem praebet (*Etym.* 17, 5, 5).

Es clara la etimología de *malleolus*, diminutivo de *malleus* «martillo». La definición está tomada de Columela [9]. Presenta San Isidoro la vinculación vocablo-objeto. Es un ejemplo de algo que abunda en el lenguaje de la viticultura y, en general, de la agricultura: el uso de una palabra familiar o corriente transvasada metafóricamente a otro elemento con el que existe una relación cotidiana (como la

---

7 Cf. fragmentum.
8 Cic. *Senect.* 15, 52; Col. *R. R.* 5, 5; Col. *R. R.* 4, 24.
9 Col. *R. R.* 3, 6, 3.

vid). La definición es correcta: el maléolo es un renuevo de la vid con una porción de rama vieja en la base. Hoy, comúnmente, se llama «pulgar». Se conserva «maléolo» como término técnico.

SPADONES («sarmientos sin racimos»)

Spadones sunt surculi frugi carentes, ex ipsa appellatione quod sint inhabiles fructu et sterilitate affecti (Etym. 17, 5, 6).

San Isidoro define el concepto y la razón por la que se aplica a la realidad. *Spado* es un término griego y significa «eunuco, castrado» en griego y en latín. De nuevo, designación metafórica: lo primario es su aplicación al ámbito humano. Hay muy pocos casos de aplicación a un vegetal, uno de ellos en Columela, de donde San Isidoro ha recogido el término [10]. En efecto, existen en la vid ramas estériles. En castellano, «espadón» significa «estéril», pero el DRAE no incorpora posibilidad alguna de caracterizar a un elemento vegetal.

SAGITTA (técn., «saeta»; coloq., «punta»)

Saggitam rustici vocant novissimam partem surculi, sive quia longius recessit a matre et quasi prosilivit, seu quia acuminis tenuitate teli speciem praefert (Etym. 17, 5, 7).

No se conoce el origen lingüístico de *sagitta* [11]. El concepto y explicación están tomados de Columela [12]. Nuevo ejemplo de expresión metafórica. Corresponde a lo que, hoy, corrientemente, se llama «punta». Técnicamente existe «saeta» haciendo referencia a la punta del sarmiento.

---

10   Col. *R. R.* 3, 10, 15.
11   Cf. Ernout-Meillet, *Dictionnaire étymologique...* (Klincksieck, Paris).
12   Col. *R. R.* 3, 17, 12.

FLAGELLUM («latiguillo»)

Summitates vitium et fruticum flagella nuncupantur, eo quod flatu agitentur (Etym. 17, 5, 8).

Etimología incorrecta. *Flagellum* es el diminutivo de *flagrum*, «látigo», y *flatus* deriva de *flare*, «soplar». También Varrón equivoca la etimología, pero de donde, probablemente, toma el error San Isidoro es de Servio [13]. La verdadera etimología es otro ejemplo de uso metafórico. Su primer significado sería «latiguillo», aplicado a la extremidad del tallo y, por sinécdoque, el tallo. Existe en castellano «flagelo», no para la parte más elevada del tallo, sino para el filamento móvil en forma de latiguillo.

PALMES («sarmiento con racimos»)

Palmes vitis materia mollis, qui per novella bracchia emissus fructum adfert; nam ideo rustici partem vitis palmitem dicunt. Palmes enim diminutivum nomen est, quod nomen paragogum dicitur, quod a palma derivetur. Palma enim habet nomen prototypum, quod dicitur principale ab eo quod ex se derivativum faciat (Etym. 17, 5, 9).

Origen lingüístico correcto. La fuente es Paulo-Festo 246, 1, quien, además, relaciona *palmes* con la palma de la mano, lo cual ha debido pasar desapercibido para San Isidoro, que toma de forma incompleta la explicación del término. *Palmes* se emplea para referirse a la rama fuctífera; es una especificación de «sarmiento» y sería contrario a *spado*. Nuevamente un uso metafórico: la disposición de los dedos de la mano del hombre ha aportado por semejanza la misma denominación a estas ramas. Tenemos en castellano los sufijos palmi- y palmati- (muy extendido en botánica) «para dar la idea de algo divergente a partir de un punto, como los dedos de una mano abierta» [14].

13 Varro, *R.* 1, 31, 3; Serv. *ad G.* 2, 229.
14 Cf. Font-Quer, op. cit.

PAMPINUS («hoja»)

Pampinus est folia cuius subsidio vitis a frigore vel ardore defenditur atque adversus omnem iniuriam munitur. Qui ideo alicubi intercissus est, ut et solem ad maturitatem fructus admittat et umbram faciat. Et dictus pampinus quod de palmite pendeat (Etym. 17, 5, 10).

Pampinus no está relacionado con *pendere*. Su origen es incierto, como el de muchas palabras que hacen referencia a la vid. La etimología que ofrece está tomada, probablemente, de Ambrosio, *hex.* 3, 12, 52. El significado es «tallo verde —que llegará a ser un sarmiento—». Así aparece en Columela y Plinio [15]. Se dice también de las hojas de la vid. Con este sentido, se encuentra en numerosos autores, pero San Isidoro lo ha debido recoger de Servio [16]. Significado secundario que ha arraigado en muchos lugares de nuestra viticultura. Hemos conservado en castellano «pámpano» para ambos sentidos.

CAPREOLI (técn., «capréolos»; coloq., «zarzillos»)

Capreoli dicti quod capiant arbores. Sunt enim cincinni sive uncinuli quibus se innectare vites et suspendere solent arboribus, quo adminiculo freti palmites ventos ac turbines contemnere queant et sine lapsu pediculorum fructus suos sustineant ac sese vaga proceritate diffundant (Etym. 17, 5, 11).

Falsa etimología, también en Varrón y Paulo-Festo, de donde lo toma, quizá, San Isidoro, con alguna influencia de Columela [17]. Esta palabra, en realidad, emparenta con *caper* «macho cabrío»: los *capreoli* reciben este nombre debido a su semejanza con los cuernos retorcidos de dicho

---

15   Col. *R. R.* 4, 22; Plin. 18, *Hist. Nat.* 27, 67 (254).
16   Virg. *G.* 1, 448; Col. *R. R.* 2, 12; Horat. *Od.* 1, 8, 34.
17   Varro, *R.* 1, 31, 4; Paul, Diac. p. 57, 16 (Müll.); Col. *R. R.* 4, 41, 1.

animal (sinécdoque y metáfora). Hemos conservado «capréolo» como tecnicismo, sinónimo de «zarzillo».

CORYMBI («corimbos»)

Corymbi sunt anuli qui proxima quaeque alligant et comprehendunt, ne longius laxati palmites ventorum flatibus dissipentur (*Etym.* 17, 5, 12).

No proporciona San Isidoro etimología, sino una definición errónea que equipara esta palabra a *capreoli*. Al desconocer el significado, debió acudir a la lengua de procedencia de este término: el griego, y tomó su primera acepción, «cima», sin indagar un sentido botánico, que se encuentra con poca frecuencia y en época tardía [18]. Esta acepción botánica es la que ha recogido la lengua latina: frutos en forma de esferillas o con disposición de racimos. Se suele aplicar principalmente a la hiedra [19]. Si San Isidoro hubiera buscado en la lengua latina, habría encontrado el sentido botánico. Partiendo del primer significado griego «cima», la identificación con *capreolus* es consecuente.

Hoy se entiende por corimbo la inflorescencia que, naciendo de diferentes puntos del tallo principal, llega a tener una altura semejante para todos sus elementos, «cima» que le da nombre. Término técnico.

UVAE («uvas»)

Uvae dictae quod intrinsecus humoris sint plenae sucique et pinguedinis. Nam humidum est quod exterius humorem habet, uvidum quod interius (*Etym.* 17, 5, 13).

También Varrón y Servio relacionan *humidus* con la humedad exterior, y *uvidus* con la interior. Su primer significado es «uva», el fruto de la vid. Se encuentra, asimismo,

---

18   Mosh, 3, 4; Nonn. Jo. 19, 7; Anth. 12, 8.
19   Virg. *Ecl.* 3, 39; *Sch. Virg. Veron. id.*; Plin. *Hist. Nat.* 16, 146.

por «vino», «vid» y «racimo» [20]. Aún hoy, en algunos lugares de la viticultura española, como La Rioja o Navarra, «uva» es el racimo.

ACINA («grano»)

Acina (*Etym.* 17, 5, 14).

San Isidoro sólo cita el término. Es extraño que no encontrara fuente en la que basarse, dado que es una palabra suficientemente documentada [21], sin etimología conocida. Más corriente es la forma *acinus*, y, en una acepción amplia, hace referencia a cualquier fruto jugoso. El significado se especializó en una de las partes de ese fruto: el grano. Mantenemos, en castellano, el término «ácino» como tecnicismo no para el grano, sino para frutos carnosos, jugosos y translúcidos.

BOTRUS («racimo»)

Botrus (*Etym.* 17, 5, 14).

De nuevo, sólo cita el término. Puede que San Isidoro no encontrara una fuente con un tratamiento exclusivamente vinícola, dado que *botrus* es término tardío, griego, incorporado por el latín cristiano en su afán de hacer diferencias léxicas respecto a la lengua pagana y utilizado frecuentemente en imágenes. Parece referirse, primero, al racimo, aunque también puede significar «fruto de la vid». Hoy se emplea en botánica el término «botrio» con su significación primera de «racimo».

---

20   Cato *R. R.* 24; Varro *R.* 1, 54; como «vino» Horat. *Od.* 1, 20, 9; como «vid» Virg. *G.* 2, 60; como «racimo» Col. *R. R.* 3, 3, 3.
21   Cato *R. R.* 112, 2; Varro *R.* 1, 54, 3.

RACEMUS («racimillo»)

Racemus est botrionis pars, et botrio Graecum est (*Etym.*
17, 5, 14).

Ofrece San Isidoro la definición del vocablo y la lengua
de la que procede. No proporciona una posible etimología
que, en realidad, es incierta. *Racemus* es el racimillo que,
junto con otros semejantes, forma el racimo grande. En
castellano conservamos «racimo» tanto para un caso como
para otro, siempre que sea un conjunto de frutos sostenido
por un eje común.

Esto es de lo que, a grandes rasgos, nos informa San
Isidoro acerca de la planta de la vid. Como ya dijimos, de
importancia básica para el conocimiento de la viticultura
y del mundo del vino. Gracias a San Isidoro conservamos
una serie de términos, unos como tecnicismos, otros no
tanto, que podrían haberse perdido sin la actualización del
obispo de Sevilla. Nos parece que, más que criticar a San
Isidoro sus errores de apreciación en un terreno que,
además, no debía de conocer en la práctica, habría que recalcar, y lo hacemos, la importancia de su tarea en la búsqueda
de los términos esenciales, en la información que nos hace
llegar de ellos y en la pervivencia, en muchos casos, de vocablos que, al fin y al cabo, han venido a enriquecer nuestro
léxico de hoy.

MERCEDES GOMEZ LOZANO

Los cambios de género gramatical
en las antiguas versiones latinas de la Biblia

Los rasgos que distinguen a la primera latinización del Cristianismo, es decir, al conjunto de traducciones de la Biblia anteriores a la Vulgata, denominado *Itala* o *Vetus Latina*, hacen suponer «a priori» que una categoría gramatical, tan profundamente alterada en latín como la del género, encontraría allí testimonios abundantes de su ruinosa situación.

Dejando aparte la cuestión, ampliamente debatida, de si el latín cristiano merece la consideración de «lengua especial» o sólo de «modalidad lingüística», existe completa unanimidad en afirmar que estas primeras versiones de la Biblia fueron realizadas por traductores poco doctos y de un nivel social humilde; igualmente, que tales traducciones, dirigidas a un proletariado urbano para ser cantadas o recitadas en sus actos de culto, se caracterizaban por sus tendencias vulgares y por su ignorancia, expresamente buscada, de las normas que regían el latín culto y literario; que, en cambio, la principal virtud de las mismas consistía en el profundo respeto religioso al texto griego que traducían, latinizándolo *ad pedem litterae*, palabra a palabra, como corresponde a un texto sagrado; y, por último, que van a dejar su influencia en todos los escritores cristianos posteriores para quienes el elemento bíblico ocupa un lugar primordial.

A estas características hay que añadir, ya en el campo de la categoría gramatical del género, los dos renombrados registros del masculino de *arbor*, concretamente *Apoc.* 7, 1 (Primas.) *neque in ullo arbore* y 7, 3 *neque ullum arborem*, que representan, como es bien sabido, un temprano y esperado precedente del género mayoritario de esta palabra en las lenguas románicas. Hay que reconocer que, con sola esta espectacular constancia, la *Vetus Latina* reúne méritos más que suficientes para justificar el contenido de esta comunicación.

1. Comenzando por las ya citadas apariciones del empleo masculino de *arbor,* si bien se ha puesto en duda no sólo que sean éstos los más antiguos testimonios del cambio de género, sino también que se trate de comportamientos masculinos de este vocablo [1], tales ejemplos bíblicos podrían indicar, no obstante, una de las fases finales del proceso por el que los nombres de árboles en *-us,* femeninos en latín por herencia indoeuropea, han cambiado al masculino presionados por la forma en el transcurso de la historia de la lengua latina conforme atestiguan las propias lenguas románicas. Efectivamente, para estos substantivos se documenta una primera etapa que alcanza en antigüedad a la época de Catón *(agr.* 42 *de eo fico),* siendo particularmente frecuentes sus usos masculinos a partir de la época imperial. Algún que otro ejemplo de ello ofrecen tanto la *Vetus Latina (Os.* 14, 9 [cod. 176] *ego deus sicut iuniperus spissus)* como la misma Vulgata *(Esdr.* 14, 24 *tu praepara tibi buxos multos, accipe tecum... quinque hos, qui parati sunt ad scribendum uelociter).* Una vez que la presión semántica del femenino de los nombres de árboles deja de intervenir durante la baja latinidad en el substantivo *arbor,* éste aparece empleado como masculino bajo una doble influencia: de un lado, las otras palabras en *-or, -oris,* masculinas casi todas, y, de otro, los propios nombre de árboles considerados ahora masculinos.

2. Sigue en importancia a esta masculinización de *arbor* una serie de palabras eminentemente latinas que debido a transposiciones de sentido han llegado a significar conceptos fundamentales en la nueva religión. Puesto que el cambio de género gramatical parece darse exclusi-

---

1   Cf. Theodor Bögel, 'Lateinisch *arbor* in der Entwicklung zum Maskulinum und Personennamen um Ausonius', *Helikon* 6 (1966) pp. 37-50.

vamente en sus usos cristianos, podría creerse que el género masculino o femenino, cumpliendo su función de clasificadores de palabras, se utilizaría como soporte gramatical a un intento de diferenciación semántica.

Conviene dejar claro desde el principio que, por una parte, los empleos equivocados del género de estas palabras a las que nos referimos, aun en la *Vetus Latina,* son minoritarios y junto a ellos se encuentran regularmente sus usos correctos; por otra, que, por tratarse casi siempre de nombres de la 3ª declinación, no existe ninguna marca morfológica especial que indique uno u otro género, por lo que la forma de la palabra, tanto en los empleos correctos como en los incorrectos, permanece inalterada: la incorrección se manifiesta mediante la concordancia equivocada de adjetivos y pronombres.

En este grupo de substantivos ocupa un primerísimo lugar el uso masculino de *gentes,* generalmente *plurale tantum,* que estas antiguas versiones de la Biblia comienzan a utilizar en el sentido de «paganos» y que a partir de ellas se extiende a toda la latinidad cristiana. Pues bien, a pesar de la relativa frecuencia de su empleo masculino y de las numerosas expresiones donde es imposible saber de qué género se trata son, sin embargo, más normales y frecuentes los usos correctos de *gentes* femenino en la propia *Vetus Latina.* A esto hay que añadir, como ya explicó E. Löfstedt [2], que el nuevo significado de «paganos», resultaba muy cercano al del latín profano «extranjero», «provincial», en oposición a *populus Romanus,* con el que frecuentemente aparece desde la época clásica. Por consiguiente, es evidente que ni el comportamiento del género de *gentes,* ni su transposición de significado pueden considerarse especiales, de tal forma que marquen diferencias entre el latín cristiano y el restante latín. Su género masculino se explicaría como una concordancia *ad sensum* con los significados afines de *homines, populi, barbari, pagani* (gr. ὁ ἐθνικός), todos

---

2   En *Syntactica* II (Lund 1956) pp. 464 y ss.; también en *Il latino tardo* (Brescia 1980) (trad. de *Late Latin,* Oslo 1959) pp. 106-108.

masculinos, realizada por traductores poco seguros en relación con el género correcto de *gens*.

El empleo femenino de *grex* (en, por ejemplo, *Ioh*. 10, 16 *et fiet una grex et unus pastor*) no puede tenerse por un uso exclusivamente bíblico, toda vez que antes se documenta, entre otros, en Lucrecio (2, 662 *buceriaeque greges*). Tampoco la transposición de sentido, mediante la que se indica con *grex* el *populus fidelium*, «el pueblo de los fieles de Cristo», es ajena al latín profano (Hor. *epist*. 1, 4, 16 *Epicuri de grege*). En la latinidad posterior el femenino *grex* se mantiene tanto por los escritores cristianos como por los no cristianos, especialmente en los traductores de lenguajes técnicos (Chiron 192, 193). El comportamiento del género de *grex* puede explicarse, sin duda, a partir de las palabras griegas que normalmente traduce, μία ποίμνη, νομή, ἀγέλη, (rara vez un neutro, ποίμνιον en *Luc*. 12, 32).

Algo semejante ocurre con el género femenino de *orbis* que se explica por la presión del griego ἡ οἰκουμένη, al que latiniza, por ejemplo, en *Is*. 10, 14 *totam orbem comprehendam*. El sentido de «iglesia universal» que se desprende para esta palabra en algunos pasajes de la *Vetus Latina* sí debe considerarse como significado exclusivo del latín bíblico que pasó al latín cristiano posterior acompañado frecuentemente de su empleo femenino.

Terminamos esta serie de vocablos con el tratamiento masculino de *Verbum* (ὁ Λόγος) en el específico sentido cristiano del *Logos* encarnado en Cristo, tal como aparece en *Mat*. 13, 20 *Verbum audit et continuo cum gaudio accipit eum*. Igual que en las palabras estudiadas más arriba la forma del vocablo suele permanecer inalterada y el uso incorrecto del género, en este caso masculino por neutro, se muestra mediante la concordancia de un pronombre o atributo que debe explicarse como una *constructio ad sensum*. Tanto el nuevo significado de *Verbum* como su empleo masculino pertenecieron, sin dida, primero al latín bíblico y después al latín cristiano.

3.   Ello significa que un capítulo importante y extenso de las oscilaciones de género en estas antiguas versiones de la Biblia lo ocupan, de un lado, los préstamos griegos y,

de otro, los llamados «grecismos de cruda transcripción», por seguir la expresión de H. Rönsch [3].

En efecto, no resulta extraño encontrar préstamos griegos con cambios de género que podríamos considerar normales, tales como *paenula* fem. (ὁ φαινόλης, –ου), *blasphemia* (ἡ βλασφημία), neutro pl. (de *blasphemium*), *buxus* masc. (ἡ πύξος), *pelecana* fem. (ὁ πελεκάν, –ᾶνος). Las explicaciones a estos cambios de género en tales helenismos de las antiguas versiones bíblicas se encuentran en cualquiera de los manuales al uso de morfología latina. Desde los nombres griegos masculinos en –ας y –ης que pasan al latín a femeninos en -*a*, tipo *haec charta* (ὁ χάρτης), hasta los metaplasmos creados a partir del acus. sing. de la 3ª declinación, tipo *cratera, -ae* (de κρατῆρα, acus. de ὁ κρατήρ, –ῆρος), pasando incluso por substantivos de la 1ª en -*a*, tipo *cholera* (de χολέρα, –ας) que presentan también formas populares (neutr. plur. *cholera*, neutr. sing. *cholerum*) como el ejemplo bíblico de *hlasphemia / blasphemium*.

En el recuento de estos helenismos no falta tampoco la conservación del género gr. en la traducción latina por respeto, una vez más, al texto que se traduce, como el caso de *hyacinthus* masc. normalmente en latín, aunque proceda de un fem. griego, ἡ ὑάκυνθος[4].

Frente a este comportamiento del género que sigue las pautas regulares de integración de las palabras griegas en las diferentes declinaciones latinas, en la *Vetus Latina* aparecen las ya nombradas «transcripciones crudas», donde casi hay una transposición total de la expresión griega a la frase latina y el género gramatical que rige la concordancia en la traducción latina lo constituye el de la palabra griega. Nos referimos a registros tales como *Mat.* (cod. d) 25, 41 *in aeternum ignem mittere, quod praeparatum est a Patre* (... πῦρ ..., ὅ...); *Mat. 26, 28 hoc enim est sanguis meus* (τὸ αἷμα); *Luc.* 12, 7 *capilli... numeratae sunt* (αἱ τρίχες...); *Luc.* 23, 33 (cod. d, s. IX) *in locum uocatum caluarium*

---

3 'Gräcismen der rohen Transcription', en *Itala und Vulgata. Das Sprachidiom der urschristlichen Itala und der katholischen Vulgata unter Berücksichtigung der römischen Volssprache* (Marburg 1875) p. 451.

4 *Exod.* 28, 37h *yacinthum duplicem tortam* (ὑακίνθου κεκλωσμένης).

(ἐπὶ τὸν τόπον τὸν καλούμενον κρανίον); *Gen.* 11, 3 *faciamus nobis lateres et coquamus eas* (Vulg. *eos*) *igne; et facta est eis ipsa latera quasi lapis* (ἡ πλίνθος); y, por último, el sorprendente *Act.* (cod. Laud.) 6, 1 *factus est murmuratio* (ἐγένετο γογγυσμός) [5], donde el género del sujeto griego es el que determina la forma del verbo latino. Este sistema de traducción, cuyos ejemplos podríamos multiplicar, no ha tenido fortuna en el latín posterior y sólo se encuentra en estas primeras versiones de la Biblia que venimos comentando. Pienso que aquí cabría hablar de cambio de género sólo cuando este tipo de concordancia gobernada por el vocablo griego ha ocasionado un cambio de forma en la palabra latina. Tales son los casos de *later, -eris,* masc. en latín, feminizado en la frase por influjo de ἡ πλίνθος y con paso a la 1ª declinación *(latera, -ae),* como *pulex (pulica),* o bien *caluarium,* semejante al ya citado *blasphemium.*

4.   Dejando a un lado esta especie de dictadura del léxico griego presente en estas traducciones, el comportamiento del género no ofrece diferencias destacables de las que se acostumbran a observar en cualquier texto de índole popular o de tendencias vulgares. En este sentido no sorprende que la mayoría de los cambios de género se dé en nombres de la 3ª declinación (los ya citados *arbor, gens, grex, orbis, later* y muchos otros más), donde, como es suficientemente sabido, no existe marca morfológica que distinga un género de otro, frente a la polarización de los temas *-e/-o* en oposición a los temas en *-a,* como masculinos y femeninos, respectivamente. Que substantivos femeninos en *-us (humus, porticus, buxus, iuniperus,* etc.) se consideren en la *Vetus Latina* masculinos por influjo de la forma, no puede ser causa de asombro para ningún estudioso, así como la aparición excepcional de formas femeninas, hipercaracterizadas en cuanto al género *(furna, oleastra...)* procedentes de masculinos *(furnus, oleaster...).*

·   Tampoco extraña la ruinosa situación en la que encontramos el neutro, con masculinizaciones del singular *(castellus, lignus, signus, templus, uinus...)* y feminizaciones del

5   En la Vulgata se encuentra la expresión correcta *factum est murmur,* cf. Löfstedt, *Il latino...,* p. 132.

plural *(sarmenta, tribula, acetabula...)*, porque, si no con tanta
frecuencia como en la *Vetus Latina*, era algo normal en latín
desde los primeros textos literarios *(dorsus*, Plaut., *Mil.* 397;
caementa, Enn. *scen.* 383). Como ocurre en otros textos,
también aquí algunos de estos cambios encuentran su origen
en la personificación o referencias concretas a personas que
se desprende fácilmente del contexto; así en *Gen.* 2, 18 *Non
est bonum esse hominem solum; faciamus illi adiutorium
similem sibi* [6]. Particularmente abundantes son los
empleos en género neutro de masculinos de la 2ª declinación *(agrum, himnum, laqueum, puluinum, gladia, manipula...)*. Estas ultracorrecciones, unidas a las ya citadas
masculinizaciones y feminizaciones, a la vez que evidencian
la reconocida ignorancia lingüística de los traductores bíblicos, ofrecen un buen sondeo del estado de incomprensión
del neutro como categoría gramatical por parte de los
hablantes latinos poco ilustrados. Como es conocido, estos
neutros de masculinos en muchos casos sirvieron de forma
intermedia a un posible cambio de género del masculino al
femenino, debido a la coincidencia del morfema del neutro
de plural -*a*, con el del femenino.

Esta misma coalescencia morfemática constituye la
base del cambio de género de un grupo de palabras de
la 1ª declinación, con un aspecto popular bastante marcado,
y que se registran con relativa frecuencia en las versiones
bíblicas. Junto a las ya citadas *blasphemia/blasphemium* y
caluaria/caluarium, encontramos *cauerna/cauernum, dola-
bra/dolabrum, festuca/festucum, pulpebra/palpebrum, marga-
rita/margaritum, caerimonia/caerimonium, membrana/
membranum*, etc. Ahora se trata de un fenómeno que va a
tener una amplia resonancia en el latín posterior y que, en
el mismo marco del vocabulario técnico-popular en que se
mueven estas constancias bíblicas, puede considerarse una
característica del latín medieval. Que el desarrollo es típicamente latino, no influido por el griego conforme pudiera
desprenderse de *caluarium* (τὸ χρανίον), se pone de manifiesto al comprobar cómo el sintagma latino *in cauerno*

6 Cf. Aldo Ceresa-Gastaldo, *Il latino delle antiche versioni bibliche* (Edizioni
Studium, Roma 1975) p. 43.

traduce el griego ἐν τῇ τρυμαλίᾳ, en género femenino, y el helenismo *margarita,* fem. en latín, que proviene de un masc. gr. (ὁ μαργαρίτης), ha desarrollado una forma completamente independiente de su antepasado griego.

5.   Para finalizar esta enumeración de testimonios de las alteraciones de género ocurridas en la *Vetus Latina* es preciso tener en cuenta, siquiera sea de pasada, el recuento de diminutivos, tanto de los que comportan cambio de género como de los que derivan de vocablos con oscilaciones de género normales en latín. La causa de esta atención proviene del papel que suelen representar los diminutivos en lo que respecta a reflejar la inclinación por uno u otro género de cualquier texto objeto de estudio, ya que ofrecen siempre una marca morfológica más clara, al deshacer la oscilación y elegir un género determinado. Así sucede en nuestro texto con *crinicula* (*crinis,* masc./fem.), *flosculum, floscula,* neutros (de *flos,* masc./fem.), *funiculum,* neutro (*funis,* masc./fem.), etc.

No debe pasarse por alto tampoco la indagación de las diferentes lecciones que afectan al género, ofrecidas por los códices y manuscritos, porque mediante ellas se obtiene un conocimiento exacto, en muchos casos imprescindible, de la mayor o menor importancia que pueden tener dichas oscilaciones. En el caso que nos ocupa de las antiguas versiones de la Biblia tiene una relevancia particular, dada la amplia tradición textual y su mechedumbre de comentaristas. Así, por ejemplo, en *Psalm.* 30, 5 *educes me de laqueo isto, quam* (Veron., *quem* cett.) *occultauerunt mihi,* la existencia de dos variantes de los manuscritos, una *(quem)* correcta en la mayoría de ellos, otra *(quam),* incorrecta, en el de Verona, nos evita tener que incluir esta frase entre las «transcripciones crudas» de Rönsch, porque en ella quien gobierna la concordancia del relativo con su antecedente *de laqueo isto,* aunque no se trate ahora de un vocablo griego, debe ser el fem. *muscipula,* sinónimo de *laqueum* y que suele intercambiarse con frecuencia en estas primeras versiones de la Biblia.

Sobre la presencia de los autores cristianos en los tratados latinos de gramática

INTRODUCCIÓN

Los escritos cristianos, aparte de la importancia que tuvieron en los primeros siglos del cristianismo para la difusión de la doctrina, poseen en sí mismos con frecuencia valores literarios que no han escapado a los estudiosos. Por tanto, no sin razón se han analizado a menudo los modelos paganos que los autores cristianos tendían a imitar para dar a sus escritos una relevancia formal (de lengua, estilo, etc.), acorde con el mensaje que en cada caso se quería transmitir. Todo ello a dado lugar a la polémica existente sobre el «latín cristiano» como lengua de grupo [1].

Habida cuenta de que las disciplinas del *trivium*, gramática, retórica y dialéctica, constituyen un punto de partida en la formación de los romanos tanto paganos como cristianos, debemos pensar que los modelos propuestos en los tratados escolares correspondientes nos dan una pauta sobre el latín que, de manera más o menos consciente, se intentaba imitar. En las líneas que siguen pretendemos analizar la repercusión que dicha literatura tuvo en los gramáticos latinos. En este acercamiento al problema hemos recogido datos de los autores cristianos citados por los gramáticos latinos hasta Beda. Si pensamos que, de alguna manera, los gramáticos se convierten involuntariamente en jueces de los autores que citan o bien excluyen de sus comentarios, de las referencias que hagan a unos u otros podremos deducir

---

1 Véase al respecto J. Bastardas, 'El latín de los cristianos. Estado actual de su problemática', *BIEH*, 7, 2 (1973) pp. 5-17.

TABLA-RESUMEN GENERAL DE AUTORES CRISTIANOS CITADOS POR GRAMATICOS LATINOS [2]

ss.	Autores cristianos		Gram. latin.	s. III	s. IV	s. V	s. VI	s. VII	¿ ?	Total veces	Total obras
III	Biblia Sacra	Ant. Test.				(8	(4	(43	10	97	11
		Nuevo Test.				(4	(2	(25	24	73	9
		¿ ?				(6		2 (1	23	30	7
IV	Lactancio			¿(1?				8		9	2
	Juvenco							28 (2	2	32	3
	S. Ambrosio							1 (8	1	10	3
	Prudencio							51/28 (2		81	3
	S. Jerónimo					¿1? (2		1 (2	10	16	6
	S. Paulino de Nola							9 (13	1	23	3
V	S. Agustín					(9	1	2 (6	7	25	10
	Sidonio							1		1	1
	Sedulio					(1		8	4	13	4
	Flaviano					(4				4	1
	Draconcio							7		7	1
	S. Gelasio								1	1	1

(Continuación)

TABLA-RESUMEN GENERAL DE AUTORES CRISTIANOS CITADOS POR GRAMATICOS LATINOS [2]

ss.	Autores cristianos	Gram. latin.	s. III	s. IV	s. V	s. VI	s. VII	¿?	Total veces	Total obras
VI	Avito					1	4		5	2
	S. Fortunato						3 (8	1	12	3
	Sta. Agnes							1	1	1
VII	S. Gregorio Magno						(10	2	12	2
	S. Isidoro				¿(11?		1	1	13	3
	S. Eugenio Toledo						8		8	1
VIII	Beda							3	3	2
¿?	¿Cirilo?							1	1	1
	¿Cipriano?						1		1	1
	¿Félix?				(1			1	1	1
	Doctores antiqui							1	1	1
	Cánones								1	1

de forma más o menos precisa la relevancia literaria otorgada a las obras que se citan. Así, la intrahistoria literaria que se esconde en las preferencias de los gramáticos nos mostrará en qué medida los autores cristianos van desplazando a los modelos clásico-paganos.

COMENTARIO

a) *Las citas de la Biblia*

Las citas de la Biblia recogidas superan con mucho a las de cualquier otro autor, 200 veces, mientras que el siguiente autor más citado es Prudencio (en 81 ocasiones). Este dato es normal, y demuestra que la Biblia era el texto más conocido y manejado por los cristianos. Téngase en cuenta, además, que la hemos encontrado citada en 11 tratados gramaticales diferentes. No obstante, los datos recogidos por nosotros muestran algunos puntos de interés que pasamos a comentar.

En primer lugar, hemos constatado que no comienza a ser citada en tratados gramaticales hasta finales del s. V-principios del VI (*Ars Anon. Bern.*, K-8, 62-142), acentuán-

---

2 Convenciones utilizadas: cuando un paréntesis precede a un número, indica que la obra en cuestión es de finales del siglo correspondiente o de principios del siguiente. «Total obras»: indica el número de tratados gramaticales diferentes en que hemos encontrado la cita del autor en cuestión. La obra empleada para la datación de los diversos tratados gramaticales es el *Diccionario Latino (Fasco)*, var. aut. (CSIC, Madrid 1984). He aquí la nómina de los mismos (salvo que se haga alguna indicación expresa, citamos según la obra de H. Keil, *Grammatici Latini* (Leipzig 1855-1880, 8 vols., reimpr. Hildesheim 1961), a la que nos referiremos de ahora en adelante con la abreviatura «K»); Mario Victorino, *Ars grammatica* (ss. III-IV) (K-6, 3-184; 187-205 y 208-215); Rufino, *Commentarium de metris comicorum et de numeris oratorum* (s. V) (K-6, 554-578); *Ars anonyma Bernensis* (ss. V-VI) (K-8, 62-142); Casiodoro, *De orthographia* (s. VI) (K-7, 143-210); S. Isidoro, *De grammatica (Etimologiae)* (ss. VI-VII) (ed. de W. M. Lindsay, Oxford 1911, 2 vols.); *De dubiis nominibus* (s. VII) (K-5, 571-594); Virgilio Marón (Gramático), *Excerpta* (s. VII) (K-8, 189-201); S. Julián de Toledo, *Ars Iuliani* (s. VIII) (ed. de M. Maestre Yenes, Toledo 1973); Beda, *De arte metrica* (ss. VII-VIII) (K-5, 227-260); *De orthographia* (K-7, 261-294); Albino, *De orthographia* (¿?) (K-7, 295-312); *Quaestiones grammaticae selectae ex codide Bernensi 83 excerptae* (¿?) (K-8, 172-188); *Commenta Einsidlensia in Donatum (Ars maior y minor)* (¿?) (K-8, 202-266); *Cassiodorii excerpta* (¿?) (K-7, 210-216); *Petri grammatici excerpta* (¿?) (K-8, 159-171); *Excerpta Iuliani* (¿?) (K-5, 317-327); *Auctores anonymi* (¿?) (K-8, 302-308).

dose dicha presencia en siglos sucesivos. Este hecho parece confirmar la idea expresada, entre otros, por P. Labriolle [3], según la cual, aunque puede hablarse ya de traducciones latinas de la Biblia a partir de finales del s. II, sin embargo éstas no se generalizaron hasta más tarde. El hecho de que las primeras referencias las encontremos en los mismos tratados en que aparecen por vez primera autores de los ss. IV y V, nos hace pensar que las citas pertenecen a la *Vulgata* [4], y son reflejo de la enorme difusión y aceptación que tuvo en seguida. Además, aunque parece ser que los primeros libros traducidos al latín fueron los del Nuevo Testamento [5], sin embargo hemos encontrado más citas del Antiguo Testamento que del Nuevo: 97 frente a 73 [6]. A su vez, los libros citados se distribuyen de la siguiente forma:

Antiguo Testamento: 17 libros (citamos por orden decreciente de aparición): *Salmos* (36 veces) [7], *Isaías* (8 v.), *Exodo* (6 v.), *Reyes* (5 v.), *Deuteronomio* (4 v.), *Job* (4 v.), *Jueces* (3 v.), *Ezequiel* (3 v.), *Génesis* (2 v.), *Josué* (2 v.), *Proverbios* (2 v.), *Eclesiastés* (2 v.), *Cantar de los cantares* (1 v.), *Sabiduría* (1 v.), *Jeremías* (1 v.), *Habaquo* (1 v.), *Zacarías* (1 v.).

Nuevo Testamento: 12 libros [8]: *S. Mateo* (13 v.), *S. Juan* (13 v.), *S. Lucas* (3 v.), *Hechos Apóstoles* (2 v.), *Romanos* (2 v.), *Corintios* (2 v.), *Apocalipsis* (2 v.), *Gálatas* (1 v.), *Efesios* (1 v.), *Hebreos* (1 v.), *Ep. II de S. Pedro* (1 v.).

Los datos anteriormente reflejados concuerdan grosso modo con las preferencias que encontramos en la lista propuesta por Casiodoro en la introducción del libro primero de sus *Institutiones* [9]: *de Octateucho, de Regum, de*

---

3 *Histoire de la littérature latine crétienne* (Paris 1947), 3 ed., vol. I, pp. 63 ss.

4 Véase, p. ej., la coincidencia completa que existe entre el texto de la *Vulgata* y el que aparece en las citas del *Ars Anonyma Bernensis*: K-8, 94, 7-8 (*Luc* 12, 39); K-8, 101, 34 (*Ap* 4, 3); K-8, 106, 10 (*Iob* 31, 10); K-8, 116, 16 (*Cant* 4, 10), etc., o bien en los *Origines sive Etymologiae* de S. Isidoro de Sevilla: *Orig.* 1, 26, 2 (*Prov* 6, 13); *Orig.* 1, 34, 7 (*Deut* 33, 6); *Orig.* 1, 37, 26 (*Ind* 14, 14), etc. Debemos decir, de cualquier forma, que el Dr. D. Olegario García de la Fuente es de una opinión diferente a la nuestra

5 Cf. P. Labriolle, op. cit., vol. I, pp. 70 ss.

6 Hay alguna más sin identificar (cf. tabla-resumen).

7 En lo sucesivo abreviamos veces o vez mediante una «v».

8 Téngase en cuenta que de S. Juan se cita el *Evangelio* y la *Segunda Epístola*.

9 Citamos por la edición de P. A. B. Minors, *Cassiodori Senatoris Institutiones* (Oxford 1937, reimpr. 1963).

Prophetis, de Salterio, de Salomone, de Agiographis, de Evangeliis, de Epistulis Apostolorum.

De acuerdo con la lista de Casiodoro, resulta esperable que los libros del Antiguo Testamento fueran muy utilizados, ya que él los pone en primer lugar. Con todo, parece que esta tendencia se fue invirtiendo poco a poco en favor del Nuevo Testamento. De cualquier forma, el libro de los *Salmos*, aunque no aparece en el primer lugar de la lista de Casiodoro, es probable que fuera el más utilizado, lo que se explica fácilmente por la propia naturaleza de su contenido.

Destacaremos, por lo que respecta al Nuevo Testamento, la ausencia en las citas de los gramáticos latinos del evangelista S. Marcos; este hecho resulta especialmente llamativo si se tiene en cuenta que los otros tres evangelistas, sobre todo S. Lucas y S. Juan, son bastante citados (cf. supra).

Para terminar este punto nos parece interesante hacer la siguiente observación: la Biblia, el libro más importante para los cristianos, traducido al menos parcialmente ya desde el s. II, no empieza a ser citado en los tratados gramaticales hasta finales del s. V-principios del VI *(Ars Anonyma Bernensis).*

b) *Autores cristianos*

El primero de ellos es Lactancio (250-época de Constantino), que aparece ya citado en el *Ars Grammatica* de Mario Victorino (ss. III-IV) (cf. Keil-6, 209, 12). No obstante, téngase en cuenta que el propio Lactancio no lo encontramos en ningún otro tratado gramatical hasta el *De dubiis nominibus* (s. VII), al igual que otros autores no muy alejados de él en el tiempo, como Juvenco, S. Ambrosio y Prudencio. Este vacío (cf. tabla-general resumen) de unos tres siglos nos hace pensar que la obra en cuestión atribuida a Mario Victorino (ss. III-IV) no pertenece a dicho autor, sino a otro de fecha muy posterior.

Por otra parte, no parece verosímil que la primera referencia a algún autor cristiano que hemos documentado en tratados gramaticales sea la de Rufino a S. Jerónimo,

Commentarium de metris comicorum et de numeris orato-rum (K-6, 576, 25). En efecto, queremos signifcar, como punto de partida, que esta referencia no es a una obra doctrinal, sino gramatical: «De compositione et numeris et pedibus oratoriis, ut Cicero dicit, isti scripserunt apud Graecos, Thrasimachus, Nauchrates, Gorgias, Ephorus, Isocrates, Theodectes, Aristoteles, Theodorus Byzantius, Theophrastus, Hieronymus».

Más aún, a pesar de que en el *Index scriptorum* de la obra de H. Keil, este *Hieronymus* aparece citado en la misma entrada que los restantes *Hieronymi*, no creemos nosotros, sin embargo, que se trate de S. Jerónimo, toda vez que no hemos documentado ninguna obra suya de estas características. Es comprensible, por lo demás, que los tratados gramaticales tardaran un tiempo en dar cabida a los autores cristianos por su propia naturaleza [10]. En efecto, en ellos es muy importante la trayectoria histórica por la notable influencia que ejercen unos sobre otros, de la que obtienen ventaja los autores clásicos paganos al haberlos precedido en el tiempo. Esta circunstancia hace especialmente interesantes hechos como los siguientes:

1. Que de los numerosos autores recogidos e identificados (19, exceptuando los de la Biblia), tan sólo dos (Sidonio y Sta. Agnes) los hemos documentado en una única ocasión.

2. El dato anterior se complementa con otro de no menos interés: 13, de los 19 autores cristianos, aparecen en dos o más tratados gramaticales. Además de la puntualización que hemos hecho un poco más arriba acerca de la datación de la *Ars* atribuida a Mario Victorino, queremos hacer otra puntualización del mismo tipo en torno a la *Ars anonyma Bernensis* que el *Diccionario Latino (Fasc. O)*, cit., data entre los siglos V-VI. En efecto, obsérvese en la tabla-resumen general que con las excepciones ya comentadas de

---

10   Así lo reconoce también J. Fontaine, *Isidore de Séville et la culture classique dans l'Espagne Wisigotique* (Paris 1959), t. I, p. 111, cuando escribe: «(Les) emprunts à la littérature chrétienne sont extrêmement rares dans l'exposé des parties du discours, trop technique pour se prêter facilement à l'utilisation de sources non grammaticales».

Lactancio y S. Jerónimo, citados una vez por Mario Victorino (¿ss. III-IV?) y Rufino (s. V), la siguiente obra por orden
cronológico donde aparecen autores cristianos es precisamente la *Ars anonyma Bernensis*. En dicha obra encontramos generalizada la referencia a autores cristianos, pues
aparecen mencionados 5 (un total de 23 veces), además de
algunos libros del Antiguo y Nuevo Testamento (un total
de 18 veces). No obstante, lo que más nos sorprende es la
frecuente aparición de S. Isidoro († 636): 11 veces. Si a esto
añadimos que la inclusión de un autor en tratados gramaticales conlleva, cuando menos, un cierto tiempo, nos parece
prudente pensar que la *Ars* en cuestión debe datarse un poco
más tarde, finales del s. VI o principios del VII, como
mínimo. Esta apreciación es muy importante porque retrasa
un poco más la generalización de las citas de autores cristianos en los tratados gramaticales, con todo lo que ello trae
consigo respecto a la pervivencia de los autores paganos
como modelos de latín y su sustitución por los escritos de
autores cristianos. Téngase en cuenta, por último, que en
el s. VI (cf. tabla-resumen general) solamente encontramos
citados dos autores (S. Agustín y Avito), y una única vez cada
uno de ellos.

Pasamos a continuación a analizar más en detalle otros
aspectos de interés. El autor cristiano que más veces se cita
en los tratados gramaticales es Prudencio (81 veces), seguido
a distancia de Juvenco (32 v.), S. Agustín (25 v.) y S. Paulino
de Nola (23 v.). Sin embargo, de todos ellos, S. Agustín parece
que tuvo una mayor difusión, pues lo hemos encontrado en
10 tratados gramaticales diferentes, mientras que Prudencio sólo aparece en 3, por ejemplo. En este punto, los resultados difieren considerablemente de las preferencias que nos
ofrece Casiodoro [11], que recomienda, después de los libros
sagrados, la lectura de los siguientes autores cristianos:
S. Hilario, S. Cipriano, S. Ambrosio, S. Jerónimo y S. Agustín. Obsérvese que S. Hilario, el primer autor recomendado
por Casiodoro, no lo vemos documentado en tratados grama-

---

11 *Institutiones*, cit., 1, *Praef.* 10. Se da la curiosa circunstancia de que Casiodoro no cita a ningún autor cristiano en el capítulo que dedica a la Gramática.

ticales [12], mientras que Prudencio y Juvenco no son mencionados por Casiodoro. Por último, vamos a realizar una pequeña comparación entre los autores paganos y cristianos que aparecen en algún tratado gramatical que nos parece revelador. Empezamos por S. Isidoro (*Ars grammatica* de sus *Etymologiae*).

Hemos recogido 15 autores paganos, citados un total de 90 veces: Virgilio (65 v.), Persio (5 v.), Ennio (4 v.), Lucano (4 v.), Terencio (2 v.), Nevio (1 v.), Ennio (1 v.), Plauto (1 v.), Lucilio (1 v.), Lucrecio (1 v.), Cicerón (1 v.), Ovidio (1 v.), Horacio (1 v.), Tito Livio (1 v.), Juvenal (1 v.).

En cambio, S. Isidoro sólo cita cuatro veces cuatro libros del A. Testamento, una vez cada uno (*Deuteronomio, Jueces, Proverbios* y *Ezequiel*) y dos veces el N. Testamento (una de ellas a S. Mateo).

MARCO A. GUTIERREZ GALINDO

---

12   S. Hilario aparece citado una vez en los *Excerpta Vergili Grammatici* (K-8, 198, 9); no obstante, la tradición manuscrita (cf. aparato crítico) ofrece algunos problemas al respecto, por ello no lo hemos recogido.

Herencia e innovación en los *elogia feminarum*
de la epigrafía hispanocristiana

El objeto de la presente comunicación es examinar los distintos *elogia feminarum* que las inscripciones cristianas de Hispania nos ofrecen, a fin de considerar a continuación hasta qué punto heredan o innovan respecto de los que nos ofrecen las inscripciones paganas. Para ello hemos elaborado un catálogo con los *elogia* femeninos de Hispania. La primera dificultad viene de mano del escaso repertorio conservado. La última edición de la obra de J. Vives Gatell, *Inscripciones cristianas de la España romana y visigoda* (= ICERV), que data de 1969 y contiene dos suplementos, incluye el exiguo inventario de 590 inscripciones. De ellas hay que descontar para nuestro propósito las inscritas en monedas visigodas (45 en total), en objetos de orfebrería y terracota (46) y, en general, todas aquellas que no son sepulcrales: monumentales, dedicación de iglesias, etc. Con todo, a este reducido número pueden agregarse algunas de las publicadas por Alföldy en *Die römische Inschriften von Tarraco* (= RIT), las pizarras visigóticas cuya última lectura constituye la tesis doctoral de Isabel Velázquez Soriano [1], y poco más.

Revisadas las fuentes, hemos podido comprobar que el número de *elogia* es mínimo, tanto del correspondiente a hombres como a mujeres. Este dato es el primero que contrasta con el de los *elogia* de la epigrafía pagana. Si bien el banco global de datos que disponemos de éstas es veinte veces mayor, queda no obstante en evidencia la pobreza de

---

1 *El latín de las pizarras visigodas.* (Tesis doctoral mecanografiada, Madrid 1988). Incluye el estudio de 104 piezas.

elogia cristianos en comparación con la profusión de los paganos. Las claves de interpretación del catálogo completo de *elogia* cristianos que a continuación ofrecemos son las siguientes:

N.º El.: N.º absoluto de *Elogia*.

N.º mj.: N.º mujer. No tiene por qué coincidir con el de *elogia*. Hay mujeres a las que se aplica más de un *elogium*.

En la columna, *edad* aparece ? si ésta se desconoce por tratarse de un epígrafe fragmentario, y O si nunca se ha sabido.

CV: *Conventus* al que pertenece la localidad.

Dedic.: Si la inscripción especifica quién dedica la inscripción o no.

Como puede verse, en el catálogo no han sido recogidas fórmulas que, aun siendo propias de la epigrafía cristiana, no constituyen lo que propiamente entendemos aquí por *elogia* [2]. De este modo han quedado descartados clichés como *famula Dei, famula Domini, famula Christi, ancilla Christi*, etc., que contienen todo tipo de variantes en cuanto a la ortografía y a la presentación de la palabra con distintas abreviaturas, y aparecen casi indefectiblemente —como D. José Vives ha hecho notar— en Hispania occidental a partir del año 450, siendo una de las características —junto a la notación de la era— de Gallaecia, Lusitania y los *conventus* occidentales béticos. He recogido, no obstante, aquellas que presentan alguna originalidad como el epitafio de *Rufina* en Mértola, en el *conventus Pacensis*, de quien se dice que es *relegiosa famula Xpi* (ICERV 497) y el de *Vigilia* en Jerez de la Frontera, en el *conventus hispalensis*, de quien se dice *f[elicis re]cordat[ionis fa]mula Dei* (ICERV 128).

Asimismo he omitido las alusiones a *clarissima femina*, que aparece en cuatro ocasiones en una zona muy concre-

---

2 Entiendo por *elogium* 'nota, observación escrita al lado de un nombre', e intento distinguirlo de *laudatio*, que tiene más bien el sentido de panegírico. Por *laudatio funebris* se entiende el discurso que recoge y alaba las cualidades y virtudes del difunto. El más famoso de los conservados es, probablemente, la *Laudatio Turiae* (vid. M. Durry, *Eloge funèbre d'une matrone romaine (Eloge dit de Turia)* Belles Lettres, París 1950).

TABLA DE LOS *ELOGIA FEMINARUM* EN LAS INSCRIPCIONES CRISTIANAS DE HISPANIA

N.° EL.	N.° mj.	Elogium	Referencia	Edad	Localidad	CV	Datación	Dedic.	Observaciones
		Coniux							
1	1	Benemerens	RIT 959	18a. [?]m. 17d.	Tarraco	T	s. IV	sí	
2	1	Carissima	»	18a. [?]m. 17d.	»	T	s. IV	sí	— coniuci
3	2	Dulcissima	RIT 960	17a. 10m. 22d.	»	T	s. IV	sí	— ovis inmaculata, fide cara virgo.
4	2	Incomparabilis	»	»	»	T	s. IV	sí	
5	3	I[- - -] (?)	RIT 997	?		T	s. IV	probable. ins. frag.	— Alf. reconstruye i[nfelicissimae (?)](v. ntro. comentario al respecto).
		Famula							
6	4	[famula xpi] relegiosa	ICERV 494	35 p.m.	Mértola	P	27-9-587	no	— Hapax.
7	5	f[elicis re]cordat[ionis]	ICERV 128	21 p.m.	Jerez de la Front.	H	3-6-527	no	— v. Diehl 1463: bone recordaciones. Hübner sugiere: f[emina] cordata.
		Femina							
8	6	ἀχώριστη	RIT 96?	?	Tarraco	T	ss. III-IV	no	

TABLA DE LOS *ELOGIA FEMINARUM* EN LAS INSCRIPCIONES CRISTIANAS DE HISPANIA

(Continuación)

N.º EL.	N.º mj.	Elogium	Referencia	Edad	Localidad	CV	Datación	Dedic.	Observaciones
9	6	Fidelissima	RIT 961	?	Tarraco	T	ss. III-IV	no	
10	7	Honesta	ICERV 165	23a. 5m.	Corduba	C	21-2-596	no	
11	8	»	ICERV 488	27a.	Mértola	P	13-5-510	no	
12	6	Sanctissima *Filia*	RIT 961	?	Tarraco	T	ss. III-IV	no	
13	9	Dulcissima	RIT 955	1a. 3m. 12d.	»	T	s. IV	sí	— Ins. métrica. La fórmula, en la parte de prosa. Dulcissim(a)e.
14	10	dulcissima *Mater*	RIT 993	2	»	T			
15	11	Casta	ICERV 534	?	Beja	P	29-7-665	sí	— Ins. métrica.
16	12	Infelicissima *Sobrina*	RIT 986	?	Tarraco	T	s. IV	sí	— Infelici[ssima].
17	13	Pulcra	ICERV 534	15	Beja	P	29-7-665	sí	— Ins. métrica (v. mater casta).
18	14	*Uxor* Pientissima *Virgo*	ICERV 525	18	Badajoz	P	ss. IV-V	sí	
19	15	Inmaculata	ICERV 54	1a. 6m.	Alanje	E	7-11-??	no	— Llamada también ancilla xpi.

(Continuación)

TABLA DE LOS ELOGIA FEMINARUM EN LAS INSCRIPCIONES CRISTIANAS DE HISPANIA

N.° EL.	N.° mj.	Elogium	Referencia	Edad	Localidad	CV	Datación	Dedic.	Observaciones
20	12	innocentissima	RIT 936	?	Tarraco	T	s. IV	sí	— in(n)o[centis-sim]ae (v. mater infelicissima).
21	16	intaminata	ICERV 107	13a. 5m.	Sevilla (zona de)	H	s. V	no	
22	17	*Sin referencia* tenemerens	ICERV 253	67 cum marito 44a. 4m. vidua 22a. 8m.	Ilerda	T	ss. IV-V	indirect.	— Elogium colgado, referido directamente al nombre, sin indicación de parentesco. — Hapax.
23	18	unicae virginitatis item (?) pudicitiae singularis ac summae caritatis crhistianae (sic).	RIT 952	?	Tarraco	T	s. IV	no	

ta [3], por tratarse de un título bien conocido, que nos indica la pertenencia de la difunta al *ordo senatorialis*. Tanto ella como *vir clarissimus* están atestiguados con profusión en la epigrafía no cristiana. Corresponden, por tanto, a un grado de la escala social romana, y de su constatación poco más puede decirse.

CARACTERÍSTICAS GENERALES

El ritmo con que se suceden las distintas partes en el texto de una inscripción sepulcral cristiana es notablemente distinto al que podemos hallar en las no cristianas. El formulario, que puede llamarse 'típico de Mérida y su región', tiende a generalizarse a partir del 450 con los siguientes elementos: 1) Nombre del difunto/a (generalmente en nominativo. 2) Rasgo de condición cristiana: *Famulus/a Dei.* 3) Cargo religioso (*diaconus*, etc.). Presencia en muy contadas ocasiones. 4) Edad: *Vixit annos (annis) tot.* Con frecuencia se anotan también meses y días. 5) Fórmula de deposición: *Requievit in pace* y similares. 6) Fecha de la muerte: die *tot,* era *tot.* A partir del 550 *die* cede paso a *sub die.*

A veces aparecen elementos extraordinarios, como el crismón, o alguna referencia a la penitencia. Puede considerarse el crismón fórmula introductoria.

Frente a este esquema tenemos el que predomina en las inscripciones no cristianas: 0) Fórmula introductoria: D * M * S, D * M o similares. 1) Nombre del difunto/a (generalmente en dativo). 3) Cargo. 4) Edad (normalmente sólo los años. En contadas ocasiones meses y días. En algunas zonas, como *Tarraco*; obedeciendo a determinados esquemas). 7) Nombre del dedicante (en nominativo). 8) Relación de parentesco. En esta relación del dedicante con referencia al difunto/a se inserta el *elogium.* 9) Fórmula final: S * T * T * L; H * S * E y similares.

Enfrentados estos rasgos en dos columnas, veremos mejor las diferencias:

---

3   Tres testimonios en Hispalis (Vives, ICERV 110, 111 y 539) y uno en Lebrija (Vives, ICERV 131a), que se encuentra situado a unos kilómetros al sur de Hispalis y pertenece al mismo *conventus*.

CRISTIANAS	NO CRISTIANAS
0) (Crismón)	0) Fórmula introductoria
1) Nombre del difunto/a	1) Nombre del difunto/a
2) Condición cristiana	
3) (Cargo)	3) Cargo
4) Edad	4) Edad
5) Fórmula de deposición	
6) Fecha de la muerte	
	7) Nombre del dedicante
	8) Relación de parentesco (+ *elogium*)
	9) Fórmula final

Si comparamos los dos tipos de esquemas podemos ya descubrir la posible raíz de la pobreza de testimonios de *elogia* entre los cristianos. En las inscripciones no cristianas hallamos casi indefectiblemente al final del texto el nombre del dedicante y la relación de parentesco que guarda con el difunto. Es en ese momento donde se inserta el *elogium*, lo que quiere decir que la difunta es *benemerens, castissima, infelicissima, pientissima*, etc., subjetivamente, vista desde los ojos del *pater, maritus, filius*, etc., más que por ella misma. Reveladoras a este respecto son las fórmulas *P(ius/a) I(n) S(uis)* y *C(arus/a) I(n) S(uis)* de la zona gaditana y bética en general, donde se pone de relieve que el difunto es *Pius/a* y *Carus/a* entre los suyos.

En las inscripciones cristianas, nótese bien, no tenemos estos dos elementos a los que acabo de aludir. El difunto, por tanto, no recibe un enterramiento, una lápida, por el afecto de los suyos, que se sienten obligados a dispensarle este último servicio, sino por él mismo. El es el protagonista de la inscripción. El suyo es el único nombre que aparece, y viene dado en nominativo, no en dativo como veíamos anteriormente. No es la familia, el *maritus* o el *pater* quienes han de quedar bien ante el municipio con la indicación de unas cuantas muestras de afecto, sino que lo único que interesa es la indicación de quién descansa allí (obsérvense todas las

fórmulas de la deposición: *requievit in pace* (Lusitania), *hic...
quiescit* (Gallaecia y Carthaginensis), *hic... requiescit* (Tarra-
conensis), *recessit in pace* (Baetica). Poco o nada extraña, por
tanto, que tras su nombre no se nos indique un *elogium*,
porque ese *elogium* ¿con relación a quién se habría de
inscribir?

Por debajo de la epigrafía subyace todo un sistema de
pensamiento cristiano. Quien muere, comienza a vivir. Lo
importante no es lo que deja: cargos, parientes, lazos afectivos, etc., sino lo que ahora recibe y a lo que se acoge desde
el momento de la muerte: Cristo, la vida eterna, etc. Por ello
lo terreno es omitido, salvo la edad, que le ha permitido
llegar al momento culminante del encuentro con Cristo
(se consignan hasta los días), y sin embargo se anotan los títulos que le permiten entrar en la gloria eterna: *famulus Dei,
ancilla xpi*, títulos inconfundibles del pensamiento cristiano,
ya que las indicaciones de servidumbre entre paganos,
servus, verna, etc., son con frecuencia omitidas —aunque era
obligatoria su notación— por considerarlas una gran humi-
llación. Estamos, evidentemente, ante dos tipos de esclavitud o servidumbre bien distintos, tanto jurídica como
socialmente. Desde el punto de vista lingüístico, esta diferencia es asimismo patente. *Famulus/a* no aparece en la
epigrafía no cristiana, y *ancilla* muy eventualmente.

También quizá por ello se indique el día de la muerte,
considerándose como un día glorioso para el ya difunto,
mientras que se omiten fórmulas que tienen una perspectiva puramente terrena, como S * T * T * L y similares, y que
entroncan con la idea pagana de la tierra madre que ha
engendrado al hombre y que ahora acoge y recibe de nuevo
su cuerpo.

En el escaso número de *elogia* inventariados, podemos
corroborar lo expuesto hasta aquí. Se nos da a conocer el
nombre y la relación de parentesco del dedicante en aquellos epitafios que son dedicados a una *coniux, filia, sobrina*
y *uxor* (los dos casos de *mater* —*casta e infelicissima*— son
de distinta índole por tratarse de la dedicante y no de la
difunta). En cambio, no aparece en los epitafios en que los
elogia acompañan a *famula, femina* o *virgo*, porque ninguno
de los tres es nombre que indique parentesco. Con estos tres

términos nos colocamos, por tanto, en otro terreno; en un terreno superior donde el *elogium* supone un título para alcanzar la vida eterna. El caso de Tarraco (RIT 986), donde *virgo* es acompañado de *innocentissima*, es preciso considerarlo aparte, puesto que *virgini innocentissimae* va en función apositiva de *[puel]lae*.

Añadamos aún como características generales la marcada austeridad del texto, así como la descuidada grafía y ortografía de un latín decadente, lleno de confusiones en el vocalismo y consonantismo, con numerosas ultracorrecciones que prueban la falta de conciencia lingüística del momento (v., por ej., *christianae*, RIT 952, de entre las recogidas). Ello, junto a la materia y forma de la piedra y el poco esmero con que están inscritas las letras, nos pone a mucha distancia de aquellas lápidas marmóreas del s. II, en que en letras capitales cuadradas se inscribieron los nombres de los difuntos, sus cargos y honores y algún *elogium* del mismo que —aunque vacíos de contenido la mayoría de las veces, por tratarse de fórmulas de taller— parecían punto obligado en la redacción del epitafio. Ahora la familia no trata ya de envanecerse con su antepasado, o su ser querido, sino que lo único que le interesa es hacer constar que era cristiano y que goza de Cristo. Sus relaciones con los suyos en esta vida carecen del interés que entre los no cristianos gozan.

CLASIFICACIÓN DEL VOCABULARIO

Nombres de parentesco.—Encontramos muchas ausencias en los nombres de parentesco a los que acompaña un *elogium*, pero quizá el más interesante es el relacionado con el campo semántico de la esposa. En efecto, así como en latín clásico el sustantivo preferido es *uxor* (85 testimonios en la epigrafía tarraconense y 31 en la lusitana, acompañado de distintos *elogia*, al margen de aquellas inscripciones en que aparece sin adjetivo que lo acompañe), encontramos en este laín de los cristianos una preferencia por *comiux* (sólo 31 testimonios en Tarraconense y 16 en Lusitana en época clásica acompañados de *elogia*).

No hallamos los minoritarios *marita* (6 y 4 en época

clásica, respectivamente), ni *contubernalis* (9 y 0), que evidentemente tenía un valor peyorativo. Parece, por tanto, que el cristianismo primitivo desechó desde un primer momento el uso de *uxor*, como lo prueba la ulterior desaparición en lenguas romances, donde ha permanecido tan sólo en cultismos (uxoricidio, etc.). No es clara por qué esta preferencia por *coniux*. Quizá se deba al carácter más solemne y ennoblecido que desde un principio tuvo en latín, frente al más vulgar de *uxor* [4]. Pudo deberse también al deseo de alejarse del léxico propio de las no cristianas (*uxor* era el término más usado en el latín no cristiano).

En el único testimonio que conservamos de *uxor* enriquecido por un *elogium*, éste es *pientissima*, uno de los más clásicos. En la epigrafía hispanopagana aparece 16 veces en Tarraconense y 7 en Lusitania. Por otra parte, *pientissima* es el *elogium* más difundido en Hispania antes del cristianismo, con 59 y 38 veces, respectivamente, para las dos provincias citadas, lo que constituye un 23,5 % de los consignados en esas dos provincias. La difunta, que cuenta en el momento de la muerte con sólo 18 años, ha debido estar en contacto (ella, su marido, ambos o las familias de ambos) con ambientes próximos al paganismo. Esperaríamos, si no, un *coniux castissima* o alguna otra fórmula original.

EL VALOR DE LA CASTITAS

Es un campo semántico que aparece muy intensificado respecto a la epigrafía pagana. En efecto, ésta sólo muestra cuatro testimonios [5], tres en Tarraconense relativos

---

4 Entre los comediógrafos, por ejemplo, *coniux* tiene un carácter noble. En Plauto aparece una sola vez, y es para designar a Amphitruo; el poeta lo pone en boca de Mercurio (*Am.* 475). Terencio no escribe más que una vez *coniugium* (*An.* 561). Vid. estas diferencias en Ernout-Meillet, *Dictionnaire étymologique de la langue latine* (París 1985) s. v. Asimismo en nuestro trabajo 'Léxico referente a la esposa en Marcial', en *Actas del simposio sobre Marco Valerio Marcial*, celebrado en Calatayud, mayo 1986 (Calatayud 1987, pp. 113-118).

5 Acerca de la fórmula *feminae incomparabilis pietatis et castitatis*, vid. nuestro estudio en 'Varia epigraphica', *Cuadernos de filología clásica* XX (1986) pp. 349-350. Homenaje a D. Lisardo Rubio.

únicamente a *coniux* [6], y uno en Mérida en una fórmula original: *primarum castissima haec feminarum* [7]. Es muy significativo que sólo acompañe a *coniux* en estas inscripciones. Revela que estando al margen, como parece estar, del estilo formular (sólo cuatro veces y en zonas geográficas distantes), la valoración que el mundo hispanorromano hace de la castidad se limita a la conyugal. La mentalidad que infunde vida a los epígrafes paganos está todavía muy lejos de la exaltación de la castidad virginal que hace posteriormente el cristianismo. Allí nunca se aplica a *filia, infans*, etc., a quienes se conceden alabanzas como *dulcissima* o *innocentissima*.

En el catálogo que hemos elaborado podemos observar la presencia de una *mater casta, sobrina pulcra,* una *virgo inmaculata* de año y medio de edad, otra *virgo intaminata* de 13 años y 5 meses, y esa otra joven de quien se dice en fórmula originalísima: *unicae virginita[tis item] (?) / pudicitiae singularis [a]c summ(a)e / [car]itatis crhistianae* (sic).

A otra joven de 17 años se le aplica en Tarraco el apelativo de *ovis inmaculata* [8], y en una inscripción muy fragmentada, de Tarraco también, quizá pueda reconstruirse un *ovis i[n]ma[culata]* [9].

Restitución dudosa

Alföldy, en *RIT* 997, da a conocer una lápida grabada en mármol, hallada en 1969 en la calle Pedro Martell de Tarragona, que se encuentra en estado fragmentario. El texto publicado dice:

Valeriae I[- - -]
coniugi i[nfelicissima (?)],
cum qua vix[i- - -]

Un estudio completo de los *elogia feminarum* paganos en Tarraconense y Lusitania nos lleva a desconsiderar esa

---

6 CIL II 2643 de *Asturica;* BRAH XXXVI /1900) p. 515 de *Lucus Augusti* y Alföldy, RIT 233 de *Tarraco*.
7 HAE 17-20, 2359.
8 Alföldy, RIT 960.
9 Vives, ICERV 247.

lectura. En efecto, *infelicissima* es un *elogium* con unas características muy concretas. Se aplica sólo a *mater* [10] y en un foco muy concreto, *Tarraco* [11]. Es un adjetivo que va siempre en nominativo, referido a la madre que llora la pérdida de un hijo/a de quien se consignan siempre los años, meses y días que vivió (lo cual es muy significativo en *Tarraco*, donde no suelen anotarse ni siquiera los años). Se conservan además otras tres inscripciones con los mismos rasgos, que hablan de *parentes, infelicissimi*, todos de *Tarraco* [12], lo que hace intuir un determinado tipo de taller que gustaba de la fórmula. Alföldy ha fechado todos a finales del s. II o comienzos del III, lo que facilita esta identificación formular.

Propongo, por tanto, para la línea 2 *coniugi i[ncomparabili]*, del que ya tenemos otro ejemplo en la propia Tarraconense en un epígrafe del s. III [13].

A MODO DE CONCLUSIÓN

Concluimos con una serie de rasgos que desmarcan el grupo de los *elogia* femeninos de las inscripciones cristianas respecto de las paganas.

a) En sí mismos observamos una gran variedad, sin repetición, huyendo del estilo formular. Existe, por tanto, originalidad y espontaneidad.

b) Respecto a los paganos, anteriores cronológicamente, no hay ningún rasgo que permita hablar de herencia, tan sólo el comentado *uxori pientissime* de Badajoz. Ello supone una abierta ruptura con la tradición anterior.

c) No aparecen, como entre las paganas, fórmulas compuestas, salvo dos casos en *Tarraco*. En uno se dice que la difunta es *coniux dulcissima et incomparabilis* respecto al marido [14], y *ovis inmaculata* en cuanto a ella misma, fide

---

10   Vid. el ejemplo que presentamos en catálogo (Alföldy, RIT 986).
11   CIL II 4331: 4406: Alföldy, RIT 498 y 572.
12   CIL II 4348: 4383: 4414.
13   Alföldy, RIT 516.
14   Ibid., 960.

cara viro, mente devota deo. En el otro aparecen tres *elogia,* uno de ellos en lengua y caracteres griegos: ἀχωρίσται [15].

Esto choca asimismo con las no cristianas, que a veces, especialmente en *Tarraco,* presentan hasta cinco *elogia* para una misma mujer, siendo lo normal la presencia de dos o tres [16].

JAVIER DEL HOYO

15   Ibid., 961.
16   Vid. un estudio de los *elogia* femeninos en la epigrafía pagana hispana en el cap. 14 de nuestra tesis *La importancia de la mujer hispanorromana en la Tarraconense y Lusitania a la luz de los documentos epigráficos. Aspectos religiosos y socioeconómicos* (Univ. Complutense, tesis doctorales 106/1987, pp. 586-651).

Un ejemplo de latín cristiano
en la Europa protestante: Juan Amós Comenio

Habitualmente, cuando hablamos de latín cristiano es para referirnos a los autores de la primitiva cristiandad y a los de la Alta Edad Media. No es frecuente entrar en consideraciones de esta índole al estudiar el Renacimiento, ni mucho menos entrada ya la Edad Moderna.

Sin embargo, aun evidenciando que, desde el punto de vista estrictamente lingüístico, el interés primordial para un filólogo reside en los autores de los primeros siglos del cristianismo, no podemos olvidar que el latín cristiano llega hasta nuestros días. Y que es precisamente el cristianismo el que más ha contribuido a que el latín continuara presente, a lo largo de los siglos, en el ámbito de la cultura.

Tal y como se ha mencionado ya en este Simposio, en concreto en la sesión inaugural de ayer, el amor al latín está en manos de quienes, como nosotros, dedican su esfuerzo a enseñarlo, que es tanto como decir aprender a quererlo.

Por eso, quiero someter hoy a su consideración la figura de un infatigable pedagogo del latín: Juan Amós Comenio. No se trata de un autor del primitivo cristianismo, sino del siglo XVII. Tampoco es católico. Los condicionamientos familiares y de formación le sitúan dentro de una secta protestante, por más que muchos de sus escritos pastorales pudiéramos suscribirlos los católicos. Pero, como también se ha dicho aquí, no hemos de encerrar el concepto de latín cristiano en unas estrechas coordenadas de tiempo y moldes prefijados. La diversidad, también en este ámbito, será enriquecedora.

Cuando el siglo XVI presenció el cisma protestante, hacía ya tiempo que el latín se hallaba reducido al ámbito de la cultura y de la liturgia. Sin embargo, dentro del mundo protestante también surgieron defensores entusiastas que pugnaron por devolver a la lengua latina un puesto que parecía próximo a perderse. El auge de los nacionalismos europeos en el siglo XVII, no presagiaba ciertamente que estos esfuerzos se tradujeran en algo concreto.

Pero es precisamente en este siglo cuando surge la figura a la que me referiré.

Juan Amós Comenio nació en la Moravia checa en 1592. Pertenecía a la secta protestante, inspirada en la doctrina de Juan Hus, llamada «Unidad de los Hermanos Moravos». A ella dedicó su vida Comenio, primero como sacerdote, y posteriormente como obispo. A su afán evangelizador se unía un gran deseo de entendimiento universal, de paz, de cultura, de armonía entre los hombres. Todas estas constantes se hallan inseparablemente unidas a lo largo de su extensísima obra escrita, fundamentalmente, en latín.

Por parte de los escasos filólogos que se han ocupado de estudiar, siquiera someramente sus escritos, se le ha recriminado su dominio más teórico que práctico de la lengua latina. No fue, evidentemente, un estilista. Su interés era fundamentalmente otro. Pero nunca dejó de lado la composición, incluso en verso. Prueba de ello es un poema, escrito por Comenio en 1639, a la muerte de un antiguo discípulo suyo, compuesto por treinta y seis hexámetros dactílicos, que demuestran un dominio más que aceptable de los recursos métricos y prosódicos de la versificación latina.

Dejando a un lado las obras estrictamente filosóficas y sus predicaciones, creo que puede ser de interés dar a conocer el esfuerzo de Comenio por la difusión del latín, que le llevó a elaborar todo un método de aprendizaje, que utilizó media Europa durante largo tiempo, por más que su repercusión en España sea tardía y muy escasa.

Uno de sus primeros libros, la *Didactica Magna* —tratado pedagógico y de organización escolar de gran interés—, contiene ya un esbozo de la escuela latina, que irá desarrollando paulatinamente a lo largo de varios años, y corrigiéndolo constantemente mediante sucesivas revisiones y ampliaciones.

El método de aprendizaje del latín lo estructuró Comenio en base a tres etapas. A cada una de ellas dedicó un libro, de tal forma que la dificultad fuera escalonándose gradualmente.

El primer paso venía representado por el *Vestibulum ianuae reseratae*, de 1633, un método de lectura con 427 frases, que compendiaban los conocimientos de la naturaleza, expresados mediante mil palabras. Pretende estudiar el fundamento de las cosas, y ser el primer libro en el que los pequeños comiencen a familiarizarse, tanto con el mundo que les rodea, como con la lengua. Las frases son breves, y de estructura muy sencilla. Ese mundo que rodea al niño, y que constituye la base motivadora del libro es, fundamentalmente, el de la escuela, la casa y la ciudad. Se completa la obrita, hasta el total de siete capítulos, con otros dedicados a las acciones y cualidades de las cosas, a sus accidentes y circunstancias, para acabar con uno dedicado a las virtudes, colofón que Comenio nunca olvida en sus escritos: acabar con alguna consideración de carácter espiritual, que mueva a sus pequeños lectores a no olvidar cuál es su verdadero fin.

El segundo estadio del aprendizaje del latín se apoyaba en la *Ianua Linguarum Reserata*, libro escrito en 1631, anterior por tanto al *Vestibulum*, y que constituyó en su momento algo totalmente nuevo. Contiene mil frases ordenadas en cien capítulos, con un total de ocho mil palabras. Las frases son de una dificultad gradual, hasta llegar a constituir una ilustración suficiente de las reglas sintácticas lógicas del latín. Porque el objetivo de este curso se concretaba en leer, hablar y escribir la lengua sobre la base de sus estructuras regulares.

A este respecto, y aunque sea a costa de hacer un paréntesis en la exposición de su método para la escuela latina, merece la pena pararnos a considerar algunas tesis de Comenio referentes al significado de la lengua. Tesis, por otro lado, discutibles y discutidas por bastantes autores.

Comenio era consciente de que su deseo de lograr un camino abierto para la enseñanza de todo lo necesario, a todos los hombres —amplia aspiración que se puede rastrear por toda su obra—, no sería posible sin antes resolver el problema del significado de la lengua. Le parecía inconcebible que el lenguaje, creación racional del hombre, fuera un conjunto tremendamente irregular y arbitrario. De ahí concluía que debía haber existido un estadio original regular y racional, que dio paso posteriormente a una notable corrupción. Era, por tanto, posible regresar a la situación primera mediante la oportuna reforma. Los esfuerzos de Comenio en el campo de la enseñanza de las lenguas, se dirigieron casi exclusivamente a esta tarea.

Esta «restauración» del significado pasaría, según él, por el establecimiento de una completa nomenclatura de las cosas, basada en el principio fundamental de relacionar estrechamente nombres y cosas, lengua y naturaleza.

Se han hecho diversas críticas a esta teoría comeniana, en el sentido de considerarla optimista en exceso. Por un lado, la sobrevaloración que hace de la observación sensorial, sobre todo la que procede de la vista. En segundo lugar, la gran importancia que otorga a la racionalidad del hombre a la hora de establecer las reglas del lenguaje, cuando el resultado evidente es que la lengua latina contiene numerosas irregularidades, no estrictamente ocasionales. Y, por último, la importancia excesiva que da a la palabra, frente al concepto de frase.

Contrasta, en definitiva, Comenio con la lingüística moderna. Esta afirma que la lengua es un sistema de símbolos arbitrarios, mientras que nuestro autor pugna por atribuir unívocamente a cada cosa una palabra. Sin embargo, estas objeciones no cabe hacerlas únicamente a Comenio. La idea de la perfecta conexión entre palabras y cosas, la encontramos ya en el *Cratylus* de Platón. Y la de construir una lengua lógicamente perfecta es un anhelo presente en muchos filósofos del siglo XVII, como Descartes y Bacon.

Hechas estas consideraciones, que pueden ayudarnos a comprender mejor el intento de Comenio, volvamos a la *Ianua*. El procedimiento que se ofrece al alumno para su avance en el estudio consiste en leer cada capítulo diez veces.

En la primera lectura se trata de traducir el texto a la lengua vernácula. Luego se escribe de nuevo el texto latino y el vernáculo. En la tercera, el profesor lee el texto latino en voz alta, y los alumnos lo traducen sin tener a la vista el original. La cuarta lectura sirve para anotar las reglas gramaticales presentes en el capítulo. En una quinta lectura se observa el significado exacto de cada palabra. Luego, a la vista de esto, se establecen sinónimos. En la séptima se estudia a fondo la aplicación de las reglas gramaticales. La octava lectura ha de ser repetitiva para aprenderse el texto de memoria. Posteriormente se hace un análisis lógico del tema sobre el que versa el capítulo, para terminar con una demostración práctica del aprendizaje logrado a base, con frecuencia, de desafíos entre los alumnos, consistentes en repetir trozos enteros.

El contenido es una ampliación de lo presentado en el *Vestibulum*. Comenio pasa revista a las ciencias y a las artes, sin olvidar el fundamento sobrenatural de ese mundo natural. Aparece de nuevo una constante de unidad en su obra: todo es un instrumento que ha de llevar al hombre al conocimiento de la verdadera Sabiduría, la que le proporcionará la auténtica Felicidad. Late en toda su obra lo que podríamos llamar una constante unidad de vida. Y el latín es un elemento que ayuda a mantener la cohesión de esa unidad.

La difusión de la *Ianua* fue prodigiosa, sobre todo en Europa central. Se tradujo a varias lenguas, conservando siempre el original latino, de tal forma que se convirtió en el cuaderno bilingüe de lectura más usado en las escuelas de la época por muchos años.

Como dato ilustrativo de la escasa difusión que, no obstante, tuvo en nuestro país, citaré que la única edición del texto latino de la *Ianua*, impresa en España, procede de 1819, y se imprimió en Valencia, en cuya Universidad se conserva. Formaba parte de un método práctico para la enseñanza del latín, publicado por el presbítero Joaquín Sanchís y Albella, que copió íntegramente el texto comeniano, de una edición hecha en Génova en 1633, según afirma el propio autor en el prólogo.

El paso siguiente en el método comeniano de las lenguas era el *Atrium rerum et linguarum ornamenta exhibens*, escrito en 1651, aunque la edición conservada es la que se contiene en *Opera Didactica Omnia*, aparecida en Amsterdam en 1657. El *Atrium* se concibe como la introducción al arte de la retórica.

La estructura de este libro es similar a la de los dos anteriores, si bien se observan frases ampliadas respecto a lo que aparece en la *Ianua*, y también una simplificación de la gramática.

A estos tres cursos se añadía un cuarto, cuyo libro base era el *Thesaurus*, que Comenio nunca llegó a completar, que contenía una antología de textos de autores clásicos latinos.

Los criterios establecidos a lo largo de estas obras llevaron a Comenio a sistematizar toda su doctrina en un «corpus» didáctico pormenorizado, referente al estudio de las lenguas, y más concretamente, del latín. Así surgió su obra *Novissima Linguarum Methodus*, publicada en 1648, tras seis años de preparación. La mayor parte del libro está dedicada a exponer las bases filosóficas del método lingüístico, y a comentar los puntos de vista al respecto, de múltiples autores renacentistas, cuyas obras había trabajado concienzudamente Comenio.

Critica los procedimientos pedagógicos empleados hasta entonces en la enseñanza del latín (aprendizaje abstracto, falta de gradación, autores poco adecuados para la traducción...), y habla de los intentos conocidos por él acerca de la reforma pedagógica.

Una de estas corrientes reformadoras era la que tiene su origen en Lubino, que pretendía desterrar los preceptos oscuros y confusos, idea que, como ya sabemos, era especialmente grata a Comenio. También llegó a insinuar Lubino la creación de una comunidad donde todos usasen exclusivamente la lengua latina. Esta idea también la recogió Comenio en su breve obra *Latium redivivum*, que escribió en Amsterdam, ampliándola a toda la organización de esta utópica comunidad, regida de acuerdo con las instituciones tradicionales del mundo romano clásico.

Pero la idea que Comenio recogió directamente de Lubino, y que resultó más fructífera, fue la de elaborar un libro que, al modo de la *Ianua*, contuviera un elenco de palabras y frases latinas, relacionadas con las cosas sensibles, pero con ilustraciones. Comenio emprendió esta tarea verdaderamente ilusionado. La obra la tenía ya acabada en el año 1654, pero no encontró un grabador adecuado para realizar un trabajo tan minucioso como el autor quería. Cuatro años después, en 1658, y en Nürenberg, vio la luz por vez primera el *Orbis Sensualium Pictus*, que pasa por ser la primera enciclopedia visual de la historia de la pedagogía.

La obra es un verdadero prodigio de la intuición pedagógica de Comenio. Tras una «invitatio», a modo de prólogo al lector, viene una parte introductoria compuesta por el «alphabetum vivum et vocale», donde cada letra viene acompañada de un sonido producido por algún animal o por el hombre, junto a un pequeño dibujo. Por ejemplo, para la letra «B» se dibuja una oveja; al lado, en latín (y en otras lenguas también, según la edición), figura la siguiente leyenda: «Ovis f: = balat... bé é é...B b».

Siguen luego ciento cincuenta y un capítulos, referentes a la naturaleza, la actividad humana de todo tipo y aspectos concernientes a la vida religiosa. El último capítulo lo dedica, significativamente, al «iudicium extremum». Cierra el libro una «clausula», a modo de epílogo.

El desarrollo de cada capítulo sigue un esquema preestablecido; veamos, por ejemplo, cómo se desarrolla el capítulo 97, dedicado a la escuela:

Tras el título *(Schola)*, en todos los idiomas en que está escrito el libro, todo el texto es igualmente bilingüe, trilingüe o cuadrilingüe, según las ediciones. Junto al título hay un dibujo que representa una escena de la escuela, donde los principales elementos están numerados. Y en el texto, como veremos a continuación, un número arábigo, junto a una palabra, remite al dibujo, mientras que también se citan las declinaciones y el género de los sustantivos que aparecen por vez primera en el texto. Dice el comienzo de este capítulo: «Schola 1 F. I. est officina, f. I. in qua novelli animi ad virtutem formantur; 1. distinguitur in classes. Praeceptor, 2. m. III. sedet in cathedra 3; discipuli, 4 in subselliis 5; ille docet; hi discunt».

En realidad, se trata de una ampliación de la *Ianua*, donde las ilustraciones juegan el importante papel de conducir al alumno más fácilmente al conocimiento de las cosas y de las palabras que las designan. Todo ello en un lenguaje que emplea construcciones sintácticas muy sencillas, y que va acumulando progresivamente léxico y dificultades gramaticales.

La difusión del *Orbis* fue también espectacular. Sin embargo, en España jamás llegó a hacerse ninguna edición de esta obra. De hecho, si exceptuamos la *Ianua* impresa en Valencia en el siglo XIX, y que ya hemos citado antes, tan sólo se ha editado en España una traducción de la *Didactica Magna* (dos ediciones en España —1922 y 1971— y una en México —1982—). Existe también una traducción de la *Ianua* publicada por la *Revue Hispanique*, en el vol. 35, del año 1915. Y un texto bilingüe (latín-castellano), también de la *Ianua*, editado en Caracas en 1840, aunque sin citar el título original.

Es, sin duda, un pobre balance, acorde con el escaso conocimiento que, aún hoy, se tiene de Comenio en nuestro país.

LUIS INCLAN GARCIA-ROBES

Estructuras poéticas en la *Vetus Latina:* *Liber Sapientiae*

Las primeras versiones latinas de la Biblia, ya desde los tiempos de su inicial difusión, han sufrido un relegamiento de la literatura tradicional, por la evidencia de dos rasgos característicos que en ellas se conjuntaban: por un lado, el representar un criterio de traducción distinto al consagrado, en que el intérprete gozaba de una amplia autonomía [1]; por otro, la relajación en el estilo, siendo así que los escritores cristianos siempre se esforzaron por mantener vigentes las normas cultas del arte de escribir. Ambos factores han sido además relacionados en forma negativa, de suerte que el literarismo vendría a cubrir lagunas causadas por el desconocimiento del vocabulario o la sintaxis más exigentes, a la vez que el habla descuidada, popular, en la que serían identificados tanto el auditor como el lector-traductor, parecía sin duda prestarse con más facilidad para acoger neologismo, préstamo y circunlocución, elementos raramente ausentes entre los recursos de todo intérprete.

Pero no falta la postura contraria, representada por C. Mohrmann, entre otros, la cual valora y reconoce unos principios estéticos inequívocos, aunque distintos de aquellos que eran familiares a los lectores contemporáneos. En efecto, lejos de ponerse en entredicho la competencia de los antiguos traductores, se les rinde admiración por haber sabido consumar la adaptación de su propia lengua a un

---

1 Cf. B. Metzger, *The early versions of the New Testament. Their origin, transmissions and limitations* (Oxford 1977) p. 323; F. Blatt, 'Remarques sur l'histoire des traductions latines', C&M 1 (1938) 217-242; L. Jiménez-Villarejo, 'Justificación estilística de una traducción prejeronimiana', *Fidus Interpres. Act. I Jornadas de Historia de la Traducción* (León 1987) vol. I, 183-188.

texto que exigía un alto grado de fidelidad [2]. Siguiendo a
C. Mohrmann, queremos insistir en el hecho de que es el
carácter muy especial de las obras que traducen lo que les
obliga a adoptar otro criterio de traducción: interesa recoger el mismo orden de los términos, la misma estructura
en la frase, hasta el sonido... por un respeto reverencial al
mensaje sagrado.

Pero además conviene subrayar que el traductor no es
absolutamente inconsciente de la importancia de cada uno
de estos niveles lingüísticos en orden a la mayor perfección
y nitidez en la transmisión de un tal mensaje [3]. Resulta,
pues, indispensable abordar en el estudio de las traducciones bíblicas también esta dimensión particular de la estilística. Porque ello permitirá conocer mejor la lengua del
traductor, comprobar la calidad de este vehículo en su iden-
tificarse con los procedimientos de estilo (cuáles de la lengua
de origen acepta mejor, qué novedades introduce), y para
contribuir al mayor conocimiento de textos en que mere-
cen ser atendidos muy especialmente, por encima de la
unidad léxica o la conexión morfológica y sintáctica, la frase
y, por supuesto, el contexto literario más amplio, el discurso,
el poema [4].

2 Cf. C. Mohrmann, 'Problèmes stylistiques dans la littérature latine chrétienne', *Etudes...* III (Roma 1979) pp. 223-24; en p. 225 leemos: «loin d'être des barba-
res illetrés, les anciens traducteurs font preuve de beaucoup de tact, mais ils ont
consciemment refusé la forme littéraire pour adopter un système qui, au fond,
était un héritage du judaisme hellénistique». Cf. además W. Süss, *Augustins locutiones und das Problem der lateinischen Bibelsprache* (Tartu 1932) p. 17, donde
se pregunta al que vea sólo discurso popular y fácil en la lengua bíblica, si tales
idiomata ya constatados por la propia Iglesia primitiva «für den Leser leichter
verständlich waren, als die kultivierten, gehobenen Stilformen der eigenen Mutters-
prache».

3 Cf. S. Boscherini, 'Sulla lingua delle primitive versioni latine dell'Antico
Testamento', ATTC 26, n.s. 12 (1961-62) 207-229, p. 216 y n. 1: «come nel linguaggio sacrale di religioni primitive è l'intonazione e il ritmo che conta più che la
comprensibilità»; C. Mohrmann, 'Sakralsprache und Umganssprache', *Etudes...*
IV (Roma 1977) p. 168-69. Lo que, según G. Mounin, *Los problemas teóricos de la
traducción* (Madrid 1971) p. 317, sería cumplir el principio esencial de la traducción: captar el equivalente más próximo en cuanto a significación y en cuanto a
estilo.

4 Así es concebido el estudio del lenguaje bíblico por J. Barr, *Semantica del
linguaggio biblico* (Bolonia 1968) p. 263.

En esta comunicación pretendemos, pues, no tanto sacar a colación los tan tratados *idiomata* griegos o hebreos, de carácter generalmente sintáctico, como el llamado genitivo de cualidad, sino unas determinadas estructuras poéticas [5]. Entre ellas hemos seleccionado las figuras llamadas de repetición [6], por su frecuencia en el discurso bíblico, ya se trate: *a)* de sonidos (aliteración, rima, homeoteleuton); *b)* de unidades léxicas (figura etimológica, poliptoton); *c)* de miembros de frases (*parallelismus membrorum*, inclusión, quiasmos); y las iteraciones que éstas arrastran (anáforas, epíforas, polisíndeton); sin olvidar la acción estabilizadora de la *concinnitas*.

De las figuras mencionadas, ninguna es extraña a la lengua latina o a la griega. Lo que varía es la frecuencia de su uso, según sea el discurso popular o culto. Aquél se adornará con la aliteración, rima y paralelismo [7], y con sus derivados includibles: las anáforas, quiasmos, antítesis [8].

Recursos retóricos más elevados serían las epíforas o el poliptoton. Sin embargo, ya en la poesía latina clásica se producen muy interesantes utilizaciones de elementos populares con fines expresivos. Así, coincidiendo con el momento en que ven la luz las primeras versiones bíblicas, la escuela retórica sufre la influencia del asianismo, molde en que se difunde la llamada segunda sofística. Con él, el paralelismo, un recurso tan característico del estilo poético hebreo y, como hemos dicho, sólo aceptable en la lengua popular, penetra en la esfera literaria [9].

---

5   Al hablar de estructuras poéticas es preciso entender que pensamos en el discurso bíblico hebreo, que subyace a estas traducciones, porque en ellas, y ya desde la versión griega, el distintivo fundamental de todo texto poético, el metro, ha desaparecido. Ofrecemos los textos en esticos, por constituir miembros paralelísticos, según norma de la poesía hebrea bíblica, convención que no todas las ediciones latinas adoptan (en esticos en la ed. de la *Vulgata* de Roma, no así en la de Beuron).

6   Cf. W. Buhlmann-K. Scherer, *Stilfiguren der Bibel* (Frigurgo de B. 1973).

7   Comparten las tres un origen mágico-religioso, según A. Szantyr, en J. B. Hofmann-A. Szantyr, *Lateinische Syntax und Stilistik* (Munich 1972) pp. 700, 705, 726-728, respectivamente. Véase además el estudio de H. Macl. Currie, 'Parallelism in Plautus', *Emerita* 53 (1985) 81-91.

8   Cf. Szantyr, op. cit., 695, 697, 727-728, respectivamente.

9   Cf. A. Memoli, 'Influssi della scuola asiana e della tradizione biblica sulla «parisosis» nelle prose di Tertulliano', *Aevum* 40 (1966) 1-34. Sin embargo,

Por otra parte, la mesura clásica cumplía un papel de criba importante en la distribución de cualesquiera recursos poéticos. De manera que ciertas figuras de repetición —nacidas del conjuro mágico y confinadas a giros vulgares o especialmente expresivos—, tales rima y homeoteleuton, esquema etimológico y poliptoton, eran evitadas por el buen uso [10]. Añádase a ello que la lengua latina parece coincidir en idénticas figuras expresivas de repetición que la semítica, pero contrarrestando su empleo por una tendencia a la concisión que le es propia. De forma que si ambas lenguas utilizan el quiasmo, en latín clásico es, en una estructura de frase asindética, lo que sustituye a la conjunción paratáctica o hipotáctica [11]; en el texto bíblico, en cambio, no supone la economía de nexos.

De las consideraciones anteriores podemos concluir que tres factores de índole diversa han de ser tenidos en cuenta como responsables en cierta medida del color exótico en el estilo de las traducciones anónimas latinas de la Biblia: 1) la exuberancia asiana tardía; 2) la acentuación de la expresividad popular en el gusto por los juegos repetitivos; 3) el polisíndeton semítico. Será necesario hacer abstracción de ellos si queremos calibrar los aciertos estilísticos de nuestro traductor, y sobre todo si nos proponemos avanzar en la profundización de esta lengua, que sirve de expresión a la literatura latina bíblica primitiva, en la que se apoyará la literatura cristiana posterior.

Los textos elegidos para nuestro análisis pertenecen al *Liber sapientiae (sap.)*, traducción de un libro escrito en griego, de cuyos cinco primeros capítulos se creyó largo tiempo que remontaban a un original hebreo [12]. También

---

E. Norden, *Die antike Kunstprosa*, 2 (Leipzig 1909) p. 617, pretende que el influjo del paralelismo en el sermón cristiano es únicamente del *Gorgias*.

10   Cf. Szantyr, op. cit., 705 (rima), 707 (homeotel. evitado en postaugústeos), 708 (poliptoton evitado por VERG.), 709 (carácter arc. y pop. de la fig. etimol.). La importancia decisiva que adquirirán algunas de estas fórmulas de refuerzo en la expresión puede comprobarse en AVG (cf. C. Mohrmann, 'Das Wortspiel in den augustinischen Sermones', *Etudes...* III, Roma 1979, pp. 323-349).

11   Cf. Szantyr, op. cit., p. 696.

12   No existe acuerdo acerca de la extensión de la parte poética. Sí sobre el original: enteramente griego. Texto latino: ed. de la *Vulgata, Biblia sacra iuxta latinam Vulgatam versionem...* (Roma 1964); texto griego: J. Ziegler, *Sapientia Salomonis* (Gotinga 1980).

podrían analizarse partes de otros libros con original griego no conservado, como los poemas del libro I de los Macabeos o el himno de Judith. Textos cuyas estructuras poéticas siguen modelos canónicos [13], y en cuya traducción no intervino la pluma de S. Jerónimo.

1. ALITERACIÓN. RIMA. HOMEOTELEUTON

La aliteración es, sin duda, la figura dominante en el texto de *sap.* En principio sería intraducible, pero ya la lengua y retórica griegas la acogen bien [14]. El traductor latino imita no pocas veces los sonidos del original [15]; otras crea paralelamente una secuencia iterativa, llegando incluso a retocar añadiendo por su cuenta alguna mejora. Así en

> 5, 8   quid nobis profuit superbia
> aut quid divitiarum iactatio contulit nobis

iactatio es un término no usual para traducir *aladsoneia* (frente a *gloria* en 17, 7 o *gloriari* para *aladsoneúeszai* en 2, 16); es posible que haya sido elegido para lograr un efecto aliterante junto a *divitiarum*. Y en

> 18, 23   interstetit et amputavit impetum

ha sido preferido *impetus* junto a *amputavit* para *hormë*, siendo su correspondiente habitual en todo el libro *ira* [16].

No es raro, en fin de estico el homeoteleuton, consecuencia del juego paralelístico. Siguen al modelo textos como:

> 2, 16   novissima iustorum/ ... patrem Deum (se habere) [17]

---

13   Cf. S. Segert, 'Semitic poetic structures in the New Testament', ANRW II, 25. 2, p. 1442.

14   Cf. Segert, loc. cit., p. 1444.

15   Manteniendo parejas aliterantes, como bien observa Ph. Thielmann, 'Die lateinische Übersetzung des Buches der Weisheit', ALL 8 (1893) 236-237, pp. 256-257.

16   Observado por W. Thiele, 'Einleitung', fasc. 1-3, en *Die Reste der altlateinischen Bibel... 11/1, Sapientia Salomonis*, hrgs. von... (Freiburg 1979) p. 161.

17   El texto primitivo (K en la ed. de Beuron) no tiene *se habere*. Thiele, loc. cit., p. 168-69, lo trata como una corrección interna.

2, 19   sciamus reverentiam illius/ ... probemus patientiam
ipsius.

Modifican el modelo los superlativos en:

3, 14   nec cogitavit adversus Deum nequissima
dabitur enim illi fidei donum electum
et sors in templo Dei acceptissima.

Casi siempre es posible comprobar la independencia del
traductor:

3, 5   tentavit illos / et invenit illos dignos se.

2.   FIGURA ETIMOLÓGICA. POLIPTOTON

La figura etimológica no es muy del gusto culto; a partir
de Plauto su uso remite. Brenous cita como texto característico de la influencia griega en este terreno precisamente *sap.* 4, 2 proelium vincens *(agóna nikénana)*, aunque
proelium es en realidad corrección sobre el primitivo *prae-*
mium [18]. Textos seguros son:

9, 3   iudicium iudicet
17, 13   eundem somnum dormientes.

Encontramos un caso de poliptoton que es imitación del
griego:

6, 7   exiguo enim conceditur misericordia
potentes autem potenter tormenta patientur

(obsérvese que el adorno sirve para realzar una antítesis
entre los *cola*). Los que siguen son debidos al intérprete:

6, 9   fortioribus... fortior instat cruciatio

18   Cf. J. Brenous, *Etude sur les hellénismes dans la syntaxe latine* (Roma 1965)
pp. 219-221. La revisión crítica es de Thiele, loc. cit., p. 207.

14, 23   aut enim filios suos sacrificantes / aut... sacrificia facientes [19]

19, 11   novissime... viderunt novam creaturam avium.

3. PARALLELISMUS [20]

El paralelismo de *cola* es observable a lo largo de todo el libro, como producto inmediato de la traducción literal. Es interesante, sin embargo, subrayar que el traductor aprovecha este esquema combinándolo con los otros recursos de la expresión iterativa que hemos expuesto.

Así, en el siguiente texto en que a-b y c-d presentan una relación de sinonimia o al menos son complementarios, mientras que b-c dibujan una antítesis, vemos que hay además rima entre b y d (única novedad en una traducción del todo literal):

4, 8-9   senectus enim venerabilis est non diuturna
           neque numero annorum conputata *(memétrētai)*
           cani sunt autem sensus hominibus
           et aetas senectutis vita inmaculata.

Muy conocido a la retórica griega es en el paralelismo el recurso llamado *sorites* [21] por el que las frases son conectadas como en cadena por un término común que se va repitiendo. En la *Sabiduría de Salomón* está representado por los siguientes esticos, cuya traducción ofrece algunas alteraciones dignas de ser comentadas:

6, 18   initium illius verissima est disciplinae concupiscentia

19   cura ergo disciplinae dilectio est
        et dilectio custoditio legum illus est

---

19 Cf. J. Doignon, 'Sacrum, sacramentum, sacrificium dans le texte latin du livre de la Sagesse', REL 34 (1956), 240-253, anota razones de rítmica (cláusulas) para la elección aquí de *sacrificium* en lugar de *sacrum*.

20 Véanse en Segert, loc. cit., pp. 1438-39, las clases de paralelismo. Como recurso latino, cf. Szantyr, op. cit., p. 726.

21 Cf. Segert, loc. cit., p. 1444.

> custoditio autem legum consummatio incorruptio-
> nis est
> 20   incorruptio autem...

En efecto, *sap.* mantiene *custoditio* dos veces como enlace sin seguir la variación del modelo *(těrēsis / prosojě);* cambia *bebaíōsis (*confirmatio)* en *consummatio,* perfeccionando el *sorites* con la *gradatio* ascendente que parte de *initium,* al principio del *sorites.*

Para ilustrar la importancia del paralelismo latino y su fácil manejo por parte del traductor, veamos un ejemplo en que se rompe con el paralelismo un grupo quiástico del original (3, 6-7). Sirva este texto, además, para ejemplificar el polisíndeton con *kai (waw),* típico de la frase bíblica. El traductor no entiende la *variatio* de los dos últimos esticos opuestos por un quiasmo a los dos anteriores: los dos verbos finales de 3, 7 tienen por sujeto al justo, mientras que para los de 3, 6, donde se deja en posición final al pronombre, el sujeto es la acción divina. Quizá ha pretendido mantener un paralelismo apoyándose en la epífora de 3, 6 a-b, para llevarla hasta 3, 7 a. En cualquier caso, el texto queda de forma algo diferente al enviar *analámpsousin fulgebunt* al estico siguiente y al añadir *erit* ante episkopḗs *respectus* (entendido como nominativo). Cambios todos que parecen encadenados al simple desplazamiento de un verbo que la inercia de lectura no esperaba en ese lugar. El texto queda transformado en la forma siguiente:

> et in tempore erit respectus illorum
> fulgebunt etiam (et) tamquam scintillae in arundineto discu-
> rrent.

Por último ofrecemos un texto en que el traductor ha actuado regularizando libremente; lo que llamaríamos *concinnitas* se ve aquí puesto en funcionamiento:

> 17, 18   aut sonus validus praecipitarum petrarum
> aut ludentium animalium cursus invisus
> aut mugientium valida bestiarum vox
> aut resonans de altissimis montibus echo.

El intérprete ha distribuido en 18 c los tres determinantes griegos *(*mugientium validarum bestiarum vox)*, de forma que logra agruparlos por parejas, como es el tenor de todo el trozo. Parece intervenir un paralelismo interno en la variación *valida* vox (a partir de *sonus validus*). Además, por medio del superlativo *altissimis* en ablativo, en lugar del genitivo del modelo *(*ex cavitate)*, iguala este sintagma con los demás compuestos de adj.-sust. Por último, se muestra ágil en la colocación de dichos sintagmas: en primer lugar contiguos, en a y b, como en el modelo; en d, como en el modelo también, la disyunción de un sintagma incluye al otro; en c altera el esquema griego, de tres adjetivos modificando a un sustantivo, en dos sintagmas de adj-sust. en disyunción ambos.

LUISA JIMENEZ-VILLAREJO FERNANDEZ

El *Thesaurus Indicus* de Diego de Avendaño

Se viene insistiendo aquí estos días sobre la importancia del latín como instrumento de conservación de la memoria histórica y vehículo de cultura. ¿Se puede ser historiador de la antiguedad, del medievo y de los siglos XVI y XVII sin un dominio del latín que facilite el acercamiento y consulta de las fuentes escritas en gran parte en la lengua del Lacio?

Limitándonos a un sector concreto, la historia de América, una gran parte de documentos esenciales se nos ofrecen en latín y no pocos en un latín ciceroniano. He aquí algunos ejemplos:

— Las Bulas pontificias: *Inter Caetera*, de Alejandro VI; *Sublimis Deus*, de Paulo III, etc.

— Las Décadas *De Orbe Novo* y el *Opus Epistolarum*, de Pedro Mártir de Anglería.

— *De Orbe Novo, Democrates II* y *Apologia*, de Juan Ginés de Sepúlveda.

— *De Unico Vocationis Modo, De Thesauris in Peru* y la *Apologia*, de Fray Bartolomé de las Casas.

— Las *Relectiones*, de Francisco de Vitoria.

Y un gran *et caetera*, todo ello en el siglo XVI.

Para el citado P. Las Casas, por ejemplo, el latín era tan esencial que, al atacar a Fernández de Oviedo en su *Apologia*, la recriminación más seria que se le ocurre es decirle que «no sabe latín»... Y esto lo dice precisamente Las Casas, que tan mal lo sabía, pues sus tratados latinos están plagados de crasos errores gramaticales; de tal manera que sin un buen conocimiento del latín es muy difícil descifrar lo que quiso decir Las Casas, cuando en latín escribe.

Por el contrario, por no haber interpretado bien lo que en puro latín ciceroniano dijo Ginés de Sepúlveda, se le ha venido atribuyendo algo que él jamás dijo: concretamente, que los indios no fuesen hombres.

Por lo que se refiere a la España del siglo XVI, Pierre Chaunu ha afirmado: «El latín ha perdido terreno, en España, a partir del siglo XVI» [1]. Nos parece una afirmación un tanto aventurada: nosotros creemos que en el siglo XVI el latín se mantiene en España firme tanto o más que en el resto de Europa, firmeza que continúa en el siglo XVII, si bien, como ocurre en los demás países europeos, al final de éste comienza a declinar. En el siglo XVIII es cuando verdaderamente pierde terreno en comparación con Francia.

Concretamente en relación con América, nos encontramos en pleno siglo XVII con dos esenciales monumentos literarios españoles, escritos en un clásico latín:

— El *De Indiarum Iure*, de Juan de Solórzano y Pereyra (Lyon, sumptibus Laurentii Anisson, 1672), en dos gruesos tomos que el autor después resumió en castellano en lo que llamó *Política Indiana*, obra ésta que es corrientemente consultada, por la facilidad del idioma. La dificultad del latín ha hecho y hace que el *De Indiarum Iure* se consulte poco o nada y siga siendo todavía una mina inexplotada.

— El *Thesaurus Indicus* seu *Generalis Instructor pro Regimene Conscientiae, in eis quae ad Indias spectant*, del jesuita Diego de Avendaño (Amberes, Santiago Meursio y Jerónimo Verdussen, 1668-1686), en seis gruesos tomos.

Este último autor y esta obra serán precisamente el objeto de nuestra atención [2].

En la historia de las ideas teológicas, filosóficas y morales del Perú en el siglo XVII, brilla una figura relevante, pero por desgracia hoy casi del todo olvidada: el jesuita peruanista de origen español P. Diego de Avendaño.

Los jesuitas españoles aparecen en el escenario limeño un 28 de marzo de 1568. A su llegada, la conquista del Perú

---

1 *La civilisation de l'Europe des Lumières*, 2 edición (París 1982).
2 Sobre Avendaño y su obra, cf. A. Losada, 'Diego de Avendaño S. I. moralista y jurista, defensor de la dignidad humana de indios y negros en América', *Missionalia Hispanica*, separata del vol. 39 (Instituto E. Flórez, CSIC, Madrid 1982).

había progresado mucho. Prácticamente habían terminado las discordias entre los conquistadores, y la gran empresa misional que quedaba por realizar era la conversión de los indios habitantes de aquel lejano territorio. Con la llegada de los jesuitas, la misión recibió un mayor impulso y sus trabajos se dirigieron al progreso tanto moral como intelectual del Virreinato.

Bien puede decirse que la tarea más importante a la que se entregan todos los Padres de la Compañía de Jesús es la evangelización de los indígenas y la defensa de los derechos, en cuanto hombres, de todos los habitantes de aquellas tierras, especialmente de los indios nativos y esclavos negros importados. Por lo que a estos últimos se refiere, cábele a la Compañía un especial honor: los PP. Alonso de Sandoval y San Pedro Claver inician en Cartagena de Indias una labor pionera y única hasta entonces, en los anales de la colonización, que sería seguida y ampliada en el Perú por el P. Diego de Avendaño. Proclaman que el negro merece la misma consideración que el indio, y que la «trata» es una violación de los derechos humanos que hay que extirpar; todos: colonos, indios y negros son hombres con los mismos derechos y deberes.

Aunque sólo fuera por este motivo: *la defensa de los derechos humanos del esclavo negro*, la figura de nuestro Avendaño merecía no haber sido relegada al olvido, sobre todo si se tiene en cuenta la época histórica, en pleno siglo XVII, en que su voz constituye una muy meritoria excepción.

Nace Diego de Avendaño en Segovia (España) el 29 (o tal vez el 27 —no está aún claramente dilucidado—) de septiembre de 1594, de ilustre y noble familia.

En Segovia estudia gramática latina y primeras letras; a continuación, en Sevilla, cursa la filosofía en el Colegio de Maese Rodrigo. En esta ciudad conoce al que sería su futuro mentor, el patriarca de los americanistas, Don Juan de Solórzano y Pereyra, célebre jurisconsulto, con el que se embarcó para América el año 1610.

Ya en Lima, de la mano del propio Solórzano, ingresa en el Colegio de los jesuitas de San Martín. En él encuentra ambiente propicio para la vida religiosa y, dócil al llamamiento, ingresa en la Compañía de Jesús el 25 de abril de

1612 (la profesión de los cuatro votos la haría años más tarde, el 24 de mayo de 1629). Fue el Padre Provincial, Juan Sebastián de la Parra, quien lo incorpora, provisto ya de su título de Bachiller en Artes, en las filas ignacianas.

Desde Chuquisaca (hoy Sucre), el buen conocedor de almas, P. Diego Alvarez de Paz, Superior del P. Avendaño, el 10 de febrero de 1617, comunicaba a Roma al General de la Orden, P. Vitelleschi, su opinión sobre los jesuitas de la Provincia del Perú. Refiriéndose al «Hermano Avendaño», decía con el más expresivo laconismo: «Muy espiritual y recogido y muy gran estudiante».

Terminados sus estudios de filosofía y teología, el 1.º de enero de 1619, comienza a figurar su nombre entre los sacerdotes de la Provincia; la ordenación sagrada de sacerdote le fue conferida por el Arzobispo de Lima, Bartolomé López Guerrero.

Hizo la tercera probación en el Cuzco, y comenzó una brillante carrera de hombre de gobierno, de docencia y de letras, que culminaría con el desempeño de los primeros cargos en la provincia jesuítica peruana y la publicación, entre otras, de su monumental obra *Thesaurus Indicus*.

Entre sus cargos de gobierno y docencia, que prácticamente le tienen ocupado toda su larga vida, destacan: Director del Colegio de Cuzco, Rector del Colegio y Universidad de Charcas, Rector de la Universidad de Chuquisaca, en la que ocupa la cátedra de Prima de Teología por dos veces. De ahí pasa a Lima, donde es por tres veces Profesor de Prima de Teología en el Colegio Máximo de San Pablo, del que es asimismo nombrado Rector, cargo que ocupa hasta 1663.

Era el P. Avendaño hombre de mucho crédito dentro y fuera de la Compañía y, aunque su principal ocupación había sido la enseñanza y el manejo de la pluma, cobró también gran fama en sus actividades de gobierno: rectorados universitarios y provincialato de la Orden ignaciana. En 1665 tocóle reunir la decimoquinta Congregación Provincial de la Compañía peruana. Se iniciaron los trabajos el 1.º de agosto; se celebraron nueve sesiones en las que se ventilaron asuntos de gran interés para la Provincia; se trató especialmente de las misiones entre infieles y de la concordia que debía mantenerse con la Orden Dominicana. El P. Avendaño pudo llevar a feliz término las labores de la Congregación y, especialmente, lograr la concordia con los dominicos en materia del Misterio de la Purísima Concepción, aprovechando la circunstancia de haber llegado a Lima el Breve del Papa Alejandro VII, *Sollicitudo Omnium Ecclesiarum*, expedido en Roma el 8 de diciembre de 1661, a solicitud del rey de España Felipe IV. Celebró el Colegio Máximo tan fausto acontecimiento con fiestas que dieron comienzo el 8 de diciembre de 1663 y continuaron por espacio de cinco días, sobrepasando las más alhagüeñas expectativas. El feliz resultado fue el pacto en que convinieron el Provincial de la Orden de Santo Domingo (anticoncepcionista) y el Provincial de la Compañía, P. Avendaño (concepcionista); aunque hay que reconocer que en las disputas entre las dos órdenes sobre esta materia, de una y otra parte se cayó en exceso.

Un tema importante en que la intervención de Avendaño, como consejero de la Corona y del Virrey, fue decisiva, fue su mediación en el conocido pleito sobre el envío de misioneros extranjeros a Indias. El rey de España Felipe IV había expedido, el 1 de junio de 1654, una Real Cédula en la que prohibía formalmente el paso a Indias de todo jesuita extranjero. Esta medida era fatal para el buen desarrollo de la misión. En su *Thesaurus Indicus*, el P. Avendaño dedica todo un capítulo a discutir la conveniencia de la ayuda de misioneros extranjeros en la conversión de los indios. Empieza por reconocer que no faltan razones para negar el paso a las Indias de extranjeros que sólo van a ellas movidos por intereses personales; pero tratándose de quienes sólo buscan la salvación de las almas, no hay motivos para cerrarles el paso; pues, si son idóneos y si se tiene necesidad de ellos, el rey está obligado a enviarlos. Como su obra debió llegar a manos de muchos consejeros reales y muy probablemente de la propia Corona, sin duda contribuyó a que se tomaran medidas amplias sobre este asunto. El 12 de marzo de 1674, el rey Don Carlos y Doña Mariana de Austria, en calidad de tutora, expidieron una real cédula en la que se aceptó que pudieran ser extranjeros hasta la tercera parte de los misioneros expedicionarios y se suprimió la condición de un año de permanencia previa en España; no era el ideal deseado por Avendaño, pero quedaba así bastante bien asegurado el aprovisionamiento de las misiones.

Otro aspecto importante de la labor misionera de Avendaño es su contacto directo con el indio o con el esclavo negro, como un misionero más, a pesar de la alta jerarquía de sus funciones. Sabemos que en 1657 los PP. Diego de Avendaño, Pedro Julio y Francisco del Castillo, durante tres meses y medio, misionaron desde Pachacamac hasta Carabayllo, en el valle de Lima.

En 1681 la robusta naturaleza de Avendaño comienza a dar señales de debilidad, minada por la edad. Un martes, 30 de agosto de 1688, a los 94 años de edad, santamente como había vivido, entregó en Lima su alma a Dios. Había sido mílite de la Compañía de Jesús nada menos que setenta y siete años.

A su fallecimiento, el P. Provincial Francisco Xavier Grijalva informaba así a Roma:

«... A 30 de agosto fue el dichoso tránsito a mejor vida del Venerable P. Diego de Avendaño, cuya admirable sabiduría demuestran bastantemente doce eruditísimos tomos que escribió, de los cuales nueve se han dado a la prensa. Ni menos acreditadas se veneran sus heroicas virtudes con la aclamación universal que de santo tuvo en vida y muerte. La cual nos le arrebató después de una muy prolongada enfermedad en el Colegio de San Pablo de Lima a los 94 años de su edad. De todo se da una breve noticia que aquí se imprimió para despachar a los colegios de la Provincia, más que en desempeño de un deber, en testimonio de la grande obligación en que le está y estuvo esta Provincia», Lima, 20 de octubre de 1690 (extracto de «Fondo Gesuitico, *Collegia*, 115/3, Catálogo de los difuntos de esta Provincia de los años 1688-1690», folios IV y ss.).

El *Thesaurus Indicus* es la obra monumental de Diego de Avendaño, y uno de los más importantes documentos americanistas del siglo XVII y aun de todos los tiempos. Los dos primeros tomos aparecieron en Amberes en 1668, y el último (el sexto) en 1686, en esta misma ciudad, todavía en vida del autor. Durante trece años trabajó Avendaño en esta obra, que salió completa y perfecta de las planchas de Meursio (los cinco primeros volúmenes) y de Verdussen (el sexto y último).

Todos los tomos van provistos de índices detalladísimos que facilitan mucho la consulta sobre temas concretos de colonización y evangelización de las Indias. En ellos se manifiesta la diligencia del autor que, en medio de otras graves preocupaciones, como hombre de gobierno y acción que era, tuvo el tiempo para redactarlos y sobre todo para seguir de cerca la edición, habida cuenta de la enorme distancia entre Lima y Amberes.

Ventílanse a lo largo de sus páginas cuantas cuestiones importantes constituían la materia viva sobre la que, a diario, tenían que operar los moralistas y juristas de allende los mares, y más concretamente en el Perú Virreinal del siglo XVII. En el gran acervo de materias que trata, Avendaño hace gala de su profundo saber y perspicacia. Menos comprometido que otros por su profesión, emite sus opiniones con más libertad y echa los cimientos de la hoy denominada *ciencia misional*. Resumiendo, podemos decir que el *Thesaurus Indicus* es un monumento de erudición y de conocimientos teológicos, en lo que respecta al dogma y a la moral, además de ser un acabado comentario de Derecho indiano.

El *Thesaurus Indicus* puede considerarse como una carta magna de la defensa de los derechos del hombre, especialmente del «marginado»: indio y negro.

Si algo caracteriza esta obra monumental de Avendaño es su defensa cerrada de la dignidad del hombre, sean cualesquiera las vicisitudes y circunstancias de su historia, sin distinción de condiciones políticas, raciales o religiosas. Es verdad que Avendaño justifica la colonización española de América e incluso llega a aprobar el sistema de «encomienda», tan denigrado por el P. Bartolomé de las Casas; pero contra la tesis de Solórzano, partidario de la perpetuidad de la misma, Avendaño adopta una posición mucho más liberal: dichas encomiendas, dice, tienen carácter temporal, por un período de dos o tres generaciones, transcurrido el cual, se incorporarán a la Corona, como bienes vacantes.

La originalidad de Avendaño, hasta ahora poco puesta de relieve por historiadores y juristas, es su posición frente al tema candente en todos los tiempos de la *esclavitud*. Es sin duda una de las primeras voces, equilibrada y libre de exageraciones, que se alza contra la esclavitud perpetua del indio y en defensa de su liberación física y moral. Para Avendaño, la esclavitud perpetua es una intolerable injusticia y debe ser rechazada de plano, a pesar de que algunas constituciones papales, como las de Calixto III y Nicolás V, admitiesen cierta esclavitud por derecho de gentes, regulada no obstante por la costumbre cristiana.

Como para el P. Las Casas, para Avendaño, el texto clave papal al que hay que referirse en esta materia es la Bula *Sublimis Deus* del Papa Paulo III (23 de mayo de 1537), en la que de manera meridiana se reconoce la dignidad humana del indio en este párrafo, que Avendaño hace suyo y que constituye la condena más tajante de la esclavitud:

«Aunque es verdad que tales indios no pertenecen al gremio de la Iglesia, sin embargo, de ninguna manera pensamos que deben ser privados de su libertad y del dominio perfecto de sus cosas, puesto que son hombres capaces de fe y salvación y no deben ser exterminados bajo una tiránica esclavitud, sino que deben ser invitados a la vida mediante los buenos ejemplos y la predicación...».

Partiendo de ahí, Avendaño defiende el derecho innato e irrenunciable a la libertad, lo que se opone a toda servidumbre corporal o física, y muy especialmente a toda coacción al *trabajo forzoso* en las minas. Es verdad que los propios reyes de España se opusieron a esta coacción del indio para los trabajos mineros. El propio Avendaño recoge en su *Thesaurus* una buena colección de cédulas reales a este respecto.

Aun para los que aceptan el trabajo voluntario, Avendaño formula condiciones muy estrictas que debe cumplir el empresario, que se adelantan a las modernas concepciones del *Derecho laboral*, tema éste en que el *Thesaurus Indicus* es una verdadera mina aún inexplotada, sobre todo en cuanto se refiere a la seguridad e higiene del trabajo, salario justo, vivienda, horario laboral, descanso y libertad de movimiento del obrero durante el mismo. Jamás, en juicio de Avendaño, podrán sacrificarse estas condiciones laborales en beneficio del mayor lucro para la empresa.

Ya Manuel de Mendiburu, en su *Diccionario histórico biográfico del Perú* (tomo 2, Lima 1932, pp. 291-294), ensalzó la figura de Avendaño, quien *«levantó el grito contra la esclavitud de los negros y dijo que el comercio que de ellos hacían los europeos era injusto e inmoral y violaba los más sagrados derechos de la naturaleza».*

Recordemos que cuando Avendaño actúa en el Perú, la esclavitud negra estaba ya por desgracia sólidamente implantada en Indias. El propio P. Bartolomé de las Casas, en el siglo anterior, fue partidario del envío de esclavos negros a Indias para relevar en sus trabajos penosos a los indígenas; si bien al final de su vida se arrepintió de ello amargamente y reconoció que debía considerarse al negro, en pie de igualdad al indio, sujeto de los mismos derechos y deberes. El tema de la «esclavitud negra, aparece reiteradamente tratado en el *Thesaurus Indicus,* pero su planteamiento esencial lo encontramos en el tomo I, título IX, capítulo XII, artículo VIII, bajo el título «De contractu Aethipiorum mancipiorum» («Sobre la trata de los esclavos negros africanos»).

No deja de ser realidad innegable el que esta voz de Avendaño, a propósito de tema tan importante en la historia de la humanidad, como es la *esclavitud negra,* no ha sido, por lo general, tenida en cuenta por los especialistas en esta materia y, en particular, por los especialistas españoles. Esta circunstancia nos brinda la prueba más clara de lo necesario que es el conocimiento del latín para la investigación histórica.

El abandono del estudio de la lengua del Laico ha tenido como lamentable consecuencia el que no se utilicen como debieran documentos históricos esenciales que, escritos en un puro, claro y elegante latín, como el *Thesaurus Indicus,* yacen olvidados en las bibliotecas, por estar escritos en una lengua hoy inabordable para una gran mayoría de investigadores. Sin duda el estudio y traducción de documentos como el *Thesaurus Indicus* nos facilitarían una visión más objetiva y equilibrada de la acción de España en América. Ahora bien, si el testimonio de Avendaño fue en España relegado al olvido, a partir del siglo XVIII no ocurrió lo mismo en nuestro vecino país, Francia, donde el latín en ese siglo no fue víctima del abandono que lo fue en España.

A raíz de la Revolución Francesa surge en el país galo un poderoso movimiento tendente a la abolición de la esclavitud. El 4 de febrero de 1794, la Convención Nacional declara que «la esclavitud de los negros es abolida en todas las colonias». En consecuencia, decreta que todos los hombres, sin distinción de color, son ciudadanos franceses y gozarán de todos los derechos garantizados por la Constitución. El alma y promotor de este movimiento no es otro que el célebre Abate Enrique Grégoire, Obispo de Blois. Cuando Grégoire busca argumentos de autoridad, en tiempos pasados, en que fundamentar su posición liberal y humanista en pro de los derechos humanos y libertad del esclavo negro, ¿a quién acude? Aunque parezca extraño, a fuentes españolas de los siglos XVI y XVII, y muy concretamente el *Thesaurus Indicus* del P. Diego Avendaño.

Dice así Grégoire en un luminoso párrafo: «Avendaño, jesuita, escribió valerosamente contra el comercio de los Negros, y se constituyó igualmente en defensor de los Americanos. El mismo declaró a los comerciantes de hombres que no se podía con segura conciencia esclavizar a los Negros, a quienes llama *Etíopes*, nombre que les dan varios autores de aquellos tiempos. Barbosa, Rebello, Domingo de Soto, Ledesma, Palaus, Mercato, Navarro, Solórzano, Molina y otros profesan poco más o menos la misma doctrina.—A excepción de muy pocos, figuran en esta causa honrosa la mayor parte de los religiosos que estaban haciendo las misiones en el Nuevo Mundo, y especialmente los Dominicos». Y a pie de página, en una nota, Grégoire cita concretamente el *Thesaurus Indicus*, de Avendaño: «*Thesaur. indic.* Anvers 1668, t. 1, tít. 9, n.ᵒˢ 180, 205 et *passim*».

(Aparece este párrafo en «Apología de Don Bartholomé de las Casas, Obispo de Chiapa, por el Ciudadano Grégoire», Apéndice a «Colección de las obras del Venerable Obispo de Chiapa, Don Bartolomé de las Casas... Da todo esto a luz el Doctor Don Juan Antonio Llorente...», tomo II, París 1822, p. 356).

Prueba clarísima, si las hay, de que el *Thesaurus Indicus* era moneda corriente entre los hombres de la Ilustración y Revolución del vecino país y constituía uno de sus principales argumentos de autoridad a favor de sus generosas, humanistas y (como puede verse) no tan originales posiciones en pro de la libertad del hombre.

Pero Avendaño no es un caso hispánico aislado. Como acertadamente apunta Grégoire, existe toda una pléyade de autores españoles que piensan como él o que él utilizó como fuentes; todo un cuerpo de doctrina que brindó el mejor apoyo a hombres como Grégoire; voces que en España, en cambio, enmudecieron. Tal vez el motivo de todo esto lo encontremos, en buena parte, en el abandono del latín. He aquí un caso bien patente del *latín, vehículo de cultura.* A través de este idioma que tan bien conocía, Grégoire encuentra en Avendaño y demás autores españoles (Soto, Ledesma, Molina...), que escriben en la lengua del Lacio, un arma ideológica en apoyo de su campaña contra la esclavitud. El enmudecimiento, en cambio, de estas voces en su propio país de origen, España, es, en buena parte, debido al abandono del latín.

Voces como la del español/peruano Avendaño, si lo fueron en la Ilustración y Revolución gala, con más poderosos motivos deben ser de nuevo escuchadas en el moderno concierto de las naciones. La proyección y personalidad de Avendaño resaltan así hoy de manera universal: *europeo* (como cristiano español); *americano* (como defensor del indio); *africano* (como defensor del esclavo negro). De pocos hijos como éste puede un país sentirse orgulloso.

ANGEL LOSADA

Dobletes de nombres propios
en la *Vetus Latina* de 1 y 2 Samuel

La *Vetus Latina* presta un considerable apoyo a la crítica textual de la Septuaginta e incluso aporta en ocasiones información valiosa para la tradición textual hebrea [1]. A la vez, las antiguas versiones latinas encuentran su punto de referencia en el hebreo y, sobre todo, en las versiones griegas, ya que la afinidad con alguna de ellas contribuye a la detección del estrato de traducción del que proceden y permite contar, si se emplea cautelosamente, con un criterio indirecto para la reconstrucción del texto [2]. Esta colaboración mutua se hace posible por el literalismo que es la condición misma de la lengua de traducción de la *Vetus Latina*.

1. El objeto de este trabajo es analizar el comportamiento de las glosas marginales de *Vetus Latina* en los libros de Samuel [3] ante la presencia de variantes y dobletes de los nombres propios [4] en las versiones griegas, de manera que,

---

1 R. S. Haupert, *The Relation of Codex Vaticanus and the Lucianic Text in the Books of Kings from the Viewpoint of the Old Latin and the Ethiopic Versions* (Diss., Filadelfia 1930); E. Ulrich, 'Characteristics and Limitations of the Old Latin Translation of the Septuagint', en N. Fernández (ed.), *La Septuaginta en la investigación contemporánea* (Madrid 1985), pp. 67-80.

2 E. Ulrich, 'The Old Latin Translation of the LXX and the Hebrew Scrolls from Qumran', en E. Tov (ed.), *The Hebrew and Greek Texts of Samuel* (Jerusalem 1980) pp. 121-165.

3 El material procede de la edición de C. Morano, *Las glosas marginales de «Vetus Latina» en Biblias Vulgatas españolas: 1-2 Samuel*, (Madrid 1989%, dentro del proyecto de investigación «Edición de textos de *Vetus Latina*» (Instituto de Filología, CSIC).

4 Nos centramos en los nombres propios porque, al ser objeto preferentemente de transcripciones, los problemas crítico-textuales que plantean con respecto

al tratarse de lecturas cualitativamente distintas en su mayoría y por tanto no deducibles entre sí, la adopción en la traducción latina de una u otra no se debe tanto a la técnica de traducción como a un posible acceso a algún estadio de la versión griega que la contiene. Ello puede contribuir a precisar las relaciones de estos textos latinos con sus fuentes griegas, sobre todo en los casos de dobles designaciones para un mismo referente o de designaciones distintas para referentes distintos, que pueden provocar alteraciones en la significación del pasaje.

2. La afinidad que en 1 y 2 Samuel muestran las glosas de *Vetus Latina* con el texto antioqueno de la Septuaginta se debe a que aquéllas tuvieron por fuente un texto griego muy próximo al que sirve de base a esta recensión [5], con lo cual algunas lecturas latinas podrían remontar al protoluciánico. El entronque con el texto antioqueno se hace patente en la tipología de casos en que las glosas siguen la variante del nombre propio del texto antioqueno (Ant) en vez de la Septuaginta mayoritaria (LXX) [6]:

a) Variantes en las transcripciones griegas del hebreo. Documentan las glosas *Barahim* en 2 Sam 3, 16, siguiendo a Ant Βαραχείμ (cf. Vulg. *Baurim*) frente a LXX Βαραχείϑ.

b) Modificaciones por el cambio de una palabra formante del nombre propio. Los teóforos formados con el hebreo *Bá'al*, que por su referencia a la divinidad y por haber sido monopolizado por el dios supremo de los cananeos [7] se dejó de aplicar, sufrieron el cambio de esta palabra por

---

a la relación con las fuentes son distintos que los del texto traducido, que se halla sometido a las mediaciones sintácticas y semánticas de las lenguas implicadas.

5 B. Fischer, 'Lukian Lesarten in der Vetus Latina der vier Königsbücher', en *Studia Anselmiana* 27-28 (1951), pp. 168-177.

Para el texto antioqueno seguimos la colación del grupo de manuscritos boc_2e_2 de la edición de A. E. Brooke, N. McLean y H. St. J. Thackeray, *The Old Testament in Greek*, vol. 2, part. 1 (1 and 2 Samuel) (Cambridge 1927), así como el material de N. Fernández, *El texto antioqueno de la Biblia griego: 1-2 Samuel*, (Madrid 1989).

6 Aunque el texto antioqueno forma parte de Septuaginta en general, con la sigla LXX nos referimos en este caso al resto de las versiones de la Septuaginta (según el texto y aparato de A. E. Brooke, N. McLean y H. St. J. Thackeray, op. cit.) en contraposición a Ant.

7 E. Large, *La religion cananéenne* (Paris 1925) pp. 191-197.

el hebreo *Bóšet*. El texto antioqueno conserva las lecturas originales Μεμφιβάαλ (2 Sam 9, 10) y Ἰεσβαάλ (2 Sam 23, 8), que son recogidas por las glosas de *Vetus Latina* (*Memphibaal* y *Iesbael*, respectivamente) frente a lo que testimonia, sobre el texto hebreo revisado, la Septuaginta mayoritaria Μεμφιβόσθε (Vulg. *Mifiboseth*) y Ἰεβόσθε [8].

c) Empleo de nombres propios distintos para el mismo referente. La lectura de las glosas en 1 Sam 25, 44 *filio Ioas qui erat ex Goliath* recoge el testimonio de Ant υἱῷ Ἰωὰς τῷ ἐκ Γολιάθ frente al texto de LXX υἱῷ Ἀμεὶς τῷ ἐκ Ῥομμά [9]. Asimismo se documenta la lectura *Corram* (2 Sam 16, 5) transcribiendo, sin la aspiración inicial, Ant χορράμ, mientras LXX lee Βουρείμ [10] (Vulg. *Bahurim*). Las glosas presentan *Beccorron* (95 *Bethoron*, que es precisamente la variante del Palimpsesto Vindobonense) [11] en 2 Sam 17, 18, con lo que demuestra estar en la misma tradición textual que Ant Βαιθχορρών, mientras LXX lee Βαορείμ (Vulg. *Baurim*) [12] y Josefo Βοχχόρης; *Ragabi* (2 Sam 19, 31), en las glosas, se aproxima a Ant Ῥακαβείν, frente a LXX Ῥωγελλείμ (Vulg. *Rogelim*).

d) Aparición de nombres distintos con referentes distintos en un mismo pasaje. En 1 Sam 15, 12, una vez que Yahveh advierte a Samuel de su arrepentimiento por haber coronado a Saul, y aquél madruga para ir al encuentro de éste, parte de la tradición septuagintal presenta la lectura: καὶ ἀπηγγέλη τῷ Σαοὺλ λέγοντες Ἥκει Σαμουὴλ εἰς Κάρμηλον. Pero los manuscritos de la tradición antioquena y algunos otros (entre ellos el *Codex Alexandrinus*) [13] presentan

8   En este caso la Vulgata no transcribe el nombre propio, sino que traduce su significado: *sedens in cathedra*.

9   Esta es su única aparición en LXX, cf. E. Hatch y H. A. Redpath, *A Concordance to the Septuagint and the other Greek Versions of the Old Testament*, Supplement *(Index Nominum)* (Oxford 1906, reimp. Graz 1954), s. v. Ἀμεὶς y Ῥομμά.

10   Sólo documentado en este pasaje en LXX, cf. E. Hatch y H. A. Redpath, op. cit., p. 41.

11   B. Fischer (con la colaboración de E. Ulrich y J. E. Anderson), 'Palimpsestus Vindobonensis: A Revised Edition of L₁₁₅ for Samuel-Kings', en *Bulletin IOSC* 16 (1983), p. 69.

12   Con muchas variantes gráficas en los manuscritos: *Bahurim, Bauhrim, Bauhurim*, cf. *Biblia Sacra, Liber Samuhelis* (Roma 1944) p. 316.

13   A. E. Brooke, N. McLean y H. St. J. Thackeray, op. cit., p. 49.

los nombres propios invertidos, y por tanto alteran el sentido: ἀπηγγέλη τῷ Σαμουήλ λέγοντες Ἥκει Σαοὐλ εἰς τὸν Κάρμηλον. Esta lectura está apoyada por la de las glosas *Abiit Saul in Carmelum*, así como por la versión armenia y por la Vulgata: *Nuntiatum est Samuheli eo quod venisset Saul in Carmelum*.

3. Hay, no obstante, que matizar la afinidad del texto de las glosas con la edición antioquena y reconocer sus límites, puesto que hemos detectado casos en los cuatro apartados señalados en el parágrafo 2 en que la versión latina sigue la lectura de la Septuaginta mayoritaria y se aparta de la tradición antioquena, al menos en el estado en que se ha conservado:

a)   Las glosas registran la transcripción *Gabee* (1 Sam 13, 18) de acuerdo con LXX Γαβεέ frente a Ant Γαβαά; Iuda (1 Sam 18, 16) responde a algunas lecturas de LXX Ἰούδα [14], mientras Ant lee Ἰούδας.

b)   Frente a la lectura con el teóforo de Ant Ἰεροβάαλ (2 Sam 11, 21), LXX presenta Ἰεροβοάμ [15], que en este caso es al lectura de las glosas *Ieroboam* [16]. Dos nombres con etimologías distintas en su primer componente son Ἀχιμέλεχ hebreo *'Ăḥîmelek*, «mi hermano es (el dios) Rey», con el que se designa a tres personajes veterotestamentarios [17], y Ἀβιμέλεχ, hebreo *'Ăbîmelek*, «mi padre es (el dios) Rey», que se aplica a cinco personajes. Pues bien, en las glosas se encuentra en tres ocasiones *Abimelech*, referido a personajes distintos, y sólo en 2 Sam 11, 21 (alusión al hijo de Gedeón y una concubina, que reinó por tres años en Israel) todos los testimonios coinciden en apoyar esta lectura: LXX y Ant Ἀβειμέλεχ/Ἀβιμέλεχ y Vulg. *Abimelech*. Pero en las otras dos ocasiones la tradición textual no es unánime:

---

14   En uncial, el *Codex Basiliano-Vaticanus*, y en cursiva *y**. Cf. A. E. Brooke *baal* (con múltiples variantes gráficas). Cf. *Biblia Sacra*, op. cit., p. 280.

15   Esta es la designación de dos reyes de Israel. Cf. *Bibel-Lexicon*,, Herausgegeben von H. Haag (Zurich-Colonia 1961), s. v. *Ieroboam*.

16   La tradición manuscrita de la Vulgata recoge tanto *Ieroboseth* como *Ierobaal* (con múltiples variantes gráficas). Cf. *Biblia Sacra*, cit., p. 280.

17   *Bible-Lexicon*, op. cit.; *Abimelek*, p. 11; *Achimelek*, p. 21.

— En 1 Sam 21, 1, para referirse al sumo sacerdote del templo de Nob al que recurrió David cuando huía de Saul, en las glosas se documenta *Abimelech*, que es la lectura registrada por algunos manuscritos de LXX Ἀβιμέλεχ mientras Ant y otros testimonios de LXX leen Ἀχιμέλεχ, de acuerdo con el texto hebreo como demuestra Vulg. *Achimelech* [18].

— En 1 Sam 26, 6, al guerrero hitita, compañero de David, lo designan las glosas *Abimelech*, de acuerdo con la lectura de la parte de la tradición septuagintal Ἀβιμέλεχ (como el *Codex Alexandrinus* o los mss. dgpa$_2$ en cursiva, Josefo y la versión armenia) [19], frente a la lectura Ἀχιμέλεχ de Ant y del resto de LXX (*Codex Coislinianus* y *Codex Basiliano-Vaticanus* y la versión copta, entre otras), apoyada en el hebreo y documentada en Vulg. *Achimelech*.

c) Ante distintas designaciones de un mismo individuo, en ocasiones las glosas siguen a LXX: así en 1 Sam 30, 28, *Ammadi* regoce LXX Ἀμμαϋεί frente a Ant Ἀριχάιν.

d) En algún pasaje se producen alteraciones en el sentido por la presencia de un nombre propio u otro: en 1 Sam 18, 6, las mujeres salen al encuentro de David, tras haber dado muerte a Goliath, según la lectura de las glosas *in obviam David* y de la LXX mayoritaria: εἰς συνάντησιν Δαυίδ; pero Ant lee εἰς ἀπάντησιν Σαοὺλ τοῦ βασιλέως, de manera que no es al encuentro de David, sino de Saul (cf. Vulg. *in occursum Saul regis*). En 1 Sam 30, 29 las glosas documentan *Ierameel* de acuerdo con LXX Ἱεραμεήλ *(Codex Coislinianus)* [20] y Vulg. *Ierameli* (declinado), frente a Ant Ἰσραήλ.

En estos casos el texto de las glosas se separa de la tradición antioquena conservada e incorpora testimonios de otras versiones de Septuaginta.

4. Sin embargo, la peculiaridad de la versión que revelan las glosas no se manifiesta sólo por el empleo de distintas fuentes, sino porque conservan un estadio del texto en el que en un mismo pasaje se entremezclan o combinan

---

18 Una confusión parecida se produce en 2 Sam 8, 17.
19 A. E. Brooke, N. McLean y H. St. J. Thackeray, op. cit., p. 90.
20 A. E. Brooke, N. McLean y H. St. J. Thackeray, op. cit., p. 104.

elementos que se registran en versiones griegas distintas. Este fenómeno de yuxtaposición de fuentes se percibe en 2 Sam 23, 9, donde las glosas leen *Eleanan filius Dudi: Eleanan* sigue la tradición de LXX Ἐλεανάν frente a Ant Ἐλεαζάρ apoyada por el hebreo y por Vulgata *Eleazar*. Se han confundido los nombres de dos héroes que asistieron a David, en hebreo, *'El 'azār* y *'Elḥānan*. Por el contrario, *Dudi* responde a Ant Δουδί frente a LXX Σουσί (y es omitido por códices importantes como el *Coislinianus* y el *Basiliano-Vaticanus*).

Incluso pueden detectarse en la *Vetus Latina* nombres propios que en unos casos presentan una transcripción que no parece estar originada en ninguna de las versiones griegas conservadas, como ocurre con *Ioram* (94 *Ioran*) en 2 Sam 8, 18 (cf. Ant Ἰωάδ; LXX Ἰανάχ; AMN Ἰωάδαέ) y, en otros casos, parecen inserciones sin respaldo en las versiones griegas: en I Sam 17, 1 *in Rameam* no se documenta en toda la tradición textual de la Septuaginta. Es posible que estas lecturas procedan de fuentes griegas no conservadas [21].

5.   El estudio, en definitiva, del comportamiento de las glosas de *Vetus Latina* ante los dobletes de nombres propios documentados en las versiones griegas de los libros de Samuel contribuye a precisar la vinculación que con éstas tiene la traducción latina, la cual, en el estado en que se reconstruye, no se ajusta a ninguna de las versiones griegas conservadas, aunque guarda una afinidad mayoritaria con el texto antioqueno, puesto que en su base pudo estar un texto muy parecido al que sirvió de base a esta recensión. Pero hay también casos en que la versión latina se aparta de la tradición antioquena y sigue al resto de la Septuaginta, o bien revela un texto en que aparecen entremezclados elementos que se conservan en versiones distintas, o, incluso, sigue su propio camino sin respaldo en el griego, de manera que la *Vetus Latina* remite a un estadio

---

21   En este artículo se han tratado preferentemente los problemas de las relaciones entre el material latino y griego. Para la relación entre LXX y los textos hebreos, cf. S. Pisano, *Additions or omissions in the Books of Samuel; The Significant Pluses and Minuses in the Masoretic, LXX and Qumran Texts* (Gotinga 1984).

de pluralismo textual y conserva elementos de un estado del texto griego perdido [22] sin que pueda descartarse por completo alguna posible conexión con el texto hebreo.

ANTONIO MORENO HERNANDEZ

---

22 Dado que la historia del texto de los distintos libros veterotestamentarios de los testimonios de *Vetus Latina* es muy distinta, las conclusiones de este estudio sobre 1 y 2 Samuel no son extrapolables en su integridad al resto e los libros. Para un planteamiento general de la situación actual de la investigación sobre la *Vetus Latina*, cf. O. García de la Fuente, 'El latín bíblico y el latín cristiano en el marco del latín tardío', en *Analecta Malacitana* 10 (1987) pp. 3-64 (en especial, pp. 26-34).

Plenus misericordiae et humanitatis

Se ha exagerado la ignorancia del gran mundo de Roma respecto del cristianismo primitivo. Parece que ya en tiempos de Claudio [1] la policía imperial tenía conocimiento de la comunidad cristiana de Roma. Por otra parte, se cita un *Annaeus Paulus Petrus* [2], que bien podría ser un cristiano de la familia de Séneca. En realidad, el cristianismo no llegó como algo completamente novedoso, saliendo de la nada, sino que provenía de un substrato intelectual bien preparado. A ese substrato debía de pertenecer la medicina.

Aunque antes de Jesucristo estaba en gestación algo completamente nuevo [3], llegó el cristianismo como novedad histórica, con su fuerza peculiar, cargado de energía espiritual. Su inigualable grandeza sólo se puede aprehender en la valoración del nuevo espíritu que informa a la nueva doctrina. Así pues, todo lo que no es amor es precristiano. Ese mensaje de amor superó Palestina y fue transmitido por medio de la *Koiné* griega, primera lengua ecuménica del cristianismo, que posteriormente cedió a una lengua única cristiana occidental. La lengua es la sangre del espíritu.

Me limitaré a presentar una posible penetración del pensamiento cristiano en un médico, Escribonio Largo, del siglo I de la época imperial, siglo éste cuyo espíritu exigía con creciente apremio el despertar de las almas. Era Escribonio Largo un médico romano, el más genuinamente romano de la primera época imperial, educado a la griega,

---

1 Suet., *Claud.*, 25.
2 De Rossi, *Bolet.*, 1876, 6 ss.
3 Eusebio, *Praepar. euang. PG* 21.

cuya escuela se ignora. Hacia el 47 d. C. escribió sus *Compo-sitiones* (Recetario). Como ha demostrado K. Deichgräber, tanto la lengua (sin grecismos) como el estilo con que está escrita su obra, y en especial la Introducción, pueden ser considerados específicamente romanos, aunque su obra acuse la presencia de la medicina griega. Escribonio Largo nos sirve de testimonio de la absorción que en Roma y por Roma se hizo de la medicina griega. En filosofía el ejemplo es Cicerón.

Una carta de Escribonio Largo, médico áulico del emperador Claudio, dirigida a C. Julio Calisto, sirve de introducción a sus *Compositiones*. Es aquí donde se lee (Helmreich, 2, 17): *in medicis... plenus misericordiae et humanitatis animus est*. Uno de los autores del advenimiento de Claudio fue C. Julio Calisto. Este, en la actualidad aquélla, formaba parte de los Servicios centrales del Gabinete imperial como encargado del Servicio de peticiones y justicia *(a libellis)*. ¿Cómo interpretar esas palabras de Escribonio Largo? ¿Son debidas al estoicismo imperante de la época o hay que buscar acaso una interpretación en fuentes helenísticas? ¿O en el cristianismo?

En realidad, como se ha subrayado recientemente (H. Schipperges, H. Schadewaldt), la marcada compasión del médico por los enfermos tomó forma verdadera por primera vez en el ámbito cristiano. Y es de notar que no sólo Escribonio Largo, médico profano romano, sino el médico griego Areteo, pugnan por esta compasión tan intensamente como los mismos cristianos. Areteo de Capadocia era médico pneumático ortodoxo de mediados del siglo I de Cristo. Estaba relacionado con el famoso farmacólogo Dioscórides y también con su protector Andrómaco, médico de cabecera de Nerón. Todo esto puede indicar que hubiera vivido temporalmente en Roma. Leemos en un pasaje conmovedor de Areteo que ante ciertas enfermedades incurables y atroces el médico no puede ayudar, sino sólo compadecer: «esta es la mayor desdicha del médico». ¿Cómo pudieron llegar estos dos médicos, que vivieron en la época del cristianismo primitivo, a tener tales ideas? La filosofía estoica, al menos, la de la primera época del Imperio, no podía habérselas transmitido. En cuanto a la compasión como tal, los estoicos de esta época habían rechazado expresamente el convertir lo «ajeno» en «propio» y compadecer interiormente a alguien. Según Séneca, su «sabio» deberá aliviar la miseria ajena sin compadecerse de ella, *tranquilla mente, uultu suo* [4].

Hay una sentencia en un escrito hipocrático *(Perì physōn)* que, sin duda, ambos médicos conocían, y que dice: «El médico ve lo horrible, toca lo desagradable y crea su propia preocupación del padecer ajeno». Aquí, en un escrito que procede posiblemente del siglo IV a. C., se hace visible lo que movió a los dos médicos del siglo I d. C. Esto ha escrito un historiador de la medicina sin detenerse a explicar cómo algunos médicos de entre los primitivos cristianos llegaron a ser mártires de su fe (entre ellos Alejandro el Frigio y Zenobio) ni cómo alguno de ellos alcanzó la digni dad episcopal: así Teodoto de Laodicea, «eminente —dice Eusebio de Cesarea— en la curación del cuerpo humano y sin igual en la cura de almas, en el amor al prójimo, en la nobleza de ánimo y en la compasión por los demás» [5].

Ese enunciado de la antigua medicina hipocrática del que ya he hablado está aislado dentro de su propio ámbito. No digo que la antigua medicina hipocrática no hubiera sentido interés por el paciente; pero la marcada compasión, ese sentimiento de condolencia hacia los que sufren, sentimiento que procede del interior de la persona y que ha sido elevado a precepto ético, tampoco había tomado forma de este modo hasta entonces. Por consiguiente, es muy posible —como dice un comentarista— que «el autor de aquel escrito hipocrático, más que expresar un sentir generalizado, haya simplemente encontrado (o querido encontrar) una formulación efectiva desde el punto de vista del estilo y retóricamente aguda».

Los cristianos primitivos se remitieron a Hipócrates y especialmente a sus palabras del *Perì physōn* para demostrar de qué modo debía ser formado el médico cristiano. Con todo, F. Kudlien no cree que los médicos cristianos, como tales, fueran los primeros en representar una cierta ética,

---

4 *De clementia*, 2, 62.
5 Eusebio, *H^a Eccles.*, 7, 32, 23.

y afirma que más bien habría que pensar en el papel —a su juicio, decisivo— que jugaron los médicos no cristianos del siglo I d. C. (Escribonio Largo, Areteo) entre la medicina y el cristianismo. Y no descarta el genio de la época. Es cierto que en la filosofía romana de las postrimerías del helenismo (Panecio, Cicerón) tenía cada vez más pujanza la idea de la unidad del género humano y la tendencia hacia un interés, complacencia y compasión de unos por otros. Pero esto no explica —a mi entender— la convergencia sorprendente de los médicos cristianos y la de los otros evidentemente no cristianos del siglo I d. C. en el amor al paciente.

En ese siglo I d. C. tiene lugar un renacimiento de Hipócrates que fundamenta la base científica de la medicina. Aparentemente el tan famoso «juramento hipocrático» parece ganar un significado amplio como eje de la ética médica en escritores médicos como Escribonio Largo. Mas de ningún modo puede dejar de considerarse que en los llamados escritos deontológicos del *Corpus Hippocraticum* *(Sobre la decencia, Preceptos, Sobre el médico)* que, al parecer, no provienen de la época helenística, sino posiblemente de la helenístico-romana, es decir, del siglo I d. C., se habla más de la conducta externa del médico que de su disposición interior. Para la vieja tradición griega no sólo la ética médica, sino la ética en general, era esencialmente «etiqueta», que poco a poco fue ganando en su dimensión interna.

Respecto a la compasión médica en sus puntos de contacto con el cristianismo primitivo, habrá que pensar en el cristianismo que empezaba a surgir, así como en su ética. En aquel tiempo sucedió algo nuevo y maravilloso. Es el propio Kudlien el que interpreta los hechos con estas palabras: «Una amalgama rica y extraordinaria de colores y sonidos surgió en esta primera época (imperial), en la que tiene lugar el choque de la medicina griega con Roma y florece el cristianismo primitivo».

El médico cristiano sabe que su actitud como médico debe ser de «escucha» y de «disponibilidad» ante cualquier voz doliente. Ya había dicho el Señor por Ezequiel: «Os daré un corazón nuevo, y un espíritu renovado infundiré en vuestro interior; y quitaré de vuestro cuerpo el corazón de piedra y os daré un corazón de carne» (Ezeq. 36, 26). El médico cristiano se acercará al enfermo con «amor de caridad».

¿Y qué decir sobre la asistencia a los enfermos incurables y desahuciados? Un precepto del escrito hipocrático *De arte* ordenaba a los médicos «abstenerse del tratamiento de aquellas personas que ya están dominadas por la enfermedad, puesto que en tal caso se sabe que el arte del médico ya no es capaz de nada» (Littré, 4, 14). Todavía en el siglo III de nuestra era podía Orígenes —basándose, sin duda, en su experiencia de ciudadano de Alejandría— aludir a enfermos «tan corrompidos ya y con tan mal sesgo en su dolencia, que un médico entendido tendría escrúpulo en tratarlos» [6]. El médico, pues, formado en la *physiologia* de Hipócrates y Galeno creía un deber negarse al tratamiento de los incurables y los desahuciados. A esto quedaría reducido, casi siempre, el «ayudar o no dañar» hipocrático, es decir, el famoso ὠφλέειν ἢ μὴ βλάπτειν. (Hipp. *Epid. I*, 14).

El modo cristiano de entender la asistencia al enfermo se ha expresado de varias maneras desde un punto de vista médico. El médico cristiano tiene la obligación de amar con amor activo y operante de caridad al prójimo enfermo y menesteroso.

La palabra *philanthropía* estuvo de moda en la Antigüedad griega. Pero ese «amor al hombre» se hallaba internamente determinado por la idea helénica de la amistad *(philía)* y del ser humano. El médico pagano no podía pasar de ahí. La caridad cristiana —espiritualización de esa filantropía helénica— fue la que inició en Occidente el tratamiento médico desinteresado e impuso la compasión ante el sufrimiento ajeno. «La medicina —dice Laín E.— que para el griego había sido pura *tékhne iatriké, ars medica,* llegó a ser para el cristiano *tékhne agapetiké, ars caritativa* [7].

Debo detenerme ahora en las palabras de Escribonio Largo, médico no cristiano. Nadie ignora que la coincidencia de términos encierra a veces pensamientos muy distintos. A menudo la coincidencia es más aparente que real. No pretendo torcer las palabras del médico romano. Sólo las

---

6 *Contra Celsum,* 3, 25.
7 P. Laín Entralgo, *Mysterium doloris* 65.

insertaré en su correspondiente contexto socio-político-
cultural con la intención de descubrir la posible influencia
del cristianismo naciente en un médico pagano. Mi argumentación se basa en un dato histórico. El texto de Suetonio es
el siguiente (*Claud.* 25): *Iudaeos impulsore Chresto assidue
tumultuantis Roma expulit* = «(Claudio) expulsó de Roma
a los judíos, porque instigados por Crestos, provocaban constantes alborotos». El texto no habla explícitamente de expulsión de cristianos. Precisaré que Roma durante mucho
tiempo no distinguió jamás entre judíos y cristianos. Escribonio Largo, como médico áulico de Claudio, tuvo que tener
noticias ciertas del nuevo espíritu de la nueva religión
porque Claudio, sin duda, tenía a los «enemigos» (los cristianos) en su propio palacio.

En el latín cristiano antiguo hubo en su vocabulario un
desarrollo de numerosos *sentidos afectivos nuevos*, paralelamente a la creación de algunos *neologismos* destinados a
traducir el sentimiento de la caridad [8]. «El sentido —la
mente, el corazón—. del médico debe estar lleno, según Escribonio, *misericordiae et humanitatis*». No es del todo evidente
que estas palabras sean coronación y remate brillante de
la filosofía griega y romana anteriores. El nuevo espíritu
del cristianismo naciente impregnó, sin duda, de un novísimo sentido a esas palabras: *misericordia*, primero, como
un sentimiento de verdadera pena y compasión por los que
sufren, que impulsa a ayudarles o, al menos, aliviarles, y
humanitas después, no en el sentido antiguo de *filantropía*,
sino en el de caridad o amor hacia los hombres, sentido
nuevo que Clemente Romano en su carta a los Corintios
(*Ep.* 8 = M.2.44A) calificaría como μέγιστον ἀγαθόν.

Bastaría echar una ojeada al *Thesaurus* para comprobar que los términos *misericordia* y *humanitas* no son términos, vocablos, nuevos. De ningún modo aletea sobre ellos
el espíritu de la nueva ley. En boca de sus autores son palabras frías. Incluso en labios de Séneca de quien dijo Tertuliano *Seneca saepe noster* (*De anima*, 20).

8   A. Blaise, *Manuel du latin chrétien*, 52.

El precepto ético expuesto es ineludible para Escribonio Largo. Un precepto que, según queda dicho, va más allá
de la deontología médica antigua y de las exigencias del
mundo helenístico-romano. Podría aceptarse que es una
superposición de ideas evangélicas sobre un fondo de filosofía pagana. A mi entender, este precepto ético contiene
una nueva fuerza interior que lo distingue, fuerza proveniente para mí del maravilloso estallido de amor del cristianismo.

DIONISIO OLLERO

Del latín cristiano al latín litúrgico*:
algunas observaciones en torno al *Itinerarium Egeriae*

El *Itinerario* de Egeria es una de las fuentes más antiguas para conocer el estado de la liturgia en su tiempo. Su viaje a Tierra Santa y su preocupación por describirnos puntualmente cómo se desarrolla la sagrada liturgia en Jerusalén nos proporcionan valiosas indicaciones acerca de la manera de desarrollarse las funciones sagradas. Es curioso notar, como ha observado Bastiaensen [1], que la monja gallega emplea diferentes vocablos para indicar una misma cosa. Lo que nos prueba la vacilación existente en su época de algunos términos litúrgicos que, poco a poco, han ido adquiriendo su sentido preciso.

Dentro del léxico extenso empleado por Egeria en su *Itinerario*, nosotros nos ocupamos de unos pocos, tal vez los más fundamentales dentro del campo litúrgico: *Operatio/opus*, para indicar de modo general el oficio divino, tanto en la salmodia como en la liturgia eucarística. Y, ya dentro de la salmodia u oficio divino, estudiamos los términos *matutini ymni, lucernare/lucernarium, antífona, salmo*, etc.

Dada la frecuencia con que aparece en el *Itinerarium* de Egeria, nos merece un apartado especial la palabra *oratio/orationes*, con sus 89 presencias en la obra, con su construcción: *orationem dicere* y *orationem facere*. La lectura de la Sagrada Escritura ocupaba un lugar preferente en el oficio divino, de ahí la presencia del verbo *legere* y su derivado *lectio*, con el sintagma *lectiones legere* o *lectiones*

---

* Publicado el texto completo en la revista *Latomus* 48 (1989) 401-415.

1 A. A. R. Bastiaensen, *Observations sur le vocabulaire liturgique dans l'Itinéraire d'Egérie*, Nijmegen-Utrecht 1962.

dicere. Otro de los términos frecuentes en la obra de Egeria es *benedicere* y *benedictio,* que aparecen 32 y 2 veces, respectivamente.

Mención especial merece la palabra *missa,* de cuyo origen y sentido primitivo exacto tanto han discutido los autores: Löfstedt y Mohrmann, entre otros. No podían faltar dentro de nuestro estudio los vocablos *offerre* y su derivado *oblatio,* con un significado muy rico en la liturgia descrita por Egeria en su *Itinerarium.*

El estudio de estos términos litúrgicos nos muestra con toda evidencia la evolución que el latín de los cristianos y el latín litúrgico o cultual va imponiendo, con el correr de los tiempos, a unos vocablos, ya existentes en el latín clásico y que han derivado hasta formar una de las características más peculiares de las comunidades del primitivo cristianismo.

JOSE OROZ RETA

El resurgir de la poesía latina cristiana en Sevilla en tiempo de los Reyes Católicos

El amplio desarrollo alcanzado por la literatura castellana a lo largo del siglo XV, unido a un cierto desinterés por el cultivo de la poesía latina, parecía presagiar el triunfo definitivo de la lengua vulgar como vehículo de expresión poética.

Después de que Micer Francisco Imperial introdujera a fines del siglo XIV, precisamente a través de Sevilla, el gusto por la poesía alegórico-dantesca, muchos escritores cultos encontraron en esta corriente una digna alternativa a la poesía latina, al tiempo que Juan de Mena, el Virgilio español, es imitado y citado como una autoridad clásica.

Durante el reinado de los Reyes Católicos, la poesía alegórica sigue cultivándose ampliamente, y es entonces precisamente cuando con la obra del Cartujano alcanza en Sevilla su punto culminante. Por estas mismas fechas publica también Antonio de Carrión un libro escrito en coplas cuyo título *Batalla de la riquesa et pobressa* [1] nos permite situarlo dentro de la literatura de debates de carácter alegórico.

En los *Cancioneros* encontramos numerosas composiciones de este género pertenecientes a otros poetas sevillanos de la época, al lado de las de carácter puramente cancioneril en las que predomina la temática amorosa, la religiosidad popular y el tono patriótico.

---

1 Cf. F. J. Norton, *A Descriptive Catalogue of Printing in Spain and Portugal, 1501-1520* (Cambridge 1978) n.º 1341.

Mientras que en Castilla la producción poética en latín es extraordinariamente escasa y de baja calidad [2], en Italia, simultáneamente con el desarrollo literario de la lengua vulgar, se está produciendo un importante resurgimiento de la literatura latina basada fundamentalmente en la imitación de los modelos de la Antigüedad clásica. La poesía religiosa, si bien conserva en un principio algunos rasgos medievales [3], sufre por lo general este mismo influjo de los poetas antiguos, especialmente de Virgilio, Horacio y Ovidio [4].

En este gusto poético se formaron los humanistas sevillanos Antonio de Lebrija y Rodrigo de Santaella, compañeros en el Colegio de los Españoles de Bolonia cuando en España la situación de las letras latinas, como ha ilustrado magníficamente Luis Gil en diversos trabajos [5], incluso «entre quienes estaban obligados a conocerla por oficio, llegaba a extremos de escándalo en el último tercio del siglo XV». En el caso concreto de Sevilla, los catedráticos de Gramática del Colegio de San Miguel, la más alta institución de enseñanza de la ciudad, apenas nos han dejado unos pocos versos latinos, y éstos de muy baja calidad: nada conocemos del Licenciado Juan del Consistorio, predicador de la Iglesia; del Bachiller Juan Trigueros, su sucesor en la cátedra, tan sólo un poemita latino impreso en el Vocabulario de Santaella en alabanza del autor; de Juan de Tres-

2　Cf. J. L. Moralejo, 'Literatura hispano-latina (siglos V-XVI)', en J. M. Díaz Borque, *Historia de las literaturas hispánicas no castellanas* (Taurus, Madrid 1980) pp. 94-98.

3　Especialmente la tradición hímnica medieval seguirá siendo cultivada por poetas renacentistas como Policiano en el «in diuam Virginem hymnus». Todos los poemas de autores italianos que citamos en la presente comunicación pueden consultarse en antologías modernas como la preparada por F. Arnaldi et alii, *Poeti latini del Quattrocento* (Ricciardi Editore, Milano-Napoli 1964), las *Musae Reduces. Anthologie de la poésie latine de la Renaissance* de P. Laurens, t. I (Brill, Leiden 1975) o la editada por A. Perossa y J. Sparrow, *Renaissance Latin Verse. An Antholoty* (Duckworth, London 1979).

4　Un propósito de imitación del estilo clásico se observa en el «hymnus de Passione» y el «eicosastichon de Maria» de Eneas Silvio y de forma más clara en las *Parthenices* del Mantuano, editadas en Sevilla en 1512 por Pedro Núñez Delgado, el *De laudibus diuinis* de Pontano y el *De partu Virginis* de Sannazaro.

5　Léase, por ejemplo, el sabroso capítulo sobre «la barbarie hispánica» en su *Panorama social del humanismo español (1500-1800)* (Alhambra, Madrid 1981) pp. 26-38.

puentes, antecesor de Lebrija en dicho cargo, un único y torpe poema en alabanza de las *Odae* de Santaella [6].

Sin embargo, a raíz de la llegada a Sevilla de Lebrija y Santaella, así como del humanista siciliano Lucio Flaminio y el genovés Franco Leardo [7], este panorama va a cambiar radicalmente. Los nuevos profesores del Colegio son además autores de una importante producción poética en latín que sigue las directrices generales del Renacimiento hispano [8]. Entre éstos destacan Pedro Núñez Delgado, alumno de Lucio Flaminio, así como discípulo y sucesor de Lebrija en la cátedra de Gramática; Antonio de Carrión, discípulo también de Lebrija, y otros de quienes tan sólo nos han quedado unos pocos versos, como Cristóbal Núñez, Diego de Lora, Pedro Fernández, Juan de Quirós, Luis Linares y Antonio Parejo.

Además de su propia producción poética, estos humanistas desarrollan una intensa labor como editores de obras cristianas cuyo estilo pudiera ser digno de imitación: Lebrija edita a Sedulio, Prudencio y los *Libri Minores;* Carrión, los *Disthica* del humanista italiano Miguel Verino (Sevilla 1506); Delgado, la *Aurea hymnorum totius anni expositio* (Sevilla 1527), a partir de la edición anterior del maestro nebrisense, etc.

6   El libro de las *Odae in diuae Dei genitricis laudes* de Santaella, con los *uersibus de eiusdem assumptione annexis* de Antonio Carrión fue publicado por Cromberger en Sevilla en 1504. De dicha obra he realizado, bajo la dirección de Juan Gil, una edición crítica con introducción, traducción, notas e índices que ha constituido mi Memoria de Licenciatura, actualmente pendiente de publicación por la Universidad de Cádiz. Además, Juan Gil ofrece más datos sobre la vida del Bachiller Trespuentes en 'La enseñanza del latín en Sevilla en la época del Descubrimiento', en *Excerpta Philoligica Antonio Holgado Sacra*, Universidad de Cádiz, en prensa.

7   Cf. F. G. Olmedo, *Nebrija (1441-1522)* (Madrid 1942), y J. Hazañas, *Maese Rodrigo (1444-1509)* (Sevilla 1909). Antes de ser llevado a Salamanca por su compatriota Lucio Marineo, explicaba públicamente diez «lecciones» diarias en Sevilla, según consta en la primera carta de éste a Flaminio en el libro sexto de sus *Epistolarum familiarium* (Brocar, Valladolid 1514), cuya edición preparamos en equipo el Departamento de Latín de la Universidad de Cádiz bajo la dirección de J. M. Maestre. Poemas latinos de Leardo, amigo entre otros de Núñez Delgado, Luis Vives y Pedro Mexía, aparecen en las justas poéticas celebradas en Sevilla en honor de santos en 1532, 1533 y 1534.

8   Cf. J. F. Alcina, 'Tendences et caractéristiques de la poésie hispano-latine de la Renaissance', en *L'humanisme dans les lettres espagnoles, XIXᵉ Colloque international d'études humanistes, Juillet 1976, Urin* (Paris 1979) pp. 134-135.

Si bien conservamos también algunas poesías latinas de contenido cristiano de Lebrija, Flaminio, Lora y otros autores, los dos libros más importantes para estudiar las características generales y la evolución de la poesía latina de carácter religioso en Sevilla durante este período son las *Odae* de Santaella, acompañadas de unos poemas de Carrión, y los *Epigrammata* de Núñez Delgado, editados póstumamente en 1537.

En muchas de las odas de Santaella, a pesar de su carácter fuertemente retórico y oratorio, puede hallarse una auténtica emoción lírica que encuentra su vehículo de expresión no sólo en la lengua y expresiones de los poetas cristianos antiguos como Prudencio, Claudiano y Juvenco, de los himnos y antífonas marianas como *Salue Regina* y *Aue maris stella,* de los místicos marianos como San Bernardo y de la liturgia cristiana, sino también en los motivos de la elegía erótica de Propercio y Ovidio, junto a algunas resonancias virgilianas y neoplatónicas.

La lengua de estas odas, aunque basada fundamentalmente en la conocida técnica renacentista de imitación de los poetas antiguos [9], presenta, sin embargo, ciertos rasgos de sencillez y espontaneidad que la asemejan más al estilo de los poemas marianos ya mencionados de Eneas Silvio y Policiano que a la poesía renacentista posterior, mucho más atenta a la perfección formal y al purismo clásico de sus versos. Y es que, como dice el propio autor refiriéndose a San Bernardo [10], «si no os pareciere tan elegante y polido en la habla que corresponda a la opinión que d'él avéys tenido, atribuidlo en parte a su edad, que los viejos no se aplican a los nuevos y repolidos modos de hablar (...), y en parte a la materia de que habla, que es tal que obliga más a mirar el provecho de las sentencias que las flores de las palabras, y en parte a la priessa que yo tuve (...). Pero de una cosa sed ciertos, que hallaréys en su doctrina cosas dignas

---

9   Cf. J. M. Maestre, 'Sistema, norma y habla y creatividad literaria latino-tardía', *Actas del I Congreso Andaluz de Estudios Clásicos,* Jaén 1982, pp. 260-267, así como nuestro propio aparato de fuentes de dicha obra.

10   En el hermoso prólogo de su traducción al castellano de los *Sermones de Sant Bernardo a su hermana del modo de bien bivir en la religion christiana* (Logroño 1529).

de admiración, y que el estilo de su habla es como de autor alto y prudente e industrioso que se aplica a la condición de las personas con quien habla».

Al lado de esta poesía, vinculada aún en determinados aspectos a la tradición medieval, los poemas de Carrión se sirven de una expresión y una sensibilidad poéticas mucho más fieles a la poesía antigua. Así, su epilio sobre la Asunción prolonga la tradición de la epopeya cristiana, que tiene en la *Eneida* su principal modelo literario. El argumento de los relatos apócrifos sobre la Asunción cobra tonalidad épica mediante el uso de la variación sinonímica, el recurrir a ciertos temas y cuadros de la epopeya tradicional, el conferir a los personajes del relato cristiano los atributos de los dioses antiguos e introducir a otros con un significado poético o alegórico y el uso de las fuentes textuales conforme a una técnica muy depurada.

En todos sus poemas el estilo pretende ser «elegante y elaborado con ingenio y destreza», según él mismo declara en la carta dedicatoria de sus poemas a Santaella, y generalmente logra adaptar con gran acierto la lengua de la poesía clásica al contenido cristiano propuesto.

El estudio de las restantes obras conservadas de Carrión nos ha revelado además su adscripción a un humanismo moralizante y cristiano enmarcado tanto dentro de los ideales del humanista francés Robert Gaguin como de la corriente alegórica representada por Juan de Mena y de la finalidad religiosa que caracteriza en general el Renacimiento hispano [11].

El libro de los *Epigrammata* de Pedro Núñez Delgado [12], editado y comentado por Cristóbal Núñez, recoge algunos poemas que pertenecen a esta misma corriente de poesía cristiana renacentista y que presentan numerosos rasgos comunes con las poesías tanto de Santaella como de Carrión.

---

11   Cf. V. García de la Concha, 'La impostación religiosa de la Reforma humanística en España: Nebrija y los poetas cristianos', *Nebrija y la introducción del Renacimiento en España*. En *Academia Literaria Renacentista* III (Salamanca 1983).

12   La Tesis Doctoral de Francisco Vera, que está siendo dirigida por Juan Gil y José M. Maestre, consiste en una edición crítica de esta obra.

Sin embargo, la mayor parte de la obra la componen
poemas que por su forma y contenido se sitúan dentro de
los géneros literarios antiguos comúnmente cultivados
por los humanistas, como la elegía funeral, el epitafio, el
poema laudatorio, la sátira y el epigrama compuesto a raíz
de algún suceso concreto en la vida privada o académica del
poeta.

Así pues, tras un período de oscuridad en el cultivo de
la poesía latina, la influencia directa e indirecta del Renacimiento italiano hizo posible en Sevilla la existencia de un
grupo de humanistas vinculados a la Iglesia y a la enseñanza
que, tanto en sus versos como en sus clases, se esforzaron
por conjugar el estilo de la poesía antigua con un contenido
cristiano.

Por otro lado es preciso señalar la enorme trascendencia que la actividad poética y docente de estos humanistas
tuvo en la formación de la mayor parte de los humanistas
sevillanos del siglo XVI, continuadores del cultivo de esta
poesía latina y creadores de la lengua poética castellana del
Siglo de Oro. Así Luis de Peraza, autor de la primera *Historia de Sevilla*, se gloría en el prólogo de dicha obra de haber
tenido por maestro a Delgado, de quien aprendió también
a versificar en latín; en el Colegio de Santa María de Jesús,
fundado por el autor de las *Odae* y que llegaría a ser la
Universidad de Sevilla, estudió Fernando de Herrera, «autor
de muchos epigramas latinos llenos de arte, pensamientos
y modos de hablar escogidos de los mayores escritores antiguos» [13]; Arias Montano aprendió a versificar en latín del
humanista sevillano Juan de Quirós, quien le aficionó al
cultivo de la poesía latina de tema bíblico, inspirada especialmente en los *Salmos* de David [14].

13 En Rodrigo Caro, *Varones insignes en letras naturales de la ilustrísima
ciudad de Sevilla. Epistolario* (Sevilla 1915). Rodrigo Caro es autor asimismo de
una *oda* latina a la Virgen de las Veredas de Utrera y de otras poesías latinas (cf.
J. Pascual, *Poesías e inscripciones latinas de Rodrigo Caro*, Tesis Doctoral editada
en microfichas por la Universidad de Sevilla, 'El Cupido Pendulus de Rodrigo Caro:
recreación mitológica de un arqueólogo', *Actas del VII Congreso Español de Estudios Clásicos*, Madrid 1987, t. III [en curso de publicación]).

14 Cf. J. F. Alcina, art. cit., pp. 139-140. Además de algunas poesías latinas,
Quirós publicó un interesante poema en octavas castellanas titulado *Christopa-
thia* (Toledo 1552) en el que adapta el género épico al relato evangélico de la Pasión.

Tras un período de apogeo, representado por las obras latinas de autores como Arias Montano o el canónigo Francisco Pacheco, el cultivo de la poesía religiosa en Sevilla iría quedando relegado a los Certámenes o Justas Literarias en honor de algún santo o celebración religiosa [15], así como a los miembros de órdenes religiosas, especialmente jesuitas y agustinos [16].

JOAQUIN PASCUAL

---

15 Cf. S. Montoto, *Justas poéticas sevillanas en el s. XVI (1531-1542)* (Valencia 1955); F. Luque Fajardo, *Relación de las fiestas de la cofradía de San Pedro ad Vincula celebradas en su parroquial iglesia de Sevilla a la Purísima Concepción* (Sevilla 1616), *Relación de la fiesta que se hizo en Sevilla a la Beatificación del Glorioso S. Ignacio fundador de la Compañía de Iesús* (Sevilla 1610).

16 Cf. J. Pascual, 'Un centón virligiano de José de la Barrera, poeta latino y castellano en la Sevilla del seiscientos', *Anales de la Universidad de Cádiz*, en prensa; 'Dos composiciones artificiosas de José de la Barrera', en *Alor Novísimo* 16-18 (octubre 1988-junio 1989), Diputación Provincial de Badajoz, pp. 33-36; 'Aproximación a la poesía latina del Renacimiento en Sevilla', en *Excerpta Philologica Antonio Holgado Sacra*, Universidad de Cádiz, en prensa.

El texto de Simproniano conservado por Paciano

Muy pocos datos se han conservado acerca de la vida y cultura de Simproniano. Lo único que conocemos de él nos lo indica Paciano, de cuyas referencias deducimos que Simproniano residía en las cercanías de Barcelona, en la segunda mitad del s. IV d. C.: *Examina... haec, frater Simproniane, quae tecum proximis finibus et uicina urbe consistunt* [1]; que llevaba una vida holgada: *Vacare tibi scribis, et ideo te contentiosa delectant* [2]; y que pertenecía a una doctrina cristiana distinta de la católica, a la que se denominó novacianismo.

Por lo que respecta a la cultura de Simproniano, debemos limitarnos también a lo que ha quedado reflejado en la correspondencia de Paciano. Simproniano descubre en la Epístola I de Paciano un verso de Virgilio y le reprocha que no lo haya citado literalmente, sino con el orden cambiado.

Así, el verso de Virgilio dice: *multi praeterea quos fama obscura recondit* [3]. Mientras que en la Epístola de Paciano aparece: *et ceteri quos fama recondit obscura* [4].

Paciano contesta a Simproniano en la Epístola II acusándole de no conocer en absoluto a Virgilio: *Et unde tu hoc*

El texto latino remite a la edición de Lisardo Rubio Fernández, *San Paciano. Obras* (Barcelona 1958), cuando no se da otra referencia.

1 Tract. (= *Ep 3*) 25, 3.
2 *Ep II*, 6, 3.
3 *Eneid.* 5, 305.
4 *Ep I*, 1, 3.

Esta Epístola se cita por la edición de Angel Anglada: 'El texto de Paciano en la Bibliotheca Patrum de Marguerin de La Bigne', en *Homenaje a Pedro Sáinz Rodríguez I* (Madrid 1986) pp. 325-337.

de Virgilii uersu tractum putas, si Virgilium omnino non noueras? [5].

Pero, esta afirmación de que Simproniano desconocía a Virgilio no deja de llamar la atención. Resulta contradictorio que Simproniano no conociera las obras del gran poeta clásico, si advirtió la existencia de un verso del libro V de la *Eneida,* en la primera carta que le envió el obispo.

Por otra parte, si Simproniano es capaz de escribir a Paciano una carta y un tratado novacianista precedido de una carta prefatoria es porque durante sus años de niñez y adolescencia estudió en una escuela de retórica, donde, sin duda, leyó y analizó la poesía virgiliana. Pues, un ejercicio muy frecuente en las escuelas de retórica era pasar los versos de Virgilio al ritmo de la prosa. Entonces, ¿por qué Paciano acusa a Simproniano de desconocer a Virgilio? Quizá porque Simproniano no dominase la obra de Virgilio con tanta perfección como él, ni su cultura fuese tan extensa como la del obispo. Incluso es muy posible que Paciano esté exagerando en su apreciación debido a que Simproniano pertenecía a la tendencia rigorista, contraria a la lectura de escritores paganos [6].

Por último, podemos destacar que, si Simproniano recrimina a Paciano que ha cambiado el orden del verso de Virgilio, es porque no advierte que la inversión del orden es un recurso enseñado en la escuela para acomodar el verso al ritmo de la prosa y, de esta manera, evitar el ritmo de la poesía.

En el *obscura recondit* de Virgilio tenemos la combinación dáctilo más troqueo de final de hexámetro. En la transposición de Paciano *recŏndĭt ŏbscŭră* observamos la forma 1ᵧ [7]. Este hecho, y además, que Simproniano no aluda en ningún momento a las combinaciones métricas, podría hacernos pensar que no conocía con gran perfección el ornato del ritmo.

5　*Ep II,* 4, 1.
6　H. Hagendahl, *Von Tertullian zu Cassiodor* (Lund 1983) pp. 74-93.
7　Para la designación de las cláusulas véase la ponencia de Angel Anglada, *El ritmo de la prosa de Paciano de Barcelona,* p.

Por otra parte, su prosa no debía ser tan artística como la del obispo, a tenor de la admiración que, con ironía, expresan las palabras: *Tu ipse cur ais: Litteras tuas uiuaci cedro perlinam propter cariosas hostes musarum* [8]. Si Simproniano siente una admiración tan grande por la prosa de Paciano da la impresión que no sabe escribir con un ornato tan bello, ni su estilo debía ser tan brillante.

De la prosa de Simproniano sólo nos ha llegado un reducido número de textos que incluye Paciano en sus cartas. Estos fragmentos unas veces los presenta directamente y otras con subordinación. En unas ocasiones el verbo introductor va en presente de indicativo: *dicis, inquis, ais, proponis;* en otras va en futuro de indicativo: *inquies.*

Resulta interesante mencionar que en el tratado antinovacianista, conocido más comúnmente por Epístola III, hay un mismo fragmento citado en dos ocasiones: la primera vez introducido con subordinación, la segunda sin subordinación. A lo largo de este pasaje Paciano resume las ideas que Simproniano le ha ido exponiendo en su tratado novacianista.

Cuando Paciano cita el texto subordinándolo observamos que todos los miembros están dispuesto armónicamente formando una unidad, sin comentario alguno por parte del obispo: *Proponis / et recte quidem / Ecclesiam esse / populum ex aqua et Spiritu Sancto renatum / sine negatione nominis Christi / templum et domum Dei / columnam et stabilimentum ueritatis / uirginem sanctam castissimis sensibus / sponsam Christi / ex ossibus eius et carne / non habentem maculam neque rugam / integra euangeliorum iura seruantem* (Tract. 5, 1) [9].

Por el contrario, cuando cita sin subordinación disemina a lo largo del tratado cada uno de los miembros, y los presenta aisladamente añadiéndoles una reflexión propia: *Sed haec nostra posterius / interim tua illa uideamus /*

8 *Ep 2,* 4, 5.
La lectura *cariosos* de las ediciones se debe a una enmienda arbitraria de Floro de Lión. Cf. Angel Anglada, 'La tradición manuscrita de Paciano de Barcelona', en *Emerita,* t. 25 (1967) p. 149.
9 Fragmentos dispuestos *per cola et commata* según la puntuación del ms. *Reginensis Lat. 331,* reproducida en los puntos del pasaje.

Ecclesia est / populus ex aqua et Spiritu Sancto renatus [10]
(Tract. 3, 1); *Ecclesia est / populus sine negatione nomi-*
nis Christi (Tract. 3, 3); *Age dic reliqua / Ecclesia est / corpus*
Christi (Tract. 4, 1); *Ecclesia est / templum Dei* (Tract. 4, 2);
Ecclesia est / uirgo sancta / castissimis sensibus sponsa
Christi (Tract. 4, 3); *Ecclesia est / non habens maculam neque*
rugam (Tract. 4, 5); *Ecclesia est / integra euangeliorum iura*
custodiens (Tract. 5, 1).

Toda la cita subordinada está muy bien estructurada
en lo que atañe al ritmo y al ornato del homeoteleuto, longitud de los miembros y otras figuras. Incluso comprobamos
que el período termina con la cláusula 1_γ, la más empleada
por Paciano en su prosa.

Una comparación entre los finales de período en el texto
citado con subordinación y el texto citado a lo largo del
tratado nos permite observar lo siguiente: Paciano concluye
el pasaje subordinado valiéndose de la forma 1_γ: *Integra*
euangeliorum iŭră sēruāntĕm.

En el texto citado sin subordinación termina con la
forma 2_γ: *integra euangeliorum iŭră cŭstōdĭēns.*

Si Paciano en la cita subordinada hubiera conservado
el verbo *custodio,* al declinar el participio en acusativo no
hubiera conseguido ritmo en final de período, al resultar
un pentasílabo: *iura custodientem.* Por este motivo sustituye
el verbo *custodio* por un verbo de significación sinónima,
seruo, que le permite la obtención del ritmo en final de
período. Este cambio de la palabra *custodientem* por *seruan-*
tem nos conduciría a la hipótesis de que Paciano, cuando
cita a Simproniano, introduce modificaciones en su texto.

Aboga por esta apreciación el análisis de los escasos
pasajes de Simproniano. Así, se observa: cuando en los pasajes citados sin subordinación aparece ritmo en *distinctio*
plena, las formas más empleadas son: 1_γ *saepius peccārĕ*
pĕrmīttĭt (Tract. 9, 1); $e3_\delta$ *et semiíntegros rēttŭlērŭnt* [11]
(Tract. 11, 3); 1^2_γ tu negantem nōlŏ fătĕārĭs (Tract. 7, 2);
2_γ *integra euangeliorum iŭră cŭstōdĭēns* (Tract. 5, 1); 2 (6)

10　Véase nota 9.
11　El ritmo $e3_\delta$ confirma la lectura del *Reginensis 331 rettulerunt,* pues *retu-*
lerunt sólo puede ir precedido de un troqueo para dar la forma 1^2_γ, mientras que
aquí va precedido de un esdrújulo.

uel capitolīnŭm / uēl sȳndrĕŭm [12] (*Ep. II*, 3, 1); 1³₈ *cum dīxĕrīt Dŏmĭnŭs* (Tract. 5, 3); e3₈ς *castissimis sénsibus spōnsă Chrīstī* (Tract. 4, 3).

En cita subordinada las cláusulas usadas en final de período son las siguientes: 1ᵧ *integra euangeliorum iūră sĕruāntĕm* (Tract. 2, 3); e3 ₈ *sed ad catechúminos pērtĭnērĕ* (Tract. 11, 1); 1³ᵧ₈ *De solis ais scriptum ĕssĕ mărtȳrĭbŭs* (Tract. 15, 1); 1ᵧ₈ *quod doceri uēllĕ tĕ dīcĭs* (*Ep II*, 7, 2); 2ᵧ₈ *cōntră quăm crēdĕrēs* (*Ep I*, 2, 3); 1³ᵧ₈ *et dicis scriptum ĕssĕ pĕr dŏmĭnŭm* (Tract. 15, 3).

Cuando el verbo introductor está en futuro de indicativo, *inquies*, las formas utilizadas en *distinctio plena* son: 1ᵧ *et ratiōnĕ pŭngĕmŭs* (Tract. 7, 3); e3₈₍ε₎ *tália cŭr prŏbā-tĭs* (Tract. 7, 1); 1ᵧ₈ *post baptismŭm paenitĕrĕ nōn pōs-sŭnt* (Tract. 7, 4); ⁓ 1ᵦ *nemo cathŏlĭcŭs uŏcābātŭr* (*Ep I*, 3, 1).

Se advierte que en las citas de Simproniano, tanto en las no subordinadas con el verbo en presente o futuro de indicativo, como en las subordinadas, aparecen las mismas cláusulas que distinguimos a lo largo e la obra de Paciano (1ᵧ , e3₈ , 1³ᵧ , 1²ᵧ y 2ᵧ respectivamente). Esta coincidencia nos hace pensar que el ritmo es el propio de Paciano, quien para obtenerlo hace las acomodaciones correspondientes.

De estas observaciones se desprende que no es seguro que el texto aducido por Paciano sea el literal de Simproniano. Podemos afirmar que Paciano reproduce el contenido de lo que su adversario le expone, aunque no siempre conserve la forma.

AMPARO PERERA LEAL

---

12 Por la pausa de *capitolinum* podría pensarse que *-num* no se alarga por posición. De todos modos, siendo de final de período, también podría considerarse que no haya propiamente una cláusula 2ᵧ , sino que se haya evitado el ritmo en función del contenido: dar a la Iglesia un nombre de apostasía como es *capitolinum* y *syndreum*, que algunos entienden como *sinedrium*.

El *De spectaculis* de Tertuliano: su originalidad

El mismo hecho de ser Tertuliano un autor cristiano hace que se cierna sobre él especialmente la problemática que se cierne en general sobre el latín en que escribieron los primeros cristianos y al que los especialistas han otorgado distinta entidad lingüística. Algunos consideran que este latín posee los rasgos de una *lengua* especial [1], otros niegan que posea el carácter de *lengua* [2] y otros lo admiten, aunque con diversas matizaciones. Así Blaise admite una lengua verdaderamente cristiana, pero atribuye los rasgos de su especificidad al léxico y a lo estilístico [3]; Caliò acepta

1 H. Goelzer, *Dictionnaire latin français* (Paris 1892) lo llama en el Prefacio *lingua latina christiana*. Schrijnen formuló el concepto de «Latín cristiano» como una lengua propia de la comunidad cristiana de lengua latina. En realidad él no entendía el latín cristiano como una lengua autónoma, sino como una lengua especial (Sondersprache), al lado de la de los juristas, soldados, etc. Cf. J. Schrijnen, *I caratteri del latino cristiano antico*, trad. de S. Boscherini del original *Charakteristik des altchristlichen Latein*, Nimega, 1932 (Firenze 1976) pp. 7 ss.

2 La reacción a la propuesta de Schrijnen no se hizo esperar. Cf. la reseña de J. Marouzeau, en REL 10 (1932) pp. 241-242. «Parler d'une sintaxe des chrétiens serait à tout prendre un abus de langage», decía E. Löfstedt en el comienzo del cap. V de su *Late Latin* (Oslo 1959), en el que niega al latín cristiano el carácter de lengua, admitiendo, eso sí, la novedad en sus expresiones y locuciones. La misma opinión sostiene A. Meillet, *Esquisse d'une histoire de la langue latine* (Klincksieck, Paris 1966): «Entre la langue la plus classique», dice, «et celle de la Vulgate ou des Pères de l'Eglise, il n'y a que des différences de détail...». Para las discusiones sobre la problemática que plantea este latín, cf. los artículos de la REL de 1932, 1936, 1938 y 1940, y el de J. Ghellinck, 'Latin chrétien ou langue latine des chrétiens', EC 8 (1939) pp. 449 ss.

3 A. Blaise (*Manuel du latin chrétien*, Strasbourg 1955) constata que «el latinista menos avisado, si deja un autor profano para abordar la lectura de un autor cristiano, se siente engolfado sin ninguna duda en un mundo nuevo, un mundo nuevo de ideas y de sentimientos, pero que también capta otra impresión: que la lengua misma no sólo se ha renovado, sino innovado» (p. 13), y más adelante precisa esa impresión mostrando que el latín cristiano se caracteriza por la predilección del estilo figurado y, sobre todo, por la afectividad más calurosa en su vocabula-

también la especificidad del latín cristiano, pero cree que
ello se debe a la exigencia legítima de transformación de la
lengua clásica y que se manifiesta sobre todo desde el punto
de vista léxico, democrático, de la expresividad y de la afectividad ante la nueva religión cristiana [4]. La escuela de
Nimega postula la existencia de una lengua latina especial
de los cristianos y Mohrmann habla incluso de una lengua
especial de cada comunidad cristiana que perfilaría aquélla: «Si l'on se demande, quand cette langue spéciale des
chrétiens a pris naissance, on peu dire qu'á la longue dans
chaque communité chrétienne constitué de sujets parlant
latin une langue spéciale pouvait et devait se former» [5]; en
fin, Mir defiende también la especificidad del latín cristiano,
pero propone, muy acertadamente a nuestro juicio, que se
hable de un *sermo* propio de los cristianos, más que de una
lingua cristiana [6].

Pues bien, dentro de la problemática que rodea a este
latín de los cristianos, trátese de *sermo* o *lingua*, constituye
también un punto de conflicto la valoración del papel que
ha jugado Tertuliano en su formación, valoración que va
desde la creencia tradicional de que Tertuliano era el «Padre
y creador del latín de la Iglesia o de los cristianos», hasta
la negación de su influencia en dicha creación [7]. P. Santi-

---

rio. «Ce qui en definitive constitue vraiment l'originalité du latin des chrétiens»,
dice (p. 40), «ce n'est pas sa grammaire, mais sa stylistique, entendue au sens adopté
par des linguistes ou philologues, comme Bally, Vendryes, Marouzeau: étude de
l'expressivité et du langage affectif».

4   G. Caliò, *Il latino cristiano* (Bologna 1965) pp. 36 ss.

5   Ch. Mohrmann, 'Observations sur la langue et le style de Tertullien', en
Etudes sur le latin des Chrétiens II (Roma 1961-1965) p. 236.

6   I. M. Mir, 'Latinitas christianorum propria I', en Latinitas 19 (1971) p. 235,
n. 9. Ese *nouus sermo* (esa misma categoría de *sermo* le dio ya Hoppe, cf. *infra*
n. 7) vendría caracterizado según él (p. 237) por el léxico y una nueva *ratio loquendi;*
por la abundancia de símbolos y figuras; por la afectividad más viva que en los
paganos, expresada por múltiples medios: exclamaciones, interrogaciones, inter-
jecciones, distribución y orden de palabras, figuras retóricas (cf. p. 245) y por la
organización del período (cf. 'Latininitas christianorum propria' II, *Latinitas* 20,
1972, pp. 10-20).

7   Son famosas las frases de H. Hoppe al comienzo de su *De sermone Tertu-*
llianeo quaestiones selectae (Malburg 1897): *Primus Tertullianus sermonem propie*
christianum finxit... et in sermone, ut Minutius Ciceronem imitatur, ita Tertullia-
nus suum (sermonem) sibi ipse peperit, considerando que este *sermo* le saca de
tres fuentes: la lengua griega, el *sermo forensis* y el *sermo* africano. Para un resu-

drián[8], que ha examinado con detalle las distintas hipótesis que se han lanzado sobre si Tertuliano es o no el creador del latín de los cristianos, concluye con estas palabras: «Tertuliano no es el *creador* del latín cristiano. Es el introductor de éste en el mundo literario, lo cual hace de él, no un mero testigo de este latín, sino un *patrocinador* de él de primera categoría. Es el *creador del latín teológico* en cuanto latín organizado». Igual que Cicerón adapta al latín la expresión humanística, Tertuliano adapta al latín la expresión del cristianismo. Y es en la *conquista de lo abstracto* donde hay que hacer una puerta muy ancha para Tertuliano, como ha visto muy bien Mohrmann[9]. Mantiene una posición negativa respecto al papel de Tertuliano en la formación del latín cristiano Löfstedt quien, como ya hemos visto, le niega el carácter de *lengua*. Igual piensa Becker en su *Tertulians Apologeticum*[10] y Blaise, desde otra perspectiva, pues considera que la lengua de Tertuliano era demasiado particular como para que se pueda decir que había sido él el creador del latín de los cristianos.

Quasten hace reservas sobre la denominación otorgada a Tertuliano de «creador del latín eclesiástico», considerándola exagerada, pues se ha llegado a la conclusión de que algunas de las palabras que se consideraban invenciones suyas hay que atribuírselas realmente a las traducciones de la Biblia[11]. Braun hace también matizaciones, pero atribuye una participación personal importante al escritor en la elaboración y ajuste del vocabulario doctrinal cristiano[12]. La escuela de Nimega le considera como una suerte de *porte-parole* de esta lengua, con el riesgo que supone, según Fontaine, de dejar metódicamente en segundo

---

men de defensores de esta idea y de autores que mantienen una actitud crítica ante ella, cf. Ch. Mohrmann, 'Observationes', p. 235.

8 P. P. Satidrián, 'Tertuliano y el latín de los cristianos. Revisión de las diversas posiciones', *Durius* 6 (1987) pp. 93-115, especialmente 113-114.

9 Cf. también J. Campos, '*Ad Lexicon Tertullianeum:* La expresión abstracta en Tertuliano', Supl. de la *Revista Calasancia* (1959) 49-70.

10 C. Becker, *Tertulians Apologeticum* (München 1954) Apéndice A. Blaise, *Manuel*, p. 64.

11 J. Quasten, *Patrología* (BAC, Madrid 1968) I, p. 549.

12 R. Braun, *Deus Christianorum* (Paris 1962).

plano la fortísima personalidad de este escritor [13]. En este
sentido, Mohrmann ha tratado de matizar al máximo hasta
qué grado la lengua de Tertuliano es creación personal,
concluyendo que hay en sus obras usos especiales del léxico
que constituyen con casi seguridad neologismos de su propia
creación, admitidos unos ya en su tiempo y otros posteriormente, y que habla la lengua de sus correligionarios, pero
de un modo especial [14].

Pues bien, en la elección y utilización del léxico en el
De spectaculis se manifiesta uno de los rasgos de originalidad de Tertuliano respecto a su lengua. Se filtran en el
tratado: *a)* términos con distinto sentido del que tenían en
el latín clásico, como *protelare* 1, 2), *saeculum* 2, 2), *institu-
tor* (2, 7), etc.; *b)* términos con doble sentido, de los que uno
es nuevo, como *obstinatio* (1, 5); *c)* creaciones nuevas, o neologismos, tanto de sustantivos como de adjetivos, verbos y
otras partes de la oración, como *interpelator* (2, 3), *malilo-
quium* (2, 3), *cogitatorium* (2, 10), *transuena* (5, 1), *sacrifica-
tor* (8, 2); *ethnicalium* (5, 1), *pompatus* (7, 2), *mundialis* (9, 10),
necrothytis (13, 5), *agonisticus* (17, 6), *suauiludius* (20, 2), *liba-
cunculus* (27, 2); *conflabellant* (25, 2); *d)* hapax, como *argu-
mentatrix* (21, 2), *deuinctio* (2, 8), *expectaculum* (2, 10) [15].

Un segundo rasgo de originalidad de Tertuliano radica
en su estilo. Para Mohrmann es éste «extremadamente individual, pero al mismo tiempo más tradicional de lo que se
piensa», de forma que de esa manera conjugaría tradición
e innovación [16]. Sería *tradicional en su composición*
imitando a los modelos clásicos e *individual en su estilo
propiamente dicho,* alejado del clasicismo, con los siguientes rasgos originales: una base fundamental de asianismo
bañada de un barroquismo extremo; braquilogias, concisión
y elección de lo popular; apropiación de la lengua especial
de los cristianos con sus características especiales en el

---

13 J. Fontaine, 'Aspects el problèmes de la prose d'art Latine au IIIᵉ siècle',
La genèse des styles Latins chrétiens (Torino 1986) p. 27.

14 Ch. Mohrmann, 'Observations', pp. 239 ss.

15 Véanse los comentarios a estos términos en los lugares respectivos en
M. Turcan, *Tertullien. Les spectacles* (Paris 1986) y E. Castorina, *De spectaculis*
(Firense 1961).

16 Ch. Mohrmann, 'Observations', pp. 240 ss.

léxico, en el color bíblico, etc.; otros elementos diversos, como el reflejo de la lengua jurídica, el énfasis y la pasión, la antítesis, el realismo hasta el mal gusto y un fuerte nerviosismo [17].

La caracterización del estilo de Tertuliano por Mohrmann, aunque matizable, es aceptable respecto al estilo, pero no respecto a la *composición* en el sentido de que ésta aparece configurada como una imitación de los modelos clásicos [18]. Habría que comprobarlo en todos los tratados del escritor y, si se comprueba que en los demás se da dicha imitación, el *De spectaculis* será de todos el más original, pues en él no sólo no se da esta circunstancia, sino que además posee determinadas características que apuntan precisamente hacia su alejamiento de los modelos clásicos. Ello se debe a que su composición está en consonancia con la concepción del tema, y tanto éste como aquélla son peculiares. Veámoslo.

En la dilucidación de la existencia del tratamiento del tema de los juegos late el de las fuentes, un problema de gran complejidad, pues existen hipótesis opuestas. Así, Nöldechen piensa que Tertuliano utiliza todas las fuentes antiguas sobre los juegos; otros piensan que sólo utiliza los *Rerum diuinarum libri* de Varrón, o bien, la *Ludrica Historia* de Suetonio. Y Castorina, por su parte, cree que se sirvió de los dos últimos, pero además del *De lingua latina* de Varrón [19].

Prescindiendo de cuál de estas hipótesis sea más cercana a la verdad, hay algo que se puede afirmar con seguridad, y es que en ninguna de las fuentes el tema estaba configurado ni siquiera con aproximación a la manera como lo ha concebido Tertuliano. Por ejemplo, en las fuentes existe

---

17   Ibid., p. 241.

18   Para más detalle sobre el estilo de Tertuliano, cf. H. Hoppe, *Sintassi e stile di Tertulliano*, trad. de Giuseppina Allegri del original *Syntax und Stil des Tertullians*, Leipzig, 1903 (Brescia 1985); H. Goelzer, 'Le style de Tertullien', en *Journal des Savants*, NS 5 (1907) pp. 202 ss. Desde este punto de vista hay que admitir que es distinto que si se atiende a otros planos, porque, como ha demostrado Castorina (p. LXXVII) utilizando los trabajos de Hoppe para comprobar la clasicidad de varios pasajes, Tertuliano está más cerca de la lengua clásica en los planos léxicos y sintácticos.

19   Cf. E. Castorina, op. cit., pp. LXXXII-LXXXIII y 97 ss.

cierta separación entre la descripción de los juegos y sus componentes de carácter anticuario y lo valorativo. Tertuliano, en cambio, ha conjugado sabiamente los dos aspectos [20]. No parece, pues, que haya imitado ningún modelo clásico en este sentido.

De otra parte, Tertuliano, para probar sus asertos, utiliza argumentos de razón y argumentos de autoridad basados en la exégesis bíblica, combinándolos sabiamente y configurando el tratado de forma peculiar de acuerdo con una concepción de la apologética distinta de la tradicional. Según Gúdeman, «se dividían estos escritos apologéticos habituales en dos partes principales: una refutación de la religión y de las costumbres paganas y una defensa de las ideas cristianas y de las normas de vida del cristianismo, frente a las acusaciones paganas» [21]. Así era la concepción, por ejemplo, y la correspondiente composición del *Octauius* de Minucio Félix, diálogo de tipo ciceroniano conocido con la denominación de «la perla de la apologética cristiana», cuya estructura a grandes rasgos es como sigue:

A) 1 -4   *Introducción* pintoresca (calcada de Cicerón).
B) 5 -13   *Primera parte:* apología del paganismo y acusación contra el cristianismo, de acuerdo con tres ideas: *a)* la verdad es innacesible; *b)* ataque contra el cristianismo; *c)* no hay que realizar innovaciones.
C) 16-38   *Segunda parte:* rechazo de las tres ideas del adversario, en tres fases sucesivas.
D) 39-40   *Epílogo:* Cecilio reconoce su derrota y se muestra dispuesto a hacerse cristiano.

Tertuliano compuso dos obras de carácter apologético, el *Ad nationes* y el *Apologeticus,* que tiene la misma estructura aludida, estructura apologética que ha podido influir en la disposición en general de sus tratados, en los que en

---

20 Véase el análisis de 45 conceptos de las fuentes relativos a los juegos en E. Castorina, op. cit., pp. LXXXIII ss.
21 A. Gudeman, *Historia de la Antigua Literatura Latino-Cristiana* (Barcelona 1940) p. 25.

las primeras frases ofrece una exposición de las teorías de sus adversarios y después se dedica a refutarlas [22].

Pues bien, precisamente en el *De spectaculis* no se da tal disposición, aunque es una obra apologética, en la que Tertuliano polemiza tanto contra los paganos como contra los cristianos sabios y acomodados [23].

La disposición del tema se ha intentado encasillar en distintas estructuras, como las propuestas por Boulanguer, Büchner, Castorina y otros que recoge Van der Nat [24], pero la más convincente es la que propone éste. Para él, excepto la parte I (introducción y *propositio*: 1, 1-4) y la parte IV (epílogo: 28-30), las dos restantes, que forman el grueso del tratado están constituidas por una sucesión alternativa de objeciones y refutaciones, de manera que *el curso de la argumentación está determinado por las aserciones de los adversarios*, que diseminan en distintas partes del tratado sus teorías (cf. 1, 5-6; 3, 1; 3, 2): «It is clear», dice, «that the treatise is a debate from beginning to end. That a Christian is forbidden to visit spectacles is not expounded in an informative way from the positions of *fides-ueritas an disciplina; it is not these notions which determine the course of the argument, but the assertions of opponents*» [25].

22   Ch. Mohrmann, 'Observations', p. 241: «Dans les premières phrases de ses traités, le plus souvent d'un caractère polémique, il donne un exposé des théories de ses adversaires. Puis il se met au travail de la réfutation. Ses arguments sont le plus souvent d'ordre intellectuel, car Tertullien est un homme qui veut tout comprendre et tout expliquer. A l'aide d'une argumentation souvent très sagace, mais parfois sophistique, il tache de réduire les raisonaments de son adversaire á l'absurde et puis il les fait l'objet de son sarcasme».

23   E. Castorina, op. cit., p. LXXIX.

24   P. G. Van der Nat, 'Tertullianea', en *Vigiliae Christianae* 18 (1964) pp. 129-143, especialmente 130 y 132; A. Boulanger (cf. *Tertullien «De spectaculis» suivi de Pseudo-Cyprien «De spectaculis»*, Paris 1933, pp. 13 ss.) distingue estas partes: I) introducción (1-3); II) acusación principal: todos los espectáculos derivan de la idolatría (4-13); III) acusación accesoria: la inmoralidad (14-19); IV) confirmación (20-23); V) conclusión (24-30). J. Büchner (cf. *Quint. Sept. Flor. Tertullian «De spectaculis». Komentar*, Würzburg 1935), pp. 22 ss.) distingue las siguientes: A) Einletung (1); B) Hauptteil (2-27), subdividido en I Teil (2-4); II Teil: parte anticuaria (5-13), y III Teil (15-27); C) Schluss (28-30) (cf. E. Castorina distingue prólogo + dos secciones + epílogo: prólogo (1-3); 1ª sección: historia (4-13); 2ª sección: moral (14-29); epílogo: juico final).

25   Ibidem, p. 143.

La concepción del tema de la prohibición de los jueos se basa en una idea central que preside la misma concepción del cristianismo, la antítesis dios / antidios = (idolatría = culto al demonio), y que determina la composición a nivel macroestructural (otro tanto ocurre a nivel parcial, como veremos), hasta tal punto, que cabe la hipótesis de una concepción inicial originaria del *De spectaculis* de una *parte de conjunto única* en la que se trataría sólo de la idolatría, que, como apunta ya Tertuliano en el *Apologeticum* (38, 4), sería la que movía a los cristianos a renunciar a los espectáculos: *adeo spectaculis uestris in tantum renuntiamus, in quantum originibus eorum, quos scimus «de superstitione» conceptos... praetersumus* [26].

En efecto, esta misma idea la confirma el mismo Tertuliano en el propio tratado mediante la inserción retórica de una transición en la que explica el procedimiento a seguir en la composición con estas palabras: *Nunc, interposito nomine idololatria,* quod solum subiectum sufficere debet ad abdicationem spectaculorum, *alia iam ratione tractemus* ex abundanti, *propter eos maxime qui sibi blandiuntur quod non nominatim abstinentia ista praescripta sit* [27]. La idolatría sola, pues, basta para incitar a la renuncia de los espectáculos (en efecto, ya había dicho antes que ella era la *summa offensio*), de manera que los otros argumentos morales son supletorios realmente (cf. *ex abundanti*), adicionales, derivados en definitiva del anterior [28].

Bajo esta concepción del tema subyacen dos aspectos nuevos y originales en relación con la consideración y valoración de los juegos, que marcan un neto contraste con lo que sucedía en el mundo pagano.

En primer lugar, el hecho de establecer en la idolatría la esencia del juego supone el alegato más duro contra la cultura antigua, pues pretende minar de raíz la base en que se sustentaba este fenómeno socioreligioso tan importante

---

26   Sobre las dos partes que se entrevén en el *Apologeticum*, cf. E. Castorina, op. cit., p. LXXVI.

27   Tert. *Spect.*, 14, 1.

28   Los argumentos están tomados, entre otros, de *Marc.* 3, 1, 1; 5 4, 2; 9 2-3; *Carn.* 2, 6; 25, 1, etc.

y representativo de ella y alejar definitivamente la posibilidad de que los cristianos asistan a los juegos.

En segundo lugar, la valoración de los juegos que subyace en el *De spectaculis* supone un giro de 180 % respecto a la que albergaban las mentes del mundo pagano. La plebe los desea con ansiedad y los emperadores se valieron de ellos como de instrumentos políticos, cediendo a las peticiones de «pan y circo» de aquélla [29]. La élite de los romanos, en general, aprobaba incluso los más sanguinarios, como los de gladiadores, haciendo solamente reservas circunstanciales [30].

Así, Cicerón reprocha la crueldad de los juegos gladiatorios, pero sólo cuando los que actúan son personas que no estaban condenadas a muerte: «Yo sé», dice, «que a los ojos de algunas personas los combates de gladiadores son un espectáculo cruel e inhumano; y tal vez no se equivocan, si tenemos en cuenta la manera cómo dichos combates tienen lugar hoy en día. Pero en época en que eran unos condenados a muerte los que se mataban entre sí, ninguna lección de energía contra el dolor y la muerte podía actuar tan eficazmente, por lo menos entre las que se dirigen, no a los oídos, sino a los ojos». Plinio el Joven defiende el *munus gladiatorium* porque exalta las virtudes más elevadas, el coraje, el valor, etc.: «Pudimos contemplar después», dice, «un espectáculo que no enervaba, que no ablandaba, incapaz de debilitar o de degradar a las almas viriles; al contrario, las inflamaba por las bellas heridas y por el desprecio a la muerte, al aparecer incluso en cuerpos de esclavos y de criminales el amor a la gloria y al deseo de vencer».

Sólo Séneca se destaca con una actitud condenatoria, y aun a veces matizada. Así, reprueba el hecho de que son ineptos y frívolos, que provocan la promiscuidad moral frente a la crueldad del *munus*, donde prevalece el gusto por

---

29 Para la importancia de los juegos romanos y su utilización política, cf. L. Friedlaender, 'Juegos y espectáculos romanos', CAF 9 (1967) pp. 1-257; R. Auguet, *Crueldad y civilización. Los juegos romanos* (Barcelona 1970); V. Picón, 'Los juegos romanos en las biografías suetonianas. Su carácter y vigencia dentro de la sociedad imperial', CAF 16-17 (1975-1976) pp. 349-403, con bibliografía.

30 Véase Auguet, op. cit., pp. 203 ss. para los testimonios siguientes de Cicerón, Plinio y Séneca que se citan y el contenido en que se incluyen.

la sangre humana y las pasiones del pueblo envilecido, y esto, porque en general defiende el respeto al ser humano, lo que queda muy próximo a las condenas cristianas. «No debe, pues, sorprendernos», dice Auguet, «que no haya encontrado otro eco entre los intelectuales que el que obtuvo en una manifestación precisamente de Tertuliano cuando dijo «Séneca está con nosotros». Ahora bien, la distancia entre Séneca y Tertuliano, como es lógico, es abismal. Séneca los rechaza acudiendo a argumentos basados en la *humanitas,* Tertuliano, a argumentos sacados de la *religio-ueritas* y de la moral.

Las galas argumentales desplegadas en ese bloque central del tratado, mediante las que Tertuliano intenta disuadir a los cristianos a que acudan a presenciar los juegos paganos, son muy ricas llegando en algunos casos casi al sofisma. Veamos un ejemplo de cómo el autor manipula los datos sobre el origen de los juegos para montar su argumento y unas breves indicaciones sobre su utilización de la retórica para la exégesis bíblica. En el capítulo 4, 4 dice que va a recorrer las distintas circunstancias que configuran los juegos *(origines, tituli, apparatus, loca, artes, auctores)* para mostrar que en todos ellos subyace la idolatría *(si quid,* dice, *ex his non ad idolum pertinuerit, id neque ad idololatriam neque ad nostram eierationem pertinebit),* y a continuación narra el origen de los juegos, procediendo de la siguiente manera: antes de comenzar la exposición, dice que recurre en su investigación a los autores paganos precisamente por la oscuridad que se cierne sobre el origen. Estos los dan un origen *religioso.*

Ahora bien, Tertuliano polemiza sobre este origen haciendo ver que se trata más bien de un origen *supersticioso* en lugar de *religioso,* debiéndose atribuir a una falsa religión, que supone la creencia en un dios falso, en un «ídolo» en definitiva: *Igitur in Etruria inter ceteros «ritus superstitionum» suarum spectacula quoque «religionis nomine» instituunt* [31]. Las palabras son significativas: nótese la oposición *superstitio / religio. Religio* es el término adoptado para la verdadera religión (*uera religio* llamará a

---

31 Tert., *Spect.* 5, 2.

la cristina), *superstitio* para la falsa. La apostilla *religionis nomine* que añade Tertuliano revela la pretensión por parte de los paganos de hacer ver que se trata de actos cultuales de verdadera religión, pero que en realidad son supersticiones, de ahí «a título de religión». Apunte maligno, confirmado en *Apol.*, 38, 4, donde taxativamente atribuye el origen de los juegos a la superstición: *atque adeo spectaculis uestris in tantum renuntiamus in quantum originibus eorum quos scimus «de superstitione» conceptos... praetersumus.*

A continuación expone la etimología de *ludus* que propone Varrón como totalmente pagana y sin conexión alguna con la religión [32], lo que se confirma porque a los juegos lupercales los incluye directamente entre las «supersticiones» [33], e inmediatamente concluye *ex abrupto*, dándolo por probado, que *en el origen del juego está la idolatría.*

Luego, en un largo pasaje de carácter anticuario, hace desfilar los distintos nombres específicos y los dioses en honor de los cuales se celebran, que les dan origen (*Liberalia* de *Liber*, *Consualia* de *Consus*, etc.) para cerrar el capítulo con la frase *quem per ordinem et «quibus idolis» instituerint positum est apud Suetonium Tranquillum uel a quibus Tranquillus accepit. Sed haec satis erunt ad originis de idololatria reatum* [34], en la que la expresión *quibus idolis* se hace sospechosa de contener una «manipulación» de Tertuliano sobre el texto de Suetonio que escribiría *deis*, no *idolis*, viendo en estos *idola* no el sentido de *imagines*, sino de *inanes dii* [35].

La manipulación, sin embargo, no hace más que confirmar el sentido religioso atribuido por Suetonio a los *ludi* establecidos en honor de los dioses, contra cuya realidad

---

32   Cf. Turcan, op. cit., p. 127. Varrón incluía los juegos escénicos entre las *res diuinae* en contra de su estimación personal, según S. Agustín, *Ciu.* 31, 1.

33   Tert., *Spect.* 5, 3: *Sed etsi Varro ludos a ludo... interpretatur... tamen eum lusum iuuenum et diebus festis et templis et* religionibus *reputat.* Nótese la utilización del plural de religio para traducir el significado de *superstición*.

34   Tert., *Spect.* 5, 8.

35   Cf. F. Della Corte, *Svetonio «eques romanus»* (Firenze 1967) p. 102. Nótese que Suetonio no utiliza nunca el término *idolum* en ninguna de sus obras, de forma que no se halla registrado en su léxico.

polemiza Tertuliano haciendo ver que se trata de una idolatría. En definitiva, Tertuliano suplanta con sumo cuidado a los dioses paganos por ídolos en el origen de los juegos, para concluir que el espectáculo que los juegos proporcionan es una idolatría y un pecado *(reatum)*.

Para intentar convencer, Tertuliano no duda en retorcer, apurar e interpretar de distinta forma los textos de la Sagrada Escritura valiéndose de diversos principios de retórica aptos para ello. Puede verse un ejemplo elocuente en el capítulo 3, 1 ss., donde intenta probar que los espectáculos «están prohibidos por Dios». No podemos entrar en detalle para desarrollar su argumentación. Baste con indicar que utiliza con gran maestría la transición argumental *a specie ad genus* por la que, por una parte, atribuye a la escritura un «sentido más amplio que el que tiene realmente» recurriendo sin duda al sentido alegórico y, por otra, «extiende lo dicho de un particular a todos» e inversamente, recurre también a la transición *a genere ad speciem* para predicar de un particular cosas que ha predicado antes con carácter universal. De esta forma Tertuliano recurre a la utilización de la retórica sobre una base exegética muy amplia para convencer a los cristianos de que los juegos están prohibidos y de que tal prohibición se halla también en la Biblia, aunque no de modo explícito.

A esta parte central, transida de argumentos de razón y escriturísticos para disuadir a los cristianos de acudir a los juegos y que posee un carácter prohibitivo y por tanto negativo, Tertuliano añade la propuesta, de signo marcadamente positivo, de unos nuevos espectáculos que se ofrecen al cristiano para suplantar los juegos paganos, propuesta sumamente original por su contenido y por el desarrollo atractivo con que se presenta. Es ahora otro Tertuliano distinto el que irrumpe en el tratado con un estilo peculiar y original plagado de recursos retóricos apelando más bien al sentimiento, para animar al cristiano a participar en estos espectáculos.

Ya en el capítulo 28, 1 invita por última vez al cristiano a rechazar los espectáculos de este mundo para gozar del otro, con un cuidadísimo juego de antítesis en una mezcla de argumentación y parénesis sorprendente: *Saginentur eius-*

modi dulcibus comuiuae sui: et loca et tempora et inuitator ipsorum est. / Nostrae cenae, nostrae nuptiae nondum sunt: non possumus cum illis discumbere / quia nec illi nobiscum. Vicibus disposita res est: nunc illi laetantur / nos conflicta- mur. «Saeculum», inquit, «gaudebit / uos tristes eritis». Lugea- mus ergo, / dum ethnici guadent, ut cum lugere coeperint, / gaudeamus, ne pariter gaudentes / tunc quoque pariter lugea- mus.

Pues bien, en los últimos capítulos, para invitar a los nuevos espectáculos y presentar sus cualidades eximias, la *elocutio* de Tertuliano ofrece algunas de las características que ha señalado Mir con estas palabras: *eius elocutio cum breuis sit et adstricta, periodis non multum abundat; plerum- que plane ac definite loquitur; sed aliquando - cum res nimium ad ueritatem* (pero también, como se comprobará a renglón seguido, a otras realidades como las que en este caso nos ocupan) *exprimere studet - ab aequo et sano iudi cio deficit, nimium animi motibus concitatur et conturba- tur: quo a iusta animi moderatione et ab aequa in litteris elegantia auersatur.*

No podemos entrar en detalle. Para facilidad del lector proponemos a continuación un esquema del capítulo 29 con el fin de visualizar esa serie sorprendente de recursos esti- lísticos con que todo él está salpicado [36]: consonancias, asonancias *(similiter cadens, desinens),* paralelismos, antí- tesis, quiasmos, anáforas, paronomasias, repeticiones [37], etcétera.

[1]   *Iam nunc putas delectamentis indigere spatium hoc? Cur tam ingratus es, et tales uoluptates a deo contributas tibi satis non habeas neque recognoscas?*
Quid enim iucundius quam dei patris et domini reconciliatio
          quam ueritatis reuelatio
          quam erroris recognitio
          quam tantorum retro criminum uenia?

---

36   Cf. en Mir (op. cit., pp. 181 ss.) los esquemas comparativos de Tertuliano y algunos Santos Padres.

37   El estilo de Tertuliano es fuertemente repetitivo, el más repetitivo junto con el de Apuleyo, de toda la prosa latina, manifestándose a todos los niveles, desde la repetición de una simple palabra provocando anáforas, epíforas, etc., hasta la de frases enteras y sobre todo conceptos, cf. Hoppe, op. cit., 3.

[2]   *Quae maior uoluptas quam fastidium ipsius uoluptatis*
                          quam saeculi totius contemptus
                          quam uera libertas
                          quam conscientia integra
                          quam uita sufficiens
                          quam mortis timor nullus?

[3]   *Quod calcas deos nationum*
      quod daemonia expellis,
      quod medicinas facis
      quod reuelationes petis
      quod **Deo uiuis:** *haec uoluptas*
                          haec **spectacula** *Christianorum: sancta*
                                              perpetua
                                              gratuita;

      In his tibi ludos **circenses** *interpretare*
          cursus saeculi intuere
          tempora labentia dinumera
          metas consumationis expecta
          societates ecclesiarum defende
          ad signum dei suscitare
          ad tubam angeli erigere
          ad martyrii palmas gloriare

[4]   *Si* **scaenicae doctrinae** *delectant, satis nobis litterarum est*
                          satis uersuum est
                          satis sententiarum
                          satis etiam canticorum
                          satis uocum,

                          nec fabulae, sed ueritates
                          nec strophae, sed simplici-
                          tates.

[5]   *Vis* **et pugilatus**
          et luctatus? *Praesto sunt; non parua sed multa:*
          aspice impudicitiam deiectam a castitate
              perfidiam caesam a fide
              saeuitiam a misericordia contusam
              petulantiam a modestia adumbratam
          et tales sunt apud nos agones, in quibus ipsi
          coronamur.
      Vis autem et **sanguinis aliquid?** *Habes* **Christi.**

Si se hace un esquema similar a éste con el capítulo 30
se verá que su composición es aún más manierista que el
precedente.

Resumiendo en apretada síntesis, los espectáculos nuevos para el cristiano consistirían: *a)* en esa serie de actividades y actitudes que aparecen en los párrafos 1, 2, 3, que debe observar el cristiano, llevando una vida como la que culmina en definitiva en la comunión con Dios (cf. *quod Deo uiuis*), y *b)* en la búsqueda de esas cuatro alternativas, que describe en los párrafos 3, 4, 5, a los cuatro tipos de *ludi* famosos de los paganos, a saber, la contemplación de la naturaleza, etc. (frente al circo), la literatura cristiana (frente a los juegos escénicos) y la lucha de las virtudes contra los vicios (frente al estadio), que desemboca en la comunión de la sangre de Cristo (frente al anfiteatro). (Nótese cómo la abundancia de figuras retóricas de la insistencia suple la falta de otros argumentos de razón o de autoridad basados en las Escrituras para recalcar la idea con textos escriturísticos, etc., que podrían apoyarlo).

La composición del capítulo siguiente, como hemos dicho, es más manierista aún en correspondencia con su contenido, ya que en él presenta Tertuliano los espectáculos futuros que aguardan al cristiano: 1) la parusía del Señor *(aduentus domini)* y 2) el día del juicio y de la conflagración universal, un espectáculo grandioso y general. Aquí aparece el Tertuliano *irónico y casi vengativo:* con cuatro preguntas retóricas en primera persona hace ver cómo el cristiano admirará, se reirá y saltará de gozo ante la denuncia de: *a)* las apoteosis imperiales; *b)* las persecuciones de los cristianos; *c)* los errores de los filósofos, y *d)* los errores de los poetas.

Ni que decir tiene que una propuesta como ésta no era imaginable en el mundo pagano, y su gran originalidad se advierte también al compararla con la que hace su imitador Novaciano.

Este propone también al cristiano unos nuevos espectáculos que podrá procurarse de dos fuentes principales: 1) de la *pulchritudo mundi*, es decir, de la contemplación de los *opera divina*, con preferencia a la de los *opera humana*, y 2) de las escrituras, es decir, de la contemplación, como en un libro abierto, de los espectáculos y descripciones que se narran en ellas, como la creación del mundo, el paso del mar rojo, la zarza ardiendo, la victoria sobre el diablo, etc.

Estos son los espectáculos de esta vida [38]. Respecto a los de
la vida futura, Novaciano los omite conscientemente. Así
deja intacta esta peculiaridad y originalidad de Tertuliano
que se conjuga con su sentimiento peculiar cristiano, como
hemos visto, satírico y vengativo, y que revela su gran ingenio al dar a entender que el cristiano hace presentes ya en
esta vida mediante su imaginación esos espectáculos que
ocurrirán realmente después: *quodammodo habemus per
fidem spiritu imaginante repraesentata*. La ironía y venganza
no concordaba con la sencilla pastoral de Novaciano y lo
segundo era demasiado utópico para su realismo.

En definitiva, los rasgos que hemos visto respecto al
léxico, estilo, concepción, composición y estructuración del
tema, a pesar de su fondo apologético, en el *De spectaculis*,
así como la ampliación del concepto de espectáculos con la
propuesta hecha por su autor, configuran este tratado como
un tratado original en el que ha quedado grabado el sello
del ingenio peculiar de Tertuliano.

VICENTE PICON

---

38   P. Cypr., *Spect.* 9 y 10 (de Novaciano).

Algunos helenismos en la *Vulgata* del Nuevo Testamento *

El análisis lingüístico de las dos versiones latinas de la Biblia no es cosa nueva en nuestra filología tras las obras de Rönsch [1], Mohrmann [2] y Hiltbrunner [3], entre otros. En nuestra humilde opinión, sin embargo, una frecuente y detenida lectura de los textos de los papiros griegos, el *Nuevo Testamento* y la Koiné helenística en su conjunto nos ha sugerido algunas notas dignas de consideración sobre los helenismos de la *Vulgata*. Este fenómeno contrasta con el acuerdo general sobre la buena latinidad de esta traducción; por el contrario, en la *Vetus Latina* se reconocen abundantes préstamos griegos. Pero la versión de San Jerónimo presenta un patrón lingüístico similar, porque la *Vulgata* no deja de ser sino una revisión de la *Vetus Latina;* aunque dicha revisión sea obra de gran mérito, la dependencia con respecto a la versión precedente llega a evidenciarse con facilidad.

La descripción de los rasgos está distribuida en tres grupos, a saber: préstamos pertenecientes al nivel sintáctico —y en alguna ocasión al morfológico, cf. punto 4—

---

* Quede dedicado este trabajo a la memoria de Don Sebastián Mariner (q. e. p. d.), cuya discusión de algunas cuestiones formales sólo precedió al generoso testimonio de su felicitación personal.

1 H. Rönsch, *Itala und Vulgata* (Marburg 1875); *Semasiologische Beiträge*, I-III (Leipzig 1887-89).

2 C. Mohrmann, *Latin vulgaire. Latin des chrétiens. Latin médiéval* (Paris 1955). Sobre el concepto mismo de «latín cristiano», resulta harto recomendable el trabajo de C. Codoñer, 'Latín cristiano, ¿lengua de grupo?', *Noua Tellus*, 3 (1985) pp. 111-126.

3 O. Hiltbrunner, *Latina Graeca. Semasiologische Studien über lateinische Wörter im Hinblick auf ihr Verhältnis zu griechischen Vorbildern* (Bern 1958).

tomados del griego clásico (puntos 1 a 4); préstamos pertenecientes al nivel sintáctico y tomados de la Koiné (puntos
5 a 13), y préstamos léxicos (puntos 14 a 16).

Primer grupo:

1) El genitivo reemplaza al ablativo en el segundo
miembro de la comparación: *Ev. Mc* 12, 31: maius *horum*
alium mandatum non est. *Hebr* 3, 3: (...) ampliorem honorem habet *domus*, qui fabricauit illam.

2) El sintagma preposicional «*in* con acusativo» reemplaza al simple acusativo adlativo en nombres de lugar
menor: *Ev. Mc* 11, 11 (...): exiit *in Bethaniam* cum duodecim.
Act. Ap 8, 27: (...) Et ecce uir Aethiops (...) qui (...) uenerat
adorare *in Hierusalem*.

3) El sintagma preposicional «*in* más acusativo» reemplaza al dativo como régimen del verbo *credo*: *Ev. Jo* 4, 39
(...): crediderunt *in eum*. *Ev. Jo* 6, 29: (...) ut credatis *in
eum* [4].

4) Se registra al menos un caso de confusión del género
del pronombre indefinido: *Ev. Jo* 8, 25: Principium *qui* et
loquor uobis.

Segundo grupo:

5) El uso del sintagma preposicional «*propter* más
acusativo», de valor sólo causal en latín, reemplaza al dativo
como lo hace en la Koiné la construcción de διά con acusativo: *Ev. Mc* 2, 27: Sabbatum *propter hominem* factum est,
et non homo *propter sabbatum*. *1 Cor* 11, 9: Etenim non est
creatus uir *propter mulierem*, sed mulier *propter uirum*.

6) El uso del sintagma preposicional «*in* más ablativo»,
de valor sólo local en latín, reemplaza el de «*propter* más
acusativo» como en la Koiné ἐπί con dativo desplaza a la
construcción más clásica, διά con acusativo: *Ev. Mc* 5, 33:
(...) mulier uero (...) sciens quod factum esset *in se*. Lo mismo
cabe decir del sintagma «*super* más acusativo»: *Act. Ap* 8,

---

4   Cf. A. Ernout & F. Thomas, *Syntaxe Latine* (Paris 1953) p. 63; C. Mohrmann,
op. cit., I, pp. 195 ss., refiere este helenismo a la evolución de la misma lengua latina.

2: Curauerunt autem Stephanum uiri timorati et fecerunt plantum magnum *super eum* [5].

7)   El uso del sintagma preposicional «*in* más ablativo» reemplaza al simple instrumental como éste lo es en la Koiné por la construcción de ἐν con dativo: *Ev. Mt* 3, 11: ego quidem baptizo uos *in aqua* in paenitentiam (...); ipse uos baptizabit *in Spiritu sancto et igni.* El siguiente ejemplo es aún más claro: *1 Cor* 16, 20: salutate inuicem *in osculo sancto* [6].

8)   El uso del sintagma preposicional «*ab / de* más ablativo» reemplaza al genitivo partitivo como en la Koiné lo hace la construcción de ἀπό con genitivo: *Ev. Mc* 27, 21: quem uultis uobis *de duobus* dimitti? *Act. Ap* 5, 3: Dixit autem Petrus: Anania, cur tentauit Satanas cor tuum, mentiri te Spiritui sancto et fraudare *de pretio agri?*

Lo mismo ocurre cuando esta construcción griega reemplaza a un genitivo de relación: *Ev. Mt* 27, 24: innocens ego sum *a sanguine* iusti huius. *Act. Ap* 8, 22: Paenitentiam itaque age *ab hac nequitia tua.*

9)   El uso de *ut* con subjuntivo reemplaza al imperativo como en la Koiné lo hace ἵνα con subjuntivo: *Ev. Mc* 14, 49: Sed *ut impleantur* scripturae. *2 Cor* 8, 7: Sed sicut in omnibus abundatis, fide et sermone et scientia et omni sollicitudine, insuper et caritate uestra in nos, *ut et in hac gratia abundetis.*

10)   Las oraciones interrogativas directas pueden ser introducidas por medio de *ut quid* como en la Koiné suele hacerlo la construcción εἰς τί : *Ev. Mc* 14, 4: *ut quid* perditio ista unguenti facta est? *Ev. Mc* 15, 34: Deus meus, Deus meus, *ut quid* dereliquisti me?

11)   El uso de una conjunción causal en la introducción de oraciones completivas se debe a la traducción de ὅτι. Se

---

5   En este segundo ejemplo se aprecia ya con toda claridad que la noción local debe ser excluida. En cuanto al ejemplo anterior, la curación que se produce en la mujer no es tan importante como el hecho de que ello se deba a su sola intervención: «la mujer (...), al tener conciencia de lo que *por su causa* acababa de suceder», etc.

6   Cf. I. Roca Meliá, 'Latín cristiano y literatura cristiano-latina', *Actas del VI Congreso Español de Estudios Clásicos,* II (Madrid 1983) pp. 229-235, 231. *Contra,* A. Ernout & F. Thomas, op. cit., p. 91. No podemos estar de acuerdo con C. Mohrmann, op. cit., I, p. 48, donde se aduce que el origen del rasgo está en la influencia del hebreo.

trata del llamado ὅτι recitativo [7], cuya función es más de carácter anafórico que propiamente subordinante: *Ev. Mc* 14, 14: et quocumque introierit, dicite domino domus, *quia* Magister dicit. *Ev. Mc* 14, 57-58: et quidam surgentes falsum testimonium ferebant aduersus eum dicentes: *quoniam* nos audiuimus eum.

12) El uso de una conjunción causal puede también corresponderse con la construcción de ὅτι explicativo [8], que depende de un verbo declarativo elíptico. En realidad, ambos tipos de ὅτι, el recitativo y el explicativo, son muy similares, si bien el primero es más anafórico que subordinante, como ya hemos dicho. Ejemplos de ὅτι explicativo son: *Ev. Jo* 14, 22: quid factum est, *quia* manifestaturus es nobis teipsum, et non mundo? *Act. Ap* 5, 4: *quare* posuisti in corde tuo hanc rem?

13) El uso de *sum* más participio reemplaza al verbo simple, como en la Koiné lo hace εἰμί: *Ev. Mc* 13, 25: et stellae caeli *erunt decidentes*. *Act. Ap* 2, 42: *erant* autem *perseuerantes* in doctrina apostolorum et communicationi fractionis panis et orationibus.

Tercer grupo:

14) El uso de la expresión *in palam*, donde un adverbio se convierte en núcleo de un sintagma preposicional, reemplaza a la forma simple en la traducción de la locución griega ἐν παρρησίᾳ *Ev. Jo* 7, 4: nemo quippe in occulto quid facit, et quaerit ipse *in palam* esse [9].

15) El uso de la expresión *uidere mortem* reemplaza a *mori* como calco del idiotismo griego ἰδεῖν θάνατον: *Hebr* 11, 5: fide Henoch translatus est *ne uideret mortem*, et non inueniebatur, quia transtulit illum Deus.

---

7 Cf. E. Schwyzer, *Griechische Grammatik*, II (München 1950) p. 638. Para D. G. Miller, 'On the History of Infinitive Complementation in Latin and Greek', *JIES*, 2 (1974) pp. 223-246, 242, el origen del rasgo está en la misma lengua latina, a partir de construcciones con *uerba affectuum*. Pero los registros se sitúan, en sus propias palabras, «in later Latin, especially in the Vulgate».

8 Cf. E. Schwyzer, op. cit., II, p. 646.

9 Cf. Fr. Blass & A. Debrunner, *Grammatik des neutestamentlichen Griechisch* (Göttingen 1965) p. 688.

16) El uso metafórico de *sanguis* con el valor de «asesinato» traduce literalmente el griego αἷμα: *Ev. Mt* 27, 6: non licet eos mittere in corbonam, quia pretium *sanguinis* est.

Por otra parte, algunos de estos rasgos han sido interpretados como hebraísmos. Así, Blass & Debrunner aducen que el ὅτι explicativo traduce a su vez la conjunción consecutiva *ki*[9]. Esta aserción se basa en pasajes como *Hebr* 2, 6: quid est homo *quod* memor es eius, aut filius hominis, *quoniam* uisitas eum? Ahora bien, no sólo ocurre que el valor consecutivo parece menos adecuado que el explicativo —más próximo a la oración completiva que a la causal—, sino que, además, documentamos este ὅτι en textos como Arr. *Ep* 1, 13, 5.

También para la construcción de εἰς con acusativo como régimen de πιστεύω se ha pensado en un hebraísmo[10]. Creemos, sin embargo, que no hay razón alguna para separar este caso del resto de resoluciones de dativo por medio de este sintagma preposicional, cf. Arr. *Ep* 1, 19, 12.

La conclusión de esta breve nota sobre algunos helenismos en la *Vulgata* quiere hacer hincapié en el hecho de que la influencia de la Koiné sobre la *Vulgata*, y en menor medida la del griego clásico, es mayor de lo que los estudiosos han supuesto. También debe hacerse notar que los rasgos aquí reseñados, a título de humilde contribución al análisis del latín de los cristianos, pertenecen principalmente al nivel sintáctico. Por tanto, la cuestión de los helenismos en la *Vulgata* no es un simple testimonio del intercambio léxico entre dos lenguas en contacto como latín y griego, incluso si se quiere invocar la posibilidad del error ocasional —a menudo se trata de un problema de mecanicismo en la traducción, a despecho de la mejor comprensión del texto original y de la más correcta sintaxis del de la versión— o la de la *uariatio*. Por fin, quisiéramos insistir en la tradición griega que subyace a todos estos rasgos. αἷμα, por ejemplo, se documenta con el valor mencionado ya en la lengua de los decretos áticos y en la del discurso judicial[11]. En

10 Cf. Fr. Blass & A. Debrunner, op. cit., pp. 133-134.
11 Cf. D. XXI 105; de la misma época es la ley elea —por citar, incluso, una fuente no ática— publicada por E. Schwyzer, DEG (Leipzig 1923) 424, 4.

cuanto a ἰδεῖν θάνατον, se inscribe en el *continuum* de expresiones que desde Homero se construyen con los infinitivos ἰδεῖν o ἰδέσθαι y un acusativo [12], siempre con el valor de «ver cómo llega la hora de» (la muerte, la justicia, la libertad, etc.).

JORDI REDONDO

---

12 Ejemplos de la tragedia son Sof. *Ant* 1270, E. *Hec* 56.

Cartularios de Martín de Finojosa

En 1981 el monasterio cisterciense de Santa María de Huerta (Soria) inició su biblioteca hortense con la edición facsímil de un *Cartulario*, transcrito y brevemente analizado por José Antonio García Luján [1].

En 1985 se cumplía el octingentésimo aniversario de la consagración episcopal del abad Martín de Finojosa y su elevación a la sede de Sigüenza. Y ese mismo año, después de leer el trabajo de García Luján a instancias de Carlos de la Casa [2], creímos poder conmemorar al obispo Martín [3] con un estudio completo del *Cartulario*. No fue posible su culminación, pero sí la cimentación y forjado de la obra, de cuyos resultados ofrecemos hoy alguno a la consideración de los asistentes al I Simposio de *Una voce* sobre Latín cristiano, rogándoles nos excusen por el cambio del título aparecido en el Programa [4].

---

1   J. A. García Luján, *Cartulario del Monasterio de Santa María de Huerta* (Monasterio de Santa María de Huerta 1981).

2   Autor de una espléndida guía del monasterio. Cf. C. de la Casa y E. Terés Navarro, *Monasterio cisterciense de Santa María de Huerta* (Monasterio de Santa María de Huerta 1982).

3   *San Martín* para los cistercienses.

4   Invocaciones iniciales.—Se ofrecen aquí para que puedan ser comparadas con otros Cartularios monásticos. Existen 27 documentos sin invocación inicial (= 34,6 %) sin causa aparente, pues, salvo las bulas papales (= 10,6 %), el resto pertenece tanto a reyes como a obispos y particulares. Las *quince* invocaciones distintas de los 51 documentos restantes pueden reducirse a *siete* grupos diferenciados del modo que sigue (los nn. de los paréntesis corresponden a cada uno de los *dos* Cartularios):

1.º   (= 19,6 %): «In nomine Domini (3-4) amen (2-1) / et eius clementia» (1-0).

2.º   (= 17,6 %): «In Dei nomine (2-3) et eius gratia» (1-3).

3.º   (= 9,8 %): «In Christi nomine (2-3) et ex diuina gratia» (1-3).

1. Formato

Encuadernado con tapas de madera forrada de piel, de 255 por 175 mm, con broches metálicos de cierre, en su portada reza, sobre pergamino, un título en letra gótica: *Priuilegios y Donaciones. Bulas y Cartas de Venta. Huerta Ca. V^a de Priuilegios* [5].

Consta el volumen de 84 hojas de 240 por 170 mm [6], cuyo contenido es copia de 78 documentos [7] con una repetición [8] fragmentaria (fols. 50v-52v en fols. 58v-59r).

En lo conservado se observa la obra de tres [9] manos distintas:

1ª mano (38 documentos) = fols. 1r-42r (líns. 1-4).
2ª mano (3 documentos) = fols. 42r (líns. 5-17)-46v.
3ª mano (37 documentos) = fols. 47r-84v (líns. 1-4).

El volumen se compone de 11 cuadernillos distribuidos de la siguiente manera:

5 cuadernillos de 8 folios (fols. 1-40).
1 cuadernillo de 6 folios (fols. 41-46).
4 cuadernillos de 8 folios (fols. 47-78).
1 cuadernillo de 6 folios (fols. 79-84).

4.º (= 37,3 %): «In nomine Domini nostri Ihesu Christi (7-4) amen (6-1) / et eius gratia» (0-1).

5.º (= 2 %): «In nomine Domini nostri Ihesu Christi et ad honorem beatissime Marie genitricis eius» (1-0).

6.º (= 3,9 %): «In nomine Domini nostri Ihesu Christi et indiuidue Trinitatis» (1-1).

7.º (= 9,8 %): «In nomine sancte et indiuidue Trinitatis qui a fidelibus in unitate colitur et adoratur» (1-0) /

«In nomine sancte et indiuidue Trinitatis Patris scilicet et Filii et Spiritus Sancti amen» (1-0) /

«In nomine Patris et Filii et Spiritus Sancti amen» (2-1).

Como observaciones especiales cabe señalar que el grupo 2º corresponde en su mayor parte a documentos aragoneses y que el 5º es de una mujer.

5 Cf. García Luján, op. cit., p. XXVI.

6 Cf. García Luján, op. cit., p. XXIV.

7 Hay que añadir un documento incompleto de distinta mano, que se transcribe en fol. 84v. Parece datar de 1208-1210, aunque la copia, que aprovecha el blanco que había al final del Cartulario, es posterior.

8 García Luján, op. cit., p. 63, señala a los fols. 68v-69v como una reiteración de los fols. 67r-68v, aunque son dos documentos sobre el mismo asunto.

9 Véase además la nota 7.

2. CONTENIDO

La distribución de los 78 documentos transcritos, que datan de 1151 a 1208, no es cronológica, sino temática, y esencialmente se agrupa en bloques delimitados por la categoría del otorgante: reyes (1-6), obispos (7-8), condes de Molina (9-12), particulares (13-34), rey (35 = completa a n. 5), obispo (36 = completa a nn. 9 y 10), particulares (37-39), rey (40 = completa a nn. 4 y 41 = confirmación del traslado de Cántavos a Huerta), Papas (42-49), reyes (50-58), condes de Molina (59), obispo (60), concejo de Soria sobre Cántavos (61), familia [10] del abad Martín (62-68), obispo (69 = completa a nn. 5 y 35) y particulares (70-78).

Si se observa con detalle el orden de los documentos, así como las manos que intervienen en su copia, puede deducirse a simple vista que no estamos ante un *Cartulario*, sino ante *dos*, que transcriben sendos títulos de la portada del volumen: *Priuilegios y Donaciones* (docs. 1 a 41) y *Bulas y Cartas de Venta* (docs. 42 a 78).

a) *Priuilegios y Donaciones* [11]

A partir del folio 47 se nota, aparte la mano de otro copista, la existencia de documentos que el abad Martín sólo pudo obtener durante el ejercicio de su obispado en Sigüenza (entre otros, las Bulas papales).

Martín de Finojosa, nacido de noble familia c. 1140, había ingresado en el monasterio de Cántavos en abril de 1158 [12] y, trasladado el cenobio a Huerta en 1162 [13], fue su abad desde 1166 hasta 1185, fecha en que pasó a ocupar la sede episcopal de Sigüenza.

Se puede conjeturar que por interés propio el abad encargó la recopilación de documentos antes de su marcha para dejar los papeles en orden al nuevo abad. Por ello lo

---

10 Se incluye la promesa de Rodrigo Jiménez de Rada, sobrino de Martín de Finojosa, de ser enterrado en Huerta, redactada en París el 24 de abril de 1201.

11 Hay alguna compraventa.

12 Cf. documento n. 14.

13 Cf. C. de la Casa, op. cit., p. 32.

más probable es que el *Cartulario de Priuilegios y Donaciones* se copiase en torno al año 1180 [14].

b) *Bulas y Cartas de Venta* [15]

Dimitido de su sede segontina en 1194, Martín de Finojosa regresa al monasterio de Santa María de Huerta, donde residirá hasta su muerte en 1213. Viene provisto de copias de documentos relativos a su monasterio hallados en Sigüenza. Y emprende la tarea de ordenarlos en un *Cartulario,* cuya confección debió de encargar alrededor del año 1210 [16]. En esta recopilación adjunta expedientes de su familia.

c) *Apéndice*

Las líns. 5-24 del fol. 78v reproducen un documento incompleto, en el que fray Juan de Calatayud *(frater Johan de Calatayuf)* afirma haber comprado la heredad de Belimbre *(Benbibre)* en nombre del abad P(edro) y de todo el convento de Huerta.

Ni el sistema de lengua, ni la forma de escritura, ni la mano del copista indican que pertenezca al *Cartulario de Bulas y Cartas de Venta,* al que se añade porque el fraile encontró espacio en blanco para exponer su actuación (cf. nota 7).

3. CONCLUSIONES

a) A simple vista se reconoce que nos hallamos ante *dos* Cartularios con documentos ordenados independientemente de su fecha: *Priuilegios y Donaciones* (41 documentos) y *Bulas y Cartas de Venta* (37 documentos).

b) Asimismo se observa una intencionalidad en el recopilador, que actúa en dos fases, siendo la primera c. 1180

---

14 El último documento datado es de 1176.
15 Hay también donaciones.
16 El último documento data de la época del abad Bernardo (1203-1208).

y produciéndose la segunda c. 1210. Hechos que coinciden con la cronología de la vida del abad y obispo Martín de Finojosa.

c)   Y precisamente cerca del 73 % de lo copiado pertenece al abad Martín y a su familia, por lo que, si no fuera hasta cierto punto acientífico, el volumen debería titularse *Cartularios de Martín de Finojosa*.

JESUS-VICTOR RODRIGUEZ ADRADOS

Orationes «post Pridie» in ritu muzarabico seu hispano cum sensu epicleseos

Latinitas librorum visigothorum diverso modo explanatur, in genere dictio iuxta auctores uniuscuiusque partis. Quae ad optimam pertinent quae ad declinantem, denique et muzarabici pauca scripserunt: missam sancti Pelagii martyris. Papa Romanus Romensis legitur, declinationis causa [1]. Quam latinitatem muzarabici Cordubensis scholae tanti luminis, tanti splendoris declinantem saepissime usurpabant [2].

Nulla exceptione facta neque visigothici neque muzarabici, neque regna christiana Hispaniarum latini sermonis neque ad scribendum neque in liturgia obliti fuere. Visigothici et Suevi linguas vel dialectos suas in liturgiam non miscuerunt, non verterunt; muzarabici lingua utentes in omnibus arabica dum latinae immemores erant (sanctus Eulogius), ergo traditionem latinam tantum observarunt. Ubi in regnis christianis populus suam dialectum romanicam —tunc quoque ubique a latinitate vulgari seu declinanti dicta nascentem— in liturgia prorsus latinum sermonem retinebat. Nullus eorum neque fidem perdidit neque sanctos neglexit, novitatem accipere nolebant... ad protestantica tempora quae medii aevi non sunt etiamsi ab eo dependant... corruptionis causa...

«Toleti per duo saecula arabica lingua in scriptis post Alfonsi seu Ildephonsi VI oppugnationem (1085) adhuc usur-

---

1   Eustasius Sánchez Fernández-Villarán, 'Lingua Latina in Hispania', *Melissa* 17, 3 (Bruxellis 1987) pp. 12-16.

2   Ioannes Gil edidit, *Corpus Scriptorum Muzarabicorum, sub duobus voluminibus* (Instituto Antonio Nebrija, Madrid 1973).

pabatur, et amplius signis arabicis tunc latina scribebatur lingua» [3].

De agitatione adoptionismi auctore quoque Elipando (saeculo VIII) quoad dictionem latinam paula afferantur, saltem ipse auctor visigothorum patrum filius latinam linguam ab incunabulis didiscit, quam in schola perfecit, arabicam in viis toletanis: aut sub magistris musulmanis perfecisset necne, nescitur, secus nemo negare audeat.

ORATIONES «POST PRIDIE» MUZARABICAS QUOAD EPICLESIM

Quoad confectionem Eucharistiae seu transmutationem donorum, denique de ipsorum transubstantiatione etiam in medio aevo ad nostram loquelam; duo in primis ad litem cum graecis orthodoxis, a se ipsis nuncupatis, eminent: et verba dominicae institutionis et invocatio supernae Deitatis quae vocabulo graeco ab omnibus epiclesis agnoscitur [4]; pauci orthodoxi hodierni controversiam saecularem quadam componunt mixtura, et verba dominica et epiclesis sacramentum conficiunt, quod contra ordinem simultatis surget, qua causa brevem discipulorum numerum adipiscitur. Verba institutionis omnes liturgiae suis formulis seu anaphoris praeter sanctorum Adei et Maris Chaldaeorum, Edessae natam, dictam retinent. Attamen eis carere catholici semper negarunt: legem arcani superiorum temporum describendi impedisse; denique hoc saeculo incepto in homiliis Narsai, eorum episcopi, apparuerunt.

Oblationis epiclesis ubi transmutationem donorum, nisi offertorium, a Deo non quaerit: sane a dictis orthodoxis prorsus reicitur. Consecrationis epicleses donorum mutationem petunt: ipsis hac formula, verbis dominicis Institutionis omissis neglectisque, altaris dona statim mutantur; post Institutionem locantur.

Epiclesis oblationis in Adei et Maris liturgia atque in

3 María Rosario Pérez Sáez, 'Mozárabe: La tradición que vive', *Cálamo* 8 (1986) 32.

4 Eustasius Sánchez Fernández-Villarán, *De epiclesi eucharistica* (Thesis doctoralis apud Universitatem Comillensem. Matriti 1972).

Traditione Apostolica sancti Hippolyti, antipapae. Epiclesis consecratoria vel consecrationis in ceteris orientalium. Liturgia romana, ambrosiana et medii aevi tantum verba dominica habent, ostendunt. Et gallicana et muzarabica seu hispana multa diversi ordinis miscent.

Nemo unquam commentarium nullitatis protulit, et qui epiclesim consecrationis habeant et qui ea careant ante controversiam publicam transmutationem donorum in altari effici ab omnibus affirmabatur; ad Vantanum Magnum armenos animadvertentem initium litis exsurgit, saeculo XII dimidiato, atque ad nostros superest dies lis.

In genere loquendo muzarabicae post Pridie orationes, quae immediate verba Institutionis sequuntur, elogium sanctorum vel festi ante sacramentum trahunt, virtute eius coelestem benedictionem rogant ut sacramentum accipientes optimam adquirant sanctificationem et veniam (nihil amplius deduci potest) [5].

Plerique simplicitate quadam agunt qua causa sequentes ad modum exemplum apponuntur.

Missa in II Dominico Adventus Domini. *Oratio post Pridie.* Deus qui sic dilexisti mundum: ut Filium tuum unigenitum dares pro mundo. Tu haec libamina tibi benedicenda assume: et nobis tuae benedictionis dona largire. Ut qui ob mysterium Incarnationis tuae haec tibi sacrificia veneranda litamus: horum sacrificiorum propiciationibus ab omnibus criminibus expiemur. R. / Amen.

Missa sancti Clementis papae et martyris. *Oratio post Pridie.* Clementissime ac sanctissime Domine: sanctifica haec munera: impuris manibus tibi delibata. Per quae et offerentium accipias vota: et ex ea sumentium cuncta dimittas peccata. R. / Amen.

Quum hanc viam praetermittunt simplicitatis, omnes numerantur cum exemplis nonnullis, gratia compendii ne prolatetur res.

Orationes post Pridie sensu epicleseos oblationis. In missa post octavam Epiphaniae: «ut effundas in his hostiis sancti tui spiritus largitatem» ad benedictionem et liberationem sumentium petit. Quasi eadem Missa V ac VI Domi-

---

5 *Liturgia muzarabica,* duobus voluminibus. Migne P 85 et 86.

nicarum post Octavam Epiphaniae. In missa I Dominici Quadragesimae adventus Spiritus Sancti «quo sanctificentur oblata» poscitur. Difficiliori intelligentia in Feria IV sacundae hebdomadae Quadragesimae benedictionem Christi et gratum fidelium ieiunium «ut haec libamina benedictione dignificentur virtutis» oratio quaerit. In III ac V Dominicis Quadragesimae atque in feria II Paschae, in octava Paschae, in Natale sanctorum martyrum Iuliani et Basilissae, in nativitate sancti Iohannis Baptistae, in festo sancti Sperati eiusque comitum, in missa de uno defuncto aut benedictionem aut sanctificationem orationes haec sollicitant a Deo, a Christo vel a Spiritu Sancto. In missa festi sanctae Marcianae «ut accepta per mysterium sancti Spiritus» sit oblatio, cuius gratia cunctis accipientibus in vitam sacramenta prosint aeternam, legitur. Denique in missa beatae Mariae Virginis adest «oramusque ut eius (Virginis matris tuae) patrocinio haec oblata sanctifices»: in qua sanctificatio sacrificii a Christo mediate sub patrocinio eius Matris clarissime rogatur.

Ad modum exempli:

Missa in I Dominica post Octavam Epiphaniae Domini. *Oratio post Pridie:* Domine, sacrificia dependentes supplices flagitamus: ut effundas in his hostiis sancti tui spiritus largitatem. Ut dum a te benedicta sumimus: omni nos benedictione refectos et a criminum vinculis liberatos omnibus modis gaudeamus. R. / Amen.

Missa in Dominica I Quadragesimae. *Oratio post Pridie:* Emite spiritum tuum de sanctis coelis tuis: quo sanctificentur oblata: suscipiantur vota: expientur delicta: et cunctis ex hoc sumentibus donetur criminis indulgentia: atque aeternae promissionis gaudia sempiterna. R. / Amen.

Missa in Nativitate sancti Iohannis Baptistae. *Oratio post Pridie:* Oramus ergo, Domine, ut hanc oblationem nostram: respicere et benedice digneris: sicut benedicere dignatus es munus Abel, iusti pueri tui. R. / Amen.

Missa in festo sanctae Marcianae virginis et martyris. *Oratio post Pridie.* Te, omnipotens Deus, petimus et rogamus: ut hanc oblationem quam tibi fideli et humili devotione offerimus: suscipere digneris propitius: et nostrae servitutis libamina ipse tibi facias acceptabilia. Ut accepta per mysterium

Sancti Spiritus: nobis sanctificata tribuas postulatione nostrae salutis: et in odorem suavitatis accipias. R. / Amen. Missa beatae Mariae Virginis. *Oratio post Pridie:* Inlustratione tua, Christe Iesu, mentium nostrarum tolle caliginem: nam Virginis matris tuae meritis poscimus adiuvari: omnesque: ut eius patrocinio: haec oblata sanctifices: et sanctificata nostrorum tergant scelerum maculas: et ad tua promissa nos dirigere digneris. R. / Amen.

Nunc *orationes post Pridie* sensu consecrationis. In missa II Dominicae post Octavam Epiphaniae a Spiritu Sancto plenam transformationem fieri haec oratio precatur; alio modo ipsam missa in die Resurrectionis Domini continet; transmutationem «per transfusionem coelestis atque invisibilis sacramenti» missa in Dominico ante Ieiunium Kalendarum Novembris ad Patrem orat. Cum sensu liturgiae gallicanae in missa diei sanctae Christinae a Spiritu Sancto «in transformatione» eorum transmutationis petitio continetur. Post Pridie orationes missarum festorum sancti Matthaei et apostolorum Simonis et Iudae similes quoad textum sunt, in quibus gratia commemorationis sanctorum «in altare tuum panis ac vini holocausta proponimus», sed rore vel illapsu Spiritus Sancti dona sanctificationem obtineant et edentibus salutem afferant, absque petitione expressa transmutationis, quae ad tempus transsubstantiatio et vocabitur, compendiose legi licet. Quae missa communis unius martyris a sancti Matthaei non differt. Exempla nonnulla huius generis sequuntur.

Missa in II Dominica post octavam Epiphaniae. *Oratio post Pridie:* Ob hoc ergo quaesumus famulantes: ut oblationem hanc spiritus tui per mixtionem sanctifices: et corporis ac sanguinis Domini nostri Iesu Christi plena transformatione conformes... R. / Amen.

Missa sanctae Christinae virginis et martyris. *Oratio post Pridie:* Haec igitur praecepta servantes: sacrosancta munera nostrae salutis offerimus: obsecrantes te, clementissime omnipotens Deus: ut infundere digneris Spiritum tuum Sanctum super haec libamina: ut fiant nobis legitima Eucharistia: in te Filiique tui nomine: et Spiritus Sancti benedicta: in transformatione eiusdem corporis Domini nostri Iesu

Christi, Filii tui, edentibus nobis in vitam aeternam regnum-
que perpetuum. R. / Amen.
Missa sancti Matthaei. *Oratio post Pridie:* Haec tibi, Domine,
tua servantes praecepta: in altare tuum panis ac vini holocausta proponimus: et in commemorationem sancti tui Matthaei apostoli et evangelistae suscepta: populi tui per has
oblationes te iubente vota deferimus: non nostris meritis:
sed obsequio suscepti officii. Rogantes profusissimam tuae
misericordiae pietatem, omnipotens Deus: ut eodem spiritu:
quo te in carne virginitas incorrupta concepit: has hostias
Trinitate indivisa sanctificet. R. / Amen.

En duas *post Pridie orationes* in quibus dona altaris
diverso modo ipsam ac victimam in crucem pendentem esse
omnibus manifestatur, ergo transmutationem donorum cum
verbis dominicis factam fuisse. Itaque missa Feriae IV
Paschae hostiam altaris ipsam quam pependisse in ligno,
ipsam quam resurrexisse esse docet. Alio modo quaedam
missa votiva singularis ipsam confessionem agit, dum benedictionem divinam ac salutem accipientibus precatur.
Missa Feriae IV Paschae. *Oratio post Pridie:* Haec est hostia
quae pependit in ligno. Haec est caro quae surrexit de sepulcro... R. / Amen.
Missa votiva singularis. *Oratio post Pridie:* Recolentes,
Domine, sancte Pater aeterne, omnipotens Deus: praecep-
tis tuis precamur inclitam tuae clementiae maiestatem: et
mysterium passionis Iesu Crhisti, Filii tui, Domini nostri:
ut hic panis quem lignum crucis coxit: et hic calix: quem
torcular passionis expressit: benedictionem tuae divinita-
tis accipiant: veramque salutem sumentibus praestent: ut
quicumque exinde sumpserimus: specialem gratiam conse-
qui mereamur. R. / Amen.

Denique ante controversiam efficaciae epicleseos ad
transmutanda dona nemo Eucharistiam confectam fuisse
a sacerdotibus sive cum anaphora epiclesi consecrationis
sive non ergo dubitavit, antea commentarium factum est.
Ergo multis notitiis praetermissis quaestionis saltem in ea
communia donorum transmutatio sive consecratio sive
transubstantiatio conditur, absoluto modo in verbis Institutionis fulcitur. Patres hispani totius temporis neque dubi-
tarunt neque contrariam litem praebuerunt. Nihilominus

haec diversa inveniuntur quae solum rem unam docent: verba a sacerdote prolata non ab intrinseca et propria vi sed Dei agunt, simulque vero postea Christus resuscitatus qui in cruce pependit adest, et ipse nostras supplicationes per festum, per sanctos, per nostra infima uti dum in terra erat audit.

EUSTASIO SANCHEZ FERNANDEZ-VILLARAN

La noción de Dios en las *Confesiones**

Dado el carácter autobiográfico y marcadamente intimista de las *Confesiones* de Agustín de Hipona, parece ser ésta la obra más indicada para tratar de averiguar cuál es la visión que su autor tiene de Dios. Este es el objetivo del presente estudio, cuyo origen se remonta a un estudio más general de la invocación a Dios en las *Confesiones*, previamente realizado por el comunicante.

Es precisamente en las invocaciones donde se centra la atención de este trabajo; fijándonos en los nombres con que invoca a Dios, es como —en opinión del comunicante— podemos llegar a conocer de la forma más rápida y fidedigna esa noción que el autor tiene de Dios, con quien dialoga durante toda la obra.

Aunque la gama de invocaciones es muy amplia, son pocas las que se repiten de forma realmente significativa (dejando de lado las más frecuentes, *Domine* y *Deus meus*, que consideramos clichés fijos, aunque no por ello carentes de significado); centramos nuestra atención en cinco conceptos: *Misericordia; Vida; Creador; Luz* y *Verdad*.

Una vez delimitado el campo de trabajo, pasamos a examinar dentro de su contexto las invocaciones mencionadas, fijándonos en si están integradas en él o no. El estudio nos lleva a la conclusión de que las nociones principales con que el autor identifica a Dios en las *Confesiones* son las de Misericordia, Luz y Verdad, ya que aparecen íntimamente ligadas a momentos o temas esenciales de esta obra. Para el san Agustín de las *Confesiones*, Dios es misericordia que

* Comunicación publicada íntegra en la revista *AVGVSTINVS* 35 (1989) 347-354.

compadece, espera y perdona; luz que ilumina la mente y la conduce hacia el bien, y la Verdad personificada, que echa por tierra todos los errores (maniqueos, astrónomos...). A estos resultados llega el comunicante, dando fin con ellos al estudio objeto de su comunicación.

LUIS SANCHEZ NAVARRO

Particularidades del latín de la *Regula Magistri*

Regula Magistri o *Regla del Maestro* es una obra anónima y enigmática que recibe este nombre porque cada uno de sus capítulos empieza por la fórmula *Interrogatio discipulorum* (Pregunta de los discípulos) a la que corresponde la frase *Respondit Dominus per Magistrum* (El Señor contesta a través del Maestro). Autor, origen y fecha son inciertos. Las teorías sobre el autor son múltiples, imposibles de detallar aquí. Parece originaria de la región del sur de Roma. Y la fecha, de principios del siglo XI. Esta *Regula monachorum*, que parece que llegó a practicarse, está constituida fundamentalmente por dos partes, una de preceptos espirituales y otra de legislación práctica. Consta de 95 capítulos, a los que hay que sumar el prólogo y dos temas extensos. En su conjunto resulta ser la más larga de las reglas monásticas conocidas. Con un espíritu rigorista, tradicional y casuístico se plantean en los indicados capítulos los principales temas de la vida monástica.

A esta *Regula monachorum* o *Regula monasteriorum* no se le había concedido atención alguna porque se la consideraba de época tardía y se creía que había copiado en gran parte el contenido de *Regula Sancti Benedicti*. Pero en 1938 surgió a la luz la teoría de que la *Regla de San Benito* dependía en gran parte de esta Regla misteriosa y enigmática. Es decir, no era el maestro quien copiaba a San Benito, sino éste a aquél.

Surgió una polémica, no zanjada aún, sobre este tema apasionante y, valga la redundancia, polémico. Se ha llegado a hablar de guerra literaria y alguien la ha comparado a la cuestión homérica del siglo pasado. Hoy ya es aceptado casi unánimemente que *Regula Magistri* es la fuente literal más importante de *Regula Sancti Benedicti*.

Aún cuando haremos alguna referencia breve a los hechos más destacados de la polémica, nuestra intención será destacar algunas particularidades del latín de *Regula Magistri*. Este latín ha sido considerado extremadamente rudo y grosero. Lo cierto es que el maestro usa un lenguaje extraño, según opinión de Fray Justo Pérez de Urbel [1].

El descubridor de la presunta prioridad del autor anónimo de *Regula Magistri* fue dom Agustín Genestout, monje de Solesmes. Pero en el año 1938, haciéndose eco de esta teoría aún inédita de dom Genestout, dom Mateo del Alamo, monje de Silos, publicó un artículo [2] en el que defendía la prioridad del maestro.

El P. Alamo manifiesta en su trabajo que antes de precisar las relaciones de dependencia que existen entre las dos reglas que se comparan se ha de intentar de antemano averiguar cuál de las dos es la más antigua.

De acuerdo con la mayoría de los comentaristas modernos de la *Regla de San Benito*, decía dom Alamo, en 1938, «la *Regla del Maestro* sería la más reciente y debería fecharse en el siglo VII»; no obstante, aventuran alguna duda sobre la veracidad de esta afirmación y, en todo caso, dan solamente esta razón: que el maestro había copiado a San Benito.

He aquí algunas de sus afirmaciones: dom A. Calmet es el más categórico: *Septimo scribebat saeculo* (cf. Mabillon, *Annales Ordinis Sancti Benedicti*, t. I, p. 623) *in Gallis degisse... multa ex Regula Sancti Benedicti hausit, quam tamen non appellat. Stylo rudi et barbaro puerilem animum spirat, verbi gratia de colligendis micis, gustandisque a toto conventu* [3].

Dom H. Ménard es más prudente y más ponderado. *Cum simplicitate fervore et regularis observantiae cura procedit* [4]. Aporta el testimonio de Trithemio, que admite que el

---

1   J. Pérez de Urbel, 'La Règle du Maître', *Revue d'Histoire Ecclésiastique* 34 (1938) 707-739.

2   M. Alamo, 'La Règle du Saint Benoît èclairée par sa source la Règle du Maître', *Revue d'Histoire Ecclésiastique* 34 (1938) 740-755.

3   A. Calmet, *Commentarius litteralis historico-moralis in Regulam S. Benedicti*, t. II, appen. 22, 23 (Linz 1750).

4   A. Ménard, *Concordia Regularum S. Benedicti abb. Anianensis* (París 1638) y *Patrología Latina Migne* (PL) CIII, col. 713-714.

autor de *Regula Magistri* podría ser el diácono Vigilo (hacia el 420), del cual habla Gennado; pero considera que puede ser del tiempo de Clovis II (656), poco después del pontificado de San Gregorio, y propone atribuirla a Benito Bishop (690). Se apresura, no obstante, a añadir: *sed amplius quaerendum est.* Dom B. Van Haeften es más o menos del mismo parecer: *De auctore et tempore certi nihil statuere possum. Exhibet fere totam S. P. Benedicti Regulam* [5]. Esta afirmación es algo exagerada. En otro pasaje escribe: *Magister obscuro perplexo et prolixo usus est, nec satis latino. Vigilius vixit annum 420. Magister autem-integro saeculo posterior est. Et sancti Benedicti verba describit* [6]. Dom Delatte se limita a decir: *La curieuse règle anonyme, dite Règle du Maître VIIe siècle* [7].

Continúa diciendo dom Mateo del Alamo que considera que se ha de reconocer el privilegio de la antigüedad a *Regula Magistri* a causa del carácter arcaico que se manifiesta en la lengua en que está escrita, por la reglamentación disciplinar y por la práctica litúrgica que nos ha dado a conocer. Desde el punto de vista literario, y de acuerdo con dom Justo Pérez de Urbel, que la examinó con detalle [8], dom Mateo del Alamo indica que se encuentran en el latín del maestro expresiones raras y extranjeras, tales como *merx, caucellus, pusca, pullis, cacabum, caldelli, cyminum, circellum, caricentur, puducent, consternent,* etc.

Estos términos se hallan raramente o quizá nunca en los escritores latinos posteriores al siglo V; por otra parte son bastante frecuentes entre los autores de los siglos II y IV, p. ej. Ennodius. En el *Glossarium mediae et infimae latinitatis,* Ducange da la explicación y cita los autores que los han empleado. También la mayoría los podemos encontrar en el *Mediae latinitatis lexicon minor,* de Niermeyer.

Relacionamos en su contexto las palabras que detalla Alamo:

5   V. van Haeften, *Monasticarum disquisitionum...,* t. I, pp. 78-79 (Anvers 1644).

6   Loc. cit., p. 54.

7   P. Delatte, *Commentaire sur la Règle du Saint Benoît,* p. V, nota (Paris 1913).

8   Loc. cit.

merx:

«... addito tamen uno pulmento cottidie in prando vel, si Paschae restituit, mercis potio cuiuslibet» (27, 38); «... addat mercis cuius voluerit potionem» (27, 45).

pusca:

«... temperata in... vaso pusca calida» (27, 9).

caucellus:

«...'ad ... caucelli bibat mensuram» (27, 23).

pullus:

«... animantia pullorum sibi... occidi» (1, 16); «... ante pullorum cantus» (33, 1); «... post pullorum iam cantus signus fiat suspendi» (33, 2).

cacabus:

«paupertatem in caccabis... exinaniri» (1, 38); «... non in caccabis sed in ferculis» (53, 7); «... inquinamenta caccaborum» (81, 23).

caldus:

«... calda miscantur» (23, 23); «... si... adiuncta fuerint calda» (23, 29); «... antequam ultimum caldum bibant.» (25, 2); «... ultimum caldum accipientes surgant» (25, 11); «... singulae caldos omnibus sufficiant» (27, 28); «singulae caldos accipiantur» (27, 31); «... binas caldos... accipiantur» (27, 33); «binas caldos accipiant» (27, 41); «... postquam... perbiberint caldos» (30, 1); «... unam merum et unam caldum» (53, 2).

puduclent:

«... tunicam... quam post nocturnos puduclent» (81, 2).

Dom Justo Pérez de Urbel indica que lo primero que ha llamado la atención de los estudiosos de *Regula Magistri* [9] ha sido el latín del maestro y les ha facilitado indicaciones sobre su nacionalidad. El maestro no es persona que no tenga cultura. Es de espíritu fino y curioso y posee la erudición propia de las escuelas del mundo romano-germánico. Hace observaciones medicinales, inserta comparaciones de la ciencia astronómica e igualmente de la vida de los campamentos. Conoce la etimología de la palabra *annona*, la misma que da San Isidoro en sus *Orígenes* (cap. XXIII). A pesar de todo, su formación es más eclesiástica que clásica. Pueden señalarse algunos autores de los cuales él extrae sus ideas

9   Loc. cit.

o frases. En su texto hallamos reminiscencias de los santos padres y especialmente de San Jerónimo y Casiano. Podemos leer en el capítulo XXVII esta frase que es el comienzo de la epístola de San Jerónimo a Eustaquio: *Cum caene eorum mutentur in prandia* (27, 36). De la epístola a Heliodoro es extraído este texto reproducido en el capítulo XCI: «*Onustus auro Christum sequi non potest*» (91, 12).

En otro pasaje cita palabras que atribuye a Orígenes, pero que se leen en las sentencias de Sextus: «*Melius est lapidem in vanum iactare quam verbum*» (11, 63).

Por otra parte hallamos en *Regula Magistri* un pensamiento de Salustio que el maestro debe haber conocido a través de San Jerónimo, quien reproduce el mismo pensamiento en el segundo libro de su obra contra Joviniano: «*Animi imperio, corporis servitio magis utimur*» (14, 82). Es de notar también en *Regula Magistri* las palabras de origen sabio que demuestran que es hombre de escuela. Remarquemos con sorpresa los giros griegos, el uso de los cuales es bien interesante. He aquí algunos ejemplos:

«*Praeposito coquant cum solatio fratris cuius* (en lugar de *quem*) *voluerint sui*» (18, 4).

«*Huius scilicet meriti ordinari cuius* (en lugar de *quod*) *supra taxavimus*» (11, 21).

«*Quae dimisserint facientes*» (en lugar de facere) (27, 20).

«*Hebdomadarius coquinam intrantibus sacci sint tunicae*» (en lugar de tunicae sint ex sacco) (81, 21).

«*In manu eorum consignatus, cum aliis fratribus exeat disciplinae*» (en lugar de *gratia disciplinae* o *ad adimplendam disciplinam*) (89, 28).

A estas expresiones, que hacen pensar en un hombre familiarizado con la lengua griega, podemos añadir una lista bastante larga de vocábulos helenísticos inéditos, de un uso muy raro entre la gente popular. Recojamos algunos, so pena de dejar otros:

merae: vaso, jarra.
Caligas: triclinas.

oportet fratres caligas habere (81, 25); *diu repositae caligae con serventur* (81, 28).

scemari: mirar, imagen.

    in specie sua sibi... scemari (81, 15).

Intica o *Entheca:* Armario.

    (Enthecam greco sermone repositam rei copiosam substantiam appellamus). *Etimologías.*

    haec... mensura de inthicis monastherii (27, 52); claves... *de inticis monasterii* (93, 13).

puduculare: exuere.

segestre: Cucuulla segestrae.

    (Glosas emilianenses: teges vel segestre = staminae. Es decir, guarnecido, formado de hilos).

    ...

    sint cucullae segestri (81, 21).

exagellarium o *exagiliarium:* don hecho a los amigos por testamento.

    aliam exagiliario munus titulo derelinquat (95, 11).

linostinam: según San Isidoro «*linostima vestes est ex lana limoque contexta*» (*Etimologías, 19, 27*).

    habeant paraturam linostinam (81, 4); *habeant palleos linostimos subtiles* (81, 5); *habeant... paraturas subtiliores linostimas* (81, 7).

tumentacius: «*Tomentum appellatum eo quod tument nec subtilitatem habent*» escribe San Isidoro (l. c. 20, 3).

    in lectos habeant... sagos tumentacios (81, 3).

Hiema vel *zema:* caldo. Y San Isidoro nota que «*Zema oposema vocabula graeca sunt*» (15, 3) *Pusca cum iutta.* En las glosas isidorianas *juttia* significa *lectare.* Estas palabras designan quizá lo que San Isidoro llama *oximellum o vinum lectatum.*

Hay un contraste exagerado entre todas estas formas de origen sabio y las expresiones más numerosas aún que el maestro ha extraído del lenguaje popular. Su estilo no tiene nada que ver con el latín clásico. El estilo de *Regula Magistri* es rico, enérgico y muy personal, pero le falta elegancia, y frecuentemente es duro y obscuro. En verdad no tiene el equilibrio rítmico que hallamos en las fórmulas de la liturgia mozárabe. He aquí un ejemplo del maestro. Del capítulo titulado «Thema» (un segundo prólogo): «*Illa redeat in paradisum generatio per gratiam unde cum libero arbitrio ceciderat per offensam. Contrivit enim in nobis Dominus mortis, quae regnabat aculeum, quando refugium crucis suae nobis contulit Christus*». Y para que nuestra generación regresara al paraíso por la gracia de donde con el libre arbitrio había caído por la ofensa. Ciertamente el Señor quebrantó el aguijón de la muerte que reinaba sobre nosotros cuando Cristo nos procuró el refugio de la Cruz.

Pero los índices más elevados de decadencia se hallan en el olvido de las reglas elementales de la gramática, como igualmente en el uso frecuente de expresiones que ya anuncian al romance naciente. Así pues, hallamos: *largite* por *largimini; largire* por *largiri; merus* por *merum; levet* por *levetur.*

Hugo Menard, en su edición de *Concordia Regularum,* de San Benito de Aniano (cf. *PL* 103, 737 y ss.), ha señalado las palabras siguientes que podrían hacer pensar en la nacionalidad francesa del maestro:

> *major domus:* / significando principal del palacio; *lordicat* / lourd: pesado, torpe; *bisacias* / besaces: alforja, zurrón; *paraturam* / parure: aderezo; *flebilia* / faibles: débiles.

Un español podría destacar otros vocablos que, raros en los escritos latinos clásicos, se han conservado en lengua española:

> *rogus:* ruego; *gordus:* gordo; *cochinare:* cocinar; *interanea:* entrañas; *gluto:* glotón; *excarricare:* descargar; *mutandas:* mudas (San Fructuoso *mutatoria*); *flebilia:* flébiles; *dejejunatum:* desayunado; *levent:* lleven; *sabana:* sábana; *braccas:* bragas; *vacivus:* vacío; *caldus:* caldo; *secedere ad partem:* retirarse aparte.

Para entender ciertas expresiones es necesario recurrir a antiguos glosarios españoles. Así pues, para entender el sentido de *refectionem tricatam* es necesario saber que San Isidoro da esta explicación: «*tricari id est in parvo morari*». Para traducir *aborricatio* es necesario recordar que el mismo autor nos dice que *aborris* significa *scandalosus.*

Demos a continuación algunos ejemplos en su contexto de las dos primeras palabras de la lista anterior:

> *rogus Dei:*
> extra lectiones et versum et rogus Dei (33, 30; 33, 36); dici debent... rogus Dei (35, 1); post hoc et rogus Dei... (36, 1); rogus

Dei et versum clusoriae (37, 2); *versum et rogus Dei* (40, 3;
44, 4; 44, 8).
gurdus:
    gurdus operibus intrincentur (50, 76).

Consideramos que tienen su interés las particularidades del latín de *Regula Magistri* y que en esta comunicación
solamente podemos indicar algunas. El tema ha sido estudiado monográficamente por Corbett en su obra *The latin
of the Regula Magistri with particular reference to its colloquial aspects* [10]. También pueden consultarse, entre otros,
Bieler, *The latin of the Regula Magistri* [11], y Anselmo Lenti-
ni, *Note sulla lingua e lo stile della «Regula Magistri»* [12].
    Ahora bien, su interés y su fama vienen dados por sus
puntos de contacto con la *Regla de San Benito.* Hasta que
no surgió la teoría de la prioridad del maestro, que dio origen
a una polémica tan exagerada, como hemos dicho al principio, no se había prestado ninguna atención a esta regla
anónima.
    A los trabajos indicados antes de Genestout, Alamo y
Pérez de Urbel se unieron muchísimos otros hasta formar
legión. No es objeto de esta comunicación detallar el desarrollo de la polémica. Nosotros mismos la hemos estudiado
en nuestra tesis de licenciatura de la Universidad de Barcelona. Indiquemos, muy sucintamente, que los estudiosos que
han investigado el tema se han reunido en tres grandes
grupos: los que defienden la primacía de San Benito, los que
defienden la primacía del maestro y los que creen que ambos
tienen una fuente común. Y ahora queremos referirnos a
los trabajos de dom Adalbert de Vogüe. Después de él creemos que ya es casi imposible negar la primacía del maestro.
    Es con emoción que citamos el nombre de este sabio
investigador. El ha levantado un verdadero monumento a
la gloria de San Benito en sus dos ediciones, realmente

---

    10   P. B. Corbett, *The latin of the Regula Magistri with particular reference
to its colloquial aspects* (Lovaina 1958).
    11   L. Bieler, 'The Latin of the Regula Magistri', *Scriptorium* 16 (1962) 62-68.
    12   A. Lentini, 'Note sulla lingua e lo stile della «Regula Magistri»' *Aevum*
41 (1967) 53-66.

exhaustivas, de la *Regla del Maestro* [13] y de la *Regla de San Benito* [14]. Ocupan, respectivamente, tres y seis volúmenes de la colección *Sources Chrètiennes*. Dom Vogüé se inclina decididamente a favor del maestro. Y aún insistirá en una obra posterior: *La Regla de San Benito depende ante todo de la Regla del maestro* [15]. Referente a los estudios sobre San Benito, dom Vogüé ha marcado un hito tan definitivo que de ahora en adelante habrá de hablarse antes de la era de dom Vogüé y después de la era de dom Vogüé.

Como es del dominio de todos, la *Regula Sancti Benedicti* ha sido objeto de múltiples ediciones en latín y de muchísimas traducciones a casi todos los idiomas. El que luego sería cardenal Albareda, en su obra *Bibliografía de la Regla Benedictina* [16], las detalla. Posteriormente, dom Broekaert [17] ha completado y rectificado la obra del monje de Montserrat.

La *Regula Magistri* ha tenido muchísima menos suerte. Sus ediciones en latín son poquísimas. Y solamente ha sido traducida al francés por el citado dom Vogüé en la colección *Sources chrétiennes* junto al texto latino. Y nosotros la hemos traducido al castellano, y ha aparecido publicada esta traducción en la revista *Cistercium* [18], paulatinamente, en una serie de números.

13   A. de Vogüé, *La Règle du Maître*, introduction, texte et notes (Sources chrétiennes 105-107, Paris 1964-65)

14   A. de Vogüé, *La Règle de Saint Benoît*, texte, note, traduction et concordances (Sources chrètiennes 181-186, Paris 1972).

15   A. de Vogüé, 'Autour de Saint Benoît. La Règle en son temps et dans le nôtre', *Vie monastique* (Bellefontaine 1975) p. 19.

16   A. Albareda, *Bibliografía de la Regla benedictina* (Montserrat 1933).

17   J. D. Broekaert, 'Bibliographie de la Règle de Saint Benoît', *Studia Anselmiana* (1980), 2 tomos con única paginación.

18   Cf. revista *Cistercium* 142 (abril-junio 1976) 135-159; 143 (julio-septiembre 1976) 239-255; 144 (octubre-diciembre 1976) 305-317; 145-6 (enero-junio 1977) 69-88; 147 (julio-septiembre 1977) 197-207; 148 (octubre-diciembre 1977) 249-256; 149 (enero-marzo 1978) 31-36; 150 (abril-junio 1978) 121-127; 151 (julio-septiembre 1978) 243-251; 152 (octubre-diciembre 1978) 361-369; 153 (enero-marzo 1979) 55-62; 154 (abril-junio 1979) 155-160; 155 (julio-septiembre 1979) 263-267; 156 (octubre-diciembre 1979) 369-374; 157 (enero-junio 1980) 235-241; 158 (julio-diciembre 1980) 487-491; 159 (enero-junio 1981) 219-221; 161 (enero-marzo 1982) 75-80; 162 (abril-junio 1982) 127-130; 168 (enero-junio 1985) 91-137.

Esta nuestra traducción al castellano ha querido ser un modesto homenaje a este anónimo maestro objeto de una polémica tan elevada [19].

VENTURA SELLA I BARRACHINA

---

19   En prensa este artículo, ha aparecido la obra de Dom Ildefonso M. Gómez, Prior de El Paular, *Regla del Maestro-Regla de San Benito* (Ediciones Monte Casino, Zamora 1988).

Horatius Romanus:
un poeta en la corte papal renacentista

Literariamente hablando, las obras escritas en latín durante el período histórico que se ha dado en llamar Renacimiento se tienen por malas imitaciones, manías de anticuario, ya que sus autores son profesores, clérigos, burócratas, políticos o magistrados —aunque también, curiosamente, médicos— (van Tieghem 1966, 21) y no responden al tipo de literato o intelectual que desde el Romanticismo se ha implantado en los ámbitos literarios de la cultura que bien podríamos denominar como europea. Mas, paradójicamente, el público de la literatura latina renacentista no sólo era abundante, sino además entendido (van Tieghem 1966, 22-23). Hay que destacar, por lo demás, que en muchos países la literatura en lengua latina coincidió con la literatura en lengua vernácula, cuando ésta ya había alcanzado un grado de desarrollo notable (van Tieghem 1966, 15).

El latín tenía un vigor propio y original en toda Europa: era, como es bien sabido, la lengua de la filosofía y de la ciencia (van Tieghem 1966, 34); era la lengua diplomática, eclesiástica y en la que, la más de las veces, los hombres cultos verbalizaban sus sentimientos y pensamientos —los chistes que circulaban por el Vaticano se formulaban en latín, las discusiones políticas en las Dietas polacas se desarrollaban en latín; Juan Huss y Jerónimo de Praga defendieron sus tesis en latín, Pío II lanzó su arenga contra los turcos en latín— (van Tieghem 1966, 25). En Hungría y Polonia, hasta el siglo XVI, fue la única expresión literaria (van Tieghem 1966, 14) y en Portugal, durante el mismo siglo, se publicaron más libros en latín que en portugués (van Tieghem 1966, 18, 32).

El latín del Renacimiento era una lengua viva, o mejor dicho, revitalizada, porque se daba el caso de que obras pensadas y escritas en latín se traducían —no se redactaban de nuevo— a las lenguas vulgares para que el pensamiento de sus autores recibiera un mayor eco; así los *Adagios* de Erasmo, *Utopía* de Tomás Moro o las *Meditaciones metafísicas* de Descartes (van Tieghem 1966, 23, 34). «La literatura en lengua latina del Renacimiento, una en toda la Europa civilizada, a pesar de las diferencias que separaban las razas y los Estados, las lenguas y las literaturas nacionales, ofrece el ejemplo, único hasta el momento y como no se volverá a ver probablemente jamás, de una literatura europea internacional fundada en el empleo de una lengua común, debida a la cooperación consciente de escritores de los países más diversos, que se sentían solidarios y a los que unían gustos, ideas y tendencias literarias parecidas; destinada a un público de la misma formación intelectual y de la misma cultura a la que anima el prurito artístico y que se esfuerza hacia un ideal de belleza» (van Tieghem 1966, 7).

Tomando como punto de partida las consideraciones expuestas, creo que sería necesario prestar más atención al estudio de la literatura latina del Renacimiento, verdadera asignatura pendiente de la Filología clásica, que nos puede proporcionar más de una grata sorpresa, como el descubrimiento de un autor prácticamente olvidado cuya obra presenta aspectos interesantes. Me refiero a *Horatius Romanus*, que, a pesar de gozar de una edición en la *Bibliotheca Teubneriana* (1907), no aparece citado en ninguna de las usuales obras de consulta sobre el período.

Nuestro poeta *floruit* a mediados del siglo XV en la corte papal romana, cosa que no resulta extraña, ya que «con Nicolás V (1447-1455) asciende al trono pontificio aquel gusto nuevo por lo monumental que caracteriza al Renacimiento» (Burckhardt 1941, 117). Después de que se iniciara el esplendor de las artes y las letras en la Florencia de Petrarca, la corte papal, reafirmando su poder político y su influencia, destacó también como foco del renacimiento cultural y literario, sobre todo a partir de esa mitad del *Quattrocento* con la subida al trono del Parentucelli (Nicolás V), mecenas y fautor de las artes y las letras. Es la época de la fundación del *Studium Romanum*, donde enseñaban griego, retórica, gramática y filosofía Jorge de Trebisonda, Lorenzo Valla y Teodoro Gaza. Este protagonismo cultural de la Roma pontificia prosiguió hasta bien entrado el siglo XVI, impulsado por la llegada de los *Medici* florentinos al trono papal —León X y Clemente VII— (van Tieghem 1966, 20; Lehnerdt 1907, III).

Volviendo a nuestro poeta, diré que nos es desconocido su apellido. Su nombre él mismo lo escribía *Horacius*, aunque en otros manuscritos hallamos las variantes *Oracius* y *Oratius*. Se desconoce la fecha de su nacimiento y sólo sabemos que hacia mediados del siglo XV dio a conocer sus poesías. Desempeñaba a la sazón el empleo de *scriptor apostolicus*, cargo que debió de ejercer durante los papados de Nicolás V, Calixto III —un Borja— y Pío II, cuando murió de muerte repentina a juzgar por el testimonio de un poeta anónimo —posiblemente romano también—, que en un poema dedicado a Segismundo Malatesta en 1467 dice lo siguiente:

> *Non ego te altisona princeps celebrando Camoena*
> *cantabo armipotens inferiore lira:*
> *quam tua dextra potens bello sit. Horatius edit*
> *praecipiti celeris limine mortis inops.*

Con toda seguridad se benefició de las enseñanzas del *Studium Romanum*. En el año 1453 reunió unas composiciones que envió al secretario apostólico Pedro de Luna para que las hiciera llegar al papa Nicolás V. Este pequeño libro estuvo a punto de perderse. En 1627, Johann Gerhardt Vossius, en el libro tercero de una obra sobre los historiadores latinos, dice así:

> *«Fuit iisdem temporibus [quibus Candidus Decembrinus] Horatius Romanus sive, ut MSus cod. habet, Oratius poeta. Hic ille est, qui precibus a Nicolao V pontifice exoratus primus Iliada Homeri transtulit Latine. Idem poema condidit libris II, cui nomen Porcaria. Est id de conspiratione Stephani Porcarii sive Porcii... Dedicavit hoc poema nisi pontifici Nicolao. Praefatio gemina est, prosa una est, altera ad pontificem versu elegiaco... Etiam elegiam reliquit, cuius titulus Venus*

Aurea. *Item aliam ad Fr. Sfortiam ducem Mediolani quae incipit:* Dive virum lapsura—. *Scriptor est non aspernendus plane, sed qui sordidi aliquantum trahat ab aevo, quo vixit. MSo eius codice usus sum ex bibl. doctiss. et amiciss. viri Arn. Buchelli J. C. Ultrajectini».*

Este pasaje de Vossius lo citaron posteriormente todos los que hablaron de nuestro poeta —Fabricius, Vahlen, Tommasinus—, pero nadie vio ya el citado manuscrito hasta que en el año 1907 fue editado por primera y única vez hasta el momento. Se trata del códice 826 del catálogo de la biblioteca de la Universidad de Utrecht, catalogado posteriormente con el n. 411 de manuscritos varios, pergamino en 8ª menor. Consta de 36 hojas, de las que la primera y las tres últimas están en blanco. Los bordes están dorados. Está escrito por una mano itálica de elegante escritura y contiene 22 o 21 versos por página. En algunos lugares hay correcciones de una segunda mano, que también anotó glosas al margen sobre los nombres propios que aparecen en el texto, así como acerca de los elogios al pontífice y las comparaciones poéticas. En la primera página una mano del siglo XVII —según Vermeulen, del propio Buchellius— hay un fragmento del libro XXVII de la *Historia Veneciana* de Sabellico donde se trata de la conjuración de Stefano Porcarii. Al final del manuscrito se encuentra otra anotación de la misma mano: «*Hunc librum emit in auctione S. Aldegondiana Aº CDDIC Arnoldus Buchellius Batavus».*

Pasemos revista a los poemas incluidos en el manuscrito de Vossio, que hay que identificar con el manejado y editado por Lehnerdt en la *Teubner.* Parece indudable que *Horatius* lo pensó y escribió como un volumen único y conjunto. El prefacio en prosa, al contrario de lo que dice Vossio, hay que referirlo a toda la obra, no sólo a la *Porcaria.* El prefacio en verso más bien ha de entenderse como una elegía independiente en honor del pontífice Nicolás V. El volumen que nos ha llegado, de todos modos, no debe ser el que envió *Horatius* a Pedro de Luna.

Se incluyen los siguientes poemas:

a) *Elegía a Nicolás V,* en la que el poeta celebra la egregia virtud del pontífice y las obras de restauración de Roma que emprendió tras tantos siglos de decadencia edilicia.

b) *Porcaria*, poema épico en dos libros, con un total de 1.053 versos. Trata de la conjuración de Stefano Porcarii contra el poder papal en Roma (Lehnerdt 1903, 108; Stinger 1985, 71, 85, 97). Stefano Porcarii era un noble romano cuyo compromiso con las ideas republicanas le llevó a tramar un complot contra el dominio papal sobre la ciudad de Roma. Ya en 1451 una arenga suya durante el carnaval produjo una revuelta popular, por la que fue desterrado a Bolonia. Desde allí planeó volver a Roma y dar el golpe de Estado. Sus planes secretos fueron descubiertos y, arrestado, confesó sin más y fue ahorcado (Lehnerdt 1907 57 *furca suspensus*, 58 *quis pendet?*), el día 9 de enero de 1453, junto con otros conjurados —aunque Stinger 1985, 71 dice que fue decapitado *(beheaded)*.

En el poema, más que describir la conjura, el poeta lo que pretende es elogiar las virtudes de Nicolás V y sus beneficios hacia la ciudad, que por aquellos años gozaba de paz y esplendor urbano, mientras que en el resto de Italia las guerras se sucedían.

Estilísticamente, Horacio toma como modelo principal a Virgilio. Todo el material temático referido al mundo subterráneo lo toma de la *Eneida*. De Livio toma las hazañas de Escipión, que desde Petrarca era considerado el paradigma de la virtud y el valor romanos. También se encuentran ecos de Lucano, Estacio —uno de los poetas favoritos de la época— y Ovidio. Por otro lado nos encontramos con una fuerte tradición vernácula: el autor conocía perfectamente la *Commedia* de Dante.

En el aspecto métrico, Horacio no comete errores prosódicos y es un digno imitador de la épica clásica, y destacaba entre sus contemporáneos, ya que otro poema épico escrito en la época sobre el mismo tema por José Bripio no alcanzaba igual maestría métrica.

c) *Venus Aurea*, poema elegiaco imitado de un poema del bucólico Mosco, *Eros drapetes*. Angel Policiano, posteriormente, escribió otra imitación más lograda.

d) *Elegía a Francesco Sforza*, duque de Milán, precedida de una carta a un tal Nicodemo con el ruego de que transmitiera el poema al noble. Parece escrito en 1451, con ocasión de un pacto entre Venecia y Nápoles para atacar al Sforza, que estaba aliado con los florentinos. Se trata de un canto laudatorio y exhortatorio a fin de que, vencido el enemigo, el duque restituya las posesiones pontificias —era inminente la ocupación de Roma por parte del rey de Nápoles, Alfonso V— y devuelva la paz a Italia.

Estas composiciones le granjearon el favor del papa, que le encargó la traducción de la *Iliada* homérica. Eneas Sylvio Piccolomini, el futuro Pío II, nos habla en su *Historia de Europa* (1458) de este encargo:

> «*In Homeri vero poemate, quod heroico carmine latinum fieri magnopere cupiebat, cum plurimi morem ei gerere conarentur, unus tantum inventus est, qui acri eius iudicio satisfaceret. Horatius Romanus qui scribatum apostolicum ea de re consecutus magnisque pollicitationibus illectus Iliadem aggressus nonnullos ex ea libros latinos fecit dignos, quos nostra miraretur, prisca non improbasset aetas*».

De esta traducción se nos han conservado 58 versos, que se encuentran en el Códice Vaticano latino 3.908, probablemente escritos por la propia mano del traductor. La obra, de todos modos, debió de exceder a su capacidad y se quedó inconclusa, aunque los versos que se conservan reflejan un excelente dominio del latín y griego, así como una exquisita sensibilidad.

El 24 de marzo de 1455 murió Nicolás V, lo cual, sin duda, influyó también en que el proyecto de la traducción quedara en suspenso. Con Calixto III (1455-58) Horacio siguió disfrutando de su puesto como funcionario pontificio, y probablemente también con Pío II, al que dedicó poemas de elogio, aunque con menor éxito, quizá debido a que el Piccolomini era poeta él mismo y tenía un gusto más crítico.

Los poemas dedicados por Horacio al papa Pío II se hallan recogidos en dos códices: el XII de la antigua bibl. Rossetiana (Ms. XII, sez. 2ª de la bibl. municipal de Trieste) y el J VII 260 de la bibl. Chigiana de Roma. En ambos se incluyen los mismos poemas:

a) 9 epigramas en dísticos elegíacos, uno que sirve de proemio, con 10 versos, y otros cuatro que son glosas a cuatro dísticos del propio Pío II, en los que juega con su nombre y que también se incluyen. Los epigramas de Horacio tienen, respectivamente, 8, 8, 6 y 6 versos.

b) Otro epigrama de 12 versos —seis dísticos— también dedicado a Pío II.

c) Un *carmen epicum* escrito con motivo de la estancia pontificia en Mantua y de su arenga contra los turcos, antes mencionada, pronunciada en presencia de F. Sforza y otros caudillos europeos para que dejaran sus guerras intestinas y se unieran para defender a la cristiandad del peligro turco.

d) Elegía sobre la piedad de Pío II: sirviéndose del motivo de la *pietas* y jugando con el nombre del papa, elogia sus «cinco piedades», reflejo de las cinco lunas de su escudo: *pietas in Deum, in Silvium patrem, in hostes victos, in tellurem nativam et in artes.*

Para completar el elenco de las obras de *Horatius Romanus* que nos han llegado sólo falta por citar un *carmen epicum* que se encuentra en el códice Luchesini n. 149, dedicado a F. Sforza, que seguramente escribió junto con el mencionado más arriba, instando al duque de Milán a luchar contra los turcos.

HORACIO SILVESTRE LANDROBE

BIBLIOGRAFIA

J. Burckhardt (1941), *La cultura del Renacimiento en Italia* (Madrid).

M. Lehnerdt (1903), 'Die Verschwörung des Stafano Porcarii und die Dichtung der Renaissance', *Neue Jahrbücher für das klass. Altertum, Geschichte und deut. Literatur*, I Abt. Bd. XI.

— (1907), *Horati Romani Porcaria seu de coniuratione Stephani Porcarii carmen cum aliisque eiusdem quae inveniri potuerunt carminibus* (Leipzig).

Ch. L. Stinger (1985), *The Renaissance in Rome* (Bloomington).

P. van Tieghem (1966), *La littérature latine de la Renaissance. Etude d'histoire littéraire européene* (Ginebra).

La rima en la poesía de Alcuino de York

Dentro de los recursos fónicos de los que dispone la lengua se encuentra la rima, que no es sino un *homoeoteleuton* que aparece al final de miembros simétricos [1]. A pesar de ser uno de los elementos constitutivos del primitivo *carmen*, la rima no aparece en la poesía clásica más que esporádicamente, bien de forma accidental, bien persiguiendo un determinado efecto [2]. Frente a esta utilización de la rima o, si se prefiere, de la asonancia, pues ésta es la forma que presenta en la mayoría de los casos, empieza a desarrollarse dentro de la propia poesía cuantitativa una tendencia a valerse de ella de forma sistemática y regular, tendencia que culminará en los siglos XII y XIII con su empleo mecánico como un elemento más del verso, ajeno ya a cualquier valor estilístico [3].

Esta evolución tiene sus inicios en Sedulio (s. V), que en los hexámetros de su *Carmen paschale* recurre a frecuentes asonancias no sólo entre los finales de verso entre sí, sino también entre los finales de palabra ubicados ante las cesuras y el final de verso. Otro tanto ocurre en su himno *A solis ortus cardine* que presenta igualmente asonancias en todas sus estrofas. Pasamos, pues, con Sedulio, por utilizar las palabras de D. Norberg, de un uso excepcional a una tendencia consciente y tangible [4]. Dado el prestigio de que goza la obra de Sedulio, objeto de tempranos y frecuentes estudios

---

1 J. Marouzeau, *Traité de stylistique latine* 5ª ed. (Paris 1970) p. 58.

2 Ibid., pp. 59 ss.

3 Cf. D. Norberg, *Introduction à l'étude de la versification latine médiévale* (Uppsala 1958) p. 38.

4 Op. cit., pp. 39-40; P. Klopsch, *Einführung in die mittellateinische Verslehre* (Darmstadt 1972) p. 39.

e imitaciones, se extiende rápidamente la práctica de la asonancia, especialmente en la Galia, Hispania, Italia e Irlanda [5].

El objeto de las líneas que siguen es determinar en qué medida recurre Alcuino a los distintos tipos de rimas y si ese recurso es similar al de los poetas clásicos, que en la mayoría de los casos, como ya hemos indicado, se valen de él sólo esporádicamente, o bien se encuentra influido por la poesía cristiana posterior a Sedulio, en la que el recurso a la asonancia es más frecuente [6]. Hemos procedido para ofrecer este obligado contraste, a comparar los datos alcuinianos con los de los poetas augústeos (Virgilio, Ovidio, Propercio, Tibulo) y con otros de la latinidad altomedieval (Eugenio de Toledo, Aldelmo y V. Fortunato) con los que Alcuino presenta similitudes poéticas y métricas debidamente contrastadas [7]. Matizaremos previamente en qué sentido utilizamos algunos términos:

— *Rima externa:* aquella que afecta a la última sílaba de dos o más versos contiguos, p. ej., vv. 9, 67-68* [8].
— *Rima interna o leonina:* aquella que afecta a la última sílaba de palabras ubicadas ante cesura y al final de verso, p. ej., 1, 13* y 1, 91*.
— *Rima mixta:* se produce cuando coinciden los dos tipos anteriores simultáneamente, p. ej., 2, 5-6* y 7, 9-10*.

Una observacón previa de carácter metodológico a tener en cuenta es que hemos considerado la asonancia sólo entre vocales del mismo timbre. Hemos preferido valernos de un criterio restrictivo con el propósito de pisar un terreno más sólido. El admitir las asonancias entre *e-i* y *o-u* supondría

---

5   Cf. D. Norberg, op. cit., pp. 39-40; P. Klopsch, op. cit., pp. 39-42.
6   Cf. P. Klopsch, op. cit., p. 39. Debemos un estudio de conjunto sobre la rima leonina en la poesía carolingia a K. Strecker, 'Studien zu karolingischen Dichtern V.: Leoninische Hexameter und Pentameter im 9 Jh.', *Neues Archiv* 44 (1922) pp. 213-251.
7   Así hemos podido constatarlo en nuestra tesis doctoral *Análisis métrico-prosódico de la poesía de Alcuino de York* (Sevilla 1987) inédita.
8   Los versos con asterisco se encuentran recogidos en el apéndice que figura al final del artículo. La edición manejada ha sido la de E. Dümmler, *Poetae Latini Aevi Carolini I* (MGH, Berlin 1964 [= 1881]) pp. 169-351.

dar un margen mucho mayor a las que pudieran producirse por azar. El corpus analizado ha sido la obra poética completa de Alcuino escrita con esquemas cuantitativos, incluidas las poesías de las epístolas: 5.057 hexámetros y 1.248 pentámetros.

1. RIMA EXTERNA

En el cuadro I aparecen las rimas externas existentes, tanto entre hexámetros como en dísticos. Tan sólo hemos encontrado 7 casos de rima consonante, de los que 6 afectan a 2 hexs. (1, 1.370-1; 3, 30, 4-5; 4, 45-46; 56, 1, 1-2; 59, 24-25; 111, 8-9) y 1 a 3: 62, 3-5*.

CUADRO I
RIMA EXTERNA EN HEXAMETROS Y DISTICOS

	RIMA EXTERNA HEXAMETROS *					
	AS. SIMPLE	AS. MIXTA	TOTAL	CONS. SIMPLE	CONS. MIXTA	TOTAL
Entre 2 vv.	2,94 %	2,63 %	5,57 %	0,10 %	0,05 %	0,15 %
Entre 3 vv.	0,26 %	0,44 %	0,70 %	0,02 %	—	0,02 %
	RIMA EXTERNA DISTICOS *					
	AS. SIMPLE	AS. MIXTA	TOTAL			
Hex.-Pent.	2,40 %	1,68 %	4,08 %			
Hex.-Pent.-Hex.	0,04 %	0,12 %	0,16 %			

*   % = n. de rimas cada 100 versos.

Este tipo de rima no aparece nunca en los dísticos. En ambos tipos de verso (cuadro I) predomina claramente la rima asonante que es menos frecuente entre los dos miembros de un dístico (4,08 cada 100 vv.) que entre dos hexs. (5,57 cada 100). Veamos las distintas variantes:

Hexámetros

a) *Rima asonante simple entre dos versos*

Son 112 los casos de este tipo de rima, lo que supone casi 3 (2,94) cada 100 hexs. [9].

b) *Rima asonante simple entre tres o más versos*

Hemos encontrado 10 casos (0,26 cada 100 hexs.): 7, 30-32; 10, 11-14*; 20, 33-35; 28, 21-23; 62, 8-10; 62, 36-38; 63, 1, 1-3; 85, 5, 7-9; 97, 16-18; 99, 15, 4-6.

Dísticos

Hemos encontrado 60 casos de rima asonante simple (2,4 cada 50 dísticos), p. ej., 9, 67-8*.

En el cuadro II hemos recogido la frecuencia de ambos tipos de rima externa en hexámetros y dísticos de significativos poetas clásicos y medievales [10]. En lo que al hexámetro se refiere se aprecia nítidamente una utilización mucho más frecuente de ambos tipos de rima por parte de los poetas altomedievales (V. Fortunato, Aldelmo, E. de Toledo) que por los clásicos (Virgilio y Ovidio). El recurso a la rima externa en los hexámetros de Alcuino es sólo algo superior al que se da en los poetas augústeos. En la rima externa de los dísticos no apreciamos ya un mismo criterio entre los poetas clásicos, pues mientras Tibulo y Ovidio se muestran más restrictivos (2,59 % y 2,97 %), Propercio recurre a ella

---

9 Se nos permitirá que para no alargar en exceso estas notas prescindamos de las enumeraciones detalladas cuando sean excesivamente extensas. Remitimos en cada caso a ejemplos significativos recogidos en el apéndice final.

10 Los datos del cuadro II proceden de cómputos realizados sobre el siguiente corpus: Verg., *Aen.* 2, 1-804; Ov., *met.* 1, 1-779; *met.* 4, 1-803; *trist.* 1, 1, 1-1, 11, 44; *am.* 1, 1, 1-1, 15, 42; Prop., 1, 1, 1-1, 22, 20; Tib., 1, 1, 1-1, 10, 68; Eugen. Tol., *carmina omnia dactylica;* Ven. Fort., *carm.* 1, 1, 1-1, 21, 62; *Mart.* 1, 1-513; Aldh., *Virg.* 1, 1-500. Los porcentajes de rimas consonantes en Virgilio —0,11 %— y Ovidio —0,16 %— proceden de los cómputos sobre la *Eneida* y las *Metamorfosis* de H. Christensen, *Das Alexanderlied Walters von Châtillon* (Halle 1905) p. 69, n. 2. Para la rima en poetas posteriores a Alcuino, cf. E. Voigt, *Ysengrinus* (Tübingen 1974 = Halle 1884) pp. XXXIII-XXXV.

en la misma medida que E. de Toledo (3,82 % y 3,78 %). Similar a estas últimas es la frecuencia de Alcuino (4,08 %) y todas ellas notablemente inferiores a la de V. Fortunato (7,75 %).

CUADRO II

RIMA EXTERNA

	ASON. HEX.	CONS. HEX.	ASON. DISTICO	CONS. DISTICO
Alcuino	5,57 % *	0,15 %	4,08 %	0 %
Virgilio	4,85 %	0,16 %	—	—
Ovidio	4,74 %	0,25 %	2,97 %	0 %
Propercio	—	—	3,82 %	0 %
Tibulo	—	—	2,59 %	0 %
Eugenio de Toledo .	14,08 %	1,40 %	3,78 %	0 %
Aldelmo	8,00 %	0,40 %	—	—
Ven. Fortunato	9,16 %	0,38 %	7,75 %	0 %

* % = n. de rimas cada 100 versos.

2. RIMA INTERNA

En el cuadro III quedan reflejadas las distintas variantes de rima interna que aparecen en hexs. y pents. También aquí la rima consonante es casi inexistente: 6 casos en los hexs. (1, 1.007; 3, 5, 7; 3, 11, 7; 9, 187; 80, 2, 5; 88, 9, 7) y 2 en los pentámetros (9, 120*; 80, 1, 4).

En los hexs. las asonancias más frecuentes tienen lugar entre los semipiés 5º (8,34 %) y 7º (5,49 %) y el semipié final, resultando casi irrelevantes las demás combinaciones [11]. En los pentámetros es el semipié central el que está más frecuentemente en asonancia con el final: 5-10 (9,05 %) a gran distancia del tercer semipié: 3-10 (2,80 %). Las demás combinaciones son casi inexistentes. Como podemos apreciar en

[11] Para un caso de asonancia múltiple, vid. 69, 75*.

30

CUADRO III

RIMA INTERNA

RIMA INTERNA HEX.	ASONANTE	%	CONSO-NANTE	%	TOTAL	%
5-12	416	8,22	6	0,11	422	8,34
7-12	278	5,49	—	—	278	5,49
3-12	52	1,02	—	—	52	1,02
5-7-12	24	0,47	—	—	24	0,47
3-5-12	7	0,13	—	—	7	0,13
3-7-12	10	0,19	—	—	10	0,19
3-5-7-12	7	0,13	—	—	7	0,13
TOTAL	*794*	*15,70*	*6*	*0,11*	*800*	*15,81*
RIMA INTERNA PENT.						
5-10	111	8,89	2	0,16	113	9,05
3-10	35	2,80	—	—	35	2,80
3-5-10	2	0,16	—	—	2	0,16
5-8-10	1	0,08	—	—	1	0,08
TOTAL	*149*	*11,93*	*2*	*0,16*	*151*	*12,09*

el cuadro IV [12], la frecuencia de la rima interna en los hexs. de Alcuino es similar a la de los poetas clásicos que más mesuradamente se han valido de este recurso y bastante inferior a la de poetas como V. Fortunato, E. de Toledo, Aldelmo y también Propercio. En los pents., donde la rima interna es más habitual en los poetas augústeos, Alcuino llevado quizá de una intención ultraclasicista la evita más aún que en los hexs.

---

12 Los datos del cuadro IV proceden de cómputos realizados sobre el siguiente corpus: Verg., *Aen.* 2, 1-804; Ov., *met.* 1, 1-779; Ov., *trist.* 1, 1, 1-1, 11, 44; *am.* 1, 1, 1-1, 15, 42; Prop. 1, 1, 1-1, 22, 10; Eugen. Tol., *carmina omnia dactylica;* Ven. Fort., *carm.* 1, 1, 1-1, 21, 62; *Mart.* 1, 1-513; Aldh., *Virg.* 1, 1-500.

CUADRO IV

RIMA INTERNA

	HEXAMETROS	PENTAMETROS
Alcuino	15,81 %	12,09 %
Virgilio	14,17 %	—
Ovidio	19,12 %	24,20 %
Propercio	37,39 %	33,42 %
Eugenio de Toledo	20,60 %	21,21 %
Aldelmo	21,40 %	—
Ven. Fortunato	24,36 %	22,09 %

3. RIMA MIXTA

a) *Entre dos hexámetros*

Su frecuencia (cuadro I) es similar a la asonancia simple, 2,63 de cada 100 hexs. [13].

b) *Entre más de dos hexámetros*

Son 17 los casos localizados, lo que supone un 0,44 % [14].

c) *En dísticos*

Su frecuencia es inferior a la asonante simple (2,40 / 1,68 casos de cada 100 vv.) [15].

---

13 Existen muy diversas combinaciones. Referimos algunas variantes encontradas en nuestro análisis del poema I: *5-12-12:* 1, 132-3*; *12-5-12:* 1, 185-6; *7-12-5:* 1, 647-8; *12-7-12:* 1, 279-0; *5-12-5-12:* 1, 275-6; *7-12-7-12:* 1, 1.089-1.090; *7-12-12:* 1, 526-7; *5-7-12-12:* 1, 272-3; *12-3-12:* 1, 238-9; *3-12-12:* 1, 306-7; *12-12-7:* 1, 414-6; *8-12-5-12:* 1, 125-6; *12-3-7-12:* 1, 479-0; *3-7-12-5-7-12:* 1, 1.402 3*.

14 1, 55-57*; 1, 229-231; 1, 358-360; 1, 698-700; 1, 1.106-8; 1, 1.189-1.191; 1, 1.367-9; 1, 1.510-2; 3, 23, 9-11; 4, 26-28; 7, 24-26; 10, 1-3; 25, 4-6; 62, 186-8; 65, 4, 13-15; 70, 2, 1-3; 102, 2, 3-5.

15 Las variantes encontradas son éstas: *12-5-10:* 9, 41-42*; *5-12-10:* 3, 34, 83-84*; *12-3-10:* 22, 5-6; *7-12-10:* 60, 5-6; *5-12-5-10:* 55, 6, 1-2; *7-12-5-10:* 32, 7-8; *7-12-3-10:* 23, 15-16*; *8-12-5-10:* 9, 81-82; *8-12-3-10:* 9, 133-4.

d)	*Hex.-Pent.-Hex.*

Los 3 casos localizados suponen sólo 0,04 % [16].

4. OTRAS VARIANTES

Aparecen también en la poesía de Alcuino casos de rima externa *a b a b* [17]; *a b b a* [18], rima interna y externa [19], rima interna y extendida a varias palabras [20], *versus caudati* [21] y cinco series de dísticos de desigual extensión con epanalepsis [22].

CONCLUSIONES

1.	La rima consonante es absolutamente excepcional (7 casos de rima externa y 8 de rima interna sobre 6.305 versos).

2.	La *rima externa* es más frecuente entre hexámetros que en dísticos. Cada 100 hexs. se producen unas 5 rimas externas, y cada 50 dísticos, sólo 4.

3.	Es más frecuente la *rima interna* en hexs. que en pents.: aproximadamente 16 hexs. de cada 100 la presentan frente a 12 pents.

4.	Tanto en hexs. como en pents. las rimas internas más frecuentes son las que se producen entre el 5° semipié y el final (8 casos de cada 100 hexs. y 9 de cada 100 pents.). Las demás combinaciones son poco habituales.

5.	La *rima mixta* es igualmente más común en hexs. (2,5 de cada 100 la presentan) que en pents. (1,5 de cada 100).

16	9, 33-35; 9, 129-131; 88, 2, 1-3.
17	Hemos encontrado 7 casos: 1, 710-3*; 1, 831-4; 1, 961-4; 1,1.097-1.100; 9, 181-4; 10, 4-7; 80, 1, 7-10.
18	Hemos localizado 3 casos: 65, 3, 11-14*; 48, 35-38; 109, 21, 1-4.
19	38, 1-4; 118, 23-26.
20	38, 8*; 82, 4.
21	1, 629-630*.
22	34, 1-12*; 35, 1-20; 37, 1-8; 98, 2, 1-6; 60, 5-6.

6. Es decir, los tres tipos de rima analizados aparecen más frecuentemente en hexs. que en pents., o entre hexs. que en dísticos.

7. El recurso a estos tipos de rima por parte de Alcuino no difiere notablemente en lo que a frecuencia se refiere del de los poetas augústeos. Recurre Alcuino algo más que éstos a la rima externa, pero menos, por el contrario, a la rima interna.

8. Sí existen, en cambio, diferencias notables con respecto a E. de Toledo, V. Fortunato y Aldelmo, autores con los que Alcuino presenta en otros aspectos de su obra poética notables similitudes y que recurren con mayor frecuencia que él a la rima.

9. Podemos concluir, pues, que dentro de la reacción clasicista que representa el Renacimiento Carolingio, el recurso a la rima en la poesía de su más eximio representante, A. de York, es bastante limitado y supone un apreciable retroceso con respecto a la práctica de poetas de épocas anteriores.

JULIAN SOLANA PUJALTE

APENDICE

9, 67-68 Hesperiae populus, quondam gens inclita bello,
          invisis sceptris servit et ipsa modo.
1, 13   Fuderat in terris, ut vos salvaret ab umbris.
1, 91   Euborica genitus, dominus per cuncta futurus,
2, 5-6   Imbuit hic teneros liberalibus artibus annos
          Sollicita primo mente docendo meos;
7, 9-10   Flavius Anicius Carlus laetare tropaeis!
          Tibia nunc variis libeat vittata coronis
62, 3-5   Vel homines inter cupiat praeclarus haberi,
          Vel morum meritis caelestia regna mereri,
          Atque deo Christo socius sine fine videri.
10, 11-14 Vos simul unanimes Christi defendite castra,
          Et clypeo fidei tela exsuperate nefanda.
          Pectore concordes, fortes virtute superna,
          Iudicis iusti, humiles pietate modesta,

3, 11, 7	Qui baptisma d*arent*, caeli qui pane cib*arent*,
9,120	Et mansura p*olo*, quam peritura s*olo*.
69, 75	Cum mens*is*, vas*is*, tabul*is* simul atque lucern*is*,
3, 34, 52	Per famul*um* ver*um* signa stupenda su*um*.
1, 132-3	Moribus egregi*am* patrumque ab origine clar*am*,
	Omnibus ac sanctae fidei virtutibus alm*am*.
1, 1402-3	Trux rigid*is*, blandusque bon*is*, durusque superb*is*:
	Fortis in advers*is*, humil*is* fuit inque secund*is*,
1, 55-57	Annuat ut placitae feriant sibi foedera pac*is*.
	Ast indigna vident tant*is* exenia vot*is*.
	Legatos exire iubent, vada salsa carin*is*.
9, 41-42	Quid te, sancta, canam, David urbs inclita reg*is*,
	In mundo null*is* aequiparanda loc*is*?
3, 34, 83-4	Carmiger indoct*us* cecinit hos Alcuine vers*us*,
	Cui, rogo, quisque legas, dic: «Miserere de*us*».
23, 15-16	In te temporibus cert*is* laus sancta tonant*is*
	Pacific*is* sonuit vocibus atque anim*is*.
9, 129-131	Laetus in aeternum Christo sociabere civ*is*,
	Ille manet semper, tu quoque semper er*is*.
	Quid tu pertristis aurum te perdere plang*is*?
1, 710-713	Et volucres verbo tantum pepulisset ab ill*a*.
	Ut mare cum beluis sancto servire sol*ebat*,
	Plurima veridico praedixit et ore futur*a*,
	De se de aliis, quae praescius ante vid*ebat*.
65, 3, 11-14	Haec ego porto libens ad sancta sacraria templ*i*,
	Quod tua mens noviter condidit alma de*o*.
	Laudibus ut praesto Christi sit semper in ill*o*.
	Iste liber resonans verba superna de*i*.
82, 4	Protegat, exalt*et*, salv*et*, honor*et*, am*et*.
38, 8	Iam salv*ete*, val*ete*, vig*ete* et, av*ete*, val*ete*.
1, 629-0	Qui steterat nive*o* nimium praeclarus amict*u*,
	Et mihi flammiger*o* praedixit talia vult*u*:
34, 1-12	Praesul amate, precor, hac tu diverte, viator:
	Sis memor Albini ut, praesul amate, precor.
	O mea cara domus, habitatio dulvis, amata,
	Sis felix semper, o mea cara domus...

Los adverbios en las notas marginales del libro de Job de la *Vetus Latina*

Como continuación del estudio gramatical de las notas marginales del libro de Job que aparecen en los manuscritos españoles de la *Vetus Latina*, libro del que ya he analizado los demostrativos y las preposiciones [1], como continuación, digo, de este estudio examinaré en estas líneas los adverbios.

Al igual que en los anteriormente citados trabajos tengo que decir, como primera observación, que sigo la edición de Tomé y Ziegler [2] y que no entro en el análisis de las cuestiones por ellos estudiadas, referentes a la tradición manuscrítica y demás problemas de la edición crítica, o los de su origen o época en que fueron escritas. Pienso que para todas estas cuestiones será interesante el análisis gramatical, y a ello me dedico exclusivamente. Las conclusiones se podrán extraer cuando haya un estudio completo de la lengua de estas notas marginales al que este trabajo pretende contribuir.

En este texto aparecen representadas todas las agrupaciones de adverbios, es decir, adverbios de tiempo, modo, lugar, afirmación o duda, cantidad, negación e interrogación.

Los más abundantes son, como en todas las épocas, los de modo. Aparecen 24 distintos: *aequaliter, alioquin, alta*

---

1 'Los demostrativos en las notas marginales del libro de Job de la Vetus Latina Hispana', *Analecta Malacitana*, 8 (1985). «Análisis de las preposiciones en la Vetus Latina Hispana», comunicación leída en el VIII Congreso Español de Estudios Clásicos.

2 Teodoro Tomé Gutiérrez, *Las notas marginales del libro de Job*, tesis doctoral leída en la Universidad Complutense de Madrid en 1977. J. Ziegler, *Randnoten aus der Vetus Latina des Buches Iob in spanischen Vulgatabibeln* (München 1980).

(adjetivo usado adverbialmente), *bene, eo* (anafórico usado adverbialmente), *forte, frustra, hilariter, inique, iniquus* (adjetivo usado adverbialmente), *iniuste, longe, omnimodo, pariter, propterea, quod* (relativo usado adverbialmente), *sic, sicut, similiter, tanquam, terribiliter, utinam, valde, vero.*

De todos ellos, cinco, *aequaliter, hilariter, pariter, similiter* y *terribiliter*, están construidos con el sufijo *ter*, que añadido a adjetivos de la tercera formó adverbios de modo en latín. En efecto, como es sabido, *aequaliter, pariter* y *similiter* aparecen en toda la latinidad como adverbios de modo derivados de los adjetivos correspondientes. Pero aunque no son de formación reciente, sí es reciente el empleo de alguno de ellos en las Notas Marginales. *Aequaliter*, por ejemplo en 11, 11-12, está usado como *tamquam* y *similiter* (13, 27-28) con el valor de *sicut.*

De distinto modo tenemos que analizar a *hilariter* y *terribiliter*. Son adverbios propios del latín bíblico que como dice García de la Fuente en el artículo 'Sobre el uso de los adverbios en latín bíblico' (Madrid 1986, p. 135) [3] «o no aparecen en latín profano, o si aparecen lo hacen de una manera totalmente esporádica». Estas formaciones propias pueden terminar en *e, ter,* o de otras maneras. Los adverbios terminados en *ter* están representados en nuestro texto por *hilariter* y *terribiliter. Hilariter* sólo aparece una vez, en 12, 26-28 [4]; se halla en Agustín [5] y en la *Vulgata* [6]. En el texto de los LXX se corresponde: ἱλαρῶς. En cambio, en el grupo de manuscritos conocidos con el nombre de *Anónimo* y en otros códices de la *Vetus Latina* no se encuentra adverbio alguno y sí construcciones preposicionales: *cum libertate, cum hilaritate. Terribiliter* aparece en el conjunto de manuscritos conocido con el nombre de *Anónimo* en 20, 24-25; falta en el texto griego. Hasta Arnobio, 2, 50, 57 y *Conf.* 12, 25-34 no se encuentra.

En los adverbios de modo no hemos encontrado más formaciones propias del latín bíblico que éstas. En cambio

---

3   O. García de la Fuente, *Sobre el uso de los adverbios en el latín bíblico*, separata de *Salvación en la Palabra* Ediciones Christiandad, Madrid 1986) p. 135.
4   *Deinde fiducieris coram domino intendens in caelum hilariter.*
5   *Civit.*, 5, 26; *Ep.* 268, 3; 142, 4; *Catech.* 11, 16.
6   *Sap.*, 6, 17.

sí hallamos adverbios tradicionales con cambios de significado como *alioquin* (32, 22), con la traducción de «si no, de lo contrario». Plater [7] recoge este significado como nuevo en la *Vulgata* proveniente del latín vulgar. También encontramos distintas formas gramaticales empleadas adverbialmente como adjetivos [8] o pronombres [9]. Los adjetivos pueden estar influenciados por la construcción griega, aunque en latín un adjetivo neutro en singular o plural es empleado frecuentemente con sentido adverbial por los poetas y se vuelve muy corriente en época cristiana [10]. En cuanto a los pronombres, sólo aparece un ablativo del anafórico usado de esta manera, que, por otra parte, es empleado ya por autores clásicos [11].

Los adverbios terminados en *e* están representados en nuestro texto por *bene, inique, iniuste, longe* y *valde* [12]. *Bene* es usado desde los comienzos de la literatura latina. Aquí, colocado delante de *passus (bene passus)*, recuerda la soldadura de adverbios con determinados verbos estudiada por Väänänen [13]. Por otra parte, en latín hispano es uno de los pocos relacionados con la declinación que se conservan [14]. *Inique* e *iniuste* se hallan estrechamente relacionados en este texto. *Inique* en 20, 14-18 es la variante que aparece en *Anónimo* al texto de Peregrino que da *iniuste*. En el texto de los códices europeos de la *Vetus Latina* aparece también *inique*, que es mucho más corriente desde Terencio a Suetonio. En cambio, *iniuste* es poco empleado, aunque es un término bíblico-cristiano que pertenece al campo de la relación de Dios con el hombre por la alianza, como *iustitia* y todos los demás términos de la raíz de *ius* [15].

7   W. E. Plater-H. J. White, *A Grammar of the Vulgate* (Oxford 1926) p. 61.
8   *alta* (5, 6-7); *iniquus* (24, 11).
9   *eo* (36, 12).
10   A. Blaise, *Manuel du latin chrétien* (Estrasburgo 1955) p. 20; F. Kaulen, *Sprachliches Handbuch zur biblischen Vulgata* (Nueva York 1973) p. 281.
11   Cic. *Verrin.*, I, 22; Caes. *Gall.*, I, 23.
12   21, 23; 15; 20, 14; 8, 3; 20, 14-18; 11, 14-15, y 32, 3.
13   V. Väänänen, *Introducción al latín vulgar* (Madrid 1971) pp. 198.
14   M. C. Díaz y Díaz, 'El latín de la Península Ibérica. Rasgos Lingüísticos', ELH (Madrid 1962) p. 59.
15   Luisa Jiménez-Villarejo Fernández, *Léxico del Liber Sapientiae*, tesis doctoral, II, p. 371.

Longe, que es otro de los adverbios relacionados con la declinación que se conservan en latín hispano [16], forma parte de una construcción muy utilizada en latín bíblico-cristiano: *longe facere,* que por otro lado conserva el sentido de alejamiento propio de los verbos con los que se construye normalmente. Cierra este breve recorrido por los adverbios en *e, valde* que aparece una sola vez [17] con el significado de época clásica. *Forte,* aunque terminado en *e* también, no tiene, como se sabe, la misma formación. Aparece una sola vez [18] llevando *ne* y formando la construcción *ne forte.*

Los adverbios procedentes del ablativo de un adjetivo están representados únicamente por *vero,* que se encuentra una sola vez (12, 16) unido a *inmo* y en una construcción que no presenta ninguna novedad. Sólo una vez aparece también *omnimodo* [19] postclásico [20] y cuyo adjetivo correspondiente *omnimodus* es especialmente usado en el latín bíblico [21].

El resto de los adverbios de modo que hemos encontrado en este texto, a saber, *frustra, propterea, sic, sicut, tanquam* y *utinam* pertenecen a formaciones distintas de las señaladas. *Frustra* aparece en *Anónimo* en 20, 18 [22] y presenta la novedad de estar enlazada por medio de la conjunción *et* a un adjetivo neutro equiparándose a él. La construcción equivalente en Peregrino es *in vana et vacua. Propterea* [23] remite a lo que precede y no va reforzada, como es usual en todas las épocas y también en latín cristiano, por ninguna otra partícula. Tampoco se encuentra formando construcciones correlativas tan frecuentes como las de *propterea quod, propterea quia, propterea quoniam, propterea ut,* etc.

Sic, que aparece dos veces en Peregrino y una en *Anónimo* [24] envía a lo que precede en 20, 2, se construye como

---

16 A. Blaise, *Dictionnaire des Auteurs Chrétiens* (Turnhout 1954) p. 501.
17 32, 3.
18 1, 5.
19 33, 23-24.
20 A. Blaise, *Dict.,* p. 577.
21 Plater, op. cit., p. 50.
22 *in vanum et frustra laborabit.*
23 23, 14: *propterea ad eum festinavi.*
24 6, 16-18; 11, 14-15, y 20, 2 *(Anónimo).*

correlativo con *sicut* en 6, 16-18 y con un comparativo en 11, 14-15. Es frecuente en los escritores hispanos [25].

Sicut aparece 16 veces [26], en algunos pasajes en correlación con *sic* [27] e *ita* [28]; la mayoría de las ocasiones comparando sustantivos. Traduce el ὥσπερ y el ὡς griego. En el texto de los manuscritos no hispanos de la *Vetus Latina* aparecen en su lugar otros adverbios: *tamquam, ut, velut, quasi;* otras veces falta la frase correspondiente o se cambia por otra distinta. En todo caso las notas marginales lo emplean como aparece en época clásica. No hallamos ninguna novedad en su uso.

Tanquam, generalmente en la forma asimilada [29], introduce comparaciones entre sustantivos en 5, 26; 11, 14-15 y 24, 24 (en este último caso como una *variatio* ante una primera comparación con *sicut*) y tiene el valor de «como si» en 12, 6. Estas dos clases de formaciones son corrientes en todas las épocas como lo es también el servir de introductor al complemento de atributo [30] y aposición, aunque el valor exacto de las partículas apositivas fueron borrándose en el latín postclásico [31]. Para cerrar el apartado de los adverbios de modo mencionaremos a *utinam* que aparece dos veces, en 9, 32-33 y 30, 23-24, tanto en *Anónimo* como en Peregrino, introduciendo subjuntivos de deseo.

A los adverbios de modo siguen en frecuencia los de tiempo. En nuestro texto aparecen los ocho siguientes: *adhuc, deinde, illico, iterum, iam, nunc, saepe* y *tunc.*

Adhuc sólo aparece una vez (8, 11-12) con el significado clásico de «aún», «todavía»; está documentado en escritores hispanos [32].

Deinde se encuentra en cuatro ocasiones [33], traduce el εἶτα griego. En 33, 25-27 va acompañado de *tunc,* construc-

---

25 Díaz, op. cit., p. 50.
26 6, 6-8; 6, 16-18; 9, 8-9; 9, 32-33; 10, 15-17; 14, 6; 18, 3-4; 20, 8; 20, 14-18, 21, 11; 24, 24; 27, 17; 29, 25; 31, 37; 32, 19-20; 33, 23-24.
27 6, 16-18.
28 29, 25.
29 Cf. Väänänen, op. cit., p. 107.
30 7, 8-9.
31 Väänänen, op. cit., p. 243.
32 Díaz, op. cit., p. 59.
33 5, 24; 14, 14-15; 22, 26-28, y 33, 25-27.

ción que aparece en Séneca [34] y en la literatura cristiana [35] y que se puede explicar por el desgaste que sufren en esta época las partículas.

Illico se halla una sola vez (29, 11). Es uno de los adverbios de tiempo que sirven para expresar la inmediatez. Los restantes: *confestim, statim, subito* no aparecen en nuestro texto. También se encuentra en escritores hispanos.

Iterum (10, 15-17 y 14, 14-15) tiene el significado de «por segunda vez», «de nuevo». Traduce el πάλιν griego. En 10, 15-17 parece tener claramente un valor de insistencia expresados en épocas anteriores por la retición del adverbio: *iterum atque iterum.*

Iam se halla en nuestro texto tres veces [36] con el significado clásico de «ya», «al instante». No aparece en su tratamiento ninguna particularidad digna de destacar.

Nunc [37] se halla construido unas veces con verbos en pasado y otras en futuro para transportarlos por el pensamiento al presente [38] que es en definitiva el valor que tenía en época clásica. Pero en 31, 25-27 tiene un valor nuevo: el de correlativo con *si* con valor condicional.

Saepe (31, 29-31) tiene la forma comparativa *(saepius)* en Peregrino y la positiva en *Anónimo*. La forma comparativa está empleada con el mismo significado que la positiva seguramente para reforzar la expresión debido al desgaste de la lengua.

Tunc se encuentra en cuatro ocasiones [39] con el significado clásico de «entonces». Ya hemos comentado el refuerzo que proporciona a *deinde* en 33, 25-27.

Seis son los adverbios de lugar que aparecen en las notas marginales: *desuper, ecce, ibi, porro, ubi, ubicumque.*

Desuper se encuentra en un único pasaje, el 31, 2-3. Se trata de un compuesto adverbial de preposición y adverbio estudiado por Kaulen [40] y García de la Fuente [41], aquí, con

---

34 *Ep* 95, 35.
35 Blaise, *Dict.*, p. 250.
36 7, 21; 15, 22-23, y 20, 7.
37 6, 16; 6, 21; 7, 21, y 31, 25-27.
38 F. Gaffiot, *Dictionnaire Latin Français* (Paris 1934) p. 1047.
39 19, 29; 20, 7; 22, 26-28, y 33, 25-27.
40 Kaulen, op. cit., p. 282.
41 García de la Fuente, op. cit., p. 137.

el valor de adverbio y no de preposición compuesta como señala este último en otros textos.

Ecce, también en un solo pasaje (28-28), confirma la extensión en el latín tardío mencionada por Blaise [42].

Ibi (3, 17 y 19, 29), con verbos de reposo y no de movimiento, no llega a sustituir a *eo*, como a veces aparece en la *Vulgata* [43]. Por otra parte es frecuente en latín hispano [44].

Porro se halla una sola vez [45] con un sentido local, y también una sola vez *ubi* y *ubicumque* [46]. *Ubi* indica lugar en donde, sin movimiento, es frecuente en el latín hispano [47]. En *ubicumque* se confunde la cuestión *quo* con la de *ubi*, ya que se construye con un verbo de movimiento. Este uso se estudia en Blaise, Plater y Grandgent [48].

De afirmación o duda aparecen cinco adverbios, aparte de la conjunción *et*, que funciona como adverbio en algunas ocasiones [49]. Este uso clásico está extendido en latín bíblico-cristiano [50]. Los restantes adverbios de afirmación o duda que se hallan en nuestro texto son los siguientes: *forsitan, inmo, ita, quidem* y *utique*. *Forsitan* aparece una sola vez (3, 10) con valor del ἄν griego en la apódosis de una oración condicional [51]. *Inmo* (12, 6) corrige lo antes dicho: «no, al contrario»; se corresponde con el texto griego: οὐ μὴν δὲ ἀλλά y con los manuscritos no hispanos de la *Vetus Latina*, donde también aparece. *Ita* (29, 25) no tiene, en este único pasaje en que aparece, valor afirmativo, sino que funciona más bien como correlativo. *Quidem* se encuentra en dos lugares (14, 4-5 y 31, 25-27) en los que refuerza la negación y la afirmación, respectivamente. *Utique* tiene

42 Blaise, *Dict.*, p. 297.
43 Plater, op. cit., p. 61.
44 Díaz, op. cit., p. 59.
45 5, 4.
46 10, 21-22 y 31, 10-12.
47 Díaz, op. cit., 59.
48 Blaise, *Dict.*, p. 837; Plater, op. cit., 61; Grandgent (C.H.), *Introducción al latín vulgar* (Madrid 1963) p. 75.
49 4, 18-19; 6, 6-7; 6, 16-18; 6, 21; 31, 10-12, y 32, 22.
50 Plater, op. cit., p. 62; Kaulen, op. cit., p. 230.
51 Blaise, *Dict.*, p. 361.

(31, 10-12) valor afirmativo recogido por Blaise [52] y que va a aparecer con frecuencia en la *Vulgata* [53].

Por lo que respecta a los adverbios interrogativos encontramos los siguientes: *nonne, numquid, quare, quid. Nonne* aparece en un único pasaje (22, 12). Su empleo es como en época clásica, esperando respuesta afirmativa.

Numquid se halla en diez pasajes [54]. En algunos de ellos, 4, 17; 8, 3; 8, 11-12; 21, 4 y 37, 20-21, su empleo hace esperar respuesta negativa. Este uso es estudiado por Väänänen [55], Plater [56] y Kaulen [57] como propio de la lengua familiar y tardía y equivaliendo a *num*. Kaulen afirma incluso que puede esperar respuesta afirmativa además de la negativa. Este es el significado que tiene en 7, 1; 21, 22 y 22, 20, donde seguido de *non* equivale a *nonne* [58]. En 18, 3-4 su significado es distinto al de los pasajes anteriores. Puede traducirse por «pues qué». Traduce el τὶ γὰρ griego y equivale al *quid* que aparece en los manuscritos no hispanos.

Quare aparece en cinco pasajes [59] con valor interrogativo, traduce generalmente el δία τὶ griego. En estas notas marginales no se halla ni una sola vez *cur*, lo que confirma lo expuesto por Grandgent [60]: que *cur* cede terreno ante *quare*. En cambio *cur* sí aparece en el resto de la *Vetus Latina*. Aparte del valor interrogativo de *quare* hay que señalar el deslizamiento a la categoría de las conjunciones causales que tiene en 27, 12. Este no es un estudio de conjunciones, pero hay que señalarlo como confirmación, en latín bíblico-cristiano también, de un uso recogido por Väänänen, Grandgent, Blaise y Kaulen y cuyos primeros ejemplos aparecen en Pompeya [61].

---

52   Blaise, *Dict.*, p. 862.
53   Plater, op. cit., p. 63.
54   4, 17; 7, 1; 8, 3; 8, 11-12; 18, 3-4; 21, 4; 21, 22; 22, 20, y 37, 20-21.
55   Väänänen, op. cit., p. 237.
56   Plater, op. cit., p. 63.
57   Kaulen, op. cit., p. 231.
58   Además de Kaulen, Blaise, *Dict.*, p. 561, y A. Ernout et François Thomas, *Syntaxe Latine* (Paris 1959).
59   3, 12; 18, 3-4; 21, 4; 24, 1; 33, 12-14.
60   Grandgent, op. cit., p. 29.
61   Väänänen, op. cit., p. 370; Grandgent, op. cit., p. 78; Blaise, *Manuel*, p. 159; Kaulen, op. cit., p. 248.

Quid, neutro de *quis*, aparece en tres ocasiones [62] con valor de adverbio interrogativo. En 7, 20 *quid* se une a *ut* formando la expresión interrogativa adverbial *ut quid* que traduce el διὰ τὶ o ἵνα τὶ griego y que es propia del latín bíblico-cristiano. Blaise [63] recoge algunos pasajes de escritores cristianos en los que aparece como Aug. *Doct. chr.* 4, 20-39 o Cypr. Ex 75, 25. Plater [64] y Kaulen [65] también lo estudian.

Adverbios en construcciones comparativas aparecen dos, *magis* y *quam*. *Magis*, una sola vez en 20, 2, se registra en autores hispanos [66]. *Quam* en 20, 2 no ofrece nada digno de destacar.

De negación se hallan dos también: *non* y *ne*. *Ne* en 14, 4-5 va unido a *quidem* y en 14, 14-15 niega a un subjuntivo imperativo. En los demás pasajes en que aparece lo hace como conjunción. *Non* se encuentra frecuentemente, sesenta y dos veces [67]. Niega oraciones con indicativo, según el uso clásico en 4, 18-19; 5, 5; 7, 16; 9, 18; 9, 32-33; 10, 21-22; 11, 11-12; 13, 2; 17, 1; 18, 3-4; 20, 2; 20, 14-18; 20, 20 *(Anónimo)*; 21, 4; 23, 17; 24, 1; 24, 7-9; 24, 21-22; 27, 5; 27, 6; 27, 9-10; 28, 8; 31, 25-27; 32, 22; 33, 12-14; 33, 23-24; 33, 25-27; 36, 12; 37, 4; 37, 20-21; 40, 31. Con subjuntivos en usos clásicos también aparece en 2, 7-9 (subjuntivo optativo), en 6, 6-7 (subjuntivo de posibilidad), en 12, 6 (con tamquam), en 24, 6 (con quod) y en 32, 3 (también con quod). Con subjuntivo, donde el latín clásico usaría *ne*, en 10, 14 (subjuntivo de prohibición), donde *non* se introduce a causa de la idea latente del potencial [68]; en 11, 14-15 (subjuntivo de deseo), donde se esperaría *ne*, aunque *non* no es del todo descono-

---

62 7, 20; 21, 4; 21, 15.
63 Blaise, *Dict.*, p. 862.
64 Plater, op. cit., p. 73.
65 Kaulen, op. cit., p. 172.
66 Díaz, op. cit., p. 59.
67 3, 7-9; 3, 18; 4, 16; 4, 18-19; 5, 5; 5, 6-7; 5, 24; 6, 6-7, 6, 16-18; 7, 1; 7, 8-9; 7, 16; 7, 21; 8, 20; 9, 3; 9, 17-18; 9, 32-33; 10, 14; 10, 21-22; 11, 11-12; 11, 14-15; 12, 6; 13, 2; 15, 22-23; 17, 1; 18, 3-4; 20, 2; 20, 14-18; 20, 20; 21, 4; 21, 22; 22, 20; 23, 17; 24, 1; 24, 6; 24, 7-9; 24, 21-22; 27, 5; 27, 6; 27, 9-10; 27, 15; 28, 8; 31, 25-27; 31, 37; 32, 3; 32, 22; 33, 12-14; 33, 16-18; 33, 23-24; 33, 25-27; 36, 12; 36, 18-19; 37, 4; 37, 20-21, y 40, 31.
68 Ernout, op. cit., p. 233.

cido [69]; en 15, 22-23 (subjuntivo imperativo) en lugar de *ne;* en época tardía en esta clase de subjuntivos *non* suplanta a *ne* [70]; en 20, 14-18 con el mismo significado y construcción que el anterior; en 27, 5 (también como los anteriores), en 33, 16-19 (negando una oración final) desplaza a *ne* [71] y en 36, 18-19 (de nuevo con subjuntivo imperativo). En 20, 18 niega una perifrástica activa y en 31, 37 un participio. Un significado propio del latín bíblico es el que aparece en 3, 18; 4, 16; 6, 16; 7, 8-9, y 7, 21. En estos párrafos tiene la traducción de «ya no», recogida por Kaulen [72]. A veces el texto griego presenta una negación fuerte que se pierde en latín donde sólo aparece *non.* Está estudiada por Plater [73]. Aparece en 5, 6-7; 5, 24; 8, 20, y 9, 3. En 27, 15, en cambio, hallamos una doble negación, *nemo non* con valor negativo. Esta construcción aparece ya en Cicerón (Lael. 99), pero se extiende mucho y se convierte en algo usual en latín tardío y bíblico [74]. Reforzando a *numquid,* en frases interrogativas y equivaliendo a *nonne* se encuentra en 7, 1; 21, 22, y 22, 20, construcción que aparece, por lo demás, en toda la latinidad. Por último diremos que en latín hispano es usado frecuentemente [75].

Los adverbios de cantidad están representados por *nimis* (1, 3 y 29, 31), que en estos pasajes equivale a *valde,* significado muy poco clásico [76] y que Kaulen [77] lo explica como hebraísmo.

Estos son los adverbios que aparecen en las notas marginales del libro de Job. No se encuentran, fuera de las señaladas, las otras formaciones propias de las que habla García de la Fuente en su trabajo citado. Nos referimos a las formaciones en *e, ter* y otras terminaciones, así como el empleo

---

69   Ernout, op. cit., p. 240.
70   Grandgent, op. cit., p. 76; Väänänen, op. cit., pp. 238-9; Ernout, op. cit., p. 149.
71   Blaise, *Manuel...,* p. 162; Plater, op. cit., p. 133.
72   Kaulen, op. cit., p. 231.
73   Plater, op. cit., p. 104.
74   Grandgent, op. cit., p. 76; Väänänen, op. cit., p. 239.
75   Díaz, op. cit., 59.
76   Blaise, *Dict.,* p. 555.
77   Kaulen, op. cit., p. 231.

de adverbios en función atributiva, a su unión con el verbo *habere* para expresar la idea de que uno se halla en el estado indicado por el adverbio o a las distintas circunlocuciones adverbiales que García de la Fuente estudia. Sí aparecen, en cambio, ejemplos de adverbios precedidos de preposición (14, 14-15: *usque nunc*), de un participio reforzando a un adverbio (22, 26-28: *intendens hilariter*) o de un participio de presente con valor adverbial delante de otro participio (13, 33-34: *quod si exponens peccans*).

Todo esto y lo estudiado nos mueve a afirmar que los adverbios de estas notas marginales están en la línea del latín bíblico-cristiano. Además presentan construcciones propias del latín tardío y del latín vulgar, aunque, como he afirmado en otros lugares, estas notas se caracterizan por una lengua tradicional y literaria que nos impide ver las transformaciones que había experimentado el latín en la época en que fueron confeccionadas, y sobre todo las particularidades del latín hispánico que podrían contestar a muchas preguntas sobre ellas. No obstante, creemos que deben ser objeto de un estudio profundo y esperamos que este análisis de los adverbios pueda contribuir a ello.

Mª DOLORES VERDEJO SANCHEZ

Indice